华为，
战略驱动营销

杨 鹊 著

电子工业出版社
Publishing House of Electronics Industry
北京·BEIJING

内 容 简 介

本书基于作者在华为近19年的工作经历，包括战略、经营、营销三个领域，详细阐述了华为公司的方法论与实践相结合的内容。采用理论与实践相结合的方式，既有经典管理学理论的支撑，又列举了大量华为公司及其他行业头部企业的案例，为中国企业提供了一本可以落地的方法论管理书籍。

本书可以作为实际从事企业营销工作的人员的参考资料，也可以推荐给市场营销专业、工商管理类专业的学生作为市场营销参考读物。

未经许可，不得以任何方式复制或抄袭本书之部分或全部内容。
版权所有，侵权必究。

图书在版编目(CIP)数据

华为，战略驱动营销 / 杨鹊著. -- 北京 : 电子工业出版社, 2024. 9. -- ISBN 978-7-121-48840-5

Ⅰ. F632.765.3

中国国家版本馆 CIP 数据核字第 2024GU4324 号

责任编辑：石会敏　　　特约编辑：申　玲
印　　　刷：河北迅捷佳彩印刷有限公司
装　　　订：河北迅捷佳彩印刷有限公司
出版发行：电子工业出版社
　　　　　北京市海淀区万寿路173信箱　邮编：100036
开　　本：787×1092　1/16　印张：25.25　字数：482千字
版　　次：2024年9月第1版
印　　次：2024年9月第1次印刷
定　　价：118.00元

凡所购买电子工业出版社图书有缺损问题，请向购买书店调换。若书店售缺，请与本社发行部联系，联系及邮购电话：(010)88254888，88258888。
质量投诉请发邮件至zlts@phei.com.cn，盗版侵权举报请发邮件至dbqq@phei.com.cn。
本书咨询联系方式：738848961@qq.com。

赞　誉

王胜利
华为公司前董事
华为亚太片区前总裁
华为欧洲片区前总裁

　　杨鹍老师长期在华为一线从事销售及管理工作，具有丰富的实战经验，之后又调回华为总部从事管理变革工作，具有丰富的企业变革经验。《华为，战略驱动营销》一书是理论与实战相结合的产物，是一本有思想高度、有理论水平、有实操经验的企业战略与营销的著作，适合企业家及企业高管日常学习和工作参考，具有很强的实用性。

张建国
华为公司前副总裁
华为人力资源前副总裁
人瑞人才集团董事长（06919）

　　一个企业的营销体系是企业最重视的，但在管理上也最难体系化。华为不只是技术厉害，营销体系更厉害。厉害就厉害在有一套强大的方法论，而且能实际落地执行。本书系统地阐述了华为营销体系的方法论，适应实战，很实用，并且图文并茂，易于阅读。

唐晓明
华为全球销售部前总裁
华为前高级副总裁

　　本书作者杨鹍基于其近19年华为职业历练成就此书，聚焦"战略"和"营销"两大主题，全面涵盖华为"战略管理"、"经营管理"和"营销管理"的理念和实践。本书内容丰富翔实，真实还原了华为在这几大重要领域的优秀实践，重点阐述"战略如何解码落地"和"营销如何组织实施"的问题（HOW 的问题）。本书最大特点是"系统性"和"实操性"。基于此，我特别推荐此书作为企业经营管理者的"工具书"！

孙铭
华为全球销售部前副总裁
华为中亚地区部前总裁

  杨老师经历了完整的华为全球化发展历程，积累了丰富的战略管理、销售项目运作、竞争管理和变革管理的实战经验。本书基于从战略到执行的闭环管理逻辑，给出了丰富的实战方法和模板，非常适合正在快速成长的中国企业借鉴和学习。

王家定
华为中东地区部前总裁
华为终端公司销售与服务前总裁

  杨鹃老师参与了华为销售的一线实践和管理工作，并在总部机关工作期间负责过管理变革项目，具有丰富的实战经验和理论功底。他在多年的企业管理咨询业务中，融会贯通了华为战略和营销管理的方法论和实践，受到了众多被赋能企业的好评。作者总结和提炼了华为营销领域的管理方法和机制，并融合了自己的心得和独到的管理心法。本书对广大企业家和管理人员具有很强的参考和借鉴价值，并且案例详实，有很强的可读性，值得强烈推荐！

王维滨
华为南美地区部前总裁
华为传送网产品线前总裁

  华为的流程管理、组织管理和激励管理等管理机制，既来自于自身经验和教训的总结，也来自于对全球优秀管理实践的不断吸收和学习。作者结合自己在华为的长期工作实践，真实再现了华为的战略、营销领域的管理方法和机制，具有很高的实战价值，相信本书内容可以帮助到更多的中国企业！

李柯
华为南美南地区部前总裁
华为前战略预备队总裁
硕磐智能公司董事长

  华为的发展经历了流程化、信息化、数字化、智能化的几个阶段，有许多非常值得借鉴和思考的经验及教训，学习华为不是照搬就行，而是需要理解并懂得内在的管理逻辑。作者基于自己在华为的亲身感受，以及后来与多个不同领域大企业的交流，还有作企业顾问的经历，提炼总结出一定的方法，在书中给出了很多可以直接参考的理念和模板。相信通过理解书中方法和理念并结合企业自身情况，众多企业家会充分体验到本书的参考价值。

杨蜀
华为公司前副总裁
标普云科技总裁

看完雷军的 Su7 发布会后，大家肯定都明白了营销的重要性。他用最小的代价，最短的时间，拿到了电动车下半场的入场券。但是，营销不是孤立的活动，他首先是战略驱动的。为什么从车型设计、发布会、定价，到为用户开车门，都是雷军自己在做？为什么华为能保持长期的持续增长，并在新的领域不断攻城拔寨？相信看完这本书，大家会从一个华为前营销专家的专业视角，得到自己的答案。

邢宪杰
华为公司前副总裁
华为前管理变革项目负责人

制定战略并落地执行，解决企业的价值创造问题；卓越的营销体系，解决企业向客户的价值传递和交付问题。本书作者有 19 年的华为工作经历，本书详细介绍了华为战略和营销管理的思想、流程、方法与工具，体系完整、可操作性强，并特别提炼出了对其他企业的学习启示，非常值得广大企业学习参考。

周良军
华为公司前副总裁
华为前流程 IT 负责人

营销体系建设能力是一个成功企业最核心的能力之一，也是业务变革和数字化转型的深水区。这本书以亲历者的视角阐述了华为如何用战略驱动营销，内容丰富翔实，有很高的借鉴价值，非常值得一读！

姜晓梅
华为全球行政服务管理部前总裁
全球行政精英联盟创始人

经常听到有人讨论，华为是一家战略成功的公司，还是一家营销成功的公司。杨鹊老师这本书，有几点值得各位企业家打开并反复阅读：其一，他是华为营销体系的实战派，有 19 年的华为一线实战和变革经验；其二，他这本书中的观点和方法不仅源于华为经验，还有他指导多家不同企业成功实践的经验；其三，这本书不仅有理论，还有实战，可以被企业的战略部门和营销部门拿来当教科书指导实践；这本书不仅讲战略和营销怎么做，还解读了组织能力怎么建，是真正想帮助企业组织成功、可复制的一部实用指导书！

潘璠
华为北非地区部前总裁

本书以华为的管理实践为蓝本,结合作者服务于其他头部企业的咨询经验,系统总结了 To B 商业模式下,业务战略从规划到执行和营销体系建设的方法论与最佳实践,值得相关企业一读。难能可贵的是,作者以创业者的激情,将管理咨询当作事业来经营,善于也乐于学习思考,揭示了"最佳实践"背后的管理之道。作为咨询顾问,作者能结合被服务企业的实际情况提出有针对性的解决方案。"爱学习,能吃苦,服务好",作为企业价值观也是华为精神在咨询行业的一种传承!

刘红革
华为研发前副总裁
华为首任 IPD 项目经理

作为企业家及高层管理者,需要有套路地去制定与落实公司战略,构建与运作公司营销体系,让企业卓越运营。本书详尽阐述了业界标杆企业华为在战略驱动营销方面的优秀实践,也是华为成功的核心 DNA。相信熟悉这套方法将使企业在发展的道路上事半功倍。华为的成功因素之一就是战略从上到下、从左到右地全面对齐,力出一孔,利出一孔,华为所有管理者的必备技能就是五看三定的战略制定方法。华为另一个成功因素就是狼性文化的营销。解决方案营销让华为可以打大仗、打硬仗;销售项目的管理与运作让我们将营销也工程化,成功可预期,成功成为必然。

《华为,战略驱动营销》一书让从战略到营销的整个套路清晰、明确、可学习、可执行,值得推荐!

赵鸿飞
中科创达董事长(300496)

《华为,战略驱动营销》一书,以华为为蓝本,剖析了战略在营销中的核心作用。书中运用了大量生动的案例,全面展示了战略有效驱动销售行为的整个过程,为我们提供了一套完整的营销理论体系,对于企业营销实践的落地具备切实的指导意义,渔而非鱼。本书不仅提供了战略层面的宏观视野,更注重实际操作的可行性,构成了一个强大的知识武器库。这本书应当成为每一位营销管理者案头的必备读物,帮助他们不断提升企业竞争力的同时,也促进团队和个人在职业生涯中的不断成长。

何思模
易事特集团董事长(300376)

"人须在事上磨,方能立得住",人才是在实践中不断锻炼、磨砺成长起来的。我曾有幸多次和杨鹊老师探讨中国式企业管理、企业家精神及阳明心学等,彼此颇有共鸣。所谓"知行合一",知是行的主意,行是知的功夫,对此我表示认同。杨老师有着 19 年华为一线实战经验,对"知行合一"的践行经验尤为宝贵,本书既有经典的管理学理论,又有大量的行业头部营销案例,是一本值得企业家及高管学习和参考的好书。

李守军
瑞普生物董事长(300119)

企业能不断突破发展瓶颈,并能化危为机、持续保持活力的根本是什么?华为之所以伟大,源于学习西方并卓越地创造出"华为管理体系",同时又以华为风范为当代中国企业回答了这个根本问题。众多志向高远的中国企业,苦学华为,憾不得要,痛而不息!本书是杨鹍先生对长期华为工作的实战经验和多年大型企业管理咨询的体验进行深度思考、体系化归纳后的结晶,尤其侧重实战、可操作性,对华为战略、管理、营销体系演进逻辑的介绍有助于读者探知"所以然"的过程,相信本书会成为那些学习华为并构建自己管理体系的企业家和高管团队爱不释手的作战指导书。

丁彦辉
艾比森董事长(300389)

中国的企业家是非常爱学习的一个群体,一路走来,跟着杰克·韦尔奇学管理,向稻盛和夫学阿米巴,向丰田学精益,向宝洁学市场营销,移动互联网时代向谷歌学 OKR,和腾讯学产品管理,和阿里学中台,和小米学粉丝经济……,每一个都像一阵风,来得快去得也快。在所有这些学习对象中,华为是一棵长青树。从 2003 年开始,我就看到一些华为前员工写的书,在很强的故事性当中带出来华为在管理上的独到之处,20 年过去了,伴随着华为的壮大,以及其抵御住美国打压的辉煌经历,各种关于华为的书籍一度造成"洛阳纸贵"。两相比较,我禁不住想问"为什么?"

读了杨鹍老师写的《华为,战略驱动营销》似乎让我有了答案,"西方管理理论中国化,中国管理哲学科学化",华为自身的管理体系和其业务同步,甚至比业务更快的速度在进步。华为从 2000 年开始,就和 IBM 学习 IPD,和埃森哲学 LTC,和美世学战略规划,和毕马威学财务管理,并且请中国人民大学劳动人事学院编撰《华为基本法》,等等,通过"先僵化、后优化、再固化"的方式实现真正的化为己用,一步步实现了业务的变革和组织的革新。

在艾比森内部,我曾经组织过"是战略决定组织,还是组织决定战略"的大讨论,会场之上"公说公有理,婆说婆有理",一时难辨雌雄。但是在长期的经营和管理实践中,我逐渐认识到,商业世界中机会总会存在,关键是组织能力能不能接得住这些机会,并且能把机会发展成事业。这就要求管理体系的进步速度要快于业务发展。学习能力就是一家企业的生命力。

杨鹍老师《华为,战略驱动营销》的好处就体现在这里,其所阐释的并不是空洞的理论或者所谓的"华为秘密",而是条分缕析地讲述了他在华为 19 年的工作经历中,亲历见证的,在不同发展阶段华为遇到的问题，华为为这些问题找到的解决办法、管理创新，以及其沉淀下来的一个个的工具箱。这些工具箱可以帮助我们在向华为学习的时候，可以学到实处，他山之石化为己用，最终将其沉淀到自身的组织能力当中，收获长期的发展。

杨江金
建科股份董事长（301115）

　　战略十分重要，但又往往被束之高阁。发展好的企业往往战略执行得十分优秀，尤其通过战略驱动营销的力量更为突出。我们企业2018年首次制定体系化战略规划，落实战略创新和走出去的关键措施，首次营销大会仅几十人，2023年演变到基于生态建设的营销大会近400人。杨鹍老师所著《华为，战略驱动营销》，将为我们像华为一样建立战略+营销体系和方法论提供可行的指导方法，一定会让我们获益匪浅！

杨俊斌
安徽富煌董事长（002743）

　　我常说"爱护营销人员就像爱护我们的眼珠子一样"。杨老师在《华为，战略驱动营销》一书中，用他丰富的理论和实战经验，向读者系统地诠释了华为的战略规划和营销体系是如何实现的，引发了我对自己企业的深入思考。杨鹍老师在华为深耕19年后退休再创业，一边研读西方百年营销经典理论，深入思考；一边从行到写、从写到思，形成系统的营销战略体系。《华为，战略驱动营销》既解析了华为全球化营销体系的构建，也为现代企业全面高质量管理梳理出了核心脉络，全面营销战略就是现代企业竞争的"新质生产力"。
更难能可贵的是，杨老师在文末叙述了自己转变不同角色的心路历程，给人以启迪，值得大家细细品味。

金鑫
大金重工董事长（002487）

　　《华为，战略驱动营销》是杨老师在华为工作近19年的方法论提炼和经验总结，同时杨老师从华为退休后也辅导了许多国内中大型企业，把华为的管理方法论很好地适配到了国内其他企业，这是一件非常有意义和重要的事情。本书既是一本战略规划制定的指导书，又是一本营销体系建设的工具书，既有理论支撑又有实操经验，很值得企业家及高管团队学习和日常工作参考。

欧阳正良
朗特智能董事长（300916）

　　唯一的不变就是变化！相信每个企业家，面临市场的竞争与压力，都想启动内部变革，以应对外部竞争，并取得竞争的优势！但是，如何变？如何确保变革成功？想到过程与结果，每个人都战战兢兢、如履薄冰，唯恐一步踏空，万劫不复！杨老师在华为总部从事变革管理工作，具有企业变革的理论与实战经验，他写作的这本书是实战与理论相结合的产物，值得我们每个企业管理者买来认真学习！学以致用！

程开训

海信视像原董事长（600060）

战略是企业的灵魂，营销是企业的命脉，变革是企业生存的永恒法则，而这一切都做得很好的企业，华为无疑是中国乃至世界的成功典范。作为从华为一线干起来、经历过上述岗位19年锤炼的杨老师，给我们呈现的这本著作，在我所学习的众多华为系的书籍中具有特别的阅读和借鉴价值。

马金星

威博液压董事长（871245）

把系统性思考上升到理论的高度，企业才可能复制其成功的模式和做法，才能够实现基业长青。杨老师通过自身的实践和各种案例，将企业战略规划和营销体系建设的方法娓娓道来。他写作的这本书不仅是一本理论学习的书籍，还是一本实践指导书。在新经济环境下，企业必须明确战略方向、做好营销策略，才能为企业带来长久的盈利。

李力

北控水务集团（00371）

执行董事、执行总裁

德鲁克指出，企业的宗旨（目的）是创造顾客，所以任何企业只有两个基本功能：营销和创新。营销是发现更多的顾客，创新是提升更高的价值。营销是企业的引擎，战略是发展的导航。战略驱动营销，是华为超越世界一流企业的"制胜之道"之一，如同华为的"人资管理""财经管理""技术创新"等方面一样，是中国商界管理理论和实践的标杆。杨鹃老师根据自身在华为19年的管理实践，又结合管理咨询的认识和经验，总结凝练汇聚此书，既有"认识论"，又有"方法论"；既有"系统性"，又有"实操性"。更难能可贵的是，杨鹃老师在华为工作时期，正是华为从"2000年营收220亿元"至"2018年营收7200亿元"的大发展时期，这个阶段的管理理论提炼和实践经验总结，对中国大多数同规模企业，更具学习和借鉴价值。

刘忠东

锐捷网络总裁（301165）

华为的管理是东方思想与西方管理理论的完美结合，华为的崛起与系统地引进成熟的管理体系有很大的关系。本书既有西方经典管理学理论支撑，又有华为实战经验，是一本不可多得的战略营销领域的著作。作者才华横溢、语言风趣、金句频频，文笔之间折射出管理学底层逻辑，值得企业家静下心来仔细品读。

张羽
京东方集团副总裁（000725）

看过的战略类、营销类的书不少，讲理论的居多，讲实战的较少。杨老师的这本书，用近20年的华为经历，解读了华为的战略与营销方法论，对实战的指导意义很强。

书中既有大量的华为管理理论，如BLM模型、DSTE流程、五环十四招、LTC流程、铁三角组织等，又有众多华为实践的案例，包括很多实战的细节。读完该书，很有触动，收获良多。同时进一步了解了华为的文化，理解了华为的成功不是偶然。

该书文风朴实、干练、严谨、系统，是一本战略营销领域的优秀教科书，相信会给读者带来很大的收益。

高晓光
歌尔股份副总裁（002241）

战略驱动营销，华为不同时期的营销变革始终围绕该时期的华为战略，一系列战略营销变革，逐步形成了华为公司的战略+营销体系，形成了一套由西方经典管理理论支撑、在华为认证可落地的一套战略+营销方法论。这成为许多优秀企业争相学习并实践的典范。而本书作者在华为公司一线从事销售及管理工作近19年，既具有大量的华为管理变革经验，又具有丰富的战略营销实战经验。作者结合自己亲身工作经历以及专业深度思考与总结，完成了这本有理论水平、有实操经验的企业战略营销著作。此著作特别值得很多想学习华为战略与营销变革与实践的企业家与高层管理者学习和参考。相信本著作可以帮助更多的企业事业更上一层楼！

吴凯
金风国际董事长（金风科技：002202）

百年不遇之大变局，联系到企业，相信很多同仁都会感概："当下不易，放眼望去，满是红海！同时，技术创新迭代，日新月异；新的赛道，细分领域，层出不穷！但又迅速拥挤。"如何面对变局，唯有不断提高底层认知，加强核心能力。

杨老师凝结在华为近19年实战经验，充满激情，顶烛夜书，将心血之作与我们分享。本书必将有益于我们更好地从点、线到面、到体地建立和加强经营的认知和能力，助力企业穿越周期。

李文学
隆基绿能副总裁
隆基绿能党委书记（601012）

《华为，战略驱动营销》的作者杨老师，曾在华为工作近19年，先后在中国总部、亚太、欧洲、拉美等区域从事营销主管，担当战略解码、战略实施落地的"主力军"，在企业战略管理、营销管理方面具有非常丰富的实战经验。又经过多年对企业的咨询服务，杨老师把管理实践和管理理论有机结合，形成了完整独特的管理方法理论体系。这本书不仅解密了华为如何成为中国制造名片，也在战略管理、营销管理等方面为国内企业提供了完整的理论逻辑和管理实践。本书详细介绍了华为战略和营销管理的思想、流程、方法与工具，体系完整、可操作性强，并特别提炼出了对其他企业的学习启示，非常值得广大企业学习参考。

王争业
回天新材总经理（300041）

杨老师在华为从事一线销售及总部变革管理工作近19载，深谙华为战略体系和管理机制，同时具有企业变革实战经验。杨老师结合长期工作实践，在本书中详细地讲解了华为战略和营销管理流程、方法和工具等，可操作性极强！相信杨老师的著作可以帮助企业实现长远发展！

王立超
三一重工副总经理、营销总部总监（600031）

《华为，战略驱动营销》不仅仅是一本书，更是一部汇聚了华为实战经验与智慧的战略宝典。作者，一位曾亲身经历华为变革风云的老将，将自己在无数次市场征战中积累的宝贵经验，绘制成一份实战地图，无私地传授给所有在发展道路上遇到体系和能力建设瓶颈的企业。作者深入剖析了华为在市场营销领域的战略思维和实践精髓，详尽展示了其独特的战略方法论、高效运作的营销组织、精细化的营销流程以及解决方案营销的全套策略。通过阅读本书，企业家将能够深刻领悟华为的战略精髓，激发自身的创新潜力，为企业的长远发展注入新的活力。

房永斌
国任保险董事长

杨鹍老师以在华为工作近19年的丰富经历和深刻洞察，全景式地呈现了华为以战略驱动营销，推动企业走向辉煌的成功实践。本书内容逻辑严谨，语言深入浅出，案例丰富、引人深思，非常适合想要了解华为发展历程，渴望领悟企业管理精髓，学会构建战略营销体系的读者朋友。

姜卫东

山东五征集团董事长

全国人大代表、全国劳动模范

　　杨老师的营销理论与实践总结深深地吸引了我，这是华为对西方营销理论方法的实践，是华为科学营销实践的总结，是杨老师对华为营销理论和实践体验的归纳与升华。《华为，战略驱动营销》这本著作理论与实践相结合，通俗易懂、引人入胜，非常适合企业家和企业高管学习参考。

王宏

中建科工原董事长

　　《华为，战略驱动营销》是一本从战略全局出发指导营销工作的指南。本书有理论、有实操，无论对企业高管还是一线营销人员，都是必备读物。

王国胜

驼人医疗董事长

　　华为，中国的骄傲和自豪，在企业经营管理方面，勇于向西方优秀企业学习，吸收先进的管理方法并将其转化为华为的核心管理能力，这也创新升华了世界领先的管理理念。在华为工作近19年的杨鹃老师的著作《华为，战略驱动营销》，将华为成熟的管理思想进行了系统的整理，呈现出一个完整的战略营销系统。更让我欣喜的是，我看过的许多模型工具，书中都给了更进一步的落地方法论述，让更多的管理人员看着书就能学习和应用。翔实的案例，将企业经营经常面临的核心战略要点，深刻地进行了解剖及总结。作者通过多年的华为实践，为我国企业管理者提供了非常好的学习巨著，相信大家读后都会受益匪浅！

杨天智

深圳市一心电子有限公司董事长

盛和塾（中国）学习委员

　　世人争学华为，因为华为确实做得非常好。《华为，战略驱动营销》的作者在华为工作近19年，拥有丰富的实战经验，书中介绍的内容很多都是作者亲身经历或者是见证过的，学习华为公司2B业务的打法，可从这本书开始。我作为一位有三十多年2B业务销售经验的老兵，在阅读这本书时都难免有些激动，因为作者把2B营销工作的科学性讲得很透彻，实操性极强，书中介绍的方法论与工具很多都可以直接拿来使用。

才学鹏

中国兽药协会会长

中国农业科学院兰州兽医研究所前所长

中国动物疫病预防控制中心前主任

华为是改革开放以后中国浩如烟海的民营企业中冉冉升起的一颗璀璨明星。华为之所以能够植根于中华文明厚土，屹立于世界创新企业之林，在美国"小院高墙，脱钩断链"的强力打压之下，仍然能够披荆斩棘、勇往直前、再创辉煌，主要原因是华为一直坚持开拓创新、锐意进取、古为今用、洋为中用，用开放的胸怀拥抱世界，用自力更生的精神打造实力，形成了具有鲜明特色的发展理念、发展目标、发展战略、营销策略和管理机制。正如本书的作者杨鹊先生所概括的那样：华为的管理体系就是"西方管理理论中国化，中国管理哲学科学化"。读了杨鹊先生的著作《华为，战略驱动营销》，我深受启发。作者基于在华为 19 年的管理变革工作实践，从发展战略入手，系统介绍了营销管理的思想、流程、方法和工具，有很好的实用价值，适合企业家学习和参考。

陈志强
杰成合力董事长
畅销书《赢在升级——打造流程化组织》作者

本书从战略到营销，非常系统地展现了管理是一门科学。企业需要在理念和方法论的指导下，通过长期的变革，才有机会构建组织能力。

鲁平才
江苏兆鋆新材料股份有限公司董事长
句容经济开发区商会会长

这是一本关于企业战略和营销工作的不可多得的好书，凝聚了作者这两方面很深的理论功底和强大的实践能力。本书关于战略和营销的理论结构详细，内容新颖全面；同时关于战略和营销的开展方法论具体可操作，实用，有效。

谭成
领军企业研究院院长

"学华为"的热潮由来已久。我们总能看到像德邦快递、海康威视、宁德时代等因为成功"学华为"而成为行业领头羊的优秀企业。对于这家昂首向前、代表中国力量的企业，我们作为时代的同行者，究竟要从他的身上学些什么？我想，很多企业家和管理者都会有自己的哈姆雷特。杨老师既有华为一线销售和管理工作的实战经验，又具有多年组织变革的实践沉淀，更为宝贵的是，他在书中把华为"重走的路"作为学习经验，并把华为不断突破瓶颈的成长经验体系化，相信这一定会帮助更多的读者做好从"学什么""怎么学"到"学得会""用得了"的转化。

张乐祥

中国电梯协会秘书长

  我曾经有幸亲耳聆听杨老师的讲座，杨老师对华为管理和战略的解读深入浅出、引人入胜，令人印象深刻。读了杨老师的新书，收获颇丰，对华为的管理体系有了深入而全面的了解。本书介绍的华为营销管理对电梯行业特别有帮助，非常值得电梯行业学习借鉴。

缪波

深圳市鑫景福科技有限公司总经理

盛和塾深圳公司学习践行委主任

  10 天前，杨老师说他写了一本书，让我阅读一下，并让我在月底写一段评语。当时，我毫不犹豫就答应了。为什么会这么果断呢？报恩。

  第一次认识杨老师，是 2021 年 11 月底，在"2022 从战略到执行"的大课上。那次，我记了整整 40 页的 Word 文档笔记。下课后，我累得瘫软在地，休息很长一段时间才离开会场，至今记忆犹新！3 天的分享，他不但帮我打开了一扇天窗，更是大大地拓宽了我认知的边界。此后，我决定全心全意地跟随杨老师，反复学习。杨老师到哪儿讲课，我就跟到哪里，最远的地方是跟到了洛阳。

  正是这两年多的反复学习，我的企业也发生了很大的变化，我们制定了一系列落地措施，例如，战略制定与解码、战略地图绘制、LTC 流程变革、激活组织的事业部变革、构建铁三角、解决方案营销、一报一会，等等。因为全程跟随学习，我企业的管理团队也获得了长足的进步，他们现在已经是一支"敢打仗，能打仗，打胜仗"的军队。当然，客户质量也提升了，经营业绩更是翻番增长。在此，特别感谢杨老师过去两年多的引领和陪伴，我们企业才会有如此快速的成长！

  当看完《华为，战略驱动营销》这本书的时候，我的内心无比喜悦！杨老师把自己在华为近 19 年的工作经验，以及最近几年做企业咨询后的深度思考，还有过去所有课程内容反复打磨后的精华部分，全都汇集到了这本书里。未来，它可以成为我经营企业的一本工具书、一本企业经营指南，就像杨老师随时在身边一样！

  最后，再次感谢杨老师的邀请，也衷心祝愿此书能帮助更多的企业家，让中国的企业越做越好！

施炜

华夏基石管理咨询集团领衔专家

  杨老师在华为工作近 19 年，经历华为营收从百亿元到近万亿元，华为从一个中国企业成长为一家国际化大集团公司。华为是中国企业的标杆，其成长历程和管理经验非常值得中国企业借鉴。杨老师通过理论与实践相结合的方式，写成了《华为，战略驱动营销》一书，此书定位为一本战略规划的引导书和营销体系建设的工具书，书中内容既有很高的战略和营销的理论价值，又有许多战略和营销体系的工具、模板、方法论，很方便企业实操落地，我强烈推荐此书给中国企业家学习参考。

导　读

华为公司在过去20多年的时间里学习了西方100多年的现代管理理论和实践经验，结合东方管理人、管理干部的思想，逐步形成了一套适合自身发展、可落地的管理体系，于是我们称华为的管理体系就是"西方管理理论中国化，中国管理哲学科学化"。

本书完整地归纳了华为从战略制定到执行+营销的理论框架，把华为在战略和营销两个领域的理论基础、落地方法论、工具模板做了详细呈现，是一部全面了解和学习华为战略及营销的作品。该书的整个理论框架分解成四个泳道（如图1所示）：

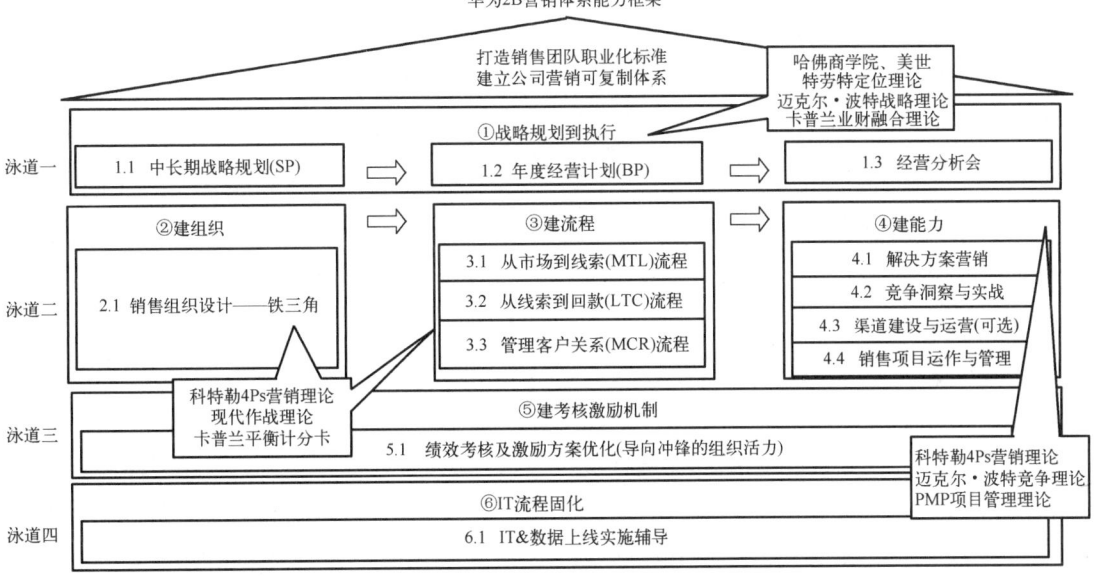

图1　华为2B营销体系能力框架

泳道一：战略规划到执行泳道；

泳道二：营销组织、流程、能力泳道；

泳道三：营销体系的考核激励泳道；

泳道四：营销的IT流程固化泳道。

四个泳道之间相互独立、各成体系，又相互联系，相互之间的逻辑关系严谨。企业家可以按照自己企业所处的阶段，选择相应的模块对标学习，并通过各个模块描述的举措、动作、工具模板做到可落地、可管理。同时又可兼顾企业管理体系的完整性，逐步补齐在战略和营销领域不同模块的短板，提升企业的战略力和营销力，为企业实现长期高质量增长打好基础。

引言
相信文字的穿透力

笔者在华为公司工作了近19年,深深感受到华为公司创始人任正非的文字穿透力,他通过发表公司管理文件、会议纪要、采访摘要、个人感悟等,管理着华为高管和绝大多数华为人的思想,使全公司上下的思想得到了统一。任正非认为思想权和文化权是企业最大的管理权,思想统一了,行动就统一了,无坚不摧!

一直很羡慕能够写书的人,佩服他们能够长时间地静下心来思考和钻研,并不断有作品问世。当自己也完成了同样的事情时,才深深领悟到做成一件事情的关键不在于能力、才华、压力、目标、理想等,兴趣才是第一关键要素。当一件事情能够给你带来快乐时,那你就很容易坚持去做,而且不知疲倦、乐在其中,直至把它做成。这本书的文字大部分是晚上11点以后写的,可想而知我的写作历程一直是很愉悦的,兴趣支撑了我这些时间孜孜不倦地写作,能够一气呵成并交稿给出版社。这本书的写作和我2022年8月发表第一篇公众号文章同步开始,到2023年年底完稿,历时16个月,自己每天都在思考,每天都有进步,每天都有升华。现在回过头来看,这本书的出版是对自己在华为工作近19年的知识总结,又是对我近3年来咨询工作的思路梳理,也是自己人生历程上的一个重要节点。

这本书的写作来由可以从我退休离开华为公司说起,2018年下半年,我从工作了近19年的华为内部退休之后,开始从事中小学英语教育行业,但众所周知,2020年年初新冠疫情突然发生,我不得不停止刚刚起步的英语培训业务,具体的来龙去脉可参考本书最后章节"作者自述:从英语老师到管理顾问的心路历程"。

直到2020年4月份一个偶然的机会,朋友邀请我做了一次华为销售流程(LTC:从线索到回款)直播,之后便收到几家企业邀请去授课,就这样在没有任何规划的情况下,踏入企业管理咨询、培训行业,并创立了简世咨询。刚开始我只是给企业家和高管讲讲华为文化以及华为公司通用的培训课程,很少定制和带入自己的一些思考。后来接触的企业和企业家越来越多,涉及的行业也越来越广,服务了类似于华为的制造型企业,比如比亚迪、三一重工、北方华创、驼人集团、京东方、隆基绿能、金风科技、立邦等,也服务了与华为行业属性完全不一样的互联网企业,比如字节跳动、抖音、美团等,发现完全搬用华为的方法还不足以满足客户的需求,这些客户的行业属性、发展阶段、业务场景与华为的不同,涉及新的知识领域和新技术。于是自己就逐步去思考以前在华为学习的这些知识和方法背后的逻辑,如何更好地去适配这些企业。为了扩充自己的知识面和了解更多行业信息，我阅读了大量的文献、案例和西方管理学的经典理论，它们包括特劳特定位理论、卡普兰业财融合理论、科特勒4Ps营销理论、现代作战理论、卡普兰平衡计分卡、迈克尔·波特战略理论、PMP项目管理理论等，也参加了一些企业管理知识培训、企业家论坛，把华为的课程和方法与这些经典理论和行业联系起来，逐步归纳出以营销体系建设为核心的华为战略+经营+营销的理论框架，逐步厘清了华为方法论与西方经典管理理论的关系，并在此基础上完善了课程之间的逻辑关系，也增加了一些其他企业场景的内容(见图1)。

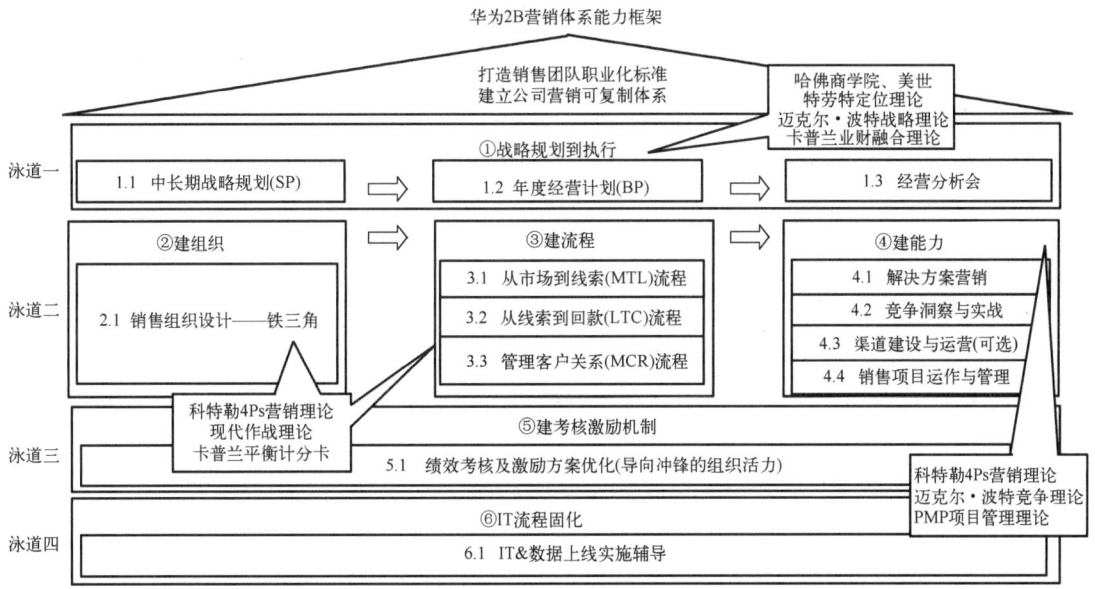

图1 华为2B营销体系能力框架

在2020年至2023年近三年的授课和咨询过程中，自己也利用业余时间不断地把自己的认知和理解总结成文字，梳理出事务背后的规律，逐渐形成了局部领域的知识汇总，并发布在简世咨询的公众号，分享给企业家们，现在统计已经有近百篇原创文章，主要集中在战略、经营分析、营销、流程变革、竞争管理、企业家精神等领域。写作的过程也是不断梳理自己思路、逻辑的过程，也是理论水平不断提高的过程。思考越多，写的就越多，思路就越清晰，逻辑就越通顺，人就越自信。把以前点状的知识逐步连成线，并慢慢形成完整的知识面。把管理学的经典理论与企业具体场景结合起来，不死板地套用理论，以解决企业现实问题为第一出发点，做实战派、可落地的企业管理顾问。

随着咨询时间的增加，自己对企业管理咨询顾问有了更深的认识，以前在华为公司工作，更多的是把局部的一件事情做对、做好，很少去考虑全局和事务的前后逻辑。现在我深深地认识到管理咨询顾问全局性、系统性思维的重要性，要有全局观念，要有前后逻辑连接的能力。作为一个工科男，在分析问题的时候细致深入、逻辑性强，善于把问题量化管理，我认为这是工科男转变为管理咨询顾问的优势，同时工科男对待问题也往往相对固执、绝对，缺乏"灰度"，这是工科男作为管理咨询顾问需要改进的地方。俗话说"没有最好的，只有最合适的"，管理咨询领域范围很广，个人认为要成为一个领域的专家，先要把理论和场景结合起来，把该领域的业务做深、做透。只有成为一个领域的专家，获得了客户和行业的认可，才可慢慢扩展到企业全领域，这是不断修行、提高升华的过程。

一篇文章只能讲述或印证一两个观点，随着写的文章越来越多，越发感受到知识体系的重要性，于是到了2023年的下半年，突然有一天，想把这些文章连起来，形成一套企业管理的理论+实践体系，于是就有了出版书的想法，之后就开始逐步梳理书的内容，拟定目录提纲，确定书的定位、目标读者等内容，最后定稿。

回望2000年3月初加入华为的那天，如今20多年过去了，中国大地发生了翻天覆地的变化，综合实力和国际地位都有了大幅度提升，我们又赶上了华为大发展的20多年，华为公司的快速成长是中国改革开放的一个缩影，我们作为目击者和亲历者，心怀敬畏、倍感自豪，心中油然而生为中国企业做点贡献的使命感：把华为的优秀管理理论和实践赋能给更多的中国企业，把华为踩过的坑、摔过的跤讲授给更多的企业家听，让中国企业能更加高效、高质量成长，正如一位企业家说过的：桥已经修好了，就不要再摸着石头过河了。

华为公司的管理是中西合璧的管理思想，即"西方管理理论中国化，中国管理哲学科学化"。本书通过描述华为战略驱动下的营销体系建设，逐一梳理华为公司的战略制定与执行、年度经营计划、经营分析、营销理论、激励机制、营销实操方法以及日常的工具模板，不仅使用了大量华为真实案例来佐证观点，也引用了本人服务的企业——比亚迪、隆基绿能、三一重工、北方华创、字节跳动、美团等企业的案例，同时也分析了一些优秀企业的案例，比如胖东来、海底捞等，覆盖了较广泛的商业领域和细分市场。

在过去三年，我要感谢一路走过来的老朋友、老同事、企业家朋友们，是他们给了我很多帮助和鼓励，包括观点的纠偏、疑点探讨、知识传授、行业分析等，使我拓宽了知识面和认识深度，更多地去思考事物背后的逻辑，寻找问题的根因，从更高维度诊断企业的痛点。

但是，由于时间和个人能力原因，文中难免会存在错漏之处，敬请读者批评指正，个人邮箱为 yangjing@simpleworldcn.com。

杨 鹃

2024年5月1日

目　　录

概述 ·· 1

第一篇　战略篇

第1章　战略、战略思维、华为战略落地实践 ······································· 18
1.1　战略是什么 ·· 18
1.2　战略思维 ··· 20
1.3　战略与使命、愿景、价值观的关系 ··· 22
1.4　企业战略常见的问题 ·· 25
1.5　企业如何制定好战略 ·· 27
1.6　华为战略管理落地实践 ··· 31

第2章　战略管理方法论 ·· 35
2.1　战略管理方法论：华为升级版业务领导力模型（BLM） ····················· 35
2.2　怎么做好市场洞察？走好"广深高速" ·· 56
2.3　战略是找长板，管理是补短板 ·· 62

第3章　年度经营计划与全面预算管理 ·· 66
3.1　华为年度经营计划 ·· 66
3.2　全面预算管理 ··· 74

第4章　经营分析会（华为一报一会） ·· 80
4.1　什么是业财融合 ··· 80
4.2　什么是经营分析会 ·· 81
4.3　经营分析会六大典型问题 ··· 82
4.4　如何写好经营分析报告 ··· 85
4.5　如何开好经营分析会 ·· 89

第 5 章　战略管理案例 ……………………………………………………… 92

5.1　华为以客户为中心的五个场景 ……………………………………… 92
5.2　华为微波的创业故事：通过洞察客户投资，发现第二增长曲线 …… 99
5.3　如果苹果哪天被打败了，是谁干的 ………………………………… 102
5.4　企业经营管理——多做数学题，少做语文题 ……………………… 108
5.5　企业的愿景、使命、价值观 ………………………………………… 109
5.6　企业家延迟满足精神 ………………………………………………… 111
5.7　从华为、比亚迪、特斯拉看企业长期主义战略 …………………… 114

第二篇　营销科学篇

第 6 章　营销铁三角 ………………………………………………………… 118

6.1　营销就是"满足客户需求+淘汰对手" ……………………………… 118
6.2　铁三角的起源 ………………………………………………………… 123
6.3　铁三角的模式设计 …………………………………………………… 131
6.4　铁三角的运作 ………………………………………………………… 140
6.5　铁三角的四大组织职责 ……………………………………………… 153
6.6　铁三角之客户经理角色认知 ………………………………………… 158
6.7　铁三角之解决方案经理角色认知 …………………………………… 163
6.8　铁三角之交付经理角色认知 ………………………………………… 167
6.9　铁三角的客户经理与解决方案经理的拧麻花机制 ………………… 172
6.10　解析华为军团战略的组织、运作及目标 …………………………… 175

第 7 章　营销科学篇之流程 ………………………………………………… 181

7.1　在流程中，只有角色没有头衔，人人平等 ………………………… 181
7.2　论企业从职能型组织向流程型组织跃迁 …………………………… 189
7.3　如何把能力建在组织上，摆脱对人的依赖 ………………………… 198
7.4　华为从市场到线索（MTL）流程 …………………………………… 210
7.5　华为从线索到回款（LTC）流程 …………………………………… 225
7.6　管理客户关系（MCR）流程及立体式客户关系建设 ……………… 238
7.7　"业务流程化、动作标准化"在一线销售的应用 …………………… 256

第三篇　营销能力篇

第 8 章　解决方案营销，做什么 …… 260
8.1　华为解决方案营销之"五环十四招" …… 260
8.2　华为的"五环十四招"与科特勒 4Ps 营销理论的关系 …… 276

第 9 章　解决方案营销，怎么做 …… 278
9.1　华为解决方案营销之 PPVVC …… 278
9.2　解决方案经理如何用好营销三板斧 …… 286

第 10 章　华为销售项目运作与管理 …… 295
10.1　销售项目运作与销售项目管理的关系 …… 296
10.2　销售项目运作 …… 299
10.3　销售项目管理 …… 305

第 11 章　竞争管理 …… 314
11.1　从迈克尔·波特的竞争战略看华为的竞争管理 …… 314
11.2　论红蓝军对抗在企业中的应用：练时多流汗，战时少流血 …… 319

第四篇　营销激励篇

第 12 章　激发组织活力的营销激励设计 …… 326
12.1　华为为什么不搞销售提成制 …… 327
12.2　华为分钱的基本原则 …… 328
12.3　华为奖金设计的逻辑 …… 329
12.4　对其他企业的借鉴意义 …… 332

第五篇　营销艺术篇

第 13 章　你是个好销售吗？ …… 336
13.1　好销售：胆大、心细、脸皮厚 …… 336
13.2　把常识性的事情做到极致，你就超越了 95% 的人 …… 341
13.3　从华为云陈盈霖与罗振宇的故事看大客户营销 …… 348
13.4　作为一线销售人员，怎么快速地触达客户决策层 …… 353

第 14 章　作者自述：从英语老师到管理顾问的心路历程 ······ 362

14.1　离开华为后，开始英语老师的生涯 ······ 362

14.2　一年半，拜访了 100 多所美国大学 ······ 364

14.3　用 42 天时间，拜访了英国 50 多所大学 ······ 367

14.4　澳大利亚市场拓展，以悉尼为中心，上至布里斯班，下至墨尔本 ······ 369

14.5　加勒比海岛国牙买加，市场拓展最有收获 ······ 370

14.6　很快就做到外教细分市场头部位置 ······ 371

14.7　新冠疫情来临，一切都按下了暂停键 ······ 372

14.8　在偶然中，开启咨询顾问生涯 ······ 373

结束语 ······ 378

华为通用语中英文对照表 ······ 379

参考文献 ······ 382

概　述

I　华为战略+营销能力构架

从 1998 年华为第一次与 IBM 公司的咨询业务部门合作开始,华为开启了向西方一切先进学习的艰辛且漫长的历程。"实用主义的态度,拿来主义的方法",华为通过与世界一流管理咨询公司合作,在 20 多年时间里学习西方 100 多年的现代管理理论和实践经验,结合了东方管理人、管理干部的思想,逐步形成了一套适合自身发展、可落地的管理体系。华为所形成的这套管理体系不仅有西方经典管理理论支撑,而且经过 20 多年在华为的实践并落地,形成了"准军事化管理的思想"。同时华为根据自身的特征实行了全员持股机制,这样就形成了管理人的思想、管业务的理论和锁心的方法,因此我们经常讲华为公司的管理是"西方管理理论中国化,中国管理哲学科学化(见表 0-1)"。

表 0-1　与华为合作的著名咨询公司

业务领域	顾问公司
研发变革 IPD	IBM
LTC	埃森哲
人力资源	HAY Group
战略规划	美世、BCG
商业模式	贝恩
财务管理	毕马威、PWC、德勤
品牌管理	正邦、奥美
企业文化	中国人民大学
客户满意度	盖洛普
运营体系	IBM、埃森哲
股权激励	Towers Perrin
质量控制生产管理	德国国家应用研究院

华为学习西方管理,通过业务一次次变革,也是组织一次次自我革新,采用"先僵化、后优化、再固化"的变革节奏:

> 先僵化:站在巨人的肩膀上,削足适履,先照猫画虎,僵化地用起来
> 后优化:根据自己的业务进行适配,找到最合适的方法,并掌握自我批判的武器
> 再固化:优化动作完成后,要固化在日常的工作中,提升效率,夯实管理平台

华为是研发和营销双轮驱动的公司,研发体系在 1998 年开始全盘导入 IBM 公司的集成产品开发(Integrated Product Development,IPD)流程体系,把研发定位为投资行为,把研发人员打造成了工程商人,从此华为步入流程化组织建设的科学发展阶段。

华为不同时期的营销变革始终围绕该时期的华为战略。在华为营销体系的变革历程中，包含从1998年开始的"151工程"以及营销四要素变革（客户关系、产品解决方案、交付、商务）；2005年产品行销的"五环十四招"；2007年的从线索到回款（Lead to Cash，LTC）流程变革；2008年引入商业领导力模型（Business Leadership Model，BLM）；2012年引入美国SPI公司的解决方案营销方法论[Pain（痛苦）、Power（权力）、Vision（构想）、Value（价值）、Control（控制），PPVVC]等。这一系列变革，逐步形成了华为公司的"战略+营销"体系，即一套由西方经典管理理论支撑、在华为认证可落地的一套"战略+营销"方法论，这些经典西方管理学理论包括：

(1) 特劳特定位理论。

(2) 迈克尔·波特战略理论。

(3) 科特勒4Ps营销理论。

(4) PMP项目管理理论。

(5) 现代作战理论。

(6) 卡普兰平衡计分卡。

(7) 卡普兰业财融合理论。

(8) 其他。

正是有这些西方经典管理理论的指导，确保了华为公司在营销体系建设上没有走太多的弯路，虽然有许多试错过程，但是每一步都坚定且稳健。华为通过小步慢跑的方式，打造了一支"业务流程化、动作标准化"的职业化组织，初步实现了创始人任正非提出的"用内部规则的确定性来应对外部环境的不确定性"，即使在组织扩张或缩减的时候，公司的应对也游刃有余。

华为2B营销体系能力框架源自战略驱动下的营销体系建设，是以客户为中心的业务管理体系，可以分为4条泳道，如图0-1所示：

(1) 公司的战略规划到执行，体现公司的总体战略诉求，包括：

- 中长期战略规划（SP）；
- 年度经营计划（BP）；
- 战略过程监控（经营分析会是过程监控的抓手）。

(2) 公司营销组织、流程、能力泳道，这些都来自公司的战略解码。

- 一线铁三角作战组织、中后台支撑组织；
- 从市场到线索（MTL）流程、从线索到回款（LTC）流程、管理客户关系（MCR）流程；
- 解决方案营销能力、竞争洞察与实践能力、渠道建设与运营能力、销售项目运作与管理能力。

(3) 营销的考核激励泳道，这些是华为价值创造、价值评价、价值分配具体落地。

(4) 营销的 IT 流程固化泳道，该泳道把业务流变成电子流，提升了效率，实现了业务可视化、可管理，实现了数字化营销。

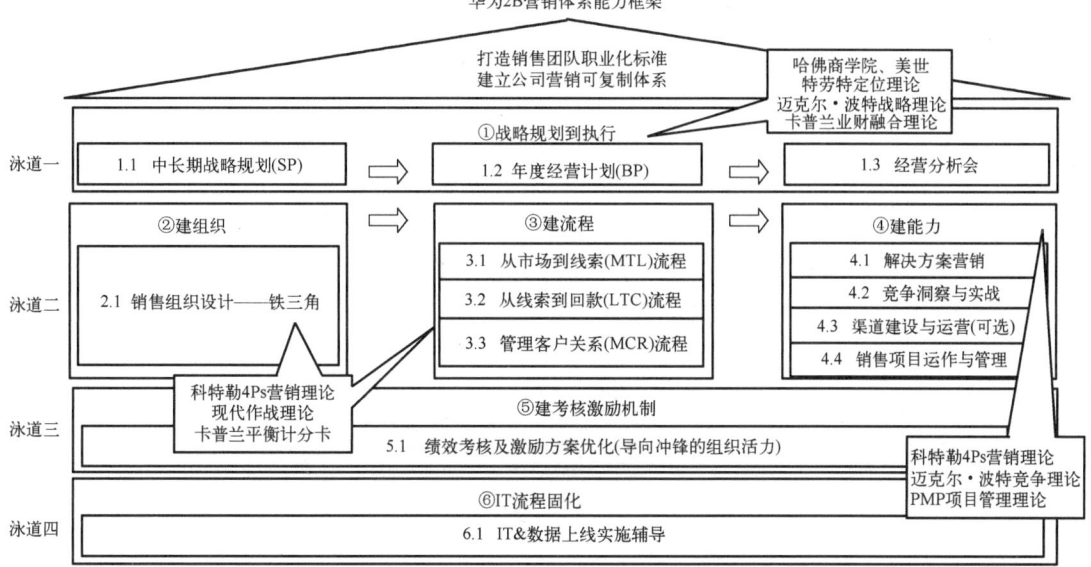

图 0-1 华为 2B 营销体系能力框架

华为 2B 营销体系能力框架的目标是"打造销售团队职业化标准，建立公司营销可复制体系"，建立起不依赖于特定个体的自愈体系，把能力建在组织上、流程中，就算是一个刚刚毕业的大学生，经过这个体系 3 至 6 个月的历练（培训、实习），也可以很快理解业务逻辑，初步达成上岗的要求，这就是该体系的科学部分。同时每个人都是有差异的，个体的主观能动性是不一样的，同样一个标准化动作，甲乙分别去做，结果是有差异的，我们称之为"艺术部分"。

II 营销=70%科学+30%艺术

华为营销科学部分

科特勒 4Ps 营销理论

1960 年，美国密歇根州立大学的杰罗姆·麦卡锡教授在其《基础营销》一书中将营销要素概括为四个，即产品、价格、渠道、推广。1967 年，菲利普·科特勒在其畅销书《营销管理：分析、规划与控制》一书中进一步确认了以 4Ps 为核心的营销组合方法。

4Ps 营销理论被归结为四个营销要素的组合，即产品(Product)、价格(Price)、推广(Promotion)、渠道(Place)，由于这四个词的英文第一个字母都是 P，再加上策略(Strategy)，所以简称为"4Ps"。

(1) 产品(Product)：注重产品的特点和优势，要求产品有与众不同的卖点，不但要满足客户需求，而且要在特性、功能等方面与竞争对手拉开差距。

(2) 价格(Price)：产品根据不同的市场定位，制定不同的价格策略，是产品能否畅销的关键要素之一，产品的定价依据是企业的品牌战略，注重品牌的含金量。

(3) 渠道(Place)：企业并不直接面对消费者，而是注重经销商的培育和销售网络的建立，企业与消费者的联系是通过分销商来进行的。因此好的、广的、强的渠道是产品销售关键要素之一。

(4) 推广(Promotion)：推广应当是包括品牌宣传(广告)、公关、促销等一系列的营销行为，是促进品牌提升的一系列活动全集，不能把推广狭义地理解为"促销"。

(5) 策略(Strategy)：指市场策略或战略，企业在市场推广产品时，采取什么战略至关重要，关系到市场推进的速度、结果，制定正确的市场策略是开展市场推广活动的首要任务。

2004 年前后，华为全球解决方案行销部在 4Ps 理论的基础上，根据自身业务特征，开发出了适合华为行销的方法论——"五环十四招"(见图 0-2)：

一环：业务规划(Plan)；
二环：客户化解决方案(Product)；
三环：品牌营销与推广(Promotion)；
四环：客户与项目(Place)；
五环：定价与盈利(Price)。

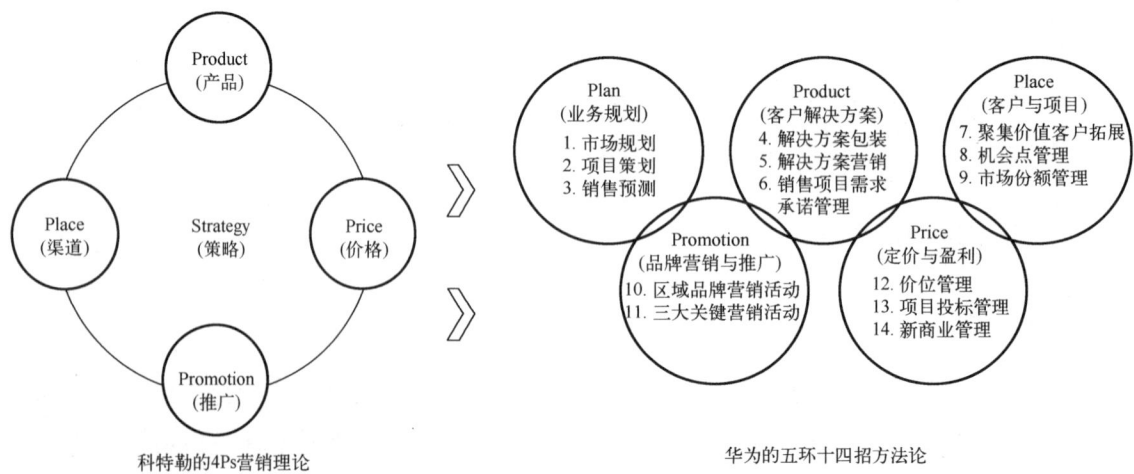

图 0-2 "五环十四招"

同时对这五环梳理出了铁三角之解决方案经理的十四个标准动作，这就是"五环十四招"的来历。"五环十四招"作为华为全球解决方案部的工作方法，定义了解决方案经理的"What to do"，一直延续到现在，成为铁三角之解决方案经理的日常工作，在工作中有实操的表格和模板工具等，在整个华为全球解决方案部统一方法、统一语言、统一工具，为华为在全球范围内开疆扩土提供了很好的服务。

2012年华为与美国 SPI 公司合作，定制了适合华为的解决方案销售方法论（PPVVC）。该方法从客户的痛点出发，提出解决方案构想，再到价值呈现并最后促成交易达成，解决了方案营销的"How to do"，并通过可量化的过程管理，确保各类销售过程中的逻辑、工具、模板的一致性，把解决方案的能力建设在产品行销的组织上，华为把 PPVVC 广泛应用在一线销售人员（销售铁三角及周边人员）的日常工作中，产生了非常好的实战效果。

特劳特定位理论

特劳特于1969年在美国《工业营销》上发布论文《定位：同质化时代的竞争之道》（"Positioning" is a game people play in today's me-too market place），首次提出商业中的"定位"观念，开创了定位理论。

何为定位？特劳特给出的定义是：定位是确立产品在潜在顾客心智中的位置。什么事物都会有自身的定位，但特劳特第一次强调了定位的重要性，认为企业要把定位作为战略看待。

定位理论认为，企业竞争的战场不应该是产品本身，而应该围绕潜在顾客的心智进行（通俗理解就是占领顾客的大脑），企业的实力源自其品牌在潜在顾客心智中占据的位置，而非产品本身。在与对手竞争中，谁在潜在客户的意识中确立最具优势的位置，做到与众不同、差异经营，谁就能在竞争中赢得主动权。定位理论只是企业战略和营销理论中的一种，任何一种理论都不是万能的。应该说，定位只是企业战略的第一步，或者说仅仅只是企业发展战略中的一部分。

自从定位理论诞生以来，全球许多著名公司都应用了此理论，并取得了良好的商业回报。比如美国有 IBM、惠普、宝洁、西南航空、雀巢、苹果、通用电气、微软、沃尔玛和其他财富500强企业，国内有王老吉、茅台、农夫山泉等著名品牌。

(1) "国酒茅台"这一口号已经深入人心，并成为茅台高端定位的象征。茅台酒在中国白酒市场中的地位不言而喻，成为消费者心目中的高端消费品。
(2) 国内地产巨头碧桂园的地产业务，把商品房包装为"五星级的家"，最终的价值定位很简洁："给你一个五星级的家。"

(3) 农夫山泉选择了"甜"这个形式价值进行定位，最终的表达方式是：农夫山泉有点甜。

(4) 瓜子二手车网选择了"没有差价"这个价值因素进行定位，就是 C2C 这种商业模式，最终的表达方式是："没有中间商赚差价。"

(5) 王老吉凉茶在价值定位上，从使用价值转向了延伸价值，选择了"不上火"，加上品牌名称和几个辅助性的词语，成就了大家耳熟能详的一句话："怕上火喝王老吉。"

从上面的几个典型案例可以看出，这些产品的定位在客户脑海里印象深刻，触碰到了人的心坎上，因此好的产品定位也是好的品牌战略，定位准了，品牌就容易传播开。

在华为的管理体系中，很少有人提及定位理论，但是在华为的营销部门，定位理论的应用无处不在，例如：

(1) 通过优质的售后服务，达成客户满意，从而占领客户的心智。特别是在创业初期，产品不稳定可通过服务来补足，虽然当时华为的产品质量不是最好的，产品不是最先进的，客户依然认可华为这个品牌。

(2) 华为通过极致客户体验的接待活动，让客户感动并留下深刻印象，从而占领客户的心智，不但提升了客户关系，而且进一步达成了商业目的。

(3) 华为的全球解决方案行销部，通过五环十四招、PPVVC 的打法，树立了华为产品和解决方案在客户心目中的先进、高端、差异化形象，在客户做选择的时候，华为有很大的溢价权。

迈克尔·波特竞争理论

迈克尔·波特（Michael E. Porter）是哈佛大学商学院著名教授，被誉为"竞争战略之父"，他曾在 1983 年被任命为美国总统里根的产业竞争委员会主席，开创了企业竞争战略理论，出版的《竞争战略》提出三种卓有成效的竞争战略。

(1) 总成本领先战略：要求企业必须建立起高效、规模化的生产设施，全力以赴地降低成本，严格控制、管理及研发、服务、推销、广告等方面的费用。为了达到这些目标，企业需要在管理方面对成本给予高度重视，确保总成本低于竞争对手。

业界典型企业沃尔玛，它在美国与平民百姓共鸣的口号：Save Money, live Better；在中国的口号"天天平价，薄利多销"，把成本控制做到极致，形成企业的核心竞争力。

沃尔玛总部大楼和国际总部大楼（见图 0-3），都是朴实的一层楼，外观上你很难相信这是全球第一大企业，其成本领先战略表现得淋漓尽致。

沃尔玛总部大楼
（位于阿肯色小镇，作者拍摄于 2019 年）

沃尔玛国际总部大楼
（位于阿肯色小镇，作者拍摄于 2019 年）

图 0-3　沃尔玛总部大楼

(2) 差异化战略：是将公司提供的产品或服务差别化，形成一些全产业范围中具有独特性的东西。实现差别化战略有许多方式：商业模式差异、商品的唯一性、技术的独特性、设计品牌形象、性能特点、顾客服务、商业网络和其他方面的独特性。最理想的情况是公司在这几个方面都有其差别化特点。

苹果公司是实行差异化战略的典型企业，它差异化战略的核心是创新：创新的标准、创新的周期、创新的团队、创新的文化等。苹果公司的差异化战略还体现在产品差异化：外观、功能(触摸屏等)、操作系统、价格、性能、技术标准等；营销差异化：产品开发的保密性、营销造势、体验式营销、饥饿营销、营销文化等；服务差异化：个人在线的专属服务——iTunes、App Store 等。苹果手机与安卓手机在用户体验、创新、个性化等方面差异明显，如图 0-4 所示。

图 0-4　苹果手机 vs 安卓手机

(3) 专一化战略：是主攻某个特殊的顾客群、某产品线的一个细分区段或某一地区市场。总成本领先战略和差异化战略都是要在全产业范围内实现其目标，而专一化战略的前提思想是：公司业务的专一化能够以较高的效率、更好的效果为某一狭窄的战略对象服务，从而超过在较广阔范围内竞争的对手。公司或者通过满足特殊对象的需要而实现了差异化，或者在为这一对象服务时实现了低成本，或者二者兼得。这样的公司可以使其盈利的潜力超过产业的平均水平。

例如日本哈德·洛克(Hard Lock)工业株式会社，该公司的专一化战略是：生产永不松动的螺母。全世界所有的高铁、美国的太空梭发射台、世界最高的自立式电波塔"东京晴空塔"、海洋钻探机等重大工程项目，都采用了 Hard Lock 螺母，全世界重大项目都向只有 45 个人的 Hard Lock 公司订购小小的螺母，全世界仅此一家，别无分店，该公司 50 年只研究这一样产品(螺母)，如图 0-5 所示。在这个细分赛道没有竞争对手，这就是我们常说的工匠精神和专一化战略。

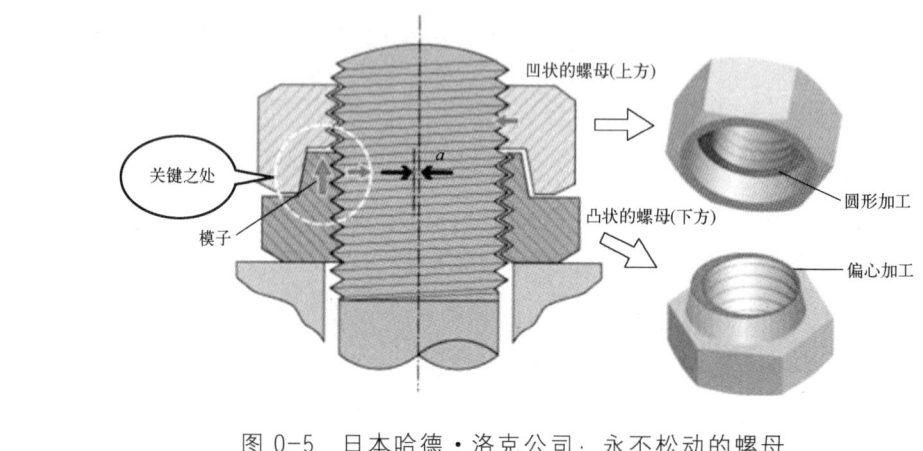

图 0-5　日本哈德·洛克公司：永不松动的螺母

竞争优势是所有战略的核心，企业要获得竞争优势就必须做出选择，必须决定希望在哪个范畴取得优势。迈克尔·波特认为，这三种战略是每一个公司必须明确的，徘徊其间的公司几乎注定是低利润的，所以它必须做出一种根本性战略决策，向这三种通用战略靠拢。企业多元化经营或全面出击的想法既无战略特色，也会导致低于平均水平的表现，它意味着企业毫无竞争优势可言，这类企业成功的往往不多或者不长久。

日常的销售过程就是竞争过程，只要有销售动作，就会有竞争场景。我们周边熟悉的典型竞争场景比如可口可乐与百事可乐，空客与波音，德国的汽车宝马、奔驰和奥迪等，如图 0-6 所示，从这些品牌长期的竞争(甚至超过百年)来看，竞争并不可怕，反而让企业更加强大，就是因为有一个体量、能力相当的对手天天在追赶，因此企业自身也不能够懈怠，必须铆足劲往前冲。正如金一南将军说："小成功需要朋友，大成功需要敌人。"

同时迈克尔·波特也是竞争五力模型的提出者，该模型认为，企业在

图 0-6　典型的竞争形态

拟定竞争战略时，必须深入了解决定产业吸引力的竞争法则。竞争法则可以用五种竞争力来具体分析，这五种竞争力包括：既有竞争者力、新进入者的威胁力、客户的议价能力、供应商的议价能力和替代品或服务的威胁力。

在华为公司的研发、市场、供应链等众多领域，都会采用波特五力模型对竞争对手进行分析，并采取有针对性的竞争策略，通过提升组织的竞争意识，锻造团队的竞争能力，以求在竞争中胜出（见图 0-7）。

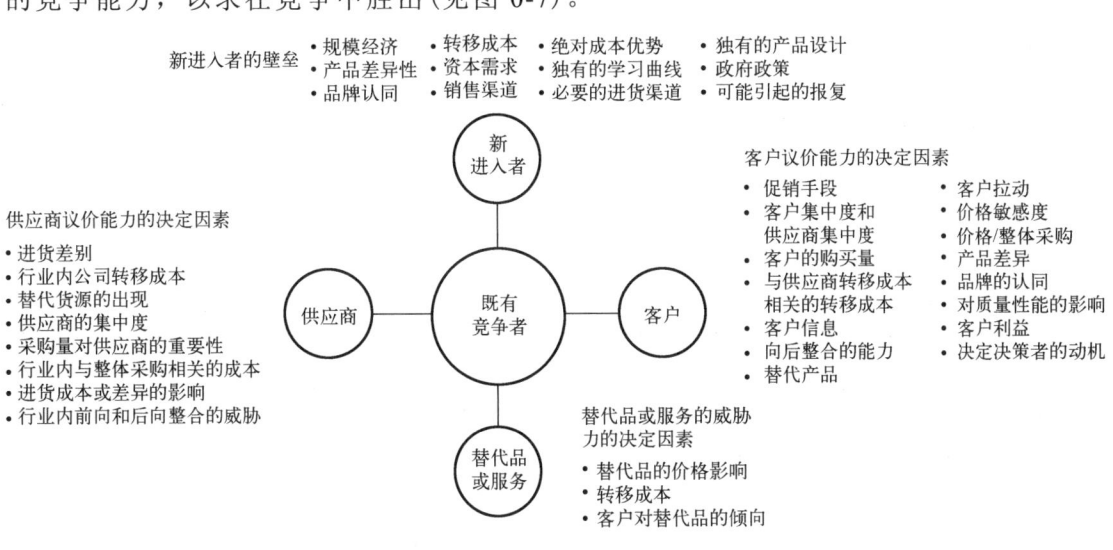

图 0-7　波特竞争五力模型

PMP 项目管理理论

PMP（Project Management Professional）指的是项目管理专业人士的资格认证，它是由美国项目管理协会 PMI 发起的，严格评估项目管理人员的知识技能是否达到专业要求的资格认证考试，其目的是给项目管理人员提供统一的行业标准。

PMP 课程一般包括项目管理五大过程组和十大知识领域。项目管理的五大过程组包括：项目启动、项目规划、项目执行、项目监控、项目收尾。这五大过程组是项目管理的核心，它们相互关联、互相作用，是项目管理的重要组成部分。十大知识领域包括：范围管理、时间管理、质量管理、成本管理、人力资源管理、沟通管理、风险管理、采购管理、方案整合管理、干系人管理。这十大知识领域是项目管理的重要领域。

PMP 是通用的项目管理理论，是可以用于很多领域的管理方法。在 2000 年以后，华为公司逐步推行 PMP，PMP 证书是很多研发和服务岗位必备的。PMP 在研发项目中主要是以 IPD 流程为核心，开发出符合客户需求的产品并实现商业成功；在服务领域，以 SD（Service Delivery）流程为核心，实现契约化交付；在销售项目领域，以 LTC 为核心，签订高质量的合同实现盈利。在华为 2B 营销体系能力框架中，对销售领域的项目管理，把 PMP 理论适配到销售项目中，建立起了完善的面向 2B 销售项目运作与管理的流程（见图 0-8）。

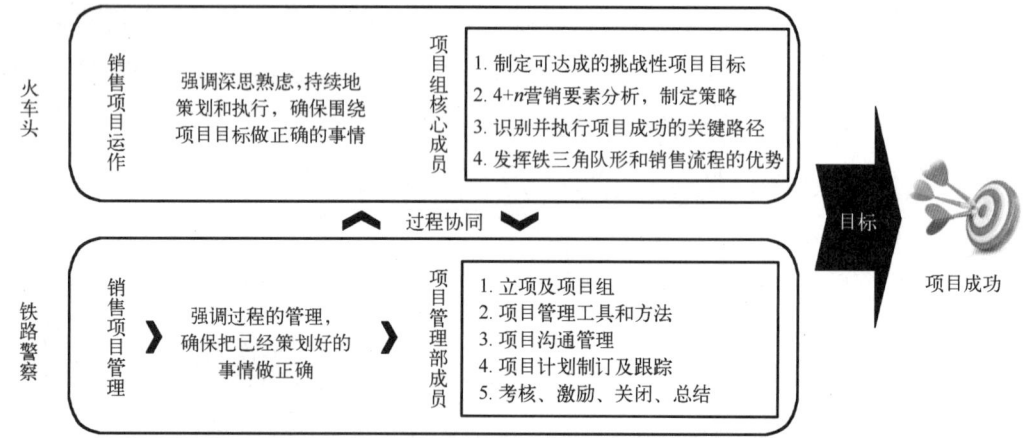

图 0-8　销售项目运作与销售项目管理的关系

销售项目运作与管理是销售项目成功的关键，两者相辅相成，过程协同，目标是一致的，都是项目成功。在华为，销售项目目标管理职责和项目执行职责是适度分离的，管理层需要对目标合理性和对资源投入是否匹配项目目标负责，以铁三角为核心的项目组对项目目标达成和项目策划、资源规划、执行质量负责。

现代作战理论

从军队现代化的作战方式上来看，战争的主角已从过去的军、师、旅、团等且要靠名将指挥的庞大军队逐步转变为"班"一级的小型作战队伍。到了 21 世纪，战争以信息化为特点，其实就逐渐演变为"班长的战争"，这些小型作战队伍的"班长"作为前线现场作战的指挥，不仅要有与战斗匹配的专业技术，同时要具备灵机决断的指挥能力。

未来的战争其实是班长的战争，那么什么是班长的战争？阿富汗战争就是"班长的战争"，战争主要是以"三个全能型士兵"组成一个战斗单位，他们是战争的主体，也是战争胜败的关键决定因素之一。

(1) 第一个士兵带着电脑打仗，是信息情报专家，主要负责搜集敌方信息、天气信息、地形信息等。

(2) 第二个士兵也是带着电脑打仗，是爆破专家，信息专家把信息传递给爆破专家，爆破专家计算到底从哪打好，要从空中打、从海上打，还是从地面进攻，哪个最经济、哪个效果最好，用多少颗炸弹，以实现精确打击。

(3)第三个士兵才拿着枪打仗，小范围歼灭主要敌人，同时保护信息专家和爆破专家。

华为的多年发展正是得益于科学的决策和高效执行。任正非曾在华为内部会议上提到组织的变革："在主航道组织中实现班长的战争，一线呼唤炮火，机关转变职能；非主航道组织去矩阵化或弱矩阵化管理，简化组织管理。虚拟考核评价战略贡献，抢占战略高地。"军队的作战单位已经开始从"师"变成"旅"，任正非说，未来的方向有可能是作战单位从"旅"直管"营"，去除"团"一级，还要缩小成"排""班"……

华为一直在学军队，军队是走在变革最前面的组织，也是最具功利性的组织。国内外商业环境越来越复杂，特别是近20年世界格局发生巨大变化，反全球化的浪潮下，必须考虑在新形势下更快、更好地满足客户与市场需求，"铁三角"式的"三人作战小组"能有效适应新的市场形势，华为铁三角也是参考了美军"班长的战争"模型设立的，在后端的大平台下，铁三角呼唤"炮火"，实现"精兵作战"。

华为的一线、区域、公司平台的组织设置与美军的作战组织设置原理是一致的，即一线组织灵活，负责洞察客户需求并尽量自己搞定客户，如果一线能力不足或资源不够，一线随时呼唤"炮火"，中后台作为能力中心、资源中心、共享中心，随时可以迅速地把"炮火"送到一线去。同时一线铁三角的单兵作战能力也很强，可以紧紧贴近客户，倾听客户的声音，做厚客户界面，第一时间获取客户痛点和需求，与区域、公司平台形成三层结构的作战组织，形成"一切为了一线、一切为了胜利"的整体作战氛围。

卡普兰平衡计分卡

罗伯特·卡普兰和大卫·诺顿，是平衡计分卡（Balanced Score Card，BSC）的两位联合创始人，同时罗伯特·卡普兰也是美国平衡计分卡协会主席。1996年，两位创始人关于平衡计分卡的第一本专著《平衡计分卡：化战略为行动》出版，标志着平衡计分卡理论的成熟。它弥补了传统绩效衡量制度只重视财务的不足，平衡了股东及顾客的需求，也平衡了过去结果及未来可能性的衡量。

为什么平衡计分卡成为近年来最成功的战略工具？因为大多数战略工具所关注的仅是企业的一个点，而平衡计分卡所关注的是全方位的，可以把企业战略全面解码成可视化的战略地图。

平衡计分卡是从财务、客户、内部运营、学习与成长四个层面，将组织的战略落实为可操作的衡量指标和目标值的一种新型绩效管理体系，这四个层面分别代表企业三个主要的利益相关者（股东、顾客、员工），每个层面的重要性取决于角度的本身和指标的选择是否与公司战略相一致。平衡计分卡是现代企业常见的绩效考核方式之一，在现代企业中被广泛使用，这四个层面可以解析如下。

1. 财务层面

财务业绩指标可以显示企业的战略及其实施和执行是否对改善企业盈利做出贡献。财务目标通常与获利能力有关，其衡量指标有营业收入、资本报酬率、经济增加值等，也可能是销售额的迅速提高或创造现金流量，比如销售收入、利润率、收入、回款等。

2. 客户层面

在平衡计分卡的客户层面，管理者确立了其业务单位的目标客户和所在的市场，以及业务单位在这些目标客户和市场中的衡量指标。客户层面指标通常包括战略客户覆盖率、山头客户突破、市场份额、客户满意度以及竞争格局等。客户层面指标使业务单位的管理者能够阐明客户和市场战略，从而创造出出色的财务回报。

3. 内部运营层面

在这一层面上，管理者定义出企业内部运作的核心流程和机制，这些流程和机制帮助业务单位提供价值主张和效率，以吸引和留住目标细分市场的客户，并满足股东对卓越财务回报的期望，比如 ITO（存货周转率）、DSO（应收账款周转天数）、运营合规、流程变革、其他效率指标等。

4. 学习与成长层面

它确立了企业要保持长期的成长和改善就必须建立的基础框架，确立了未来成功的关键因素。平衡计分卡的前三个层面一般会揭示企业的实际能力与实现突破性业绩所必需的能力之间的差距，为了弥补这个差距，企业必须投资于员工技术的再造、组织程序和日常工作的理顺，这些都是平衡计分卡学习与成长层面追求的目标。如员工满意度、员工保持率、员工培训和技能、任职资格完成情况、员工认证通过率、干部队伍建设等，以及这些指标的驱动因素，这样才能推动企业内部流程的持续改善。

平衡计分卡作为 20 世纪末发展起来的一套科学管理理论，先在美国企业和军队规模应用，取得了重大成功。之后华为公司通过西方咨询公司，引入了平衡计分卡，并加以广泛使用[后来华为研发和华为消费者业务（CBG）也引入了 OKR 绩效评价体系]，作为组织 KPI 考核的管理工具，在研发、营销、供应链等领域落地，对于公司的战略落地和员工的绩效考评发挥着重要作用。下面是华为公司某部门的平衡计分卡（见表 0-2）。

表 0-2 平衡计分卡示例

部门 KPI 设计				
分类		序号	年度 KPI 指标	权重
财务层面		1	销售收入	10%～15%
		2	利润率	0%～10%
		3	收入	5%～10%
		4	回款	5%～10%
客户层面		5	战略客户覆盖率	5%～10%
		6	山头客户突破	5%～10%
		7	市场份额	5%～8%
		8	客户满意度	3%～5%
内部运营		9	ITO(存货周转率)	3%～5%
		10	DSO(应收账款周转天数)	3%～5%
		11	运营合规	1%～3%
学习与成长		12	变革项目执行落地	0%～3%
		13	员工任职资格	0%～3%
		14	干部培养流程及制度	0%～3%

卡普兰业财融合理论

业财融合，是业务与财务融合的简称，是指业务发展与财务管理相结合，业务和财务融为一体，从企业的整体去思考业务开展是否符合集团发展的战略方向。

从业务部门来说，在业务开展的全过程，要有经营思维和风险意识，要清晰地认识到业务开展需要为公司创造价值和利润，控制和规避风险，减少损失，因此业务人员也必须有财务方面的知识和历练。从财务部门来说，要深入到业务活动，特别是将财务管理前移到业务前端，通过对数据的预测和分析，反馈给业务部门及决策层，使企业的管理决策更加科学；同时，通过把握业务流程的关键控制点和潜在风险点，并实施有针对性的改进，降低运营风险，因此财务人员也需要有业务经验，能够懂业务。

罗伯特·卡普兰说："财务回报是所有投资者所追逐的，投资者通常会选择几个最核心的财务指标作为衡量企业是否成功的标志。"在 BSC 即平衡计分卡出现之前，企业往往只关注财务指标的考核，缺乏对业务、对客户的重视，企业过分关注一些短期行为而牺牲一些长期利益，比如员工的培养和开发、客户关系的开拓和维护等，这种管理方式是片面的、不科学的。平衡计分卡最大的优点在于，它从企业的四个方面来建立衡量体系：财务、客户、业务管理和人员的培养和开发。这四个方面是相互联系、相互影响的，其他三类指标的实现，最终保证了财务指标的实现。卡普兰认为，一份有价值的经营管理报告不但要有财务指标，同时也要讲清楚与业务的关联，要实现三个转变：

(1) 从讲财务到看业务。

(2) 从讲内部到看外部。

(3) 从讲过去到看未来。

因此，财务人员要把财务语言转化为业务语言，从后台走向前台，对业务进行问诊和管理，这就是"业财融合"。2008年华为公司开始推行经营单元的经营分析会（简称"一报一会"），经营分析会必备的5项基本要求，也充分体现了"业财融合"的要求：

(1) 掌握业务动态。

(2) 打开数据，发掘背后的故事。

(3) 多角度发现、分析问题。

(4) 关注预测。

(5) 提出SMART[Specific（目标明确）、Measurable（目标可衡量）、Attainable（目标可实现）、Relevant（目标和使命一致）、Time-bound（目标达成有时间限制）]改进措施。

小结

在华为2B营销体系能力框架中，也参考和吸收了一些其他经典理论，比如战略解码中借鉴了六西格玛方法论；对干部的培养，借鉴了拉姆·查兰的领导梯队理论，形成了干部"之"字形发展路径；对于战略制定与执行方法，华为公司从IBM引入了BLM模型，形成了华为公司的一级流程——DSTE（Develop Strategy to Execution，开发战略到执行）。

同时华为公司在营销变革过程中，不断地对标行业最佳企业，借鉴了业界其他优秀企业的经验，如三星、摩托罗拉、爱立信、丰田等，也借助了全球顶尖咨询公司的服务，如IBM、Accenture、Mercer、BCG等。

华为营销艺术部分

每个销售人员都有自身的特征，都有自己的主观能动性，比如自信心、真诚、意志力、执行力、领导力、学习能力、良好的心态，这些特征都是个性化的，也是优秀销售人员普遍拥有的特质，我们称之为销售的"艺术部分"。根据华为公司的治理逻辑——用内部规则的确定性来应对外部环境的不确定性，把业务流程化和动作标准化，但这样的输出也是有差异的，因为每个流程动作都是由角色完成的，角色映射到职能部门的一个个岗位，每个岗位的人是个性化的，因此输出也不尽相同，但流程的合理性可确保偏差不会太大，这也是销售最具有魅力的地方。

比如与客户建立关系、洞察客户需求、需求引导、满足客户需求、谈判成交、服务交付等一系列步骤，这在华为的 LTC 流程里面都有非常清晰的定义并配有模板和表格，但从事情的结果来看，人和人又确实存在天壤之别。销售工作是在人与人之间的互动交流中完成的，人际关系能力是销售人员的核心能力之一，优秀的销售都是洞察人性的高手。

如何确保每次输出都能够取得好的效果，这就需要发挥每个人的主观能动性，需要企业选用最合适的人担任流程的角色，确保输出结果最优化，这就是我们通常讲的把最合适的人放在最合适的岗位上，发挥每个人的特长。这样不但组织获得了收益，个人也得到了成长。

销售成功的结果来自科学性与艺术性的完美结合，销售学本身就是一门系统的科学，但其具体操作和实践过程又是一门艺术。销售培训不是给销售人员提供什么"独门绝技"，更不是让销售人员学会"投机取巧"，而是让一群普通的销售人员经过科学方法论的赋能，再发挥每个人的独特优势，提升其销售成功的概率，从而提高整个团队的绩效，因此我们称"销售=70%科学+30%艺术"，销售是可以被管理的（科学的部分权重大），需要"把科学的部分管理好，把艺术的部分发挥好"，这就是销售管理者要做的工作。

小结

在华为，研发和营销一直是两个最大的业务部门，也是华为"研发+营销"双轮驱动的战略具体表现。其中营销是公司的发动机，"营"负责拉近公司与客户的心理距离，"销"负责拉近公司与客户的物理距离，都是公司战略驱动下的落地举措，我们称之为"战略驱动营销"。

想了解企业战略的更多知识点，请参考"战略制定与执行落地"课程大纲。

第一篇 Part 1 / 战略篇

第1章

战略、战略思维、华为战略落地实践

1.1 战略是什么

不同时代、不同地域、不同场景，对战略的表述形式不尽相同，到底什么是战略，有没有统一的定义，有没有一致性的内涵？先看看不同时代的大师给的定义。

> - 战略就是绘制取得战争胜利的那张全局性的、决定性的蓝图。（毛泽东）
> - 战略就是选择企业的业务，制定做大做强的商业模式和商业目标。（杰克·韦尔奇）
> - 战略就是培养企业的核心竞争力，最终转化为竞争优势和市场占有率。（迈克尔·波特）
> - 战略就是对业务集群进行细分，然后选择或放弃，并明确定位。（杰克·特劳特）
> - 战略就是解决企业的生存、竞争以及发展之道。（彼得·德鲁克）
> - 战略就是企业对动荡不安的外部环境做出及时而正确的反应。（西奥多·舒尔茨）
> - 战略就是为管理层制定前瞻性、挑战性、一致性的任务目标。（稻盛和夫）
> - 战略是投资者、经营者、管理者中长期梦想的清楚表达。（杰罗姆·麦卡锡）
> - 战略就是基于系统思维、前瞻思维、创新思维、博弈思维、辩证思维将企业家的梦想转化为关键结果领域（KRA）、关键绩效指标（KPI）的全过程。（罗伯特·卡普兰/大卫·诺顿）
> - 战略就是关于在视界和大炮射程以外进行军事行动的科学。战术是关于上述范围内进行军事行动的科学。（海因里希·比洛）
> - 战略不是预测未来，而是决定我们今天做什么才有未来。（彼得·德鲁克）
> - 只要是拼得你死我活的东西，就不是公司的战略方向。（任正非）

战略（strategy）一词最早是古代军事领域的概念，战略的特征是发现智谋的纲领，如何在战争对抗中胜出。在西方，"strategy"一词源于希腊语"strategos"，意为军事将领、地方行政长官。后来演变成军事术语，指军事将领指挥军队作战的谋略、策略。

在中国，战略一词历史久远，战指"战争"，略指"谋略""诡计""施诈"。春秋时期孙武的《孙子兵法》（见图 1-1）被认为是中国最早对战略进行全局论述的著作，它不仅涵盖了战争的战略思想，更蕴含着丰富的人生哲理。《孙子兵法》虽然是中国 2500 多年前的兵法战略，但是对现代商业和人生依然有极其深刻的参考价值。这本经典之作教导我们培养洞察力、战略思维、团队合作、战术和领导力等重要品质，无论是在战争、商业还是现代人日常生活的方方面面，书中提到的智慧和原则都是极具价值的思想和理论。

通常认为，企业战略是指企业为了实现使命愿景，在一个行业或者多个行业的产业链上进行业务选择，并

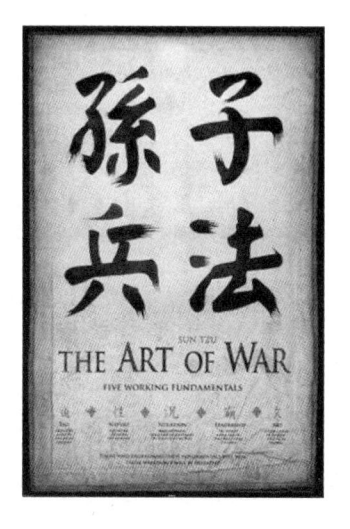

图 1-1 孙子兵法

对这些业务进行创新性的商业模式设计和战略目标设计。战略包括"开展什么业务""如何展开和维持该业务""如何持续增长"，即以下 3 点：

（1）战略决定做什么，不做什么；

（2）战略解决公司长期有效增长；

（3）战略是方向、目标与方法的合集。

简而言之，战略就是做正确的事，战术就是正确地做事！

战略是为了解决公司长期有效增长，如果一个企业不增长、不盈利，是不能够持续的，最后一定会被市场淘汰。举个最简单的例子：如果企业员工一直不涨薪，看不到公司的前途，一定会离开公司，老员工留不住，好的人才进不来，这就是恶性循环，公司就没有未来。

战略不仅仅是简单地针对目标市场和增长点，而是要围绕企业特点和擅长的领域进行深挖，达成长期高质量增长目标，因此战略是找长板，管理是补短板。

战略是一个选择过程，这个选择的原则就是让企业在有限的资源投入下依然持续保持竞争优势！如果你不知道选择做什么，最简单、最稳妥的办法是把不做什么的清单列出来，战略的基本思路是以己之长攻人之短，即抓住有利时机，充分发挥自身优势。

看看"战略是选择"的一个案例：2010 年左右，互联网大厂对云业务的态度及

决策,同样一件事情,腾讯、阿里、百度不同的选择,带来的结果是天与地的差别(见图 1-2)。

图 1-2　战略:站在后天看明天,并决定今天做什么!

1.2　战略思维

战略思维是指对事物全局的、长远的、根本性的重大问题的运作与谋划,包括分析、总结、协同、判断、预见和决策的思维过程,是前瞻性的、服务于企业的长远发展。

举华为的例子来说明什么是战略思维:

> 华为总结了一个通俗的战略理论,即"锅仓田"理论。华为的战略思维体现在时刻保证"锅里有饭、仓里有米、田里有稻",锅里的饭是当下生存的需求,仓里的米是明后年的需求,田里的稻是 3~5 年甚至更远的需求。

战略的制定和执行,是企业中高级管理干部责无旁贷的工作,企业中高级干部必须具有中长期的规划能力,而不能只埋头当下事务,也就是说,中高层干部必须具备战略思维。

华为创始人任正非在战略 Marketing 部(市场部)自我批评民主生活会上告诫高层干部:"一个大企业最重要的是方向,方向错了,大军就乱了,高级干部更需要足够的视野、方向的判断能力,高级干部热衷于事务性工作,什么事都不放手、不授权,这是他搞不明白方向是什么的表现。"企业高层领导干部必须知道战略思维的重要性,只有高级管理干部的思想统一了,战略才可能落地。

华为高级干部大会视频片段

例如，华为国家总经理的角色认知 STROBE 模型，S(战略)要素排在第一位，即制定和执行战略的领导者，这就是对中高级管理者的战略思维要求(见图 1-3)。

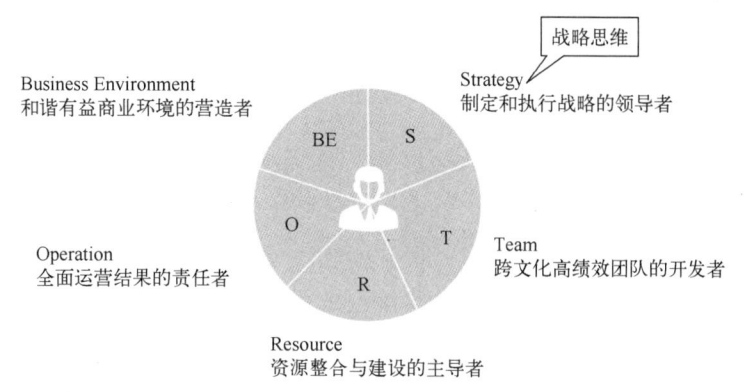

图 1-3　华为国家总经理角色认知 STROBE 模型

战略思维的角色描述是理解和支持公司战略，通过深刻的商业洞察，洞察趋势和不确定性，领导和制定华为国家战略，根据战略匹配资源，并推动关键任务的落地执行。

1. 关键业务活动

(1) 战略规划：通过深刻的商业洞察(深刻理解客户、市场、环境……)制定本地战略规划，通过对关键任务的持续管理，以及组织、人才、氛围与激励的有效建设，确保战略得以执行。

(2) 理解新业务：了解新业务本质，把握新业务方向。

(3) 关键客户影响力：通过对行业变化趋势的把握，能够对客户决策产生影响。

2. 典型场景

(1) 战略对标，理解公司战略，并解码到分公司的关键战略目标及 KPI 指标。

(2) 战略务虚会，通过深入的市场洞察，生成战略指引和战略方向，并逐步达成共识。

(3) 制定与客户做生意的方式，即业务设计，把分公司的经营要素设计出来，比如客户在哪里、如何盈利、如何配置资源、认清对手及自身、评估并防范风险。

(4) 管理关键任务，即战略目标，比如战略山头项目、产品突破、盈利指标要求、效率提升要求、客户满意度要求等。

同样，华为对研发产品总裁的角色认知中，把研发产品线总裁定位为工程商人，第一能力要素也是战略思维(见图 1-4)。

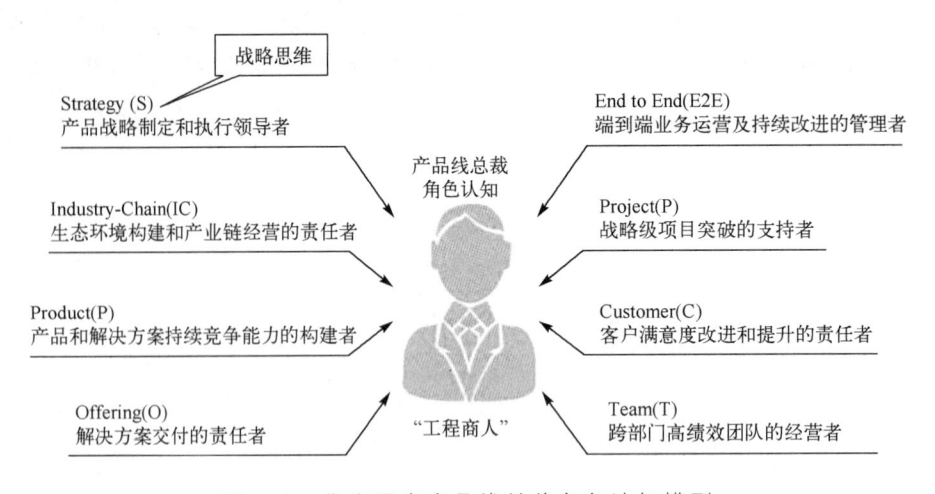

```
                        战略思维
Strategy (S)                              End to End(E2E)
产品战略制定和执行领导者                     端到端业务运营及持续改进的管理者

Industry-Chain(IC)          产品线总裁      Project(P)
生态环境构建和产业链经营的责任者  角色认知    战略级项目突破的支持者

Product(P)                                Customer(C)
产品和解决方案持续竞争能力的构建者           客户满意度改进和提升的责任者

Offering(O)                               Team(T)
解决方案交付的责任者        "工程商人"      跨部门高绩效团队的经营者
```

图 1-4　华为研发产品线总裁角色认知模型

商业领袖往往自己就是战略家，他们本身都具备战略思维、无授权领导力及坚定的意志力等优秀品质。俗话讲"问题出在前三排，根源都在主席台"，这句话的底层逻辑就是：干部是负责公司方向的，方向错了一定是领导人和高级干部团队出了问题，这也是为什么华为的所有高级干部的素质模型或角色认知的第一个关键要素都是要拥有战略思维。

"战争打到一塌糊涂的时候，高级将领的作用是什么？就是要在看不清的茫茫黑暗中，用自己发出的微光，带着你的队伍前进；就像希腊神话中的丹科一样，把心拿出来燃烧，照亮后人前进的道路。"

——西方兵圣：克劳塞维茨

亚马逊 CEO 贝索斯说："当你把眼光放到三年以内，会发现到处都是对手；而当你把眼光放到未来七年，那么针对你的人就会很少。"战略就是做一年、定五年、看十年，企业家要着眼整个战局，具有长远的战略目光，这就是企业家的战略思维。

1.3　战略与使命、愿景、价值观的关系

了解一个企业的文化最直接的方式是解读企业的使命、愿景、价值观，并查看这些内容在企业落地的情况，分析落地好或不好的原因分别是什么。

1. 使命

使命是企业存在的理由，是企业承担并努力实现的责任，是回答企业要实现什么的问题。一个组织想要生存下来，一定有一个坚定的使命，即企业为什么要存在，就像一个人为什么活着一样，活着的意义是什么。如果一个企业没有一个正向的使

命，会让员工觉得自己永远是在给老板打工，而不是围绕这个使命而工作，会直接导致他所关心的只是薪水的多少、福利怎么样、能不能工作压力少一点，员工缺乏内驱力，组织就没有活力。

2. 愿景

愿景是企业对未来的设想和展望，是企业在整体发展方向上要达到的一个状态，是回答企业将成为什么的问题。企业阶段性清晰的愿景是至少10年、20年后要发展成什么样子；它为企业提供了一个清晰的发展目标和未来图景，告诉企业的每个员工企业将要走向哪里，每个员工都要为了这个愿景而共同奋斗。设立愿景的重要意义是激发员工、客户、伙伴的使命感和成就感。好的愿景会让员工热血沸腾、满怀希望、无比自豪。

3. 价值观

价值观是企业及其员工共同认可和崇尚的价值评判标准，是共同遵守的思维模式和职业道德。价值观要回答企业为实现使命和愿景如何采取行动的问题，它为工作提供了行动准则，也为企业处理矛盾提供了判断依据，即怎么做事情是对的。

4. 战略与三者的关系

战略指企业为了实现使命和愿景，在一个行业或者多个行业的产业链上进行业务选择，并对这些业务进行创新性的商业模式设计和战略目标设计。

使命、愿景、价值观让企业的战略有了灵魂！愿景是凝聚人心的，使命是所承担的责任感，价值观是做事准则，战略是指领导者采取怎样的方法来完成企业使命、达成愿景：

(1) 使命是"理由"。
(2) 愿景是"目标"。
(3) 价值观是"行动的原则"。
(4) 战略是"方法"。

战略是一系列重大的职能或组织决策，解决的是团队如何实现愿景的方法问题。

企业的使命、愿景、价值观不仅承载着企业文化，更是企业品牌的核心内涵，它涉及业务战略、运营管理的顶层规划。企业就像一艘海中远航的轮船，为什么出发、到达哪个彼岸、走什么航线、遵守什么准则，是企业需要考虑的核心问题。

企业的使命、愿景、价值观往往是企业创始人内心的真实写照，它通过内部的传播、口口相传、企业文化落地等方式，将创始人心中的种子播撒到每个员工心里。只有这样，才能让种子生根发芽，让企业根深叶茂（见图1-5）。

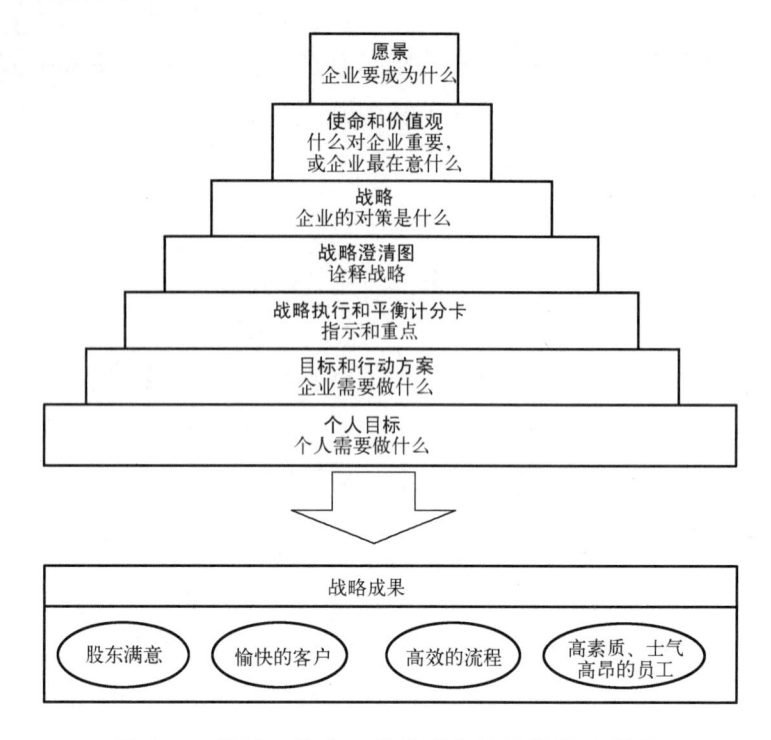

```
           愿景
       企业要成为什么
      使命和价值观
   什么对企业重要，
   或企业最在意什么
         战略
    企业的对策是什么
      战略澄清图
        诠释战略
   战略执行和平衡计分卡
       指示和重点
     目标和行动方案
     企业需要做什么
       个人目标
     个人需要做什么
```

```
                战略成果
  股东满意    愉快的客户    高效的流程    高素质、士气
                                      高昂的员工
```

图 1-5　愿景、使命、价值观和战略关系全景图

举例说明著名企业的愿景、使命、价值观（见图 1-6）。

```
我们的愿景是成为世界上服务最快、最好的餐厅    把数字世界带入每个人、每个家庭、每个组织，
              （麦当劳的愿景）               构建万物互联的智能世界
                                                        （华为的愿景）
质量、周到的服务、清洁的环境、为顾客提供    聚焦客户关注的挑战和压力，提供有竞争力的通信
有价值的食品                                与信息解决方案和服务，持续为客户创造最大价值
              （麦当劳的使命）                          （华为的使命）
顾客至上、以人为本、坚信系统、诚信经营、回    以客户为中心，以奋斗者为本，长期坚持艰苦奋
馈社会、业务增长、不断更新                    斗，坚持批判和自我批判
              （麦当劳的价值观）                         （华为的价值观）
```

图 1-6　麦当劳和华为的愿景、使命、价值观

企业家在进行战略制定的时候往往忽略了很重要的一点，那就是企业的愿景、使命和价值观以及与战略的关系。大部分人认为愿景、使命和价值观过于空洞，感觉和战略的制定和执行没有什么关系，其实，恰恰是愿景、使命和价值观使得战略拥有了灵魂，有了评判标准和依据。

如果企业家没有想通透愿景、使命和价值观的内涵，那么企业战略方向是不清晰的，采取的举措是片面的、犹豫的，最后达成的结果与企业的愿景是错位的。使命、愿景、价值观绝对不只是贴在墙上的标语，需要落地在企业的业务流程、日常行为、工作模板上，成为企业组织和个人的行动纲领和思维方式，这才是使命、愿景、价值观的真正落地。

让我们看看任正非曾经"吹过的牛"：1994年任正非提出世界通信三分天下，华为要占其一；1999年任正非提出让华为员工用阳台晒人民币的愿景。现在看来，任正非"吹的牛"均已实现。当然，我们的行为一定要跟上自己的野心，付诸行动，才能收获成功！我们始终坚信：眼界决定境界，定位决定地位，思路决定出路。

战略需要领导力作为根本！我们认为领导力包含洞察力、决断力、执行力，还有经常容易被忽略的无授权影响力。华为是如何做的？一把手积极参与战略规划和执行计划，所有的高层干部都要通过带领团队进行市场洞察和战略规划，培养和提升自身的战略思维。专职的战略规划部来组织战略相关活动，市场部、研发部、人力资源部等作为主体部门参与公司的战略规划，各部门分工协同。

再看看其他著名公司如何做的：
(1)可口可乐公司的经理层每半年要和总经理和高管层讨论公司的战略规划；
(2)艾默生的CEO每年都会分配一半的精力在战略规划中，雷打不动。

愿景、使命、价值观是企业文化的基石，是企业一把手思想的表达形式，企业家的高度也就决定了企业的高度，企业家就是企业的天花板。

1.4 企业战略常见的问题

相信每个企业家都认可战略非常重要，它决定公司的长远发展甚至生死，怎样才能够做出好战略，什么情况下会输出坏战略？先看看企业典型的战略环节问题。

1. 错把目标当战略

错把目标当作战略的例子："企业接下来三个月的战略是削减成本，主要包括人力成本和采购成本。"这显然把战略和目标混淆了，没有理解战略的真正内涵。有了战略才有目标，没有战略的企业就像一艘没有舵的船。

战略不是定目标，也不是喊口号，战略是选择，选赛道、选路径、选区域等。战略决定企业的经营目标，包括短期目标和中长期目标，以及实现这些目标的关键任务、动作、组织、人才。

战略的本质特征是企业制定长期发展规划时的取舍，目标是企业愿景实现过程中的定量化、具体化的里程碑节点。

2．见异思迁，忽略自身能力，只追社会热点，最终在运动中消灭了自己

企业家如果没有笃定的信念，容易受他人影响，这就导致企业这艘船不能坚守主航道，最终难成大器。这类企业经不住诱惑，什么赚钱做什么，哪里热闹哪里赶。我们身边这类负面案例太多，比如国内的房地产企业、手机企业、新能源车企业等，大多数企业是追求产业的风口，潮起时裹挟资金杀入，潮落时惨死于沙滩上。

战略的本质是有限资源下的取舍，要克服贪婪。企业家特别不要被短期的小成功蒙蔽了自己的双眼，错把行业风口的成功与自身实力划等号，没有认清自己实力，把原先的战略实施抛之脑后，企业被短期利益所左右。这样一来，企业经营变成游击战，打一枪换个地方，结果企业在运动中成功地消灭了自己。

企业战略一旦付诸实施，企业就必须立足长远，把资源集中在既定的战略上，建立企业的差异化优势，形成竞争对手难以超越的战略控制点，这样就有了护城河。唯有如此，企业才能获得长期利益，真正做大做强。

3．有战无略，只有口号，没有路径

好战略不但有清晰的战略意图和里程碑目标，更重要的是有一条可以让战略落地的科学、可执行的路径，并沿着该路径配套相关资源以推动落实，不能是战略规划与战略执行两张皮，互相平行。

确定了战略目标达成的策略之后，需要将策略细化为具体的行动措施，分清行动计划的轻重缓急，识别目标实现的主要矛盾，并找到矛盾背后的根因。把年度经营计划的行动措施进行汇总分析，形成公司级年度关键行动，并配置合理的资源，确保目标、机会、策略、行动、资源配置五个要素的一致性，咬定目标，保证结果。

4．随遇而安：今朝有酒今朝醉，脚踩西瓜皮，滑到哪里算哪里

随遇而安是一种潇洒、豁达的生活态度，但不适合企业家。随遇而安的态度带来诸多负面影响，比如团队缺乏战斗力、不敢挑战高目标、缺乏责任感和目标感、缺乏计划性和自我约束能力等。

企业家精神是企业家的生活方式，包括创新、冒险、合作、敬业、学习、执着、诚信等诸多特质。企业家需要有笃定的信念，才能心无旁骛地做企业，企业家是企业战略管理的一把手，不可以授权，企业要有明确的短期和中长期目标，企业的愿景、使命、价值观要能激励团队朝战略目标砥砺前行，直至胜利。

5．一叶障目：迷失于当下的细节，片面追求当前的利益

华为公司内部常讲一句话："心中有全景，手中有场景。"这句话指的是管理干部

要有全局性，又要思考可落地性。只见树木不见森林是短视的表现，因此高级领导干部要花更多的时间思考公司的方向、策略，要处理好行政性、操作性的工作与战略性工作的时间分配(见图1-7)。

真正有远见的企业家绝不会片面地追求急功近利，绝不会纠缠于企业的短期成败得失。有时候正确的行动不能产生立竿见影的收益，这个时候更需要企业家有长期主义的定力，有眼界的企业家更看重长远利益。

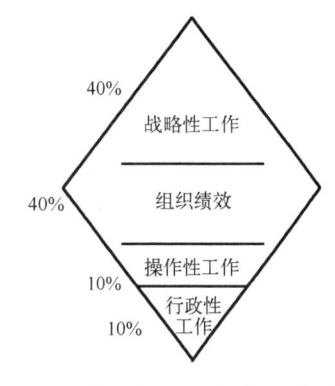

图1-7 华为高级领导干部的工作时间分配

1.5 企业如何制定好战略

企业家的高度就是企业的高度，企业家在进行战略思考的时候，首先要升级自己的认知，避免认知局限。华为内部经常讲：

(1)眼界决定境界；

(2)定位决定地位；

(3)思路决定出路。

这三句话就是要解决领导者和管理干部的认知局限，解放思想，炸开思想的金字塔，多交流、多碰撞、多学习。站得越高，自然就看得越远，认知越深刻，做出的战略决策就会越正确。升级认知，不仅要深，还要多视角，避免本位主义。

在制定战略时，也要有外部视角，看看竞争对手和客户是怎么想的、在做什么、将要做什么。竞争对手是照亮我们最亮的镜子，有战略思维的企业家，比别人看得更长远、想得更远、做出的决定影响更深远。企业家要学会克服认知局限，克服目光短浅，敢于对自己的想法进行批判，同时要带领团队一块做，并形成共识。

竞争对手是照亮我们最亮的镜子

对企业制定战略有如下建议：

(1)好战略必须企业家亲自干，一把手要积极参与战略设计和执行计划。企业家不能说"我请了一个顾问来做战略"，而应该是"我请了一个顾问来辅导我做战略"。华为在过去三十多年的发展历程中，应该说战略相当成功，这个"战略"不是指华为引进的美世(Mercer)和IBM帮助华为做的战略。华为整体的战略成功不单单归功于从西方引进的先进战略管理体系和模型工具,更要归功于华为从西方老师那里学来并建立起来的战略管理能力。

> 听大多数人的意见,跟少数人商量,老板一个人做决策
>
> **战略不能被授权**

(2) 向优秀的人学习。企业家要有敬畏心,这就是华为讲的"用最优秀的人培养更优秀的人"。

(3) 有好的方法论。战略管理方法有很多,要选择适合自己企业的。比如美世的基于价值驱动的业务设计(VDBD)、迈克尔·波特的竞争战略、IBM 的 BLM 方法论(华为采用的)、孙子兵法衍生战略方法论,还有其他著名咨询公司的方法论等。

(4) 培养干部领导力。通过带领团队进行市场洞察和战略制定,提升中高级干部的战略思维。公司组织能力的建设关键在于干部队伍的建设。干部不是培养出来的,是干出来的,先选拔业绩好的作为后备干部,再培养。

(5) 战略规划要有组织承接,要有能力中心提供赋能,比如总裁办、总经办,相关责任人的定义清晰,战略的责任主体应该由业务主管承担,总裁办、总经办负责给业务部门赋能方法论。

(6) 其他方面,比如人才、价值观、领导力等,会在后面的方法论中详细介绍。

战略规划及执行落地,有几个关键节点(或称抓手),就是要开好下面五个会议,通过集团开会的机制,来实现闭环管理战略(见图 1-8)。

| (1)战略务虚会 | 》 | (2)战略共识会 | 》 | (3)业务设计会 | 》 | (4)战略解码会 | 》 | (5)经营分析会 |

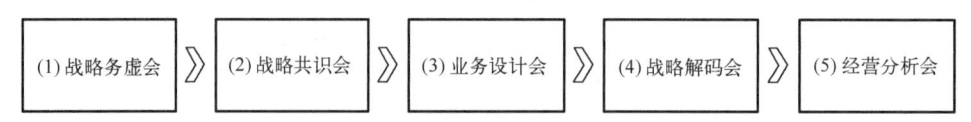

图 1-8 战略落地的抓手,开好五个会

1. 战略务虚会

战略务虚会是指企业核心高管组织召开的探讨方向、把握趋势、认清时势、梳理纲要、探讨路线等高维层面的会议,不针对企业具体的事务,比较偏向于研究和发散探讨。根据业务生命周期变化频度,一般以年度或半年度居多。

战略务虚会是企业的思想发动机,是帮助企业构建战略洞察能力,发现和抓住新的战略机会点,是战略共识会的前端会议。会议可以采取头脑风暴的方式,有序

发散。战略务虚会有三个要点需要注意：

(1) 要有明确的战略指引。战略指引即战略方向，在务虚会召开之前要明确，并下发给与会人员提前准备。

(2) 有合适的引导员。具有一定的权威性和独立性的专家可作为引导员，引导员要具有丰富的知识储备、良好的沟通能力，经得起提问和挑战。

(3) 控制人员范围。一般只邀请公司最高层管理人员参加，不予扩大，比如董事会成员、职能部门一把手（见图1-9）。

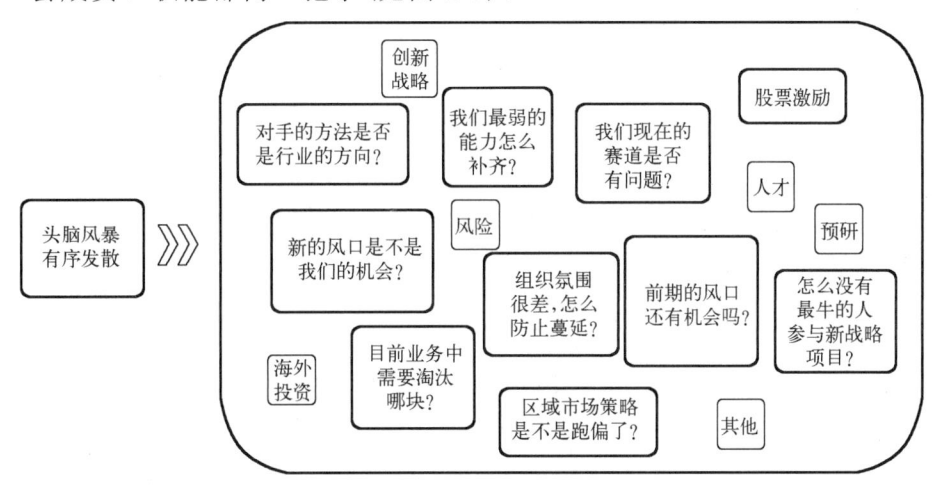

图1-9 有序发散的战略务虚会

2. 战略共识会

经过战略务虚会后，公司高层共同研讨公司的战略方向与要求，并逐步聚焦，形成公司的战略。也就是战略共识会，最终公司高层达成共识，并统一思想。战略共识会要避免一言堂，共识也不是少数服从多数。战略共识会与战略务虚会要频度一致（见图1-10）。

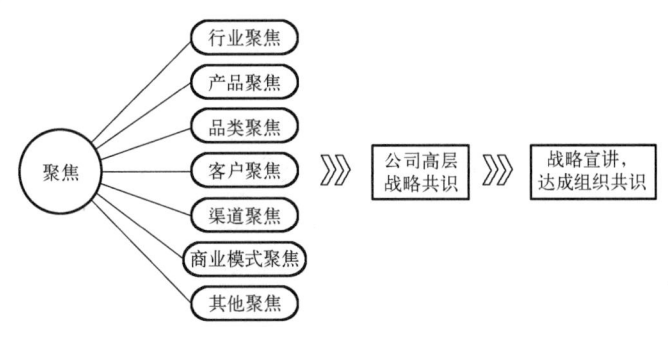

图1-10 战略共识会需要聚焦

3. 业务设计会

业务设计是整个战略规划的核心内容，业务设计就是要以客户为中心，解决客户痛点，满足客户需求。根据华为战略方法论BLM模型，业务设计包含六个方面，分别是：客户选择、价值主张、价值获取、活动范围、价值增值和风险管控。通过这六个方面的合理梳理、科学设计，将战略规划的前面几个步骤连接起来并形成相互协同。

在做业务设计时要注意如下事项：

(1) 时刻围绕客户来设计业务，企业都是因为客户而存在的；
(2) 多维度业务以客户、区域、产品为主维度，其他维度包括运营、财务等；
(3) 业务设计要始终贯穿竞争思维，既学习又竞争和竞合；
(4) 要基于3～5年看清楚形势、趋势来做业务设计。

4. 战略解码会

战略解码是指化战略为行动的工作方法，即通过可视、可管理的方式，将组织的战略转化为全体员工可理解、可执行的行为。战略解码会频度一般半年或年度居多，企业召开战略解码会，战略解码需要遵循4个基本原则。

(1) 垂直一致性原则：以公司战略和部门业务目标为基础，自上而下垂直分解，保证纵向承接的一致性；
(2) 水平一致性原则：以公司端到端的业务为基础，建立部门间的连带责任和协作关系，保持横向一致性；
(3) 均衡性和导向性原则：指标选取应均衡考虑，并体现部门的责任特点，结合平衡计分卡（指标集）的四个维度和公司导向、部门责任均衡考虑选取指标；
(4) 责任落实原则：建立KPI指标责任分解矩阵，落实部门对上级目标的承接和责任，从高层到基层，为个人PBC（绩效合约）的确定提供依据（见图1-11）。

5. 经营分析会

一分战略，九分执行。企业的中长期战略规划解码到年度经营计划后，如何保障年度经营目标落地成实际结果，最重要的抓手就是经营分析会及闭环管理机制。企业的经营分析会是务实的会议，要具体解决业务问题，华为内部把经营分析会称之为"一报一会"，即经营分析报告和经营分析会议。经营分析会为正常的办公例会频度，一般月度或双周居多。

经营分析会由CFO来组织，财务人员要有业务视角，把财务语言转化为业务语言,从后台走向前台,与业务人员直接对话,指出业务的问题、风险、机会,并要求业务部门来回答如何解决这些问题、风险、机会。

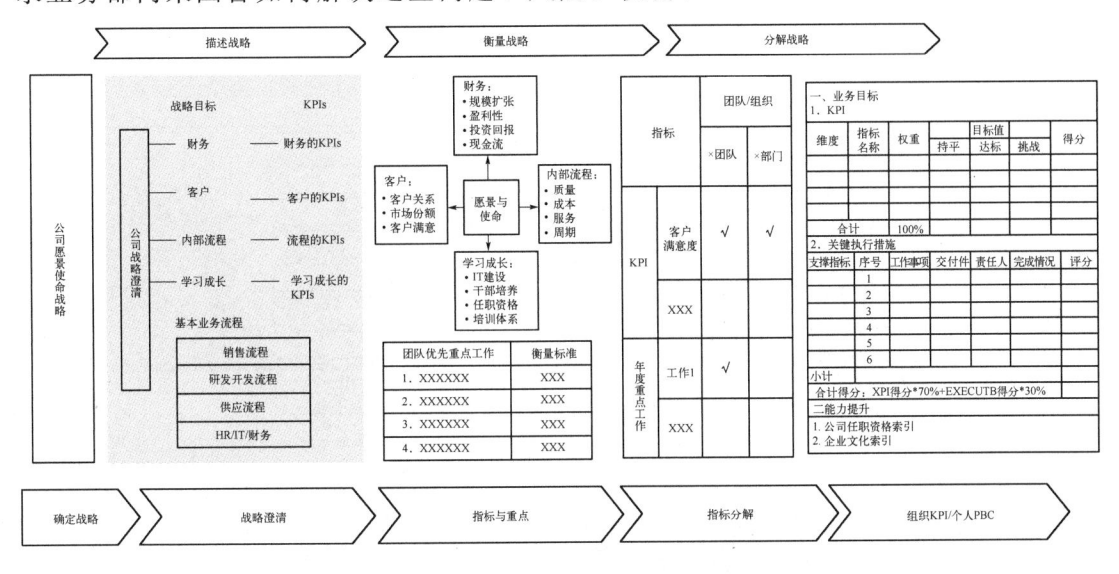

图 1-11 通过战略解码,输出组织 KPI 和个人 PBC

经营分析会应定位为作战会议、作战指挥系统,要指导一线如何打仗,要开成聚焦机会的经营分析会,经营分析会主要议题就是挖机会、分析机会、落实机会。

企业规模和所处的发展阶段不一样,对于中小型公司,可以把上述五个会议简化成 3~4 个会议,比如说务虚会与共识会合一,设计会与解码会合一,但这五个会议的内涵都是要在战略制定和执行的过程中体现的。

1.6 华为战略管理落地实践

华为公司的治理目标是建立起流程化的组织,1998 年是华为公司流程变革元年,公司至今已经输出比较完善的流程架构,基本做到了"业务流程化、动作标准化"。按照迈克尔·波特价值链分类,从战略制定到执行流程(Develop Strategy to Execution,DSTE)属于使能流程,是华为的一级流程,在华为公司的流程编号为 5,是指导公司战略制定和执行的统一方法论和机制(见图 1-12)。

把 DSTE 流程从 L1 至 L6 打开,形成了如下键盘图,同时形成了一套完善的战略闭环管理系统,把战略规划的过程分解成一个个标准动作、工具、模板(见图 1-13)。

DSTE 流程的特点是例行化、统一化、流程化、集成化:

(1) 会议管理日历化,确保各级管理体系高效运作;

(2) 公司各部门进行战略规划时采用统一的方法和模型;

(3) 将 SP、BP、全面预算、人力预算、重点工作、KPI、PBC、述职等进行有效集成，明确各环节的开展节奏和评审程序；

(4) 通过战略解码将战略与重点工作、KPI、PBC 有效衔接，确保战略到执行的闭环。

华为公司定义的17个一级流程(波特价值链)

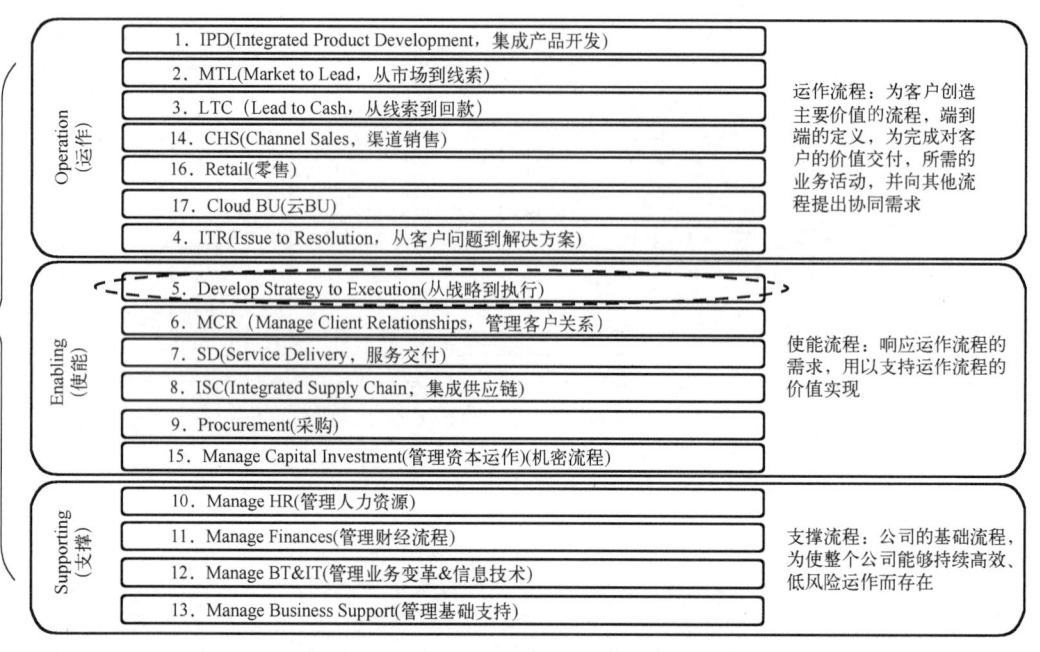

Operation(运作)
1. IPD(Integrated Product Development, 集成产品开发)
2. MTL(Market to Lead, 从市场到线索)
3. LTC (Lead to Cash, 从线索到回款)
14. CHS(Channel Sales, 渠道销售)
16. Retail(零售)
17. Cloud BU(云BU)
4. ITR(Issue to Resolution, 从客户问题到解决方案)

运作流程：为客户创造主要价值的流程，端到端的定义，为完成对客户的价值交付，所需的业务活动，并向其他流程提出协同需求

Enabling(使能)
5. Develop Strategy to Execution(从战略到执行)
6. MCR（Manage Client Relationships，管理客户关系)
7. SD(Service Delivery，服务交付)
8. ISC(Integrated Supply Chain, 集成供应链)
9. Procurement(采购)
15. Manage Capital Investment(管理资本运作)(机密流程)

使能流程：响应运作流程的需求，用以支持运作流程的价值实现

Supporting(支撑)
10. Manage HR(管理人力资源)
11. Manage Finances(管理财经流程)
12. Manage BT&IT(管理业务变革&信息技术)
13. Manage Business Support(管理基础支持)

支撑流程：公司的基础流程，为使整个公司能够持续高效、低风险运作而存在

图 1-12 从战略到执行(DSTE)流程在华为流程体系中的位置

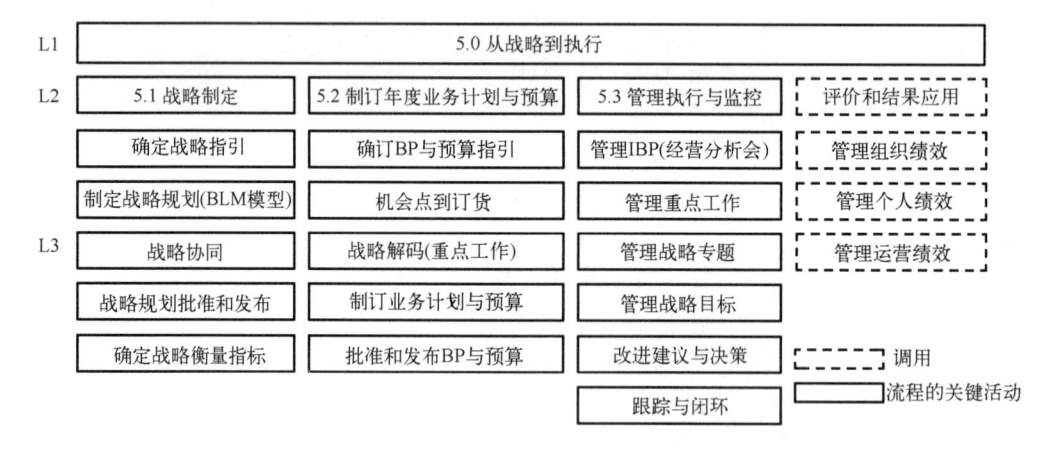

L1	5.0 从战略到执行			
L2	5.1 战略制定	5.2 制订年度业务计划与预算	5.3 管理执行与监控	评价和结果应用
L3	确定战略指引	确订BP与预算指引	管理IBP(经营分析会)	管理组织绩效
	制定战略规划(BLM模型)	机会点到订货	管理重点工作	管理个人绩效
	战略协同	战略解码(重点工作)	管理战略专题	管理运营绩效
	战略规划批准和发布	制订业务计划与预算	管理战略目标	
	确定战略衡量指标	批准和发布BP与预算	改进建议与决策	调用
			跟踪与闭环	流程的关键活动

图 1-13 华为公司 DSTE 流程视图

华为公司战略规划遵循日历化管理，即战略规划过程中的每个节点意图、会议安排、动作、人员等都通过 SMART 模式管理起来，形成了"春季做 SP，秋季做 BP"的日历化管理机制(见图 1-14)。

华为公司严格按照战略日历上的计划，对战略进行有效管理，开好战略务虚会、战略共识会、业务设计会、战略解码会、经营分析会这五大会，这样战略管理就有了抓手，而不是一句空话。战略规划(SP)与年度经营计划(BP)相对比，SP 是大炮射程以外的军事规划，BP 是当下的作战计划，两者之间是承接关系(见图 1-15)。

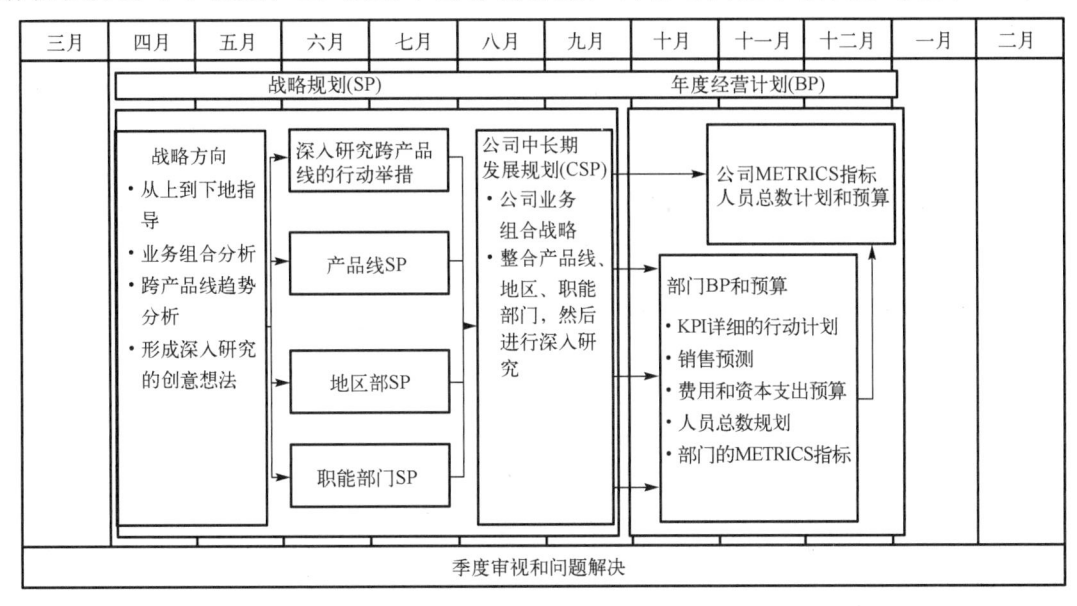

图 1-14　华为公司战略规划周期日程表

	战略规划(SP)	年度经营计划(BP)
定位	规划未来、偏向规划	SP分解到每年的内容，偏向执行
时间范围	未来3~5年	明年
目标	战略目标(长期及规划期内)，3~5年财务目标，强调战略目标的达成	SP的第一年目标，强调年度经营指标完成
内容	差距分析→市场洞察→战略意图→创新设计→业务设计	机会点到订货市场目标→策略和行动计划→关键财务指标；预算(财务和人力)→组织KPI个人PBC
财务观点	重点放在价值创造上(长期及规划期内)	重点在业绩的衡量和管控

图 1-15　SP 与 BP 的关系

小结

根据上述理论知识及华为公司的战略管理实践，我们可以得出如下结论：

(1) 战略是一套业务管理体系，是指企业为应对外部环境和内部资源情况而制定的一套业务规划、执行和监控的体系。

(2) 战略规划是压力传递、目标牵引的过程，公司有了远大的愿景和里程碑目标，通过战略解码把目标分解成一个个任务和动作，并落实到组织和个人，是自上而下的压力传递过程。

(3) 战略规划是组织思考、沟通、共识的过程。战略规划的最大价值不是找到新思路，而是让利益相关者认知一致、信息同步、理解无偏差。只有对战略达成共识，思想才能达成一致，才会有战略自信与战略定力；团队没有战略共识就像布朗运动一样，团队成员的力量相互抵消，不可能形成合力。

(4) 战略管理也是选拔同路人、同心人的过程，只有战略达成共识，才能够力出一孔，都朝着一个共同的目标努力奋斗。

第 2 章

战略管理方法论

2.1 战略管理方法论：华为升级版业务领导力模型(BLM)

BLM 模型，Business Leadership Model，即业务领导力模型，是业界通用的战略制定与执行的方法论。20 世纪 90 年代末，IBM 为实现转型成为"解决方案提供商"，一直在寻找一套战略制定与执行的方法论来指导，于是 IBM 做了如下研究和拓展：

(1) 参考哈佛商学院教授迈克尔·塔什曼在《创新跃迁》一书中的"一致性模型"，该模型描述了构成组织的四大要素，包括关键任务、正式组织、人员和文化；

(2) 同时 IBM 也吸收了美世战略专家亚德里安·斯莱沃斯基在《发现利润区》一书中提到的企业业务设计 VDBD 模型((Value Driven Business Design，即基于价值驱动的业务设计)。VDBD 模型中的业务设计包括五大要素，分别为客户选择和价值定位、利润模型或价值捕捉、范围、战略控制、组织体系。

根据上述理论基础，IBM 联合哈佛商学院的研究团队一起研发、论证和优化，形成 IBM 版本的 BLM 模型。

2007 年华为公司为了把全球各国的一把手从大销售的角色向国家综合经营管理者转变，启动国家总经理发展计划项目（GMDP 项目），从 IBM 引进 BLM 模型作为该项目的领导力方法论。GMDP 项目在华为公司落地非常成功，解决了干部成批次、流程化培养的问题，该项目成为华为公司干部培养的摇篮，并把干部培养模式复制到公司其他职能部门，比如研发、财经、服务等部门。

由于 GMDP 项目的成功，BLM 模型在华为公司内部得到高层的重视，高层发现 BLM 模型除了是一个绝好的总经理思维模型，还是很好的战略和系统化经营的思维工具，于是华为公司开始把 BLM 模型当成战略思考框架应用起来。同时华为公司结合业界优秀公司三星、摩托罗拉等的战略解码方法论及质量管理方法理论六西格玛，创造性地生成了"业务执行力模型"（Business Execution Model，BEM），并作为战略解码方法论，完成了对 IBM 版 BLM 模型的创新性升级。此后华为公司对 BLM 模型的应用，经历了"系统学习→工具细化→流程内化→推行应用"的过程，最终内化在战略规划的业务中,成为华为战略制定与执行的统一方法论。随着华为公司的业务蒸蒸日上,BLM模型也被越来越多的企业认识和采用,已经成为国内大、中型企业普遍使用的战略管理方法论。

华为公司的DSTE流程以BLM模型为理论基础,成功打通战略规划、年度经营计划和监控管理经营分析三条"泳道",在华为各层级(集团、BG、地区部、代表处)统一了战略规划的业务语言,成为统一的战略规划方法论。BLM模型主体分为战略制定和战略执行两大主要模块,连接这两大模块的为战略解码(BEM模型)。战略从制定到执行需要通过战略解码——分解、层层转换,战略的制定和执行都需要领导力进行牵引,而企业内部的价值观则是战略制定、执行落地的大前提(见图2-1)。

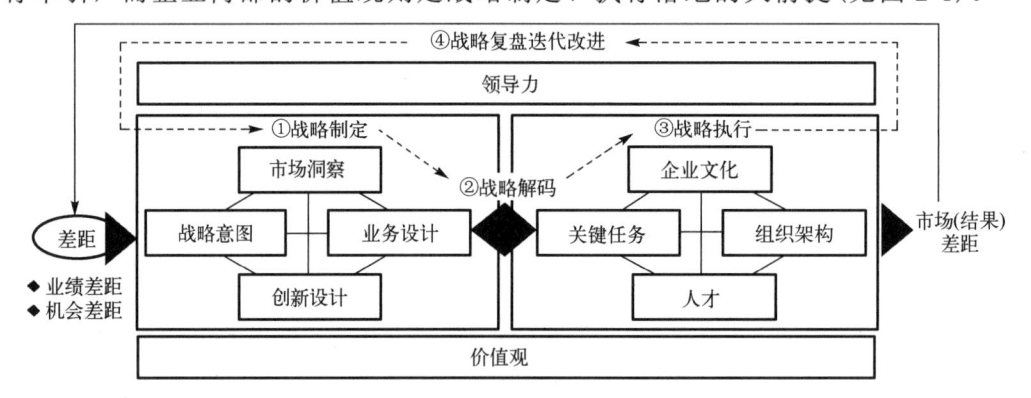

战略管理是从战略制定、战略解码、战略执行再到战略复盘迭代改进的闭环管理体系

图 2-1　业务领导力模型(BLM)

1. 战略制定

通常情况下,BLM模型中的战略制定包含下面四个步骤:

(1) 战略意图:企业在制定战略之前,必须清楚自己的目标是什么,企业的追求是什么,弄清楚自己的战略意图是战略制定的第一步。

(2) 市场洞察:明确了意图,我们还要看清楚企业环境,利用好"五看三定""广深高速",形成客观、有借鉴意义的洞察结论。

(3) 创新设计:充分发挥企业的优势,把自己与竞争对手的差距进一步扩大,避免陷入同质化竞争和低级的价格战中。

(4) 业务设计:有了意图,有了环境分析,有了差异化竞争的能力,最后我们就要把这些要素进行整合,提炼出指引企业业务发展的主要方向和关键路径。

2. 战略解码

战略解码是指通过可视化、可管理的方式,将组织的战略转化为全体员工可理解、可执行的行为的过程。即把战略分解成一个个可执行的任务单并落实到人。华为的战略解码方法称为 BEM，即 Business Execution Model，是华为公司吸取了业界优秀公司(三星、摩托罗拉等)实践，并结合质量管理方法，创造性地生成了业务执行力模型。

3．战略执行

同战略规划一样，战略执行模块也包含四个步骤：

(1) 关键任务：将战略规划中的业务设计分解为一个个可以执行的关键任务，其中，很关键的一点就是这些关键任务需要作为 KPI 制定、绩效管理的有效输入，最终形成可度量、可监管、可评价的体系。

(2) 组织架构：在确认了企业的关键任务后，我们就需要调整优化我们的组织架构，以匹配我们的战略意图和发展需要，达到资源配置最大化、最优化，最终实现我们的战略目标。

(3) 人才：很多企业家不知道人力资源应该在哪儿投入，如何排兵布阵。其实，人力资源的投入就是根据我们制定的战略解码出来的，谁来干、多少人干合适、分多少钱，这些问题都是通过关键任务层层解码出来的。

(4) 企业文化：我们常说"兵熊熊一个，将熊熊一窝"，这句话除了表示领导者的领导力，也体现了整体企业的价值观和文化认同。企业文化就像磁场，归根到底是企业一把手价值观的直接体现，战略能否落地，离不开良好的企业文化氛围。

我们通过登山比赛的例子来理解 BLM 模型。假设我们要举行一场登山比赛，由我方和诸多对手参加，我们的目标是在确保安全的情况下拿到好成绩(见图 2-2)。

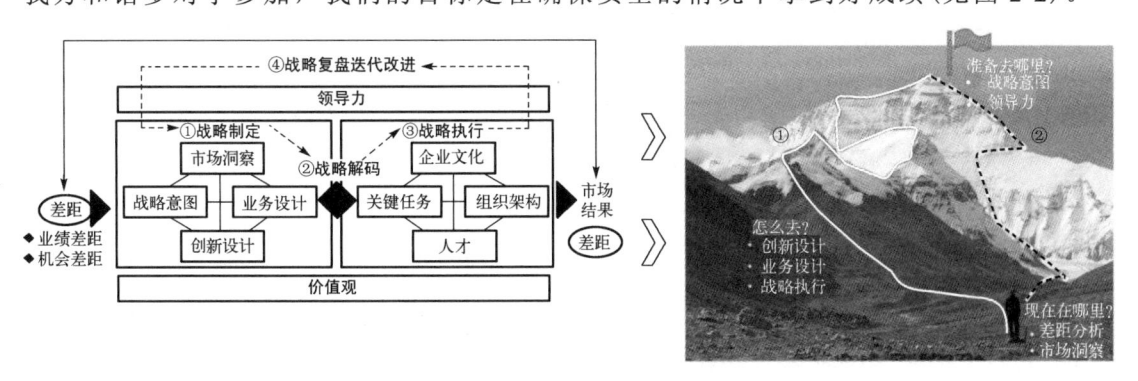

图 2-2 通过登山比赛理解 BLM 模型

(1) 市场洞察：我们分析环境(天气、路况、风险、登山路径等)、自身实力、其他登山者实力(队员、装备、经验、历史成绩等)，不但要知己知彼，而且要看清楚登山路上的困难，甚至风险。

(2) 战略意图：根据我们的战略诉求及实力，我们的意图首先是登顶，并且至少排在前 3 名，成绩为 50 个小时内。

(3) 创新设计：研发出新一代登山鞋、保暖衣、抗高原反应药品，大大降低登山风险，提高登山成绩。

(4) 业务设计：成立登山队，确保资金到位，聘请前登山冠军为顾问，高原集训 2 个月，选择一条没有走过的新路径（路径更短但风险更大），凌晨 3 点出发，在 X 地宿营等。

(5) 战略解码：战略意图明确了，我们就需要分解出不同的组织、不同的人所承担的责任，并用 KPI（Key Performance Indicator，关键绩效指标）来衡量。这些 KPI 是量化的、可考核的。比如教练组的 KPI 是确保高原集训成绩提高 20%，运动员的 KPI 是每月投入高原训练不少于 120 个小时，研发组要在开赛前 6 个月提供新一代登山鞋和抗高原反应药品等。

(6) 关键任务：战略解码出每个组织的 KPI 和每个人的 PBC，并分解出实现战略意图的关键成功要素，以及完成这些关键成功要素的关键任务，比如教练组要租好高原训练场地，并严格按照日程安排训练；研发组要安排某研究员一块参与研制工作等。

(7) 领导力：公司的转型和发展归根结底在内部是由企业的领导力来驱动的；领导是否起到了达到结果所需的行为示范作用？领导是否营造了一种激励人心的氛围？一把手的积极参与是看清未来的必要条件，公司级的战略设计和执行计划是最高层每年都要亲自领导的。

(8) 价值观：价值观是企业决策和行动的基本准则，要确保价值观贯彻在战略、流程、制度、组织激励之中。例如，华为的核心价值观是以客户为中心，以奋斗者为本，长期坚持艰苦奋斗，坚持自我批判，每句话都是常识，这是华为员工的工作伦理。

2.1.1　差距分析

战略是由不满意而激发的，所有的战略规划，都从找差距开始。找到差距不是终点，而是要找到造成差距的根因，并在后续工作中改进提高。差距从何而来？跟业界标杆比、跟竞争对手比、跟自己的目标比、跟自己的理想比（见图 2-3）。

在 BLM 模型中，把差距分为两类，即业绩差距和机会差距（见表 2-1）。

在战略规划的过程中，分析差距的步骤如下：

(1) 确定标的：战略目标、对标企业、主要竞争对手；

(2) 找出差距：列出所有的问题，并逐一排序；

(3) 选出关键的差距：包括市场、技术能力、能力管理等方面的差距，考虑投入产出、竞争影响，然后进行排序；

(4) 分析根因：具体描述（可参考根因分析五步法）；

(5) 落实到负责人：任务清晰，责任到人。

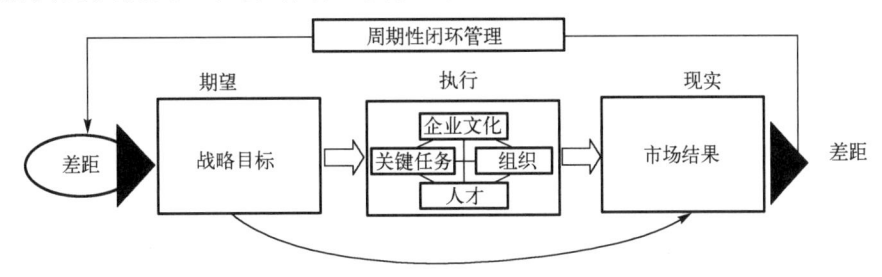

图 2-3 周期性闭环管理

表 2-1 业绩差距和机会差距

类别	定义	特点	备注
业绩差距	是现有经营结果和期望值之间差距的一种量化陈述，业绩差距可以通过高效的执行填补，不需要重新进行业务设计	关注于现在和过去	"份内"的事情没有做到，是"过错"
机会差距	机会差距是现有经营结果和新的业务设计所能带来的经营结果之间差距的一种量化评估，机会差距需要新的业务设计	关注未来和潜在的可能性	"份外"的事情没有看到，是"错过"

2.1.2 市场洞察

什么是洞察？

【洞】：深入、透彻；

【察】：考察、看明白；

【洞察】：对一切事物看得深入、透彻、明明白白，发现完整内容和所代表的内涵、意义，掌握其本质。

市场洞察是战略规划的基础，作为战略规划的输入，企业只有提升洞察能力，才能够率先发现战略机会并抓住它。市场洞察是为了了解客户需求、竞争者的动向、技术的发展和市场经济状况，用于找到机遇和发现风险，目标是解释市场上正在发生什么，以及发生的这些对公司来说意味着什么，即市场洞察是看清前进道路上的环境、阻力、对手、趋势等。市场洞察是要解决认知模糊、认知片面、认知肤浅的问题（见图 2-4）。

传统的市场洞察可以通过五看来完成：看行业/趋势、看市场/客户、看竞争、看自己、看机会，输出战略意图和业务规划等。其中机会是通过市场洞察来发现的，看见了机会才可以输出战略意图（见图2-5）。

```
    认知模糊          认知片面          认知肤浅
       ▽                ▽                ▽
  更清楚、更多细节   更全面、更多角度   更深刻、更多层次
```

图 2-4　市场洞察要解决的问题

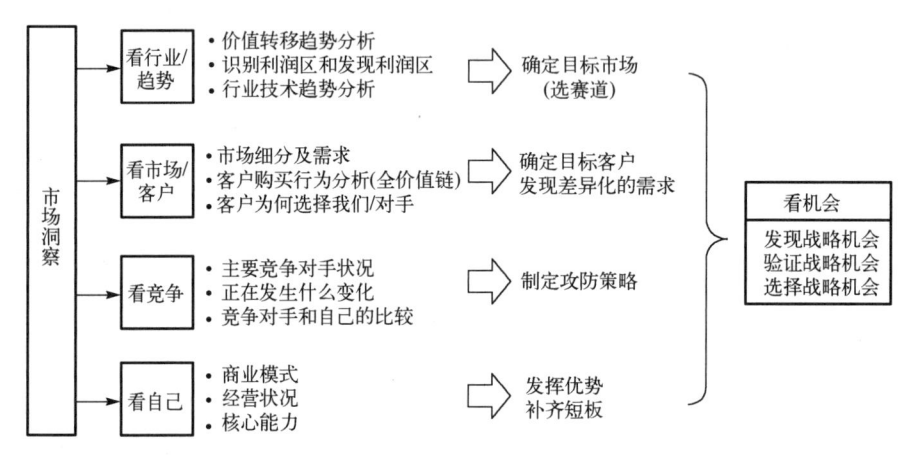

```
           ┌─看行业/  • 价值转移趋势分析      ⇒ 确定目标市场
           │  趋势    • 识别利润区和发现利润区    （选赛道）    ┐
           │          • 行业技术趋势分析                        │
           │                                                    │
           │─看市场/  • 市场细分及需求        ⇒ 确定目标客户   │
 市场      │  客户    • 客户购买行为分析(全价值链)  发现差异化的需求│   看机会
 洞察  ────┤          • 客户为何选择我们/对手                  ├── 发现战略机会
           │                                                    │   验证战略机会
           │─看竞争   • 主要竞争对手状况      ⇒ 制定攻防策略   │   选择战略机会
           │          • 正在发生什么变化                        │
           │          • 竞争对手和自己的比较                    │
           │                                                    │
           └─看自己   • 商业模式              ⇒ 发挥优势      ┘
                      • 经营状况                 补齐短板
                      • 核心能力
```

图 2-5　市场洞察五看

1. 市场洞察的第一看：看行业/趋势

看行业就是看企业所处的宏观环境，分析国家政治与经济大环境，涉及行业发展政策、进出口政策、税收优惠政策、国内外竞争情况、相关的法律法规，分析行业的上下游产业链，产业链生态发展情况，企业所在市场的总规模、增长及趋势，具有什么明显的特征以及未来的发展情况等信息，具体可以参考图2-6所示的模型。

企业的战略是解决企业如何发展的问题，企业长期有效增长是战略方向，因此企业在选择市场时，要考虑如下几个方面：

(1) 需要洞察市场空间大小，市场空间大说明该市场有吸引力，值得长期投入。

(2) 寻找有潜力的市场，要考虑市场发展的后劲，要看长远。

(3) 选择有前途的细分市场，这一点非常关键，企业要做到细分市场的头部甚至冠军，建立护城河。

(4) 要分析竞争对手和竞争格局，找到最适合自身的赛道，同时也要逐步建立起自己的竞争优势。

选择哪个市场或赛道是基于理想、机会、能力、对手、环境的综合考虑，要根据自身实力和特征，匹配资源。

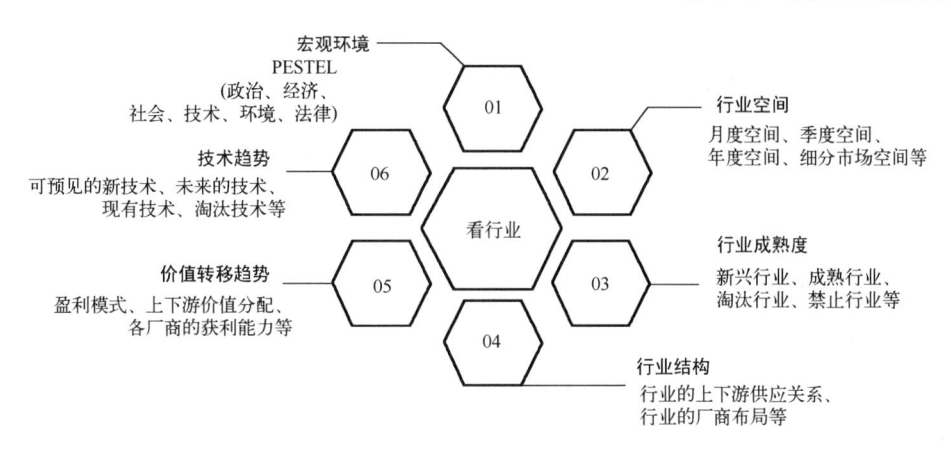

图 2-6 看行业模型

2. 市场洞察的第二看：看市场/客户

客户是谁？要买什么？真正需求是什么？客户的需求趋势有什么变化？客户的其他供应商是谁？我们在客户心目中的位置如何？客户洞察核心是以客户为中心，实时紧跟客户步伐，甚至是要引领客户的步伐。看市场/客户可以参考如下模型（见图 2-7）。

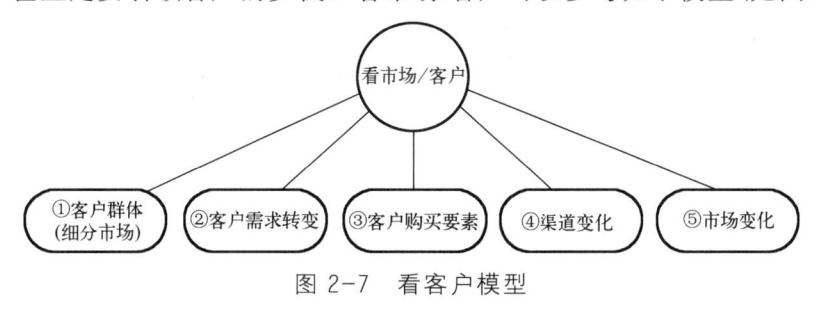

图 2-7 看客户模型

选择客户就是把市场按照不同维度细分，比如按照区域、产品、价格、使用习惯等进行细分，选择与公司匹配的目标市场。企业设计合适的产品、服务、价格、促销和分销系统"组合"，从而满足细分市场内客户的需要和欲望，举例说明细分市场的各种类型（见图 2-8）。

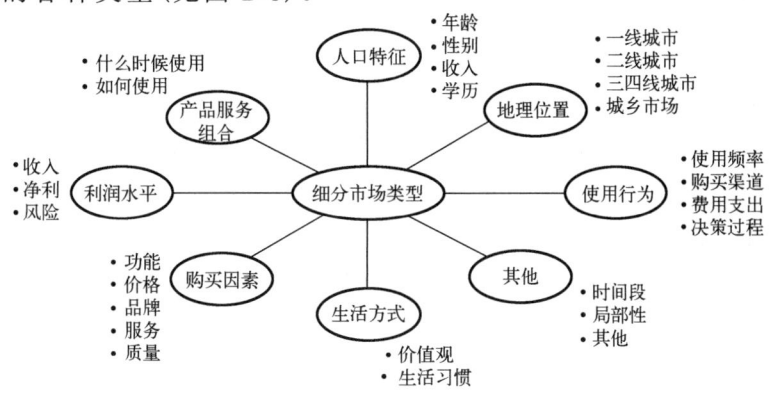

图 2-8 细分市场的各种类型

客户需求是市场机会的源头，企业需要敏锐地挖掘客户需求，发现客户的痛点、兴奋点，并制定有针对性的产品开发和销售策略来满足客户需求。挖掘客户需求不能等、靠、要，必须主动出击，理解不同层次客户的需求如图 2-9 所示。

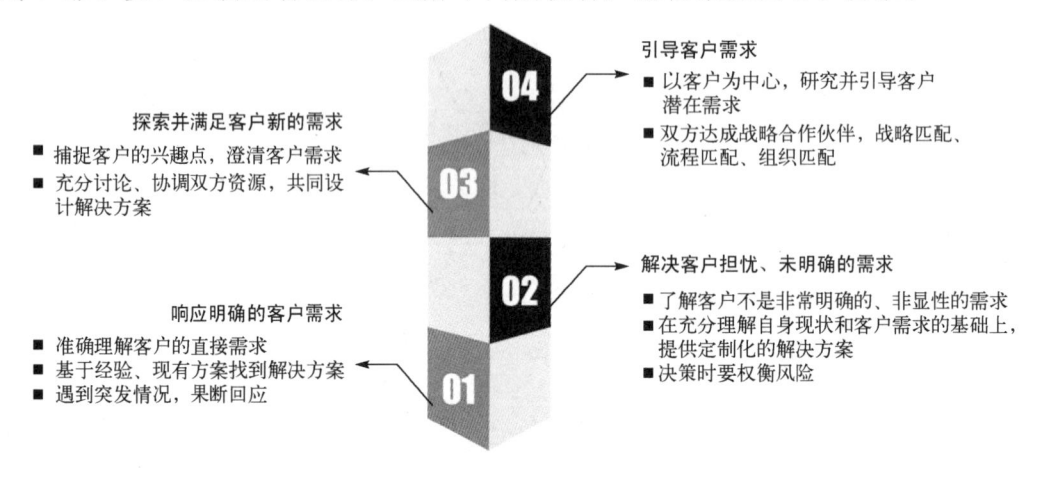

04 引导客户需求
- 以客户为中心，研究并引导客户潜在需求
- 双方达成战略合作伙伴，战略匹配、流程匹配、组织匹配

03 探索并满足客户新的需求
- 捕捉客户的兴趣点，澄清客户需求
- 充分讨论、协调双方资源，共同设计解决方案

02 解决客户担忧、未明确的需求
- 了解客户不是非常明确的、非显性的需求
- 在充分理解自身现状和客户需求的基础上，提供定制化的解决方案
- 决策时要权衡风险

01 响应明确的客户需求
- 准确理解客户的直接需求
- 基于经验、现有方案找到解决方案
- 遇到突发情况，果断回应

图 2-9　理解不同层次客户的需求

3．市场洞察的第三看：看竞争

俗话讲"知己知彼，百战不殆"，竞争对手是照亮我们最亮的镜子，你打败不了对手，往往是因为你不了解对手，你在明处，对手在暗处，因此分析竞争的重要性显而易见：

（1）看清产业，帮助企业把握整个产业的动向；
（2）看清自己和对手，补齐短板；
（3）帮助企业找到前景及细分市场；
（4）帮助企业调整成本、定价、商业模式等；
（5）有利于企业开发市场，快速占领市场。

竞争洞察的维度很多，下面的竞争洞察整体框架是从战略到战术、经营、组织、业务等层面来定义具体的举措和动作的（见表 2-2）。

表 2-2　竞争洞察整体框架

场景	战略和战术				
	战场	战略	经营	组织	业务
外部环境变化	PESTEL 变化对友商的利与弊分析，如何趋利避害？如何借用变化狙击对手？竞争态势如何？				
对手现状及画像	格局地图、丢赢单地图、竞争项目地图	波特五力模型、Gartner 魔力四象限	成长性、盈利性、流动性、风险性	组织变化、高层变化、人员变化	了解竞品

续表

场景	战略和战术					
	战场	战略	经营	组织	业务
进攻目标及路径	主要进攻细分市场、区域客户、主打产品	三年战略目标和举措	经营目标	高管特点、组织调整目的和特点、区域的增减优化	确定业务策略，管理产品份额和经营
市场策略	客户关系、品牌、交付、商务、融资	从战略分解到区域、产品	项目盈利诉求、补贴及战略投入、风险控制等	组织人才战略	主要产品、卖点
"七寸"分析	华为和竞争公司的优劣分析				
核心竞争力分析	格局存量、客户关系、产品技术、成本控制等	政府及大股东支持, 战略清晰可得、务实	资金实力、盈利能力、研发能力和市场投入	人均营收与盈利、交付人员、客户界面人员是否充足，经验与合作历史	客户最喜欢对手什么？我们最不喜欢对手什么？如何学习对手？
输出竞争策略	战术打击"一指禅"等	狙击路径和关键点	打击对手现金流、规模、利润策略	项目组动作、招人等	产品打击"一指禅"等

4. 市场洞察的第四看：看自己

可以通过企业多维度的洞察看自己，比如商业模式、经营状况、市场地位、产品/解决方案、技术、服务、运营/营销、人才/组织、文化等，找到自身的不足。可以使用SWOT分析法、商业画布等工具来看清自己。

SWOT分析法是对企业内外部条件、各方面内容进行综合和概括，进而分析组织的优劣势、面临的机会和威胁的一种方法。其目的是了解对手的资源优势、劣势、机会与威胁，明确对手相对于本企业所处的位置，并根据企业的内部与外部状况，战略性地思考如何为将来而强化企业的资源，得出最佳部署资源的方法。使用SWOT分析法时，参与讨论的人员越多越好，可以运用头脑风暴法，获得最广泛的观点(见图2-10)。

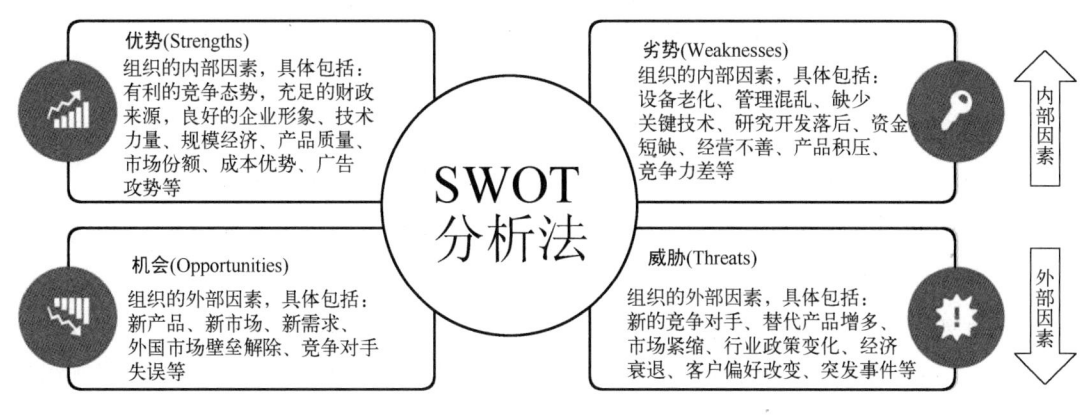

优势(Strengths)
组织的内部因素，具体包括：有利的竞争态势，充足的财政来源，良好的企业形象、技术力量，规模经济、产品质量、市场份额、成本优势、广告攻势等

劣势(Weaknesses)
组织的内部因素，具体包括：设备老化、管理混乱、缺少关键技术、研究开发落后、资金短缺、经营不善、产品积压、竞争力差等

机会(Opportunities)
组织的外部因素，具体包括：新产品、新市场、新需求、外国市场壁垒解除、竞争对手失误等

威胁(Threats)
组织的外部因素，具体包括：新的竞争对手、替代产品增多、市场紧缩、行业政策变化、经济衰退、客户偏好改变、突发事件等

图2-10 SWOT分析法

商业画布是指一种能够帮助创业者催生创意、降低猜测，确保他们找对了目标用户、合理解决问题的工具。商业画布不仅能够提供更多灵活多变的计划，而且更容易满足用户的需求。更重要的是，它可以将商业模式中的元素标准化，并强调元素间的相互作用。

商业模式画布由 9 个方格组成，每一个方格都代表着成千上万种可能性和替代方案，企业要做的就是找到最佳的那一个（见表 2-3）。

表 2-3　商业画布分析法

[重要伙伴] 供应商、合作伙伴等重大战略客户对企业的认知和渴望	[关键业务] 实施商业模式必需的研发生产、销售等关键任务活动	[核心卖点] 我们能够给目标客户提供什么？产品与服务为客户带来什么价值，或者为客户解决什么痛点	[客户关系] 如何维系客户的关系，尤其是组织型客户关系的建立（战略对标、生态共享、采购共享集成联合供应链等）	[目标客户] 高价值目标客户群： • 什么公司； • 所处位置； • 什么样的决策者； • 该客户的战略竞争对手
	[核心资源] 平台/网络、关键人才、客户关系或关键设备等		[渠道] 如何找到客户突破战略客户必要的认证和资质	
[成本] 制造成本 销售费用 研发费用 管理费用			[收入] 盈利模式 客户价值 销售收入 利润	

5．市场洞察的第五看：看机会

通过看行业、看客户、看竞争、看自己，摸清了市场的动态和趋势，机会自然而然就会呈现出来。机会总是留给有准备的人，市场洞察的广度、深度、速度将决定战略规划的质量。要重点分析市场机会的五个特征。

(1)重要性：用数据支撑，做"数学题"，市场空间多大，对手有谁，不做会有什么后果；

(2)持久性：增长率、持续时间、竞争状况、市场利润空间；

(3)独特性：是否有特殊要求？比如低成本、高研发、周期长等；

(4)可衡量性：用数据支撑，做"数学题"，市场空间和公司可参与空间、增长率等；

(5)可触达性：通过宣传、促销等手段，能够准确触达的客户群。

对市场进行细分，发现战略机会，寻找蓝海，或者在红海中寻找蓝海细分市场，逐层分解，客户未被满足的需求就是企业的目标市场，可以使用 SPAN 图（波士顿矩阵）来管理和描述机会（见图 2-11）。

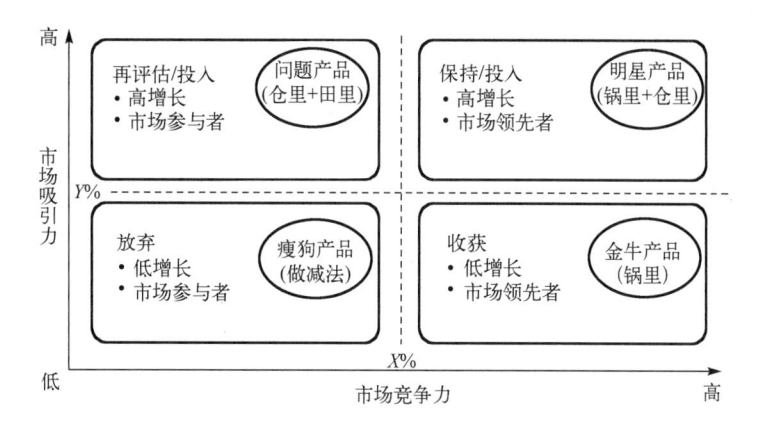

图 2-11 波士顿矩阵是产品组合管理的定位工具

* 注：SPAN 即 Strategy Positioning Analysis，战略定位分析

2.1.3 战略意图

战略意图是指企业的方向和最终目标，即企业的理想是什么，企业想要成为什么样的企业。战略意图需要清晰地表述出来，让团队的每个人都知道这是共同的目标。战略意图是基于理想、机会、能力、对手、环境的综合考量。

> "过去 20 年中达到世界顶尖地位的公司，最初都具有与其资源和能力极不相称的雄心壮志。我们将这一令人着迷的事物定义为战略意图。"
> ——《哈佛商业评论》

战略意图就是"挑战不可能"，战略意图可按照时间、产品、区域、客户等维度输出，一定要量化，具体可以参考表 2-4。

表 2-4 战略意图表

指标	年份				
	2024 年	2025 年	2026 年	2027 年	2028 年
销售收入					
销售数量					
同比增长					
市场份额					
毛利率					
其他					

(1) 5 年后规模要达到多少亿元，市场份额要达到多少比例；
(2) 客户目标：突破中国 50 强中多少比例的大企业；

(3)区域目标：完成全国省会城市的突破；

(4)产品目标：某产品市场占有率要达到多少比例，突破中国 50 强中多少比例的客户；

(5)运营目标：完成某项变革的落地。

2.1.4 创新设计

> 管理大师彼得·德鲁克："企业的职能只有两项，即营销和创新。"创新不一定能够活下去，不创新一定活不下去；创新是冒险，不创新是最大冒险！

创新要对准客户需求，企业的创新一定要以商业成功为目的，研发要做工程商人，而不只是研发出先进的产品。创新要依托现有优势，以鲜花长在牛粪上实现企业创新。华为内部有一句话：可以模仿时，绝不创新！也就是说，从零开始的创新往往比较难成功，反对盲目创新。创新通常有如下三种模式。

(1)产品、技术及方案创新：这类创新一般门槛最高、最难模仿，华为有 10 万名研发人员，每年投入 1000 多亿元研发费用；

(2)业务模式创新：这类创新具有很强的机会窗、时效性，如国内的共享单车、智能手机等；

(3)服务、市场、运营的创新：关注降本增效，如人才外包、无人化运营等。

• 产品创新 》	特斯拉、苹果、大疆
• 服务创新 》	海底捞、星巴克、淘宝
• 业务流程创新 》	支付宝、华为、GE
• 业务模式创新 》	美团、阿里巴巴、谷歌
• 文化和管理创新 》	迪士尼、麦当劳、宜家
• 政策和社区创新 》	腾讯、菜鸟、朴朴超市

图 2-12 创新设计的几种模式

创新设计的几种模式如图 2-12 所示。

华为内部经常讲"成功是失败之母"，即过去的成功一定是企业创新最大的障碍。向对手学习、向标杆学习，最简单的创新就是先学后超。

商业模式的创新具有价值定位精准化、价值创造科学化、交易成本最低化的特点，下面列举一些商业模式创新案例供读者参考，企业家一定要反问自己 100 个"为什么我没有想到？"

> ➢ 通用公司的商业模式创新和再造——从制造商转向服务商，从卖发动机转为卖运行时间。
> ➢ 爱立信的商业模式创新和再造——从电信设备制造商转向电信运营商。
> ➢ 苹果的商业模式创新和再造——从设备制造商转向设备供应商+平台供应商+服务供应商。
> ➢ 雷士照明的商业模式创新和再造——从代工企业转向 OEM+ODM+OBM 企业。

- 佳能复印纸的商业模式创新和再造——从设备供应商转向设备租赁商+技术服务商。
- 可口可乐的商业模式创新和再造——将重资产的装配业务完全分拆出去。
- 普洛斯的商业模式创新和再造——将轻资产业务和重资产业务分拆运营。
- 戴尔电脑的商业模式创新和再造——将标准化计算机全部变为定制化计算机。
- 联想的商业模式创新和再造——从贸易商转向贸工技(贸易+工厂+技术)。
- 汇源果汁的商业模式创新和再造——从中游产品制造商转向上游水果种植商。
- 龙生普洱茶的商业模式创新和再造——从种植转向互联网+。
- 万达广场的商业模式创新和再造——从地产商转向运营商+服务商。
- 《哈佛商业评论》杂志的商业模式创新和再造——从传统杂志转向定制杂志+广告商。
- 小米投资的商业模式创新和再造——从传统投资转向众筹模式(股东+消费者)。
- 好市多(Costco)超市的商业模式创新和再造——从传统超市转向沃尔玛模式+山姆模式+麦德龙模式。

在描述创新设计时,可以使用麦肯锡三层面理论("锅仓田"业务成长曲线),如图 2-13 所示。

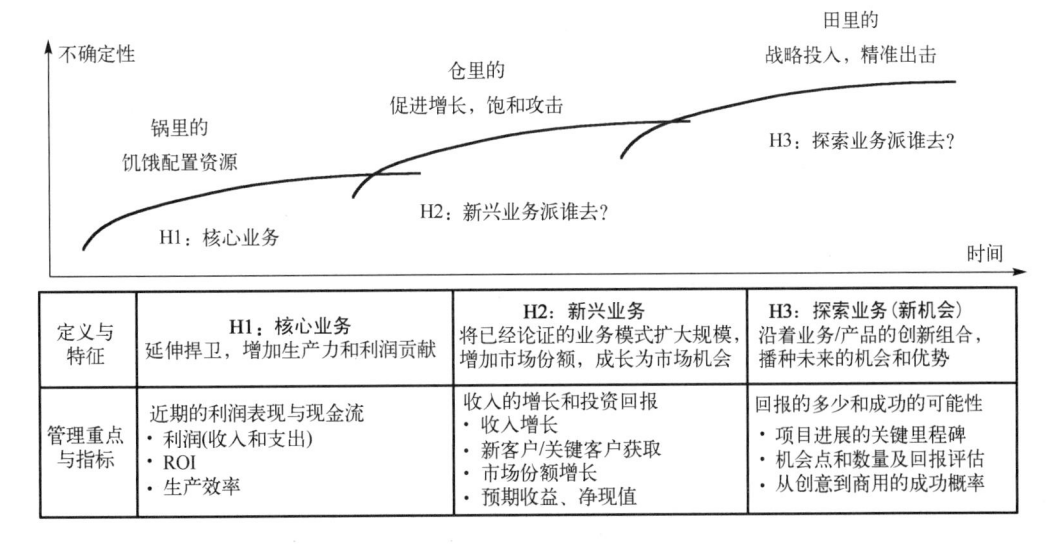

定义与特征	**H1:核心业务** 延伸捍卫,增加生产力和利润贡献	**H2:新兴业务** 将已经论证的业务模式扩大规模,增加市场份额,成长为市场机会	**H3:探索业务(新机会)** 沿着业务/产品的创新组合,播种未来的机会和优势
管理重点与指标	近期的利润表现与现金流 · 利润(收入和支出) · ROI · 生产效率	收入的增长和投资回报 · 收入增长 · 新客户/关键客户获取 · 市场份额增长 · 预期收益、净现值	回报的多少和成功的可能性 · 项目进展的关键里程碑 · 机会点和数量及回报评估 · 从创意到商用的成功概率

图 2-13 麦肯锡三层面理论

(1)第一层面是现阶段的核心业务,即华为讲的"锅里的",维持当下生存问题;

(2)第二层面是正在开拓的新兴业务,即华为讲的"仓里的",解决企业近期发展问题(1~2年);

(3)第三层面是创造有潜力的未来业务,即华为讲的"田里的",3~5年的发展问题。

企业高级干部要处理好创新工作与日常工作的平衡、创新费用投入、创新业务的考核等,要回答好下面8个问题:

(1)如何界定有效创新与盲目创新的界限?

(2)管理者怎样权衡没有短期收益的创新?

(3)如何建立以客户为中心、为客户创造价值的创新机制?

(4)如何以客户为中心,与客户形成创新互动?

(5)如何通过战略目标牵引、实现有效创新?

(6)如何平衡日常工作与创新工作?

(7)创新的考核指标怎么设置?

(8)创新的费用占比多大合适?

2.1.5 业务设计

IBM 在 20 世纪 90 年代开发 BLM 模型中的业务设计时,参考了美国咨询公司美世的 VDBD 模型(Value Driven Business Design,基于价值驱动的业务设计)。业务设计是与不断变化的客户偏好和价值转移趋势相协调一致的蓝图,业务设计主要解决以下问题,如我们的客户是谁,我们为客户提供什么价值主张,我们如何获取客户,我们选择参与价值链的哪些环节,我们如何打造核心竞争力,如何防范风险。BLM 模型中的左半菱形是对外部环境的深入洞察和理解,好为内部的业务设计提供基础。BLM 模型把业务设计分为六大部分:客户选择、核心卖点、盈利模式、活动范围、战略控制点和风险管理。

1. 客户选择

客户选择一般有下面三个步骤。

(1)确定选择客户的标准,确定优先级,确定谁是企业的客户,谁不是企业的客户。

(2)确定该细分市场的客户有哪些特定的需求。

(3)细分市场是否是快速增长的市场。

企业的资源是有限的,不同的客户配置的资源是不一样的,要对客户进行分级分类管理,并配置合适的资源。

2. 核心卖点

核心卖点是对企业的产品和服务为客户提供的功能和利益的简明表达，即企业的产品和服务为什么能够给客户带来收益。核心卖点的三种典型情况如下。

(1) 总成本最低：能提供一致、及时、低成本的产品和服务；

(2) 产品领先：突破现有业绩边界，能提供高满意度的产品和服务；

(3) 客户解决方案：为客户提供端到端全面解决方案。

企业一定要思考清楚自己产品和服务的核心卖点，否则，和其他平庸的企业就没有差异了，客户就不会选择你。企业要思考通透如下几个问题。

(1) 客户需求：我们提供的产品和服务是否以客户的最终需求为导向；

(2) 产品和服务的独特性：客户是否真正认可我们的产品和服务；

(3) 产品和服务的影响力：是否能帮助客户实现增值和收益。

3. 盈利模式

盈利模式是企业获利的方式，即企业依靠什么吸引客户并获取利润？盈利模式多种多样，比如差价盈利、服务盈利、广告盈利、知识盈利、功能付费、资源变现等。

在设计企业的盈利模式时，要有可行性研究和判断，利润获取途径要合理、清晰。创新性、颠覆性的盈利模式可以说是企业的护城河、杀手锏。一般企业的盈利模式常见如下问题。

(1) 盈利模式不清晰；

(2) 盈利水平不可控；

(3) 成本结构不清晰；

(4) 产品3～5年的规划中，是否能够挣钱不确定；

(5) 除了现有盈利模式，没有思考别的盈利模式。

4. 活动范围

活动范围是指我们为客户提供什么样的产品、服务和方案。在价值链中，哪些活动自己做，哪些活动通过合作伙伴完成。我们对合作伙伴的依赖性有多大，自己完成活动的策略及方式是什么。在设计活动范围时，需要注意如下要点。

(1) 客户和产品组合是怎样的；

(2) 战略规划选择什么价值客户；

(3) 战略规划选择什么价值区域；

(4) 战略规划选择什么价值产品；

(5)战略规划选择什么样的销售和服务方式；

(6)市场节奏：进入价值客户的产品节奏和规模；

(7)直销与代理、直销与分销等问题的处理。

5．战略控制点

战略控制点是不容易构筑的，也是不容易失去的，更是不容易被超越的中长期核心竞争力，又称为企业经营的"护城河"。战略控制点体现客户黏性和竞争优势的可持续性。下面分享不同企业的战略控制点，如表2-5和图2-14所示。

表 2-5 不同企业的战略控制点

保护价值的能力		条目	战略控制点	举例
无人区	高	11	拥有标准，拥有领先10年的先进管理经验	华为
	高	10	拥有标准	高通、华为
黏性	高	9	拥有管理价值链	苹果、微软、谷歌、阿里(掌控战略控制高点)
	高	8	拥有前述两项之一的主导地位	腾讯(在不同行业构筑价值链)
	高	7	拥有客户关系	甲骨文、华为(2B，组织型客户关系)
	中	6	品牌、版权、专利	苹果、华为(2C，让客户没有更好选择)
领先	中	5	产品开发领先2年	谷歌(软件)、华为(硬件)
	低	4	产品开发领先1年	格力、华为(性能高30%+成本低30%，研发投入)
	低	3	产品的成本有10%~20%的优势	富士康、华为(一定利润下规模最大化)
	无	2	产品的成本一般	无数
	无	1	产品的成本有劣势	无数

竞争力来源：
- 资源型 ▷ 规模效应、成本优势：沃尔玛、京东
- 供应链型 ▷ 效率、快速响应、轻量级研发：顺丰、美团
- 品牌型 ▷ 符号、故事、文化：星巴克、茶颜悦色
- 技术型 ▷ 持续投入、形成技术优势：华为、台积电
- 平台型 ▷ 网络效应、转换成本：美团、滴滴

图 2-14 不同企业的竞争力来源

什么是华为的战略机会点？华为通过"实用主义的态度、拿来主义的方法"，打造了领先对手、中西合璧的管理体系，这是华为最大的战略控制点。如果把华为比喻为一把利剑，剑的左右刀刃分别为企业的人和业务，手柄是企业的钱(价值分配机制)，这三件事情分别是(见图2-15)：

(1)管人(干部)：准军事思想严苛管人、管干部；

(2)管业务：西方现代管理体系、流程化；

(3)管钱：华为员工持股的分享机制，给员工戴上了金手铐。

图 2-15 华为的战略控制点——领先对手的管理体系

6. 风险管理

企业的风险管理很重要，但是不能以风险管理为中心，否则业务发展就失去了动力，束手束脚。要对下面要素进行全面分析：

(1)不确定性；

(2)潜在风险：市场、对手、技术；

(3)全面视角：外部、内部。

不管你做和不做，风险一直都在，企业要有危机意识，想清楚可能发生的风险点并做好预案。俗话说：弱者惧怕风险，强者利用风险，优秀的企业家往往是后者。华为的海思备胎案例是风险管理的典范。华为备胎何止是海思芯片，还有高斯数据库、鸿蒙、欧拉等(见图 2-16)。

图 2-16 华为备胎

华为工科生定义的 2341 口诀，方便更好地记住和熟练使用 BLM 模型：市场洞察，需要 200 页 PPT，需要 3 条战略意图，4 条创新设计，1 套业务设计(见图 2-17 所示)。

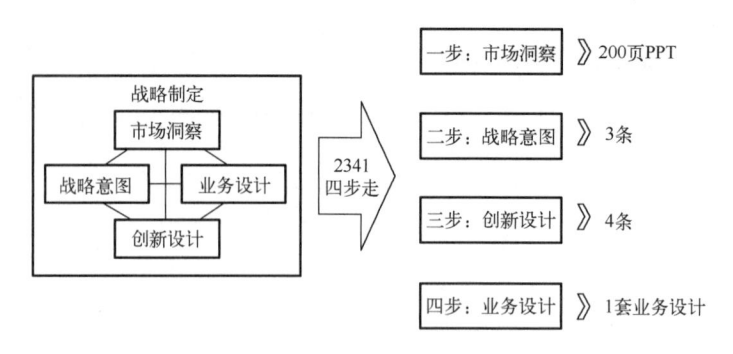

图 2-17　BLM 的 2341 原则

2.1.6　战略解码

公司要达成战略目标的关键行动，需要通过战略解码出来。华为公司结合业界优秀公司的战略解码方法及质量管理理论(六西格玛)，创造性地生成了业务执行力模型(Business Execution Model，BEM)，并嵌入在战略制定与执行的流程中使用，逐渐形成华为公司一套行之有效的战略解码方法论，对 BLM 模型进行了创新性地升级。

BEM 模型将六西格玛质量方法融入战略执行领域，通过对战略逐层逻辑解码，用数据说话，导出可衡量和管理的战略 KPI 以及可执行的重点工作和改进项目。BEM 模型的持续推行，保证了战略被有效分解到组织与个人，促进了公司业务的中长期稳定增长，如图 2-18 所示。

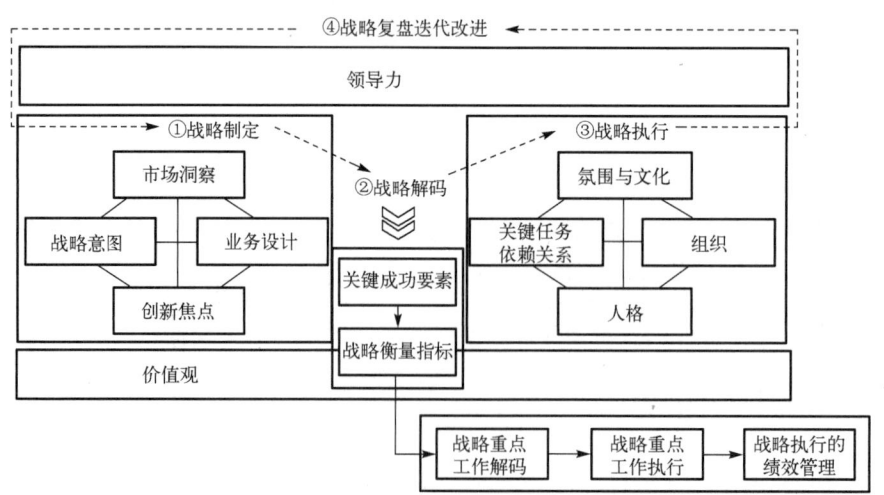

图 2-18　战略解码在 BLM 模型中的位置

战略解码与执行的整体框架及四项基本原则如下。

(1)完美分解：将战略分解为关键成功要素，比如 KPI 指标、重点工作。如果不能分解，则不能管理。

(2) 集中资源：资源集中到关键成功要素和重点任务中，一旦确定，必须拿下。如果不能集中，则不能管理。

(3) 有效度量：将战略转化为可操作的行动，并有效度量。如果不能度量，则不能管理。

(4) 例行运作：需要有专业的机制，通过例行化运作，确保战略高效落实。如果不能监控，则不能管理。

战略解码的关键方法有：头脑风暴和逻辑链、战略地图，如图2-19所示。

头脑风暴战略解码与逻辑链战略解码特点明显，适合不同的场景（见表2-6）。

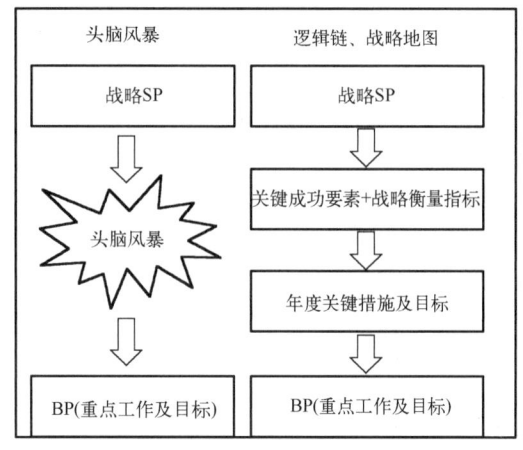

图 2-19　头脑风暴和逻辑链战略地图

表 2-6　头脑风暴战略解码与逻辑链战略解码的不同场景

类别	优点	缺点	适用场景
头脑风暴战略解码	实施简单，充分发挥人的想象能力，可能出现颠覆性思维	依赖人的经验和直觉，分解逻辑不够严密，重点任务容易不完整，容易遗漏，或者矛盾	简单业务，适合新领域或者变化较大的场景
逻辑链战略解码	对人的经验、直觉依赖较少，强调逻辑。分解逻辑严谨，确保导出的重点工作无重复、无遗漏	实施较复杂，因为受到逻辑束缚，难有颠覆性思维	复杂业务，需要大量的数字化支撑，业务模式基本成熟

关键成功要素是影响战略目标达成的关键要素和能力，在实际工作中，关键成功要素用平衡计分卡四个象限的 KPI 来呈现（见表2-7），这些 KPI 可以用如下方法导出。

(1) 财务层面的关键成功要素：四维参数法（订货额、销售收入、贡献利润率、现金流/回款）。四维参数法是基于财务报表的几个关键核心报表数据而生成的，体现股东所关心的对企业的基本要求。

(2) 客户层面的关键成功要素：五大源法（行业特性、竞争情况、变化趋势、客户要求、管理要素）。五大源法主要基于战略洞察时对企业外部的洞察，将洞察结果作为核心输入。通过外部视角的洞察，对核心发现进行合理假设，构建实现战略的关键成功要素。该方法承接了战略洞察的信息，并且是从外部视角看的，特别适合客户视角的成功要素推导。

(3) 内部运营层面的关键成功要素：价值链法，就是根据企业向客户传递价值的链条，对相应组织的要求和关键成功要素进行梳理推导的方法。企业价值主张一般分为：成本领先、产品领先（差异化）、解决方案、系统锁定。

(4) 学习与成长层面的关键成功要素：无形资产法，包括人力资本、信息资本、组织资本。

表2-7 战略解码出关键成功要素的KPI

部门 KPI 设计			
分类	序号	年度 KPI 指标	权重
财务层面	1	订货额	10%~15%
	2	销售收入	10%~15%
	3	贡献利润率	10%~15%
	4	现金流/回款	10%~15%
客户层面	5	客户满意度	10%~15%
	6	客户关系	0%~10%
	7	战略目标/山头目标	10%~20%
	8	竞争	扣分项
内部运营层面	9	合规运营	扣分项
	10	存货周转率	0%~10%
	11	资金周转率	0%~10%
	12	成本率	0%~10%
学习与成长层面	13	组织干部人才	10%~15%

导出关键成功要素时，可以用如下清单查询：

(1) 是否完备，有无重大遗漏（完备性）？

(2) 是否过多，是否有重复内容可以合并（聚焦性）？

(3) 是否为最重要的、最根本的要素（相关性），请反复验证。

(4) 是否逻辑清晰、相互支撑与平衡（系统性），请考虑逻辑关系。

(5) 是否达成共识（共识性），请管理团队和专家评审达成共识，然后向员工宣讲。

2.1.7 关键任务

关键任务是支持业务设计，特别是形成核心竞争力的持续性举措。要达成战略目标，需要通过战略解码，导出关键任务。这一过程可以通过客户管理、产品开发、产品营销、业务交付、平台建设等方面来完成。同时要梳理出哪些任务是由企业自身来完成的，哪些任务可以由价值链中的合作伙伴去完成，如图2-20所示。

举例说明华为公司的关键任务，如表2-8所示。

图 2-20 导出关键任务

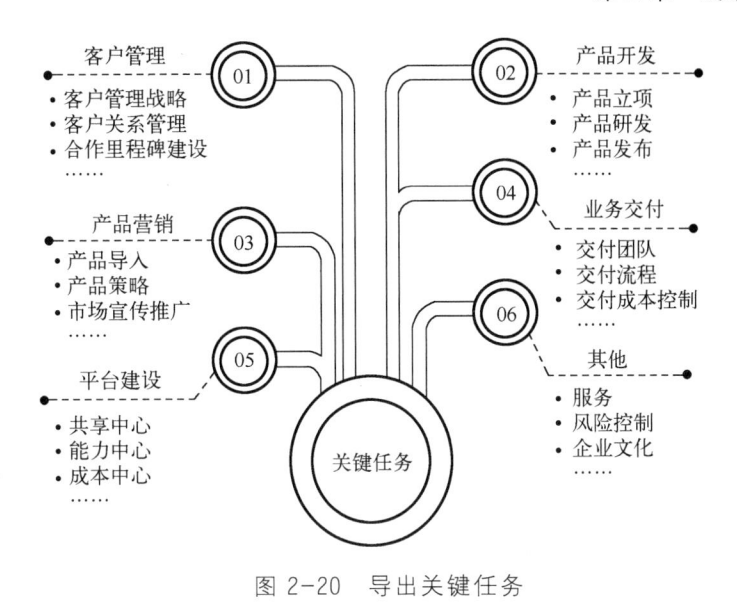

表 2-8 华为集团业务的关键任务

关键任务	负责人
关键任务 1：202×年华为手机市场占有率世界第一(大于××%)，销售突破××××亿美元	张××
关键任务 2：解决劳资分配关系，落实3∶1	李××
关键任务 3：建立适应领先者的人才结构	王××
关键任务 4：建立项目型组织，落实让听得见炮声的人决策	何××
关键任务 5：继续加大前沿研发的战略投入，避免颠覆创新的冲击	赵×
关键任务 6：继续建设欧洲市场	孙××

2.1.8 组织、人才、企业文化

1. 组织

(1) 组织支持关键业务的执行，包括建立相应的组织架构、管理体系和流程。
(2) 如何在组织中分配资源、授权、行权与问责，如何进行决策流程、开展协作机制、信息和知识管理。
(3) 关键岗位的设置和能力要求。
(4) 管理和考核标准的制定，包括：
  ➢ 管理幅度和管理跨度；
  ➢ 管理与考评；
  ➢ 奖励与激励系统；
  ➢ 职业规划；
  ➢ 人员和活动的物理位置等。

总之，客户决定业务，业务决定流程，流程决定组织，始终要以客户为中心建立企业的组织机构。企业管理的目标是实施流程化的组织建设。

2．人才

(1)需要的关键人才，包括需要的数量、类别、技能等。

(2)如何获取这些人才？

(3)培养、激励和保留人才的措施。

华为公司战略与人才的关系如图 2-21 所示。

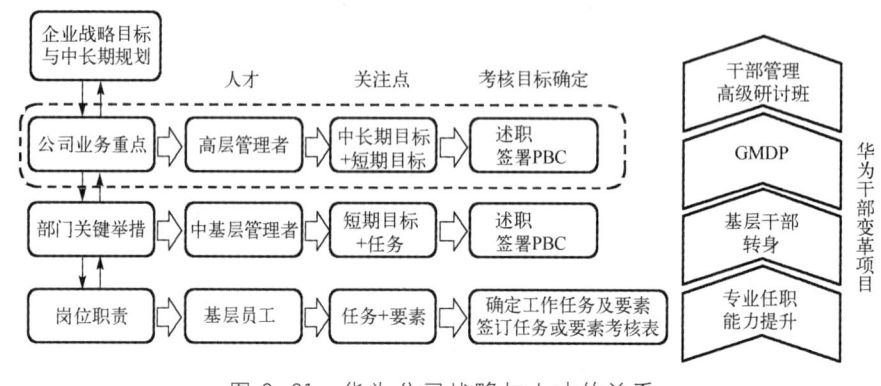

图 2-21　华为公司战略与人才的关系

3．企业文化

企业文化就是企业最高领导人的文化，企业最高领导人的性格、学识、作风、心胸等都会在企业文化中呈现，且不能被授权。文化和组织氛围需要支撑战略实现。企业最高领导人要思考好如下两个问题：

(1)价值观支持业务发展的方向吗？

(2)我们需要哪种企业文化和氛围？

例如，华为公司的组织氛围可以用毛主席为抗大制定的八字校训来描述："团结、紧张、严肃、活泼。"

> 团结，就是要人心齐、善学习，凝心汇智，共同努力；
> 紧张，就是要高标准、严要求，讲求效率，提高质量；
> 严肃，就是要守规章、用心做，不能马虎，不得敷衍；
> 活泼，就是要勇创新、善突破，生动活泼，丰富多彩。

2.2　怎么做好市场洞察？走好"广深高速"

市场洞察的主要目标是发现市场潜在的机会及挑战，并匹配相应举措，真实地理解市场、理解客户，让企业把市场管理起来，并提供产品和服务为客户创造价值，实现企业的有效增长，从而实现企业的战略。

洞察，是对事物看得深入、透彻、明白，发现具体细节和真相，掌握其本质及背后的规律。如果把企业比作一架飞机，市场洞察就是飞机雷达的功能：明确目标，发现威胁，定位坐标，为飞机的快速平稳飞行保驾护航。

无数的公司把市场洞察做成了市场调查，搜集数据但不去分析数据，不追究数据背后信息的规律，因此就发现不了潜在的市场机会，从而形成不了公司的战略。

企业的市场洞察包括数据搜集、数据分析、洞察研究三个环节，为战略规划和战略执行提供支撑（见图 2-22）。

如何做好市场洞察？有没有什么通用的模型或者检验标准？华为公司通过学习西方的现代管理理论，并与自身的现实相结合，形成了一套比较完善、通俗易懂的市场洞察方法，这套方法叫"广深高速"，即广度、深度、高度、速度（见图 2-23）。

接下来从广度、深度、高度、速度这四个维度来诠释怎么做好市场洞察。

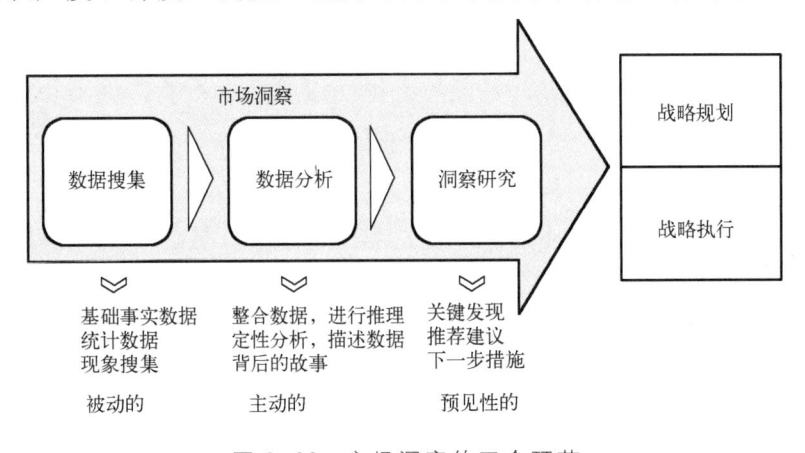

图 2-22　市场洞察的三个环节

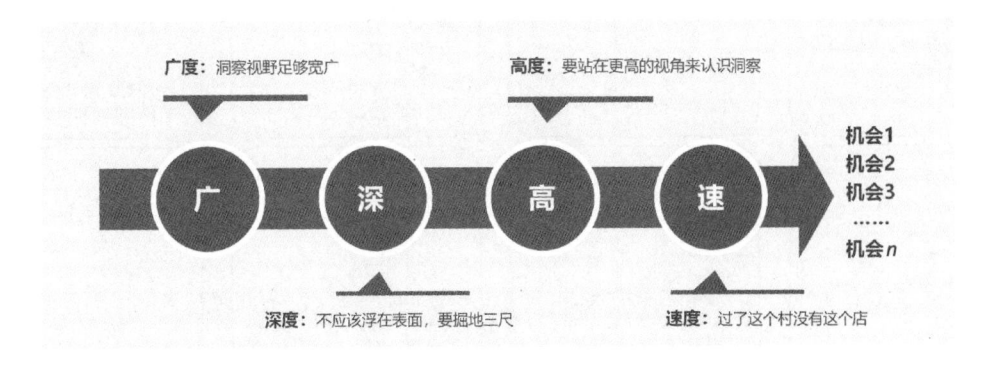

图 2-23　市场洞察的"广深高速"之路

2.2.1 市场洞察之广度

广度,即洞察视野要足够宽广,不仅要洞察自身的业务领域,而且要洞察业务周边相关的领域。整体可以通过看宏观(政治、经济、社会、环境、技术、行业等)、看客户、看竞争、看自己、看机会这五个维度,也就是华为提出的"五看三定"方法论,从而更加全面、深刻地理解客户和市场。

市场洞察的广度,需要打开自身的思维,打开天窗,遇到重大战略方向,应该善于用关联的方法,将重大事项所关联的内外在因素逐一梳理出来。重要因素可以持续延展,直至理清洞察的重点处在怎样的一种环境中。

例如宏观洞察方法论 PESTLIED,要洞察与企业相关的宏观信息,要有数据支撑。好的战略都是通过做数学题算出来的,数据的真实性和完整性是战略可行性的前提,否则战略就像建在沙漠上的房子,没有基础支撑。有了广泛的数据,并做出假设及判断,才能逐步形成战略指引(见图 2-24)。

战略是核心能力的延伸,战略洞察的广度要控制在核心能力周围,不能够天马行空,否则就会不聚焦、没有重点,大量的无用功造成重大浪费。每个企业永远都不可能获得所有应该掌握的信息,大多数决策的基础都是不完整的知识和信息,因此企业家要有假设思维。有了合理的假设后,再去洞察市场并验证自己的假设,与其耗费力气搜索不完全的事实,不如先按照直觉提出自己的见解,最后求证见解的正确性和可行性。要掌握完整信息就需要花太多的时间和太高的成本,所以决策的真正核心是决策者找到一个验证假设正确性和可行性的方法。

政治(Political)	经济(Economic)	社会(Social)	技术(Technological)
· 政治经济体制 · 民主与制度 · 国家安全、利益 · 国家、产业战略 · 区域政治、大国博弈 · 公司与政府关系、利益集团 · 政府组织态度 · 全球治理、国际秩序 · 军事与动乱	· 经济规模、结构、增速 · 财政和货币政策 · 利率、汇率、股市、通胀、就业 · 国家、企业、消费者投资与开支 · 大宗商品(油价、黄金) · 经济周期、金融周期 · 新经济、新增长动能 · 投资信心、消费信心 · 投融资、营商环境	· 收入分布与差距 · 消费模式变化 · 社会保障 · 新生代、生活方式变革 · 城市化水平 · 社会价值观 · 宗教与习俗 · 休闲与工作态度 · 潮流与风尚	· 研发创新与投入 · 技术发展与颠覆性变革 · 技术商品化速度 · 新技术、新工艺、新材料 · 专利法与发明 · 产业周期、创新周期 · 政府、行业技术关注度 · 技术普及度 · 新技术机会与风险
法律(Legal)	国际化(International)	环境(Environmental)	人口(Demographic)
· 法律环境 · 雇佣法律 · 垄断与竞争 · ICT政策与监管 · 消费者保护 · 安全、隐私法规 · 行业公约 · 新技术道德标准	· 全球产业链 · 全球供应链 · 全球价值链 · 贸易壁垒与保护 · 企业与资本的国际化 · 全球贸易规则、多边协议 · 全球化4.0 · 技术对全球化影响	· 自然环境变化 · 环保法律与制度 · 环保社会责任 · 对环境污染的态度 · 社会责任、福利 · 健康意识及安全感 · 新能源与环保 · 可持续发展	· 人口分布、结构、增长 · 劳动力就业 · 新劳动力 · 人才获取、激励 · 教育水平 · 人口特征 · 人口、人才流动 · 劳动生产率

图 2-24 宏观洞察方法论 PESTLIED

正如德鲁克讲的：一家企业的商业模式其实也发源于企业家的假设，如果这门生意真能有人买单，那么假设就算被证实，反之，企业家就应该修改自己的假设。

2.2.2 市场洞察之深度

深度是指洞察不应该浮在表面，要掘地三尺，发现真相或机会。你洞察的深度决定了你对业务的理解程度，特别是在形成战略指引的领域，一定要做到"一米见方、一百米深"，一直到挖出"金子"。如果没有挖到"金子"，也要知道原因是什么。

进行市场洞察，需要有刨根问底的精神，对于重大战略方向，应该透彻分解内外部因素和关系，寻找出重要因素、次要因素。对重要因素及其之间的关系应该追究到底，从而明白事情发展的因果关系，以及事情的复杂程度。

比如洞察行业，要从行业规模、行业增长率、行业产业结构、行业竞争结构等方面洞察（见图 2-25）。

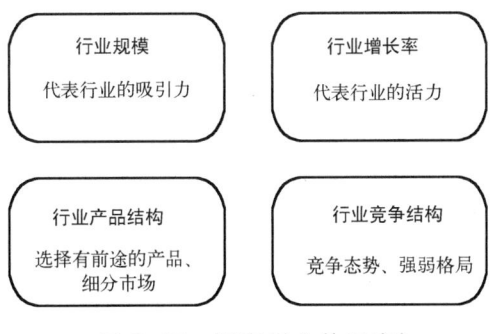

```
┌─────────────────┐    ┌─────────────────┐
│    行业规模     │    │   行业增长率    │
│  代表行业的吸引力 │    │  代表行业的活力  │
└─────────────────┘    └─────────────────┘

┌─────────────────┐    ┌─────────────────┐
│  行业产品结构   │    │  行业竞争结构   │
│ 选择有前途的产品、│    │ 竞争态势、强弱格局│
│    细分市场     │    │                 │
└─────────────────┘    └─────────────────┘
```

图 2-25 洞察行业的深度

再比如洞察竞争对手，不但要洞察竞争对手本身，也需要洞察竞争的周边要素。竞争决定因素包括成本优势、产品差异性、品牌认同、转移成本、客户集中度和供应商的集中度、客户信息的复杂性、竞争者的多样性、替代品的价格影响等，这就是著名的波特竞争五力模型。

只有有深度的市场洞察，有完整的数据支撑和依据，才可形成战略意图的量化，才能制定出具有可行性的战略。

2.2.3 市场洞察之高度

高度，即要站在更高的视角来认识洞察，看长久的发展。比如行业视角、国家视角甚至是全人类视角。非一般高度的市场洞察超出一般性认知，并具有非一般的创新精神。

从一个企业的愿景与使命，可以看出企业家的格局，也可以看出一个企业的高度。企业家本身就是企业最大的天花板。企业制定愿景、使命，就是从更高的视角、更长远的未来俯视企业中长期的发展，从而制定与之相匹配的战略。

举例说明马斯克太空探索技术公司（Space X）的愿景及使命：

【愿景】让人类成为一个多星球物种。

【使命】降低航天成本，促进探索和开发太空资源，实现人类登陆火星的目标。

正是因为马斯克有如此认知高度、非凡格局，他的思考超出一般人思维，与同行的企业在不同高度上竞争，所以他的那些超凡的举动就不难理解了，这是一位伟大、杰出企业家的格局。

企业高级管理人员也要提高认知高度，不能只埋头在自己的"一亩三分地"，要抬头看路看方向。也就是说，高级管理人员需要具备战略思维。华为公司有个战略增长理论——"锅仓田"理论，战略即要保证"锅里有饭，仓里有米，田里有稻"，高级管理人员要用战略思维来认识业务问题并做出决策，正如华为创始人任正非所讲（见图2-26）。

> 一个大企业最重要的是方向，方向错了，大军就乱了，高级干部更需要足够的视野、方向的判断能力，高级干部热衷于事务性工作，什么事都不放手、不授权，这是他搞不明白方向是什么的表现。
>
> ——摘自任正非《战略MKT部自我批评民主生活会纪要》

图 2-26　华为高级干部的战略思维

2.2.4　市场洞察之速度

俗话讲"过了这个村，没有这个店"，就是说要在合适的时间做特定的事情，否则将失去机会。企业应当明确每次洞察的时间边界，最好的洞察应当是在对手和客户发现机会之前就能形成基本结论并实施，否则就失去了洞察的预见价值。

在做出重大战略决策时，时间成本非常宝贵，甚至决策时间点决定成败。决策快了和慢了都不能成功，华为公司内部有句顺口溜"领先半步是先进，领先三步是先烈"，说的是同样一个道理。

在市场洞察过程中，华为过去用的是"五看三定"这一方法，该方法不能够完全满足市场的需求，因此针对最新业务的发展以及ICT行业的趋势特点，华为开发了一套全新的方法——ICTMVP，市场洞察为IPD、DSTE、MTL以及供应链、制造、财经等提供实战支撑，让炮火瞄得更准（见图2-27）。

举一个战略决策慢的例子。在2021年6月9日亚布力企业家年会上，比亚迪创始人王传福谈及小米造车的决策时说："当战略方向错了，你可能损失的是50亿元，浪费50亿元其实很多大咖可以承受，对他们来讲，50亿元不算多，比如说雷总储备了1000亿元来造车，可关键是浪费你三年的时间，这三年时间，你说值多少钱？拿钱是买不回来的。"

王传福举例小米造车的决策视频

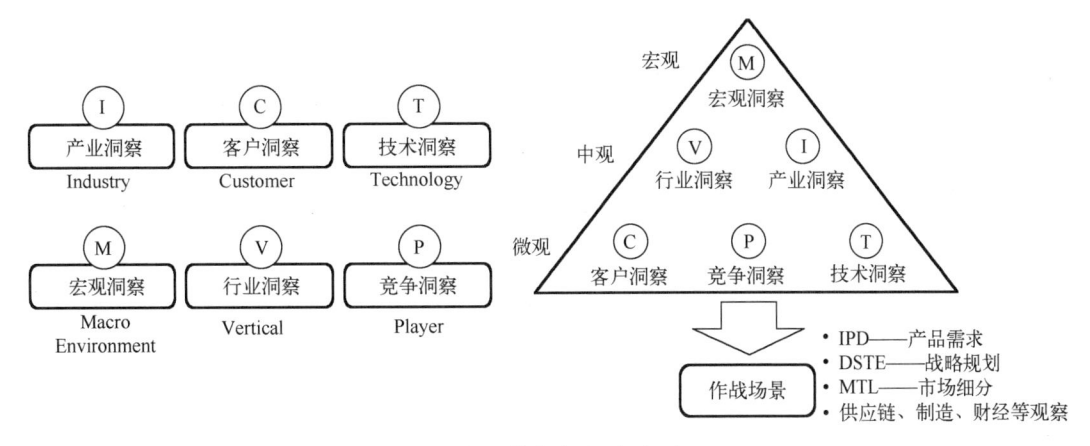

图 2-27　华为全新的市场洞察方法——ICTMVP

王传福认为企业要保持持续增长，在重大机会面前，要有如下 3 项能力：

(1) 要有核心的技术能力；

(2) 要有精准的战略；

(3) 要有快速决策的机制。

其中第三点就是指战略决策的速度，机会不等人，错过了就再也没有了，因此市场洞察的速度非常关键，要找准时间点。

小结

市场洞察一定要走"广深高速"这条路，而且要持续地做，不断地更新迭代。企业发展到一定规模和阶段，就需要有专门负责市场洞察的组织来支撑。华为公司在近 20 年的国内、国际市场开拓过程中，组织结构也在不断变革，逐步形成了健全的市场洞察组织，为公司的战略制定提供了输入和决策支撑（见图 2-28）。

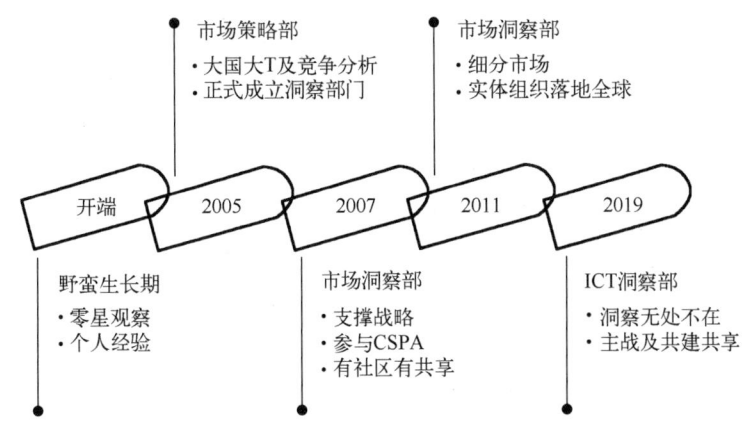

图 2-28　华为公司洞察组织及能力发展史

企业顺着"广深高速"这条路展开市场洞察，输出的一个个机会才是显性的、可信的、具有可操作性的。

市场洞察是战略规划的基础，企业对市场洞察的广度、深度、高度、速度决定了企业战略规划的质量。企业家一定要经常反问自己："我是不是最理解这个行业的人？"

想了解市场洞察的更多知识点，请参考"如何提升企业的市场洞察能力"课程大纲。

2.3 战略是找长板，管理是补短板

管理大师彼得·德鲁克说过：大多数人穷尽一生去弥补劣势，却不知从无能提升到平庸所要付出的精力，远远超过从一流提升到卓越所要付出的努力。唯有依靠优势，才能实现卓越。也就是说：

(1) 战略是找长板。企业在做战略选择时，需要认清自己的优势，并在优势的基础上，在不同的细分赛道发力，成为这些赛道的佼佼者。

(2) 管理是补短板。企业在经营中，需要看清自身的能力，补齐不足之处，使企业安全、高质量、可持续发展。

战略就是选择，不要纠结于自己的弱项，要在自己擅长的领域挖掘自身强大的潜力，这就是选择正确，即做正确的事。管理没有最好，只有更好，要持续改进，即正确地做事。

2.3.1 战略是找长板

战略其实是找到自己的长板，然后不断扎根，持续放大自己的优势，通过科学地运作和管理，实现商业成功。企业家应该有愿景和使命，要么不做，要做就做行业的领导者。记得一句非常励志人的话：一个人最大的幸福，就是在他年富力强的时候，找到了自己的使命。

做企业要有自知之明，企业家要看清楚自己企业的优势是什么，在哪里有机会，千万不能贪大求全，什么钱都想赚。每个企业都必须找到自己的经营重心，不要去追求能力之外的东西。在这方面，华为有清晰的理论总结——华为战略立体思考模型，如图 2-29 所示。

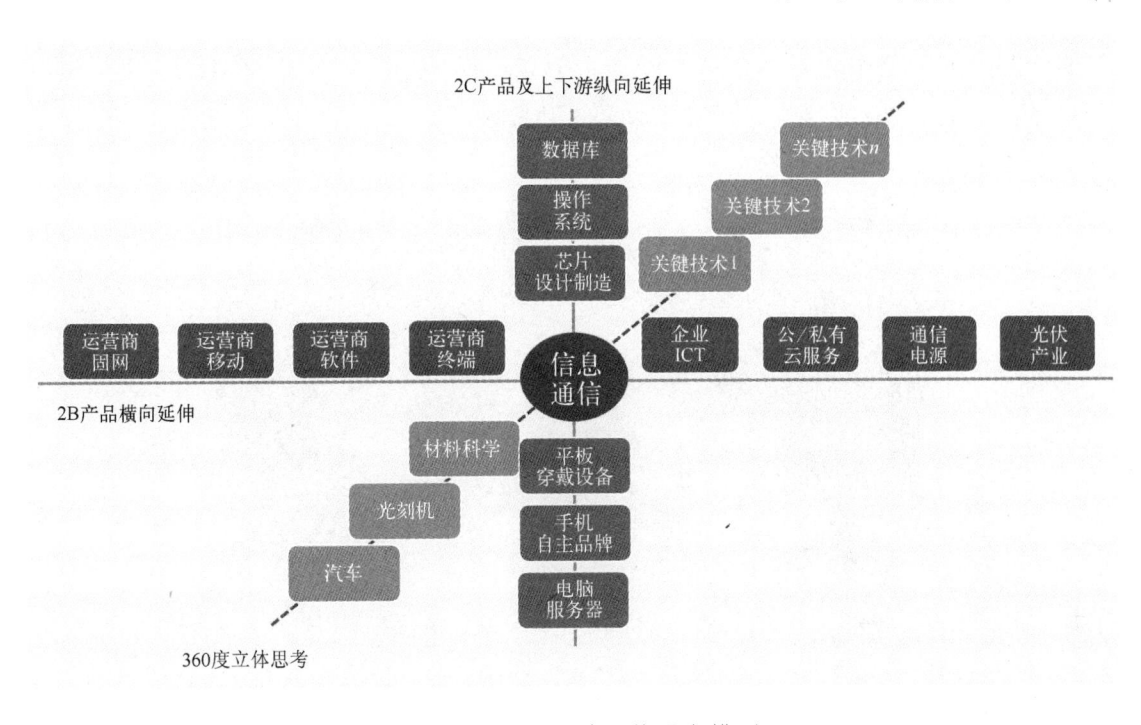

图 2-29　华为战略立体思考模型

华为战略立体思考的逻辑是：

横向左右延伸
纵向上下延伸
核心能力延伸

华为只在自己擅长的领域延伸，绝不进入自己短板的领域。用一个非常简单的例子来解释战略就是发挥自己的强项，做核心能力的延长线。比如华为不可能选择进入餐饮行业，即使餐饮行业的盘子非常大（全中国餐饮行业的规模约为 5 万亿元）。这个逻辑最主要的原因不是华为不能够做出好吃的饭菜，而是华为的强项不是成本控制极强的低附加值行业，而是像 ICT 这类附加值高、门槛高的行业。因此华为的战略是选择自己擅长领域的 360 度延伸，画核心能力的延长线。

再举个比亚迪的例子，比亚迪创始人王传福大学时读的是冶金物理化学专业，1990 年从北京有色金属研究总院硕士毕业，后留院从事电化学相关工作，这些历练为以后王传福创立比亚迪播下了种子。

1995 年比亚迪成立，凭借优异的电池制造技术，赢得了诺基亚、摩托罗拉、爱立信、飞利浦等公司手机电池的大量订单，为比亚迪以后在新能源汽车领域中的发展奠定了基础。王传福依靠敏锐的"嗅觉"察觉到了新能源汽车的大趋势，于是在2002 年收购了北京吉普的吉驰模具厂和西安的秦川汽车（见图 2-30），正式进军汽车行业。从比亚迪战略选择的逻辑来看,由于有前期 3C 电池(用于计算机、通信和消费电子产品的电池)的研发、制造经验,所以把这块技术延伸到汽车电池,再延伸到整车制造就毫不奇怪了,这就是核心能力的延伸、战略延伸。

图 2-30　2002 年王传福以 2 亿元的价格收购秦川汽车

制定战略不是企业家一个人的事情,是组织思考、沟通、达成共识的过程。听大多数人的意见,跟少数人商量,企业家一个人做决策,这就是制定战略。制定战略不能被授权,企业家责无旁贷,是战略的第一责任人。制定战略必须立足于宏观,着眼于微观,我们经常在华为内部听到"心中有全景,手中有场景",讲的是同一个道理。

对于个人来讲,也是同样的道理。人生的选择有很多,最好是选择自己感兴趣的领域,有兴趣才会有动力,不需要别人鞭策就有内驱力,这样才可以把事情做好。企业内部要有人才流动机制,要把员工安排在最适合发挥他价值的岗位,这样做不但有益于提升人效,对个人职业发展也是最好的安排。

总之,不在自己擅长的领域找到发力点,找不到自己的制高点,找不到自己与众不同的核心能力,就不会形成战略!

2.3.2　管理是补短板

一只木桶能盛多少水,并不取决于最长的那块木板,而是取决于最短的那块木板,这就是我们经常听到的"短板效应"(见图 2-31)。任何一个组织,可能面临一个共同的问题,即构成组织的各个部分往往是优劣不齐的,而劣势部分往往决定整个组织的水平。因此,整个组织、企业都

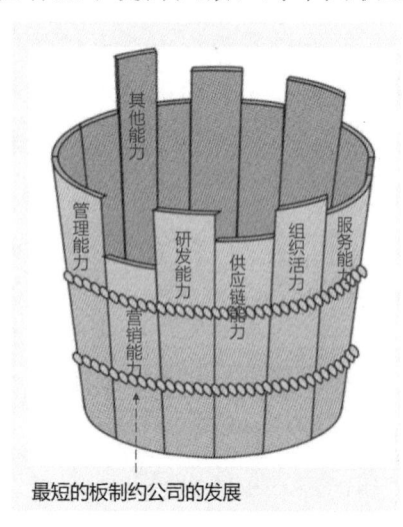

图 2-31　短板效应

应思考一下自身的"短板",并尽早补足它,否则该组织就会逐渐走向衰败。

一家企业,按照职能部门分解一般有研发部门、制造部门、营销部门、人力部门、服务部门、供应链部门等,任何一个部门的短板都会断送企业的前程,因此,在管理企业时,要及时发现企业短板,并努力补齐,要追求各项能力均衡发展,这是企业管理的基本原则。管理改进涉及企业文化、企业家精神、团队能力、执行力、科学理论支撑等方面,不是单一要素决定的,因此管理改进是个复杂、漫长的过程,管理改进是"小步慢跑",追求速度的管理改进,可能欲速则不达,甚至容易出问题。

任正非说:在管理改进中,一定要强调改进我们木板最短的那一块,各部门、各科室、各流程主要领导都要抓薄弱环节。要坚持均衡发展,不断地强化以流程型和时效型为主导的管理体系的建设,在符合公司整体核心竞争力提升的情况下,不断优化每个人的工作,提高贡献率。

小结

战略需要及时地、正确地做出选择,并长期地执行落地。管理需要长期不断地变革、逐步完善,以小步慢跑的方式实现企业螺旋式上升。

想了解企业战略的更多知识点,请参考"战略制定与执行落地"课程大纲。

第3章
年度经营计划与全面预算管理

3.1 华为年度经营计划

年度经营计划BP，是企业为达到战略目标而制定的年度一系列目标、计划及行动方案，是战略规划在第一年的具体实施，其目的是实现战略目标。由每一年的年度经营计划落地实施，最终实现战略达成，企业可持续增长。

华为公司基于BLM商业领导力模型进行公司的战略规划和年度经营计划,确定愿景和使命；通过外部的深度市场洞察，确定战略意图，制定中长期战略规划，并在年度经营计划中落地，推进资源的配置落实，监管、监控目标完成，确保年年打胜仗。在华为春节做战略规划、秋季做年度经营计划已经形成了一套完善的流程化战略管理体系，图 3-1 即为年度经营计划的具体内容。

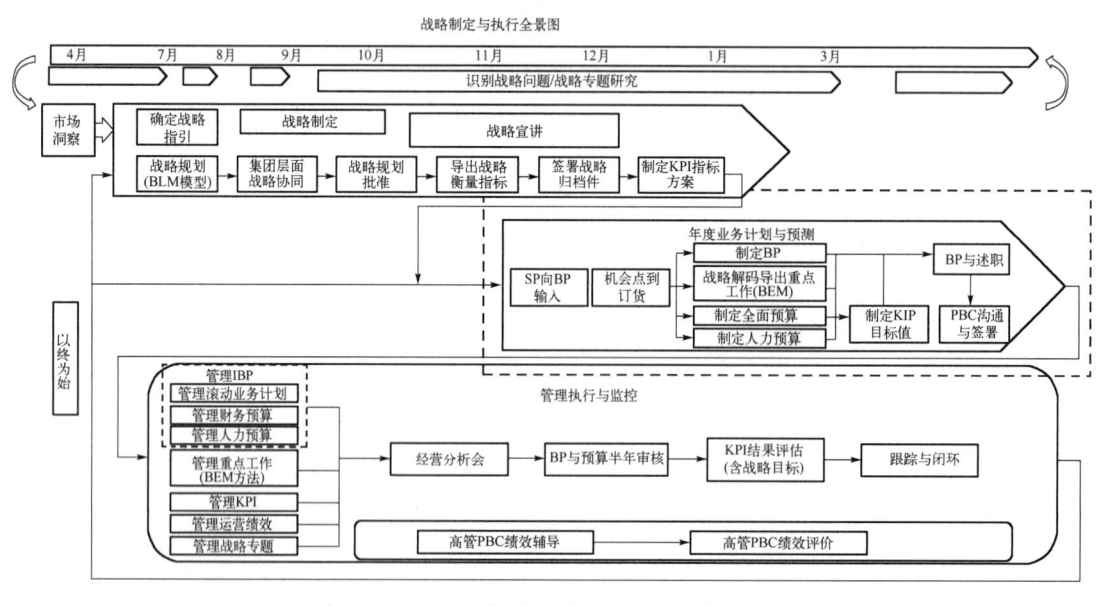

图 3-1 年度经营计划在战略全局图的位置

华为公司各业务部门的年度经营计划，是通过业务部门的主管述职报告来呈现的，按照业务部门如何达成全年经营指标来布局资源、提升管理水平、管理销售目标。公司上下一切为了一线、一切为了胜利，保证令出一孔、力出一孔、利出一孔。制订年度经营计划的四大意义如下：

(1) 计划能力代表对业务的驾驭能力，计划能力越强，把握外部经营环境的能力越强，越能让企业的发展从"偶然业绩"到"必然结果"；

(2) 年度经营计划是战略落地的抓手，年度经营计划可以帮助企业明确目标和方向，战略能够实现，需要每年的计划一步一步实施并落地；

(3) 通过审视过去的经营状况及问题，在下一年的年度经营计划过程中系统地去解决，并通过战略、战术、战斗的活动落实到员工每一天的行动中；

(4) 年度经营计划是公司上下协同的指南，是全体员工的作战地图，它的制订过程也是公司上下统一目标、统一计划、统一策略、统一行动的过程。

调查显示，能完成年度经营计划的企业比例只有 34%，能完成 3 年年度经营计划的企业比例更低至 5%。下列是一些主要问题：

(1) 根本就没有正式的年度经营计划，跟着感觉走；

(2) 制定目标拍脑袋，没有业务执行计划，企业发展就像脚踩西瓜皮；

(3) 缺乏制订年度计划的科学流程、方法；

(4) 计划的制订与执行两张皮，说一套做一套。

综上所述，制订年度经营计划对于企业来说是至关重要的，它能够为企业提供明确的方向和目标，帮助企业适应市场变化，合理分配资源，并进行有效的监控和评估。因此，建议每个组织或企业都制订年度经营计划，以确保其可持续发展和成就更大的业绩。

华为公司年度经营计划的定位是总经理向董事长的述职报告，是一个严格的质询过程，是下属向上级机构的郑重承诺。下面以华为分公司的年度经营计划为样本，介绍企业的年度经营计划是如何制订的，年度经营计划主要包括以下几部分：

(1) 上一年经营总结；

(2) 下一年经营环境分析；

(3) 下一年年度市场规划及执行；

(4) 全面预算管理；

(5) 下一年各子部门的业务规划，包括人力、财务、行政等。

3.1.1　上一年经营总结

根据前一年签订的 KPI 指标，对上一年经营结果进行复盘，查看是否达成，并总结为什么达成或没有达成，根因是什么，多谈不足。

1．KPI 指标完成情况

(1) 订货目标完成情况；

(2) 发货目标完成情况；

(3) 收入目标完成情况；

(4) 回款目标完成情况；

(5) 市场目标完成情况；

(6) 客户关系目标完成情况；

(7) 管理目标完成情况，如变革项目、干部到位、人员考核优化等；

(8) 其他目标完成情况，如公共关系、服务目标等；

根据以上指标完成情况，总结 KPI 成绩与主要不足，并分析根因。

2．市场目标完成情况

市场目标是指具有市场里程碑影响的关键产品的市场进展情况，如产品首次突破、赠送使用、实验局完成、样板点建设、替换竞品、压制对手市场份额等，具体可以包括：

(1) 战略或重点客户主流产品的测试证书、实验局突破；

(2) 战略或重点客户主流产品的销售突破战略或重点产品的突破，不以销售金额大小为衡量目标；

(3) 新产品的准入 POC 测试、实验局和销售突破；

(4) 产品或解决方案的样板点建设；

(5) 战略或重点客户的重要营销策划活动，落实参观、展览、大型汇报会、研讨会等。

3．客户关系目标完成情况

客户关系目标完成情况，需要有量化指标。

(1) 关键客户关系完成情况；

(2) 普遍客户关系完成情况；

(3) 组织客户关系完成情况。

4．管理目标完成情况

(1) 人力资源总体情况、年度人均销售额、人力资源规划到位率、本地化率、末位淘汰率等；

(2) 行政管理，包括费用降低目标完成情况、IT 平台应用情况、供应商认证及

使用情况、管理制度建设及执行情况、法律遵从方面等;

(3) 财务管理,比如财务指标完成情况、与银行业务往来情况、税务和审计工作情况等。

5. 主要亮点与不足

主要亮点与不足,要主要谈问题,归因于内。

(1) 目标客户群拓展;
(2) 产品布局与拓展;
(3) 客户关系拓展(邀请、展会、拜访等);
(4) 营销管理;
(5) 竞争管理;
(6) 技术服务;
(7) 干部培养、基层员工培训;
(8) 其他,如重大产品事故、重大客户投诉。

上一年工作的总结,是下一年工作非常重要的参照,它将影响企业是沿着上一年的思路继续前进,还是要调整思路、改变打法,因此总结需要客观、科学、归因于内,找到业务差距的真正根因,为下一年的公司运营提供正确向导。

3.1.2 下一年度经营环境分析

经营环境分析可以为企业做重大业务决策提供依据、资源配置、竞争导向等。通过市场深度洞察,企业可以更好地了解市场上商品供需情况,有助于企业制定正确的经营战略,满足市场需求,提高企业经营活动的经济效益和投入产出比。经营环境将直接影响到企业策略、资源、目标。

1. 整体经营环境分析

(1) 国家、省市及区域政治经济环境分析;
(2) 所处行业的环境分析;
(3) 所处行业现状及特点;
(4) 所处行业数据解读;
(5) 其他。

2. 目标客户群分析

企业可以根据客户群的分类,对这些客户群进行详细分析,主要从建设量、市场贡献的大小、市场发展潜力、资信状况等方面进行区域内各客户群的价值分析、对比。如果是成熟市场,客户群可以分级分类来定义,比如说 A、B、C 级。对于新拓展的市场,客户群可以分为战略客户群、拓展客户群、销售客户群、代理客户群。

(1) 战略客户群分析,战略客户群是指对企业长期发展至关重要,具有全局决定性的客户,也包括具有发展潜力的竞争对手的突破对象;

(2) 拓展客户群,拓展客户群是指长期来看有潜力价值的新客户,他们短期不能够带来即时收益,对他们需要有长期拓展计划;

(3) 销售客户群分析,销售客户群是指现在就可以带来销售收入的客户,服务好这批客户能够解决企业当下经营的问题,但需要企业立即投入资源,确保当前收益;

(4) 代理客户群分析,代理客户群是指客户的市场地位、价值贡献均不太高,或者由于拓展的复杂性和敏感性,可以安排第三方来负责拓展(见图 3-2)。

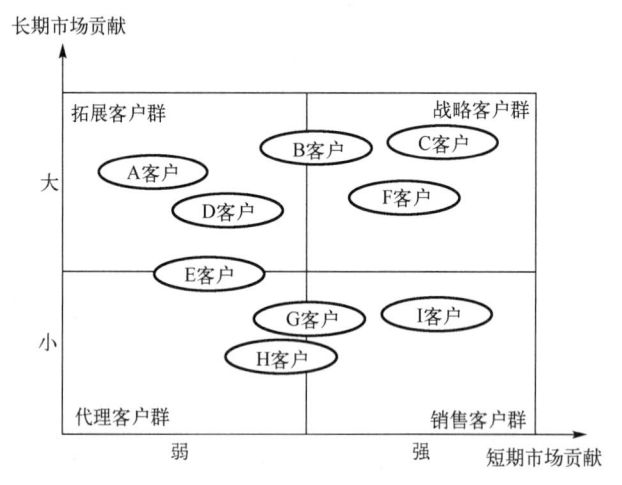

图 3-2 目标客户群分析

3. 企业现状和问题点

从企业的品牌、客户关系平台、产品拓展(各产品的整体布局、份额、后续空间、新产品市场启动及样板点等)、整体竞争能力、金融能力和手段(如涉及)、服务等方面所处的地位,客观分析企业现状和问题点,即换位思考,站在客户的角度客观看自己。

(1) 品牌现状及问题点:品牌现状调研、品牌知名度提升主要难点和不足等;

(2) 客户关系平台现状及问题点:现状评估、目标规划、监控执行、评估优化,形成 PDCA 的闭环管理;

(3) 产品拓展现状及问题点:战略机会点及策略、产品突破策略、市场份额管理等;

(4) 整体竞争现状及问题点：竞争格局分析、上一年竞争对手主要项目清单、竞争对手现状调研等；

(5) 服务能力现状及问题点：客户对企业服务能力的反馈、客户满意度反馈、服务的不足点；

(6) 其他，比如融资能力、政府关系、协会组织等。

4. 竞争对手分析

企业看好的市场机会，竞争者也会看好，因此对竞争对手分析是市场获胜的重要一环。可以从竞争者的背景、目标、能力、想法、产品、市场地位等进行分析。对竞争对手进行分析有如下重要性：

(1) 看清产业，帮助企业把握整个产业的动向；

(2) 看清自己和对手，补齐短板；

(3) 帮助企业找到适合自己的细分市场；

(4) 帮助企业调整成本、定价、商业模式等；

(5) 有利于企业进行市场开发，快速占领市场。

企业可以根据属性及市场现状等要素对竞争对手进行分类，分为恶性竞争对手、战略竞争对手、一般竞争对手，具体内容如下：

(1) 恶性竞争对手分析：恶性竞争对手是指那些使用非商业、不正当、无底线手段竞争，不计后果的友商，影响极其恶劣；

(2) 战略竞争对手分析：战略竞争对手指行业头部企业，威胁到各自市场地位、主导权、格局；

(3) 一般竞争对手分析：一般竞争对手指相同赛道参与者，在商言商，竞争是正当的商业行为，企业要凭能力经营。

需要对竞争对手进行整体分析，可以使用竞争地图。对单个竞争对手分析，应该包括市场容量和市场地位、近1~3年销售情况、各厂商销售对比，主要项目的竞争对手对比、竞争对手的市场弱点及问题点分析。

5. SWOT 分析

SWOT 分析是对企业内外部条件各方面内容进行综合和概括，进而分析企业的优劣势、面临的机会和威胁的一种方法（见图3-3）。

SWOT 分析，可以按照企业不同维度一一分析，比如企业整体 SWOT 分析、企业渠道 SWOT 分析、企业客户品牌 SWOT 分析、企业某产品 SWOT 分析等。

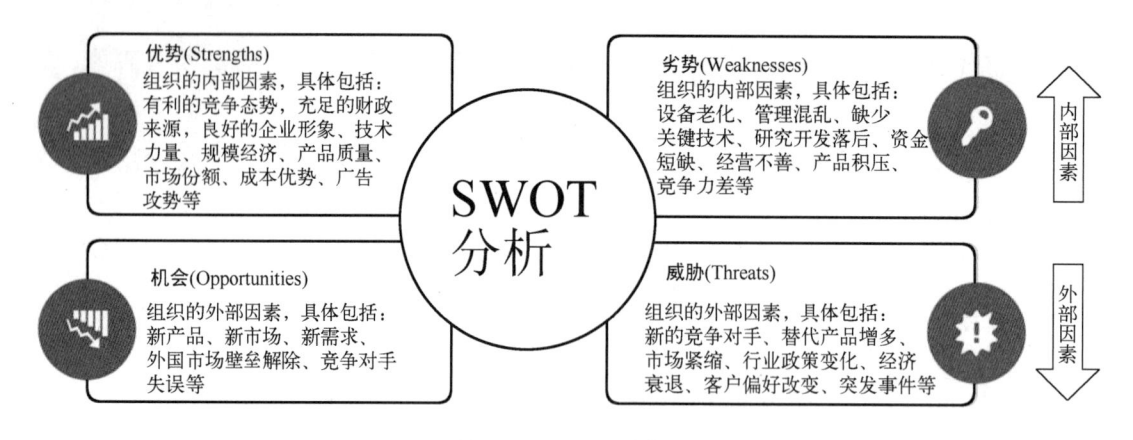

优势(Strengths)
组织的内部因素，具体包括：有利的竞争态势、充足的财政来源、良好的企业形象、技术力量、规模经济、产品质量、市场份额、成本优势、广告攻势等

劣势(Weaknesses)
组织的内部因素，具体包括：设备老化、管理混乱、缺少关键技术、研究开发落后、资金短缺、经营不善、产品积压、竞争力差等

机会(Opportunities)
组织的外部因素，具体包括：新产品、新市场、新需求、外国市场壁垒解除、竞争对手失误等

威胁(Threats)
组织的外部因素，具体包括：新的竞争对手、替代产品增多、市场紧缩、行业政策变化、经济衰退、客户偏好改变、突发事件等

图 3-3 SWOT 分析

3.1.3 下一年年度市场规划及执行

对营商环境有了深入的洞察和充分的分析之后，为了年度工作顺利进行，需要制定市场规划及执行计划，市场部门将全力围绕年度目标规划日常工作，制定相应工作目标及计划，并严格按照此计划落实执行。年度规划及执行方案，主要包括如下内容。

1．市场空间分析

(1)总体市场需求分析，包括市场的建设总量、增长率、增长点、增长区域等；
(2)客户投资增长点对应企业机会分析；
(3)外部环境对总体市场的影响，以及后续变化趋势。

2．目标客户群分析

(1)客户投资思路及企业可能的业务发展增长点；
(2)目标客户的客户关系分析及改进计划(关键客户关系、普遍客户关系、组织客户关系)；
(3)目标客户群的市场需求、产品机会点分析及建设量，并列出具体项目清单；
(4)该客户群的产品机会点。

3．销售目标及各项 KPI

各销售主体在制定各项目标时，要改变"数项目定目标"的思维模式，按照市场需求驱动资源的方式，看市场总体空间和可参与空间，去认真分析下一年可能存在的机会，要求具体到客户、产品、区域，从而制定订货、市场目标及人力资源编制等。

4．市场目标管理

(1) 战略或重点客户主流产品的测试证书、实验局突破；

(2) 战略或重点客户主流产品的销售突破；

(3) 新产品的准入（POC 测试、实验局）和销售突破；

(4) 产品或解决方案的样板点建设；

(5) 其他，比如设备赠送使用、设备实验局转商用合同。

5．市场整体工作思路

(1) 目标客户的市场策略及工作规划；

(2) 产品拓展策略及工作规划；

(3) 下一年市场工作重点、策略及具体措施、工作规划；

(4) 下一年年中市场销售预测；

(5) 其他，比如品牌活动、公共关系、政府项目、渠道策略等。

6．KPI 汇总

(1) 财务层面指标；

(2) 客户层面指标；

(3) 内部运营指标；

(4) 学习与成长指标。

部门的 KPI 制定样例如表 3-1 所示。

表 3-1 部门的 KPI 制定样例

部门 KPI 设计			
分类	序号	年度 KPI 指标	权重
财务层面	1	销售收入	10%～15%
	2	利润率	0%～10%
	3	收入	5%～10%
	4	回款	5%～10%
客户层面	5	战略客户覆盖率	5%～10%
	6	山头客户突破	5%～10%
	7	市场份额	5%～8%
	8	额户满意度	3%～5%
内部运营	9	ITO（存货周转率）	3%～5%
	10	DSO（应收账款周转天数）	3%～5%
	11	运营合规	1%～3%
学习与成长	12	变革项目执行落地	0%～3%
	13	员工任职资格	0%～3%
	14	干部培养流程及制度	0%～3%

3.2　全面预算管理

在华为，每一年的年度经营目标的达成，其目的是最终实现战略，达成企业可持续增长，图3-4即为年度经营计划的具体内容。我们可以清楚地看到，制定全面预算是秋季做年度经营计划的重要组成部分。如何让实际经营活动与年度经营计划吻合，最关键的动作之一就是全面预算管理。接下来，我们从下面四个方面谈一谈如何理解全面预算管理：

(1) 全面预算管理的价值；
(2) 全面预算管理的概念；
(3) 全面预算管理的框架；
(4) 预算的授予与执行。

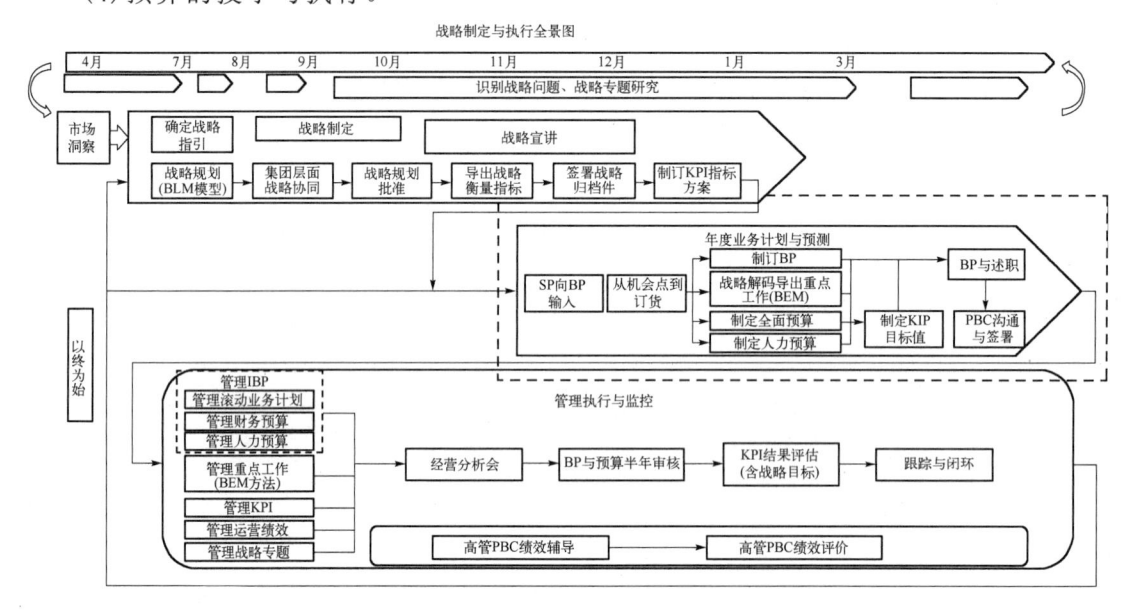

图3-4　全面预算管理在年度经营计划中的位置

3.2.1　全面预算管理的价值

华为在2011年全面预算变革项目启动前，战略规划与预算管理是脱节的，一直是两张皮，没有拉通，直到全面预算变革项目组输出一系列全面预算变革方案包，识别出DSTE流程（战略执行到落地的流程），才彻底解决战略规划不能落地的问题。因此，全面预算管理的价值，最直接最重要的就是：提升了战略规划的质量，拉通了战略落地，保障了公司持续有效地增长。

一分战略，九分执行，战略靠年度经营计划落地，年度经营计划需要预算支撑

其落地,全面预算管理是达成战略目标的管理抓手和工具(见图3-5):

(1) 战略管理,通过资源配置促进目标达成,保障战略落地;
(2) 目标确定,计划预算的编制过程是确定年度经营目标的过程;
(3) 综合管理,为日常经营管理活动建立了"管理基准",支持经营管理授权、控制与决策,提高决策者工作效率和效果,让各级领导聚焦不确定业务;
(4) 绩效评价,促进"上下左右"交流沟通,目标一致,协同作战,"利出一孔"创造价值,支撑价值评价与价值分配。

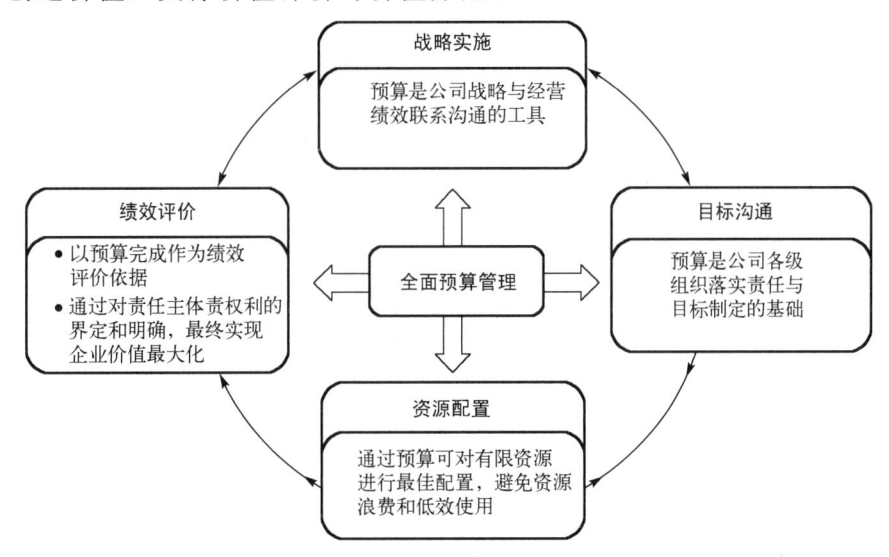

图 3-5 全面预算管理在战略落地中的价值

3.2.2 全面预算管理的概念

全面预算管理中的"全面"二字体现在三个"全"上:
(1) 全方位,全面预算管理是人财物的集成,包括经营预算解码业务机会、战略预算解码年度关键任务、人力预算解码组织活力;
(2) 全员参与,要做到上下同欲、左右对齐;
(3) 全过程,从战略到执行,环环相扣。

年度经营计划与全面预算管理、战略解码的关系(见表3-2):

表 3-2 年度经营计划与全面预算管理、战略解码的关系

年度经营计划	全面预算管理	战略解码	
年度机会、收入目标	经营预算	解码机会	中长期机会点
年度重点工作	战略预算	解码任务	战略关键任务
年度组织 KPI	人力预算	解码组织活力	组织定位、责任中心

3.2.3 全面预算管理的框架

华为的全面预算管理框架,如图 3-6 所示。

(1) 战略落地的第一个环节,把战略解码到年度业务计划。把洞察到的机会点、战略想达成的目标、想怎么干,解码到每一年有什么机会、要达成什么目标、要干什么,由年度业务计划承接,并制订年度业务计划。

(2) 战略落地的第二个环节,通过预算配置资源。所有的想法,包括要干什么、干成怎样、要达到什么样的目标、如何去干,最终都要回归到资源,没有资源,一切的想法和计划都是虚无缥缈的、不切实际不可落地的。预算就是要解决资源配置的问题,需要多少资源,资源往哪儿投、投多少,以及鉴别企业实际是否能承受这么多资源。

(3) 战略落地的第三个环节,就是经营分析会。通过例行有效的经营分析,及时暴露企业落地战略过程中有什么问题、有什么风险,问题背后的原因和根因是什么,应该怎样去解决,并且要通过经营分析会去落实问题解决的责任人,去跟进问题的解决进展,从而最终达成年度经营目标,实现企业战略。

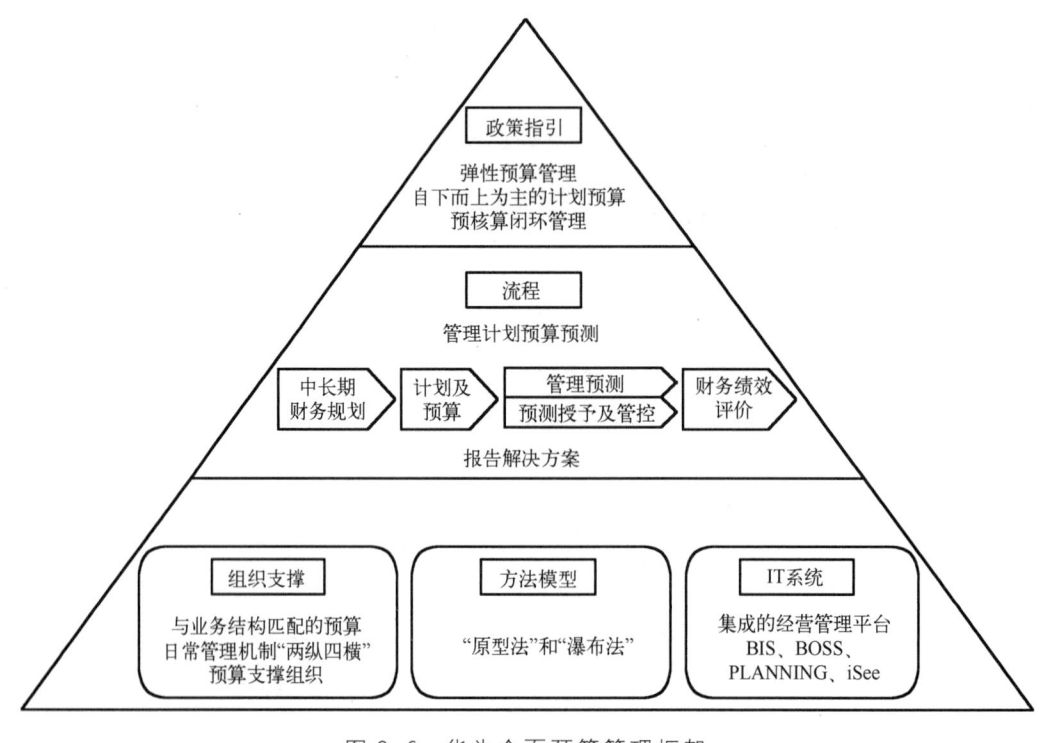

图 3-6 华为全面预算管理框架

任正非说:"我们的利润来源于客户,因此,我们的预算源头也应该是客户,只有把面向客户销售的预算做清楚,才能向后分解成可靠的、扎实的产品及区域维度的年度预算。"

年度预算的制定就是基于项目、机会点,按照"战略计划、项目、预算"的逻辑建立预算分配机制。项目经营团队根据业务计划及授予的预算向支撑组织购买资源。产品和项目预算是华为做好经营管理的基本单元,不同产品处于不同的生命周期,对其预算也应该实行差异化管理。

全面预算还要进行闭环管理(见图3-7),通过计划预算来牵引,通过核算对计划预算的执行情况进行评估和监控,以保障业务可持续发展,实现规避风险与敢于投资的平衡。

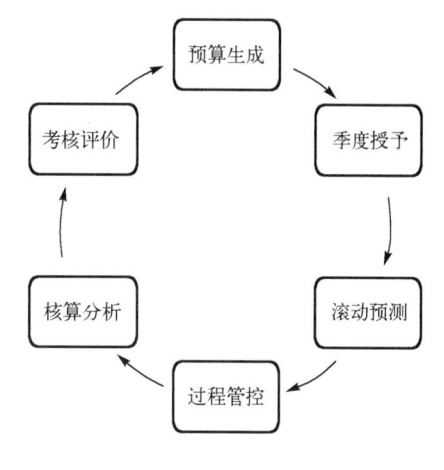

图 3-7 全面预算的闭环管理

3.2.4 预算的授予与执行

1. 平台预算与项目预算分开

华为强调将平台预算和项目预算分开管理,平台是帮项目做事,因此管理平台的预算是从项目预算进行反推,即项目可能向平台购买多少资源,会发生多少费用,以此为依据来编制平台预算。

由于平台本身不产生收益,因此华为要求平台运作贯彻"高效、优质、低成本交付"的原则,将费用控制在一个最低的基线。"平台帮项目做事,就去跟项目要钱,从项目预算中把相关的预算要来"。在这种情况下,平台会想办法把费用挤到项目中去,项目经理也会严格控制项目费用的发生,这就形成了矛盾与平衡。我们现在要建立这种机制,核心就是平台为前方服务,向前方要钱。

有预算才有钱花,华为制定全面预算有三个动作:
(1)一是自上而下,经营目标下达;
(2)二是自下而上,业务及项目预算上报;
(3)三是上下结合,全面预算最终形成。

2. 权力下放与弹性预算

任正非总说:"计划、预算、核算下放到地区部是什么意思?就是我把计划给你了,你可以按计划组织资源来进攻,资源的费用是由预算来约束的,预算用完，我是要考核你的。销售额暴涨，你的预算自然就暴涨。如果说你的销售额上不去，却把预算花完了，那说明你无能。但是你不花钱，也不能造成市场的前进。管理者就是要根据业务现实来灵活掌控，如果僵化地用计划、预算，是不可能管理好企业的。"

华为的全面预算按"弹性获取，率额结合"的原则进行。

(1) 按率授予：成熟业务按费用率授予。按照销售收入等产出变化，线性配置资源，这是一种扩张性资源配置方法，以保持客户界面的投入。华为管理费用率的改善目标是每年降低 5%，以牵引内部运作效率的提升；

(2) 按额授予：战略或变革项目按预算额授予。符合战略发展方向和主航道的业务，可优先获得预算额度。

总之，华为通过权力下放与弹性预算，来摆脱中央集权制的效率低下、机构臃肿，实现客户需求驱动的流程化组织建设目标。

3．预算的原则

华为提出了 6 条预算管理原则：
(1) 预算反映经营责任，以绩效评价来闭环；
(2) 预算保障战略落地，支撑公司核心竞争力持续提升；
(3) 预算以客户为源头，以项目为基础，反映业务实质；
(4) 弹性获取预算，服务于作战；
(5) 预算和核算规则一致，统一管控，简化管理；
(6) 预算对准集团财务结果。

4．预算聚焦战略业务

华为一直强调，不在非战略机会点上消耗战略竞争力量，"不仅因为我们没那么多钱，也因为我们管理不好那么多拖油瓶"。

5．项目预算的执行

以华为的运营商业务为例，简要阐述项目预算的执行流程，包括获取项目预算授予方式及金额、确定资源需求额度、申请及追加预算授予额度、风险准备金申请及审批、设置授予额度、在授予额度内开展业务及监控预算执行等活动。项目预算的核心流程如图 3-8 所示。

项目预算的核心流程

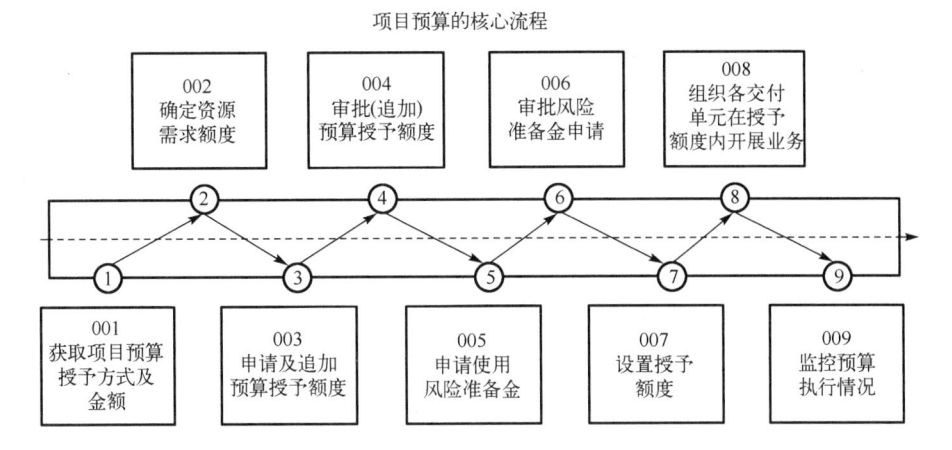

```
     ┌──────┐    ┌──────┐    ┌──────┐    ┌──────┐
     │ 002  │    │ 004  │    │ 006  │    │ 008  │
     │确定资源│    │审批(追加)│   │审批风险│    │组织各交付│
     │需求额度│    │预算授予额度│  │准备金申请│   │单元在授予│
     │      │    │      │    │      │    │额度内开展业务│
     └──────┘    └──────┘    └──────┘    └──────┘
        ②         ④          ⑥          ⑧
       ╱ ╲       ╱ ╲        ╱ ╲        ╱ ╲
      ╱   ╲     ╱   ╲      ╱   ╲      ╱   ╲
     ①     ③         ⑤          ⑦          ⑨
  ┌──────┐  ┌──────┐    ┌──────┐    ┌──────┐    ┌──────┐
  │ 001  │  │ 003  │    │ 005  │    │ 007  │    │ 009  │
  │获取项目│  │申请及追加│   │申请使用│    │设置授予│    │监控预算│
  │预算授予│  │预算授予额度│  │风险准备金│   │额度  │    │执行情况│
  │方式及金额│ │      │    │      │    │      │    │      │
  └──────┘  └──────┘    └──────┘    └──────┘    └──────┘
```

图 3-8 项目预算的核心流程

3.2.5 其他

在年度经营计划中，还有些其他部门的规划也要纳入其中，比如研发、供应链、人力资源、财经等，根据公司差异，可以详细写入年度经营计划中或者单独规划，在年度经营计划中只呈现结论。

小结

有效的年度计划，对上需要承接企业中长期的战略发展目标，对下需要引领每个部门全年需要开展的重点工作，对外需要准确分析经营管理过程中的种种问题并拿出对应的策略，对内需要关注组织管理中的"短板"并确定提升改进的方向。一分规划，九分执行，在执行年度经营计划的过程中，企业应设定关键绩效指标(KPI)来跟踪和评估目标的达成情况，并及时作出调整和改进。有效的过程管理对计划的落地非常重要，这能够帮助企业及时发现问题，并采取相应的措施及时调整和纠偏，确保企业安全、稳健发展。

年度经营计划是下一年公司上下协同的指南，是全体员工的作战地图，要突出重点工作和关键策略，牵住事物的牛鼻子，化繁为简，市场是火车头，要给火车头加满油，牵引整个公司往前走！

想了解年度经营计划的更多知识点，请参考"如何做好年度经营计划"课程大纲。

第4章

经营分析会(华为一报一会)

4.1 什么是业财融合

管理大师罗伯特·卡普兰发明的平衡计分卡(Balanced Score Card，BSC)，从财务、客户、内部运营、学习与成长四个层面来评价组织和个人绩效。平衡计分卡不仅有财务方面的数据，也有考核客户方面的业务数据，这是典型的业务与财务融合。罗伯特·卡普兰认为，一份有价值的管理报告要实现三个转变：

(1)从讲财务到看业务；

(2)从讲内部到看外部；

(3)从讲过去到看未来。

把财务语言转化为业务语言，财务从后台走向前台，这就是业财融合。财务人员由"账房先生"向"企业价值整合者"转身。业财融合要求CFO及财经团队不但要有财务专业知识，还要能够与业务人员对话，对他们提出了更高的要求。

任正非也说过："一线的计划体系是用于作战的，而不是用于给公司汇报的。各地区部、各产品线的计划是用于作战的，担负主攻任务的部门，一定要有清晰的目标方向，以及获得成功的策略。对于增长目标达不到公司平均复合增长率的地区部，可以多去吃一些窝边草，也可以多做一些精细管理。对于不担负主攻任务的部门，一定要以为前线提供优质服务为责任，不断进行管理优化。"

任何目标和计划都不是一成不变的，往往需要随着市场环境和竞争格局的变化而适当做出策略上的调整，以利于作战的胜利。这一调整的依据是经营分析，通过经营分析进行月度滚动预测，以便对战略计划、预算计划等进行优化。

做好经营分析必备的5项基本要求：

(1)掌握业务动态；

(2)打开数据，发掘背后的故事；

(3)多角度分析发现问题;

(4)关注预测;

(5)提出 SMART 改进措施。

4.2 什么是经营分析会

企业经营分析会,顾名思义,围绕着经营进行分析,围绕目标、发现差距、分析问题和解决问题。通过 PDCA 的闭环管理,使得年初制定的战略和目标能够有效达成。

华为公司推崇经营分析,而不是单纯的财务分析,华为公司将经营分析会称作"一报一会":一报就是经营分析报告,一会就是经营分析会。华为公司的"一报一会"制度从 2008 年开始,由经营主体的 CFO 组织,一把手召集业务部门主管,由初期的上级要求"要我做"发展到现在自发的"我要做"阶段,服务于业务年度经营目标的达成。经营分析会是统一思想、统一方法论、统一动作、统一模板的管理工具,华为公司的经营分析会分层召开,分别为集团总部、地区部、代表处三层(见图 4-1):

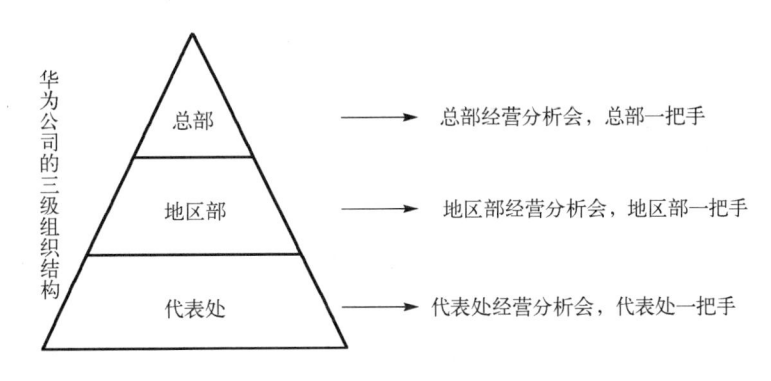

图 4-1 华为公司三级经营分析会

战略规划(SP)靠年度经营计划落地,年度经营计划靠经营分析会监控落地,企业经营分析会主要围绕年度经营计划(BP)来开展(见图 4-2)。

大部分企业的经营分析会召开频次有月度、季度、半年度、年度。经营分析会一定要结合实际,服务于业务部门,财务分析要指出问题,找出对策,落实责任,到期考核,这样做下来,财务分析自然突破了财务的范畴,成了一把手工程。华为公司对经营分析会的朴素描述如图 4-3 所示。

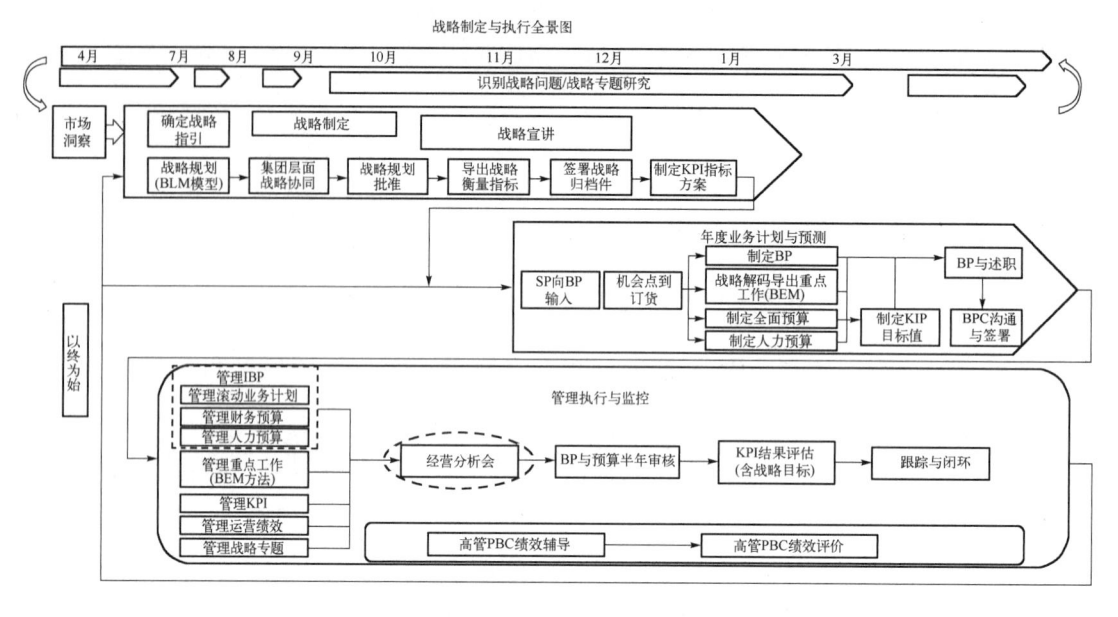

图 4-2 经营分析会在战略全景图中的位置

CFO搭台，市场唱戏，一把手全程参加，核心是谈机会

图 4-3 华为经营分析会的通俗描述

4.3 经营分析会六大典型问题

1. 会议定位错误

很多企业的经营分析会都开成了汇报会、诉苦会和邀功会，没有成绩的诉苦劳，或者讲一个感人的奋斗故事，或者歌功颂德，这不是经营分析会需要的内容。在华为公司，如果汇报的时候谈成绩超过三句，是要被赶下去的！很多企业的经营分析会，会场大家都做老好人，不敢提出尖利的问题，没有硝烟味，经营分析会的氛围不应该是一片祥和，要有相互PK和解决问题的机制。但经营分析会也绝对不是"鞭尸"会，经营分析会的目的是发现问题和解决问题，而不是针对某个人，抓住一个错误死咬不放。经营分析会不需要我们传统的温良恭俭让，而是要把事情做正确，把常识性的事情做到极致。

2. 会议安排混乱

经营分析会的安排混乱体现在以下几个方面：

(1) 与会人员混乱。经营分析会的精髓就是"有事启奏，无事退朝"，不需要部门排排坐，机械性地轮流汇报，大部分人都在陪会或者玩手机，只有老板一人在听、在问、在挑战。

(2) 会议时间混乱。我们常说以季度为单位开经营分析会的公司会被以月度为单位开经营分析会的公司干掉，不开经营分析会的公司一定会被开经营分析会的对手干掉。不开或者不定期开经营分析会是绝对不可取的。

(3) 会议地点混乱。大多数企业的经营分析会都是集中在总部开，或者找间酒店会议室开，脱离市场，不贴近一线。

(4) 会议主题混乱。每次经营分析会的主题没有变化，会议主题平铺直叙。

要坚持"多开小会、少开大会"的原则，经营分析会是一个企业的大会，是企业最重要的会议之一，因此每月召开是合适的。一些专题会议可以通过部门小会解决，呈报给管理团队即可，比如招聘多少新员工、开设几条生产线、员工福利方案等，这些事情虽然也很重要，可以通过职能部门开专项会议来解决，而不需要在经营分析会上讨论。

3. 差距分析走过场，不能直面差距

之所以无人直面血淋淋的差距，是因为员工、领导干部怕丢面子、怕担责，就出现捂盖子、假动作，没有打开内核，多维度（客户、渠道、产品、区域）分析差距。可能因为公司没有差距分析的要求，没有构建完善、科学的经营分析会机制，更没有营造企业内部自我批判的文化氛围。一个企业如果忽视差距，不能够找到造成差距的真正根因，年度经营目标不但难以达成，而且组织氛围也将死气沉沉，员工做好做坏一个样。造成上述情况的原因一般有如下两条。

(1) 缺文化：缺自我批判、鞭策灵魂的文化；
(2) 缺方法：缺理论、能力、工具。

公司内部要有"刀刃向内的勇气、自我革命的决心"，特别是管理干部，要求每个人都能做到自我批判，形成归因于内的组织氛围。自我批判的原则：

(1) 讲自己，不讲别人；
(2) 讲主观，不讲客观；
(3) 讲问题，不讲成绩。

4. 经营分析报告中有目标，但没有列出机会清单

很多企业的经营分析会中，设定月度、季度、年度预测，但是没有支撑这些预

测目标的机会清单，年初员工给老板画了个大饼，年终兑现不了就一走了之。导致这种现象一般有如下两种原因：

（1）企业缺少挖掘机会、转化机会、验证机会的方法，导致无法从考核、分层分级、资源配套等方面进行机会清单管理；

（2）员工缺乏主观意愿——机会越大目标越高，目标越高完成率越低，完成率越低奖金越低，团队没有打大仗、攻坚克难的氛围，最终形成恶性循环。企业管理者要思考员工为什么没有意愿，是不是激励方式出了问题。很多企业单一的提成模式阻碍了公司组织能力的发挥，使得公司组织能力得不到提升。

5．没有年度预测也没有预测分析

预测是对业务的洞察能力、驾驭能力，如果企业预测不准，说明企业对业务的驾驭能力是不足的，对企业员工来说也是同样的道理。

华为经营分析会要做每月的滚动预测，月月都要做，而且要交叉验证，要对预测不准的员工进行晾晒机制，并出台惩罚措施。每月滚动预测（见表4-1、图4-4）的目的不是完全去追求每月预测的数据绝对准确，而是引导团队更加深入地洞察业务，更加熟悉客户。

预测不准就需要复盘，找到问题所在。我们之所以复盘，是为了打赢下一场战斗甚至年度经营战争。因此，我们需要清晰地预测下一场战斗的目标、风险、打法、组织协同及资源配置，这才是经营分析会的核心目标。

表4-1　每月流动预测表格

项目	1月	2月	3月	4月	5月(NO)	6月	7月	8月	9月	10月	11月	12月	合计
原预测	50	30	40	60	65	80	85	80	90	65	80	95	810
实际/预测	40	25	36	56	65	73	62	63	66	43	67	76	672
GAP	10	5	4	4	0	7	23	17	14	22	13	19	138
实际/预测完成率	80%	83%	90%	93%	100%	91%	73%	79%	83%	66%	84%	80%	83

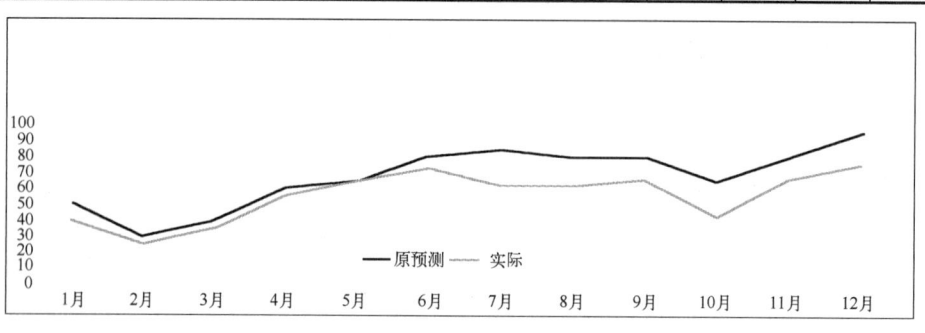

图4-4　每月滚动预测

6. 有目标、没落实，都是口号

很多企业的经营分析会，会议决策议而不决，决而不行。会上有的事项进行了决议，但通常决议或行动方针不明确、不可视，任务不可回溯。这就导致会后没有人跟踪闭环，到下一次会议的时候大家都忘记了，又回到了汇报月度总结、计划，大家空喊口号的老路。长此以往，大家来参会的积极性和紧迫感都不强，只有老板一个人在着急。

4.4 如何写好经营分析报告

经营分析会的目的就是集中力量打胜仗，实现年度经营目标。所以我们要把经营分析会定位为作战会议，让经营分析会成为作战指挥系统，指导公司怎么打胜仗，特别是指导一线。高质量的经营分析报告通常包含两个部分：经营主报告和业务报告。年度经营分析会议和年度经营分析报告的工作内容如图4-5所示。

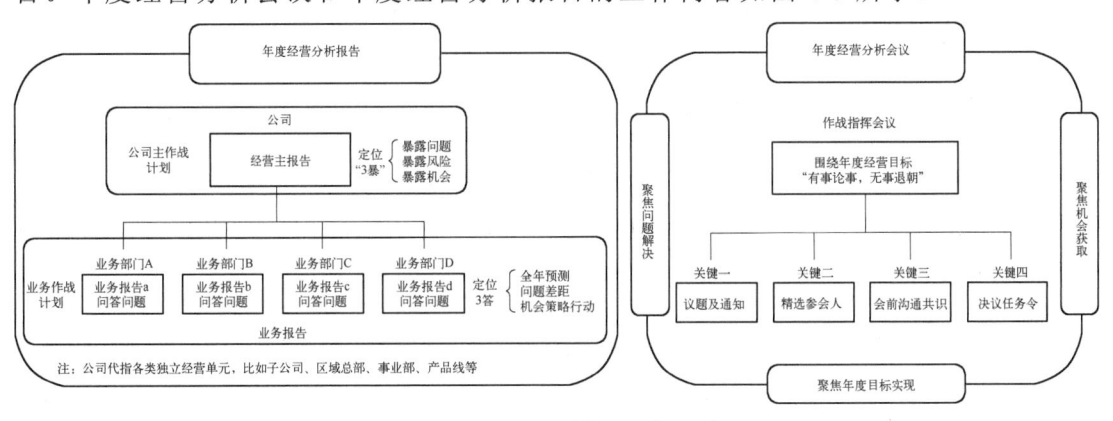

图4-5 一张图看懂"一报一会"

4.4.1 经营主报告

经营主报告也就是公司的主作战计划，要指导业务部门的作战方向在哪里。经营主报告一般由企业的财经部门负责输出，通过提取、分析财务数据，发现业务部门的问题。经营主报告的定位为"3暴"。

(1) 暴露问题：通过财务数据暴露业务部门的问题；
(2) 暴露风险：通过财务数据暴露业务部门的风险；
(3) 暴露机会：通过解读客户的投资、预测，指出机会在哪里。

如果把企业比喻成一架飞机，经营主报告就是飞机的仪表盘。通常来说，经营主报告包含以下指标：订货金额、发货金额、收货金额、回款金额、毛利、净利、存货周转率(天数)、应收账款周转天数(运营效率)等关键数据。上述这些数据管理得越细致，管理成本就会越高，企业需要根据自身发展阶段、业务属性及战略诉求等因素制定相应的考核指标，最终在经营主报告中体现。经营主报告必须聚焦问题、机会、风险，一定要站在经营单元最高主管的视角，描述清楚当下这场仗要如何去打，如图4-6所示。

把企业比喻成一架飞机，经营主报告就是飞机的仪表盘

主要包括如下指标：
- 订货金额
- 发货金额
- 收入金额
- 回款金额
- 毛利和净利
- 存货周转率(天数)和应收账款周转天数（运营效率）
- 其他

图 4-6 经营主报告就是飞机仪表盘

4.4.2 业务报告

华为公司形象地把业务报告比喻成"命题作文"，业务报告的目的就是回答主报告暴露出来的问题，并给出解决问题的方案。一份好的业务报告由以下五部分组成。

1. 全年预测

这一部分的核心内容就是聚焦本业务单元今年能不能达成目标，能或不能？如不能，差多少？预算是承诺，预测是配置资源的基础。做好预测，需要用好预测三板斧（见图4-7）。

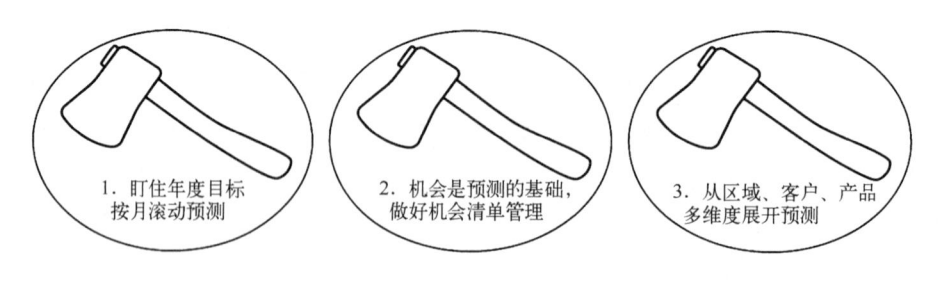

1. 盯住年度目标按月滚动预测
2. 机会是预测的基础，做好机会清单管理
3. 从区域、客户、产品多维度展开预测

图 4-7 预测三板斧

就如现代管理大师德鲁克说：预测是经营之魂。只有很好地预测未来，才能创造未来，预测是企业一切决策的基础。

2. 差距和根因分析

各业务单元需要直面问题和差距，分析要"招招见血、刀刀见肉"，要充满"硝烟味"。直面差距不是为了追责，而是为了缩小差距，最终实现目标。企业需要营造刨根问底、不挖出根因不罢休的氛围，形成团队的战斗作风和标准动作，从而实现闭环管理。找根因特别是主观根因是一个异常痛苦的过程，更像是自我灵魂拷问。找根因就是把网格越画越小，把最小的网格故障点找到。如何找到根因显得尤为重要。通常在标杆公司使用根因分析五步法（见图4-8）。

- 第一步：打开分类，从产品、客户和区域等维度进行分层分类；
- 第二步：数据量化，从做语文题转做数学题，要使差距数字化、管理数字化、验收数字化；
- 第三步：归因于内，从自身寻找原因，充分审视客户关系、产品技术、商务、交付、公司品牌等多方面要素，深度挖掘差距与根因；
- 第四步：解剖麻雀，从人（队伍配置、专家能力）、组织能力（平台、工具、方法）和管理（机制、流程、制度）等方面进行根因分析；
- 第五步：建立流程机制，向内提出改善措施（标准：能用这些措施解决已经发生的问题并且可以用于防患于未然）。

第一步	第二步	第三步	第四步	第五步
打开分类 · 产品 · 客户 · 区域	数据量化 从做语文题转做数学题 · 经营指标量化 · 市场占有率 · 丢单数量 ……	归因于内 · 客户关系 · 产品技术 · 商务 · 交付 · 公司品牌	解剖"麻雀" · 人（队伍配置、专家能力） · 组织能力（平台、工具、方法） · 管理（机制、流程、制度）	建立流程机制 · 向内提出改善措施 · 标准：能用这些措施解决已经发生的问题，并且可以防患于未然

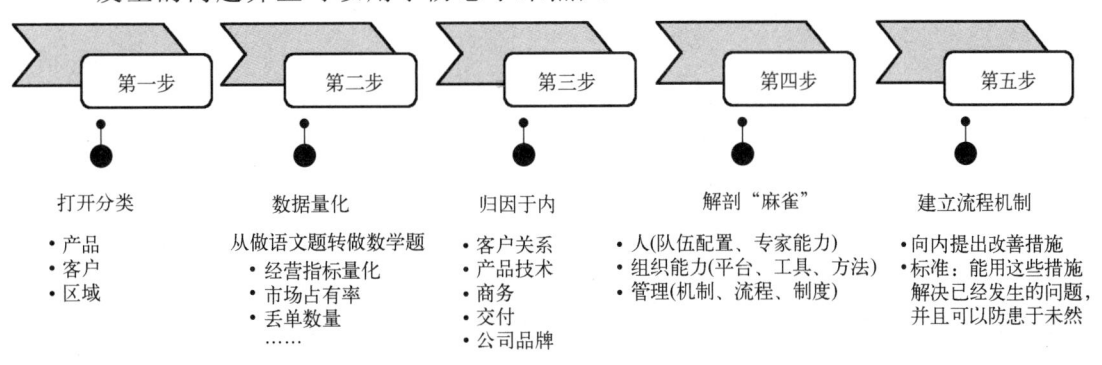

图 4-8 根因分析五步法

日本管理大师稻盛和夫曾说过：凡事从自己身上找原因。那些把原因归结于外界大环境变化、时代大变局的企业和企业家，往往都是对自己不够狠。企业家没有思想上的转变，企业就不可能有质变。可以用简单的标准来检验是否找到根因：某人做了某事就可实现目标、解决问题。

3. 聚焦 3GAP，输出 3LIST

（1）聚焦 3GAP：

- GAP1 目标差距，即年初预测目标与执行结果的差距，预测内抓执行，预测外找机会；
- GAP2 上年同期或行业差距，即与上年同期比、与行业比的差距，要加强对差距的分析与管理；
- GAP3 预测差距，即本期预测与上期预测的差距，要通过提升机会赢取能力，将预测外转入预测内；加强风险管控能力，即预测内风险的应对能力；提升业务把控能力，看清未来，避免预测大起大落，影响决策。

（2）输出 3LIST：
- LIST1 确定性机会，抓执行，重效率；
- LIST2 风险性机会，看隐患，清风险；
- LIST3 线索性机会，找线索，赢机会。

谈机会才能牵引组织面向客户、创造机会、获取机会，机会只存在于公司外部，存在于市场、客户界面，谈机会、输出机会清单就是鼓励所有部门、所有员工面向市场寻找机会。经营的本质就是把目标变成结果（见图 4-9 所示）！

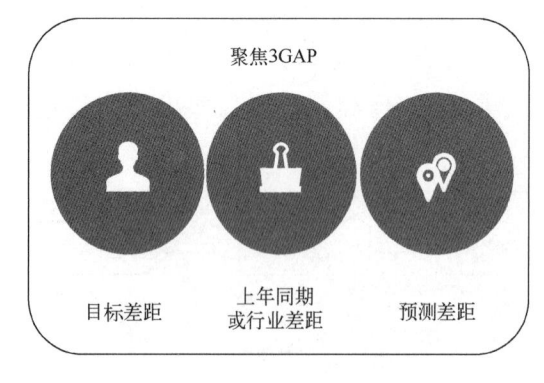

图 4-9 3GAP、3LIST 机会清单

4．五个一致性闭环管理

在我们找到差距和分析根因之后，需要针对改善措施进行以实现目标为目的的五个一致性闭环管理（见图 4-10）。

- 机会：机会可分为确定性机会、风险类机会、线索类机会三类。确定性机会交给士兵打，风险类机会要干部出马，干掉风险，线索类机会要主管带队转化。
- 目标：目标要自上而下地牵引、自下而上地承诺，是领导力和自驱力的结合。目标制定原则有理、有据，有理代表领导力的牵引，有据代表有数据支撑。风险类机会×(1-风险系数)才能真正支撑收入目标。
- 策略：是穷尽一切办法，可以实现目标的方案集合。比如，价格策略是盈利优先还是规模优先；竞争策略是否要压制对手、是否要竞合；品牌、宣传策略中 2B 和 2C 不同的宣传做法。短、中、长策略相结合，就是要明确公司当前的诉求是什么，中长期目标是什么。
- ➢ 行动计划：坚决执行 PDCA 循环，不断进行复盘和优化。
- ➢ 资源配置：整合人、财、物等一切可动用的资源，为了胜利，一切内部资源都可以被调用，公司董事长、CEO 是资源整合与建设的主导者，有义务为一线及时输送有效"炮弹"。

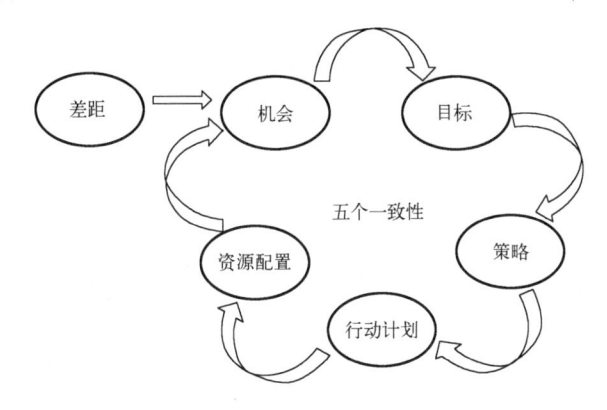

图 4-10　五个一致性闭环管理

5．待决策事项

业务报告的最后一部分要把需要讨论和待决策的事项单独成页，经营分析会与会人员针对这些事项展开讨论并形成最终决议。形成的决议由业务主管下发任务令进行落实。任务令就是重逢的冲锋，有如下几点具体内容：
- ➢ 有目标，目标要量化；
- ➢ 要做什么动作；
- ➢ 什么时间完成；
- ➢ 责任人是谁；
- ➢ 验收标准是什么。

总而言之，经营分析会上要形成高效、有落地举措的决议及任务令，所有人都要用数据说话！

4.5　如何开好经营分析会

经营分析会的整体流程和其他会议并没有太大的区别，不同的是在准备过程中的具体事项和要求。这些事项和要求是否能落地决定了经营分析会的质量。

4.5.1 经营分析会管理流程

(1) 层层开会：从基层经营单位层层向上开会，逐步收敛；层层分析差距并承诺目标及行动。

(2) 会议过程：CFO 总结阶段经营结果，直指差距，点出问题。CFO 在经营分析会中要扮演"恶人"，唱黑脸；各业务单元暴露销售、产品、交付、成本等方面的问题，直指差距、发现机会，承诺下一阶段的目标和行动。

(3) 执行跟进：下发会议决议，通过记分牌或者赛马机制跟进执行进展；下一次的经营分析会第一项就要晾晒决议的执行结果；会后再开专题会，高管要带队联合专家去一线战壕指导和参与战斗。

4.5.2 会前准备

1. 树立战斗作风

经营分析会的价值是将战略规划和年度经营计划落实下去，变成实实在在的战斗结果。经营分析会一定不是一个通报会，要有硝烟的味道，言必行、行必果，说到就要做到，没有做到就要去找根因，经营分析会是要被挑战的会议。要持续在团队内部强调计划的严肃性和执行的坚决性，树立战斗作风。氛围的营造，形式大于实际，因此要加大内部宣传，要与会者都对经营分析会有敬畏感。

2. 提升组织能力

通过分析根因与差距，持续优化流程，提升组织能力。通过每次的经营分析会优化几个流程，完善几个规则，建立几个制度！如果所有业务单元都这么做，组织能力就自然提升了。组织能力指的是打胜仗的流程、制度、方法、工具和模板。要打胜仗，就要不断地把打胜仗的这些流程、制度、方法、工具、模板沉淀下来，变成企业内部的行为准则。

3. 改善组织协调

检讨一线呼唤炮火的机制，牵引战壕中的部队同心协力打胜仗。

4.5.3 组织经营分析会的四个要点

(1) 高质量的议题和会议通知：议题要聚焦问题、聚焦机会，不只是排排坐地按部门汇报。议题由主报告得出，围绕主报告暴露的问题、风险以及机会，各经营单元做命题作文。

(2) 精选参会人员：议题决定了哪些人来参加会议，要么过来做报告，要么过来讨论问题做决策，而且只在指定时间参加指定议题，减少陪会。

(3) 提前准备：提前收集、评审并发出议题；议题对应的经营单元负责人带领团队准备业务报告；会前跨部门讨论，协同达成一致意见；能会前解决的事情不上会讨论；"家务事"不上会。

(4) 高效率的决议、下达明确的任务令：需要针对目标，明确要做什么动作，什么时间点完成，责任人是谁，验收标准是什么。针对会议决议和行动计划有专人跟进，确保落实到结果。

经营分析会不同于务虚会和头脑风暴会，"有事说事、无事退朝"。最精简的经营分析会的与会人员只需两种：一种是来汇报来解决问题的，一种是来做决策的。

经营分析会作为企业最重要的会议之一，建议要有常设机构来承办，明确组织和成员职责。比如总经理办公室或总裁办等，建议发布经营分析会管理规定，广而告之。

小结

经营分析会是企业战略落地强有力的抓手，总结来说，高质量的经营分析会应该同时具备会前准备、会中高效、会后闭环的特性。下面是华为一报一会的主要特点（见图4-11）：

1. CFO搭台，市场唱戏，一把手全程参加，核心是谈机会。
2. 经营分析会是统一思想、统一方法论、统一动作、统一模板的管理工具。
3. 经营分析会不要开成汇报会、诉苦会、邀功会，更不能开成鞭尸会，要有硝烟味。
4. 经营分析报告的质量是经营分析会议成败的最关键因素之一。
5. 经营分析会的定位：作战会议、作战指挥系统。
6. 找到根因的标志：某人做了某事就可实现目标、解决问题。
7. 为做好预测，必须建立统一、完善的销售渠道管理。
8. 会前准备、会中高效、会后闭环。

图4-11 华为一报一会的主要特点

想了解企业经营分析会的更多知识点，请参考"如何高质量地开好经营分析会"课程大纲。

第 5 章

战略管理案例

5.1 华为以客户为中心的五个场景

在 2B 业务中，我们称服务的对象为客户（Customer），客户是衣食父母，企业只有用心服务客户、成就客户，客户才会有所收获，这就是企业对客户的价值。任正非说："谁来养活我们？只有客户。不为客户服务，我们就会饿死。"只有实现了客户的价值，客户为了长期实现其价值，才愿意长期与我们合作，共享发展成果。许多企业都标榜自己是以客户为中心的，但往往只停留在"嘴上讲、墙上挂、纸上写"，真正能够做到的寥寥无几。真正让企业死掉的，是客户不满意，产品卖不出去。

在 2C 业务中，我们称服务的对象为用户（User），真正地心中装着用户，企业就会有经营思路，企业就会有出路，就会赢得用户的信赖和支持，这就是"用户思维"。用户思维就是"站在用户的角度来思考问题"的思维，在产品使用、产品维修、产品日常维护、软件设计方面，都要站在用户的角度来思考。最好的解决方案经理就是把自己变成一个傻瓜，去挑产品的毛病，或者让陌生的用户来帮你挑毛病。

通俗地说，客户（用户）才是企业的真正老板，客户（用户）选择对手的产品，不选择你的产品，原因何在？如果不想清楚这个最基本但又最重要的问题，你就没有理解企业能够存活的真谛。如果企业损失了客户（用户），就失去了生存的基础，所以给客户（用户）提供卓越而周到的产品或服务是企业发展的最基本战略。企业必须重视客户（用户）服务，以客户（用户）为中心，牢固树立为客户（用户）提供优质服务的理念。

华为创始人任正非有一句很经典的话："屁股对着老板，眼睛才能看着客户。"习惯性地笑脸对着客户，屁股对着老板，是企业"以客户为中心"的文化落地的具体表现。客户重要还是领导重要，这才是大是大非问题，关系到公司的胜败存亡。

2B 和 2C 的业务，虽然在业务运作和组织设计上有很多不一样的地方，但是以客户（用户）为中心这个原则，不管是对 2B 企业还是对 2C 企业来讲都是一致的，这是企业能够长期发展的基本准则。为什么真正做到"以客户为中心"这么难呢？以客户为中心的企业，不仅要具有以客户为中心的文化理念，而且必须将这套价值理念植入公司战略和业务、组织运作、人才管理的各个方面，这是个复杂的系统工程。

接下来分享在 2B 领域，华为五个以客户为中心的案例，用这些案例来诠释该理念给企业带来的竞争力及巨大价值。

5.1.1 华为以客户为中心的系统部组织设计

华为的系统部是服务某特定的一个客户或几个客户的销售与服务组织，往往以客户的名称加系统部命名，是独立的经营实体。比如中国移动系统部、法国电信系统部、英国电信系统部。

以客户为中心，就要在物理距离上靠近客户，最大限度地与客户在一起，做好客户关系，洞察客户痛点，挖掘客户需求。华为的系统部、军团都是这种工作模式。这些组织的设置都是距离上贴近客户，客户的总部在哪里，这些系统部或军团的总部就设在哪里，有时候可能是街道面对面，或隔壁，或者步行距离。比如华为的中国移动系统部总部在北京，华为煤炭军团的总部在太原，这是一种非常朴实、实战的做法。客户有事情可以马上到达客户身边，拜访客户的时候，也不会在路上浪费时间，而把宝贵的时间与客户待在一起。日常的市场拓展工作，没有什么比跟客户待在一起更重要的，最高效的工作方式就是跟客户在一起。

下面举例华为河北分公司的运营商业务部的组织设计：面对主要客户的部门有中国移动系统部、中国联通系统部、中国电信系统部、综合系统部等，这些系统部都是按照客户名称来定义的销售组织。有些客户规模不大，但又比较重要，不足以单独成立系统部，于是就把好几个这样的客户合在一起，成立一个系统部，取名"综合系统部"（见图 5-1）。

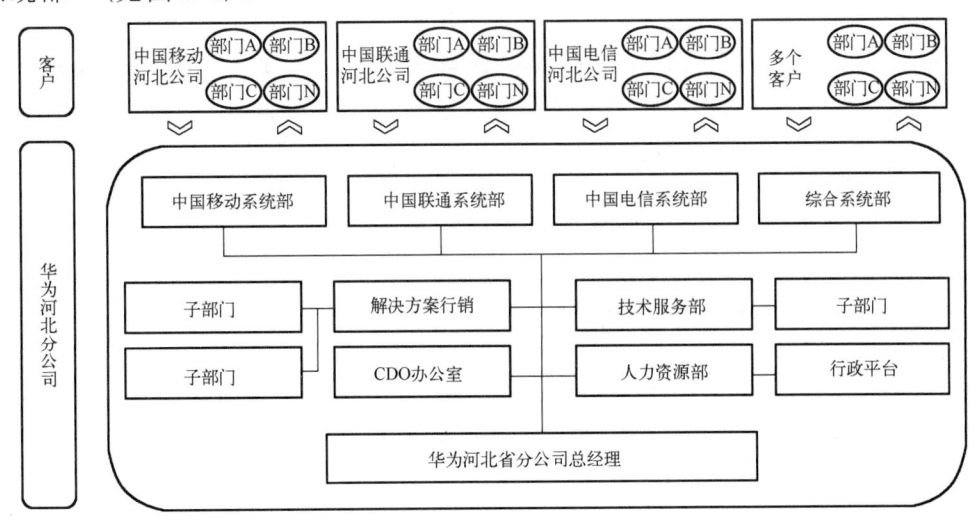

图 5-1 华为河北分公司以客户为中心的组织结构

系统部是最小的经营单元，由系统部主任、铁三角组织、支撑组织等组成，为特定客户服务，具有经营管理、奖金分配、资源调度、成员的绩效考评等重要权力。

营销就是比谁更懂客户，有了贴近客户的实体组织，深入了解客户的组织结构、决策链、运作流程等，具有扎实的客户关系，就可以很好地洞察客户，了解需求，为客户更好地服务，这就是"以客户为中心"，建立起对应的实体组织。

5.1.2 中后台职能部门领导都要背客户指标

很多企业的营销高管常常抱怨一线获得中后台支持很困难，都要通过高层领导亲力亲为、依靠自己的权威来呼唤资源，领导要花费大量时间在内部搞协调，明显就会减少拓展客户的时间和精力。比如申请研发专家去一线支持、申请服务专家去一线解决技术问题、申请供应链专家给项目提供供应排期等，这是管理中的"拉"。

再看看华为的研发领导、供应链领导、技术服务领导等中后台职能部门领导，越是高阶干部，每年在市场一线出差的频度就越高，甚至每年有一半时间是在出差。他们拜访客户，倾听客户对华为产品和服务的反馈，去了解客户的痛点，或者作为某个战略客户的关键客户关系的赞助人（Sponsor）去例行拜访客户，协助一线拓展高层客户关系。一旦一线需要资源支持，这些职能部门领导就会派遣手中的精兵强将前来一线支援，一线人员就不需要在公司内部花费时间来协调，也就有更多的时间去客户界面拓展，这就是管理中的"推"。

为什么同样一件事情，在两个不同的公司内部会出现"拉"和"推"两种截然相反的现象？往小里讲就是公司员工服务客户的意识不够，往大里讲就是公司没有形成"以客户为中心"的文化和机制。华为公司的研发、供应链、服务、财经等部门领导为什么愿意或者说为什么必须去出差见客户，主要是他们的 KPI 指标里有订货销售额、客户发货量、客户满意度等关键客户指标，公司考核他们的 KPI 是以客户为中心来制定的，是落在具体的工作指标里的，而不仅仅是口号里，而且是对工作起到牵引作用的。这样就不难理解"拉"和"推"两种不同管理方式的出现了。

下面提供一个研发产品线总裁的 KPI 指标供参考（见表 5-1）。

表 5-1 华为研发产品线总裁 KPI 指标样例

研发产品线总裁 KPI 指标			
分类	序号	年度 KPI 指标	权重
财务层面	1	收入	10%～15%
	2	利润	10%～15%
客户层面	3	重大客户突破数量	10%～15%
	4	客户满意度	10%～15%

续表

研发产品线总裁 KPI 指标			
分类	序号	年度 KPI 指标	权重
内部运营	5	网上产品质量问题数量	10%～15%
	6	重大客户投诉	10%～15%
	7	存货周转天数	0%～10%
	8	资金周转天数	10%～15%
	9	研发交付周期偏差率	10%～15%
学习与成长	10	可信考试通过率	10%～15%
	11	后备干部培养	10%～15%

5.1.3 华为客户工程部功能定位

华为创业初期的主要业务是 B2B 业务，因此接待是常见的一种市场行为。1994 年华为成立了专门接待客户的接待科，后来升级成接待处。1997 年，华为创始人任正非更进一步将客户接待处升级为"部"，他认为接待客户是个系统工作，因此将客户接待处改名为系统工程部，1998 年时又改名为客户工程部，并一直用到今天，将客户的接待工作当作一项系统工程来看待。华为认为"接待即营销"，接待是营销工作中的重要一环，客户接待是 2B 企业面向客户时的一个关键组织能力（见图 5-2）。

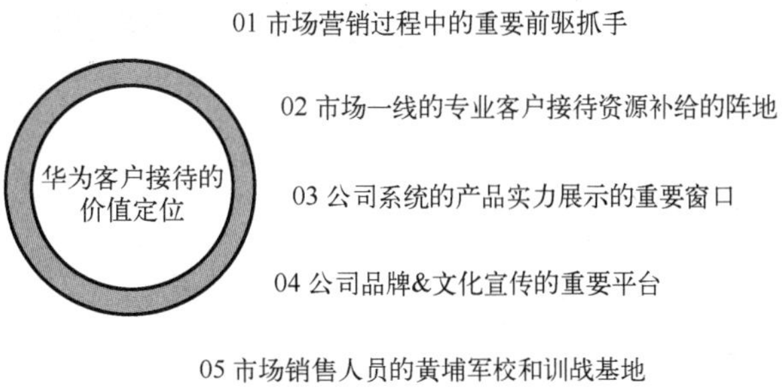

华为创始人任正非就极其重视客户接待工作，重要客户到公司来参观考察，任正非都会亲自陪同接

华为客户接待的价值定位：
- 01 市场营销过程中的重要前驱抓手
- 02 市场一线的专业客户接待资源补给的阵地
- 03 公司系统的产品实力展示的重要窗口
- 04 公司品牌&文化宣传的重要平台
- 05 市场销售人员的黄埔军校和训战基地

图 5-2 华为客户工程部价值定位

待，送给客户的文化礼品都是华为董事长孙亚芳亲自挑选审批的。接待的目的就是通过周到、优质的服务，提升公司的品牌影响力，展现公司的整体实力，让客户倍感珍重，从而给客户留下深刻印象，提高客户满意度，为一线将士的市场拓展工作助力。华为的客户工程部在接待过程中，不断打磨一切事物的细节，使客户产生最好的体验，华为客户工程部的日常工作很好地体现了华为"以客户为中心"的核心价值观，把价值观落实在日常工作流程中、动作中。

来华为参观和交流的人，只要是华为的客户，哪怕是一个科长，华为客户工程部都会安排优质的接待资源，让客户体会到上帝般的服务。如果不是华为的客户，即使职位很高，华为也不会投入高端资源来接待。最典型的例子就是 2012 年摩根士丹利首席经济学家斯蒂芬·罗奇曾率领机构投资团队访问华为总部。罗奇此行的目的是说服华为高层，推动华为公司上市。但是任正非只派了负责研发的常务副总裁费敏接待。事后，罗奇失望地说："他拒绝的可是一个价值3万亿美元的团队。"但是任正非的逻辑是："罗奇不是华为客户，我为什么要见他？如果是客户的话，最小的我都会见。我是卖设备的，就要找到买设备的人……" 这件事情是华为"以客户为中心"的具体落地体现，不是口号，客户是华为存在的唯一理由。

5.1.4　3·11日本大地震核泄漏事件

2011年3月11日，日本东北太平洋地区发生里氏9.0级地震，继发海啸，该地震导致福岛第一核电站、福岛第二核电站受到严重影响。福岛地震引发的福岛核泄漏事故致使大约16万人逃离福岛，远在200多公里外的日本首都东京有强烈震感（见图5-3）。

图 5-3　日本大地震核泄漏事件

华为管理顾问田涛教授在访谈前华为日本地区部的总裁阎力大时，讲到了这样一个故事：发生地震的当天，阎力大就接到了华为董事长孙亚芳的电话，还有很多公司领导的电话。两天后，亚太片区总裁王胜利到了日本救灾现场，再后来华为董事长孙亚芳也来了，公司派王胜利来协助华为日本公司救灾。

> 阎力大回忆说："当时中方员工有七八十个，员工情绪不稳了，当时各种消息满天飞，政府的消息也不及时，没有人知道真实情况是什么样子，也不知道下一刻会发生什么。核电站燃料厂房一个接一个地爆炸，事后知道有三个机组发生了爆炸。政府去救，但又救不过来。当时气氛非常紧张。公司很快意识到了问题的严重性，在这种情况下，我们该怎样应对？怎么协助客户恢复网络？我们的客户要什么样的支持？这些都需要我们想清楚。但自始至终我都认为我们不应该撤，我们要负责"。在处理地震救灾的过程中，华为创始人任正非给阎力大打电话说："阎力大，你们不能撤，日本那么多人，他们往哪里躲嘛，往哪里撤嘛。等到事情结束之后，我来看你们。"
>
> 华为人选择留下来与客户在一起，快速恢复灾区的通信服务。但是几乎所有的西方公司都选择了反向的做法：摩托罗拉公司全体人员都撤到大阪；爱立信包飞机，让员工及家属全飞到香港。

第 5 章　战略管理案例　97

> 阎力大回忆说："通过这件事情，华为公司在日本获得了很好的社会反响，为市场拓展起到非常大的正面作用。客户感觉华为的本地化不是说说的，是真正的本地化，真是跟他们日本人一样，完全是一心一意地跟他们在一起。客户对我们很认可，给我们送了感谢信，现在还摆在日本代表处的会议室里面。"2011 年地震发生后，华为承建的仙台通信网络最先恢复通信。

在华为公司协助日本分公司救灾的时候，也曾经派遣了几位高级干部前去日本救灾，但是有一位高级干部由于担心去地震现场和核辐射的危险，就拒绝出差去日本，后来这位干部就被末位淘汰了。从 3·11 日本大地震的应对过程中来看，华为说的"以客户为中心"不是停在纸面上说说而已，是动真格的。华为"以客户为中心"的核心价值观在关键重大事件中一一得到检验，类似的故事还有智利大地震、汶川大地震、印尼海啸等。

2018 年，当华为 CFO 孟晚舟被加拿大政府无理由关押时，一名普通日本东京市民致信华为，声援孟晚舟，信中写道："2011 年日本大地震时，其他公司都在撤退、逃离，只有华为，在危险还没有消除的情况下，毅然进入灾区，抓紧抢修被地震损坏的通信设施。"（见图 5-4）

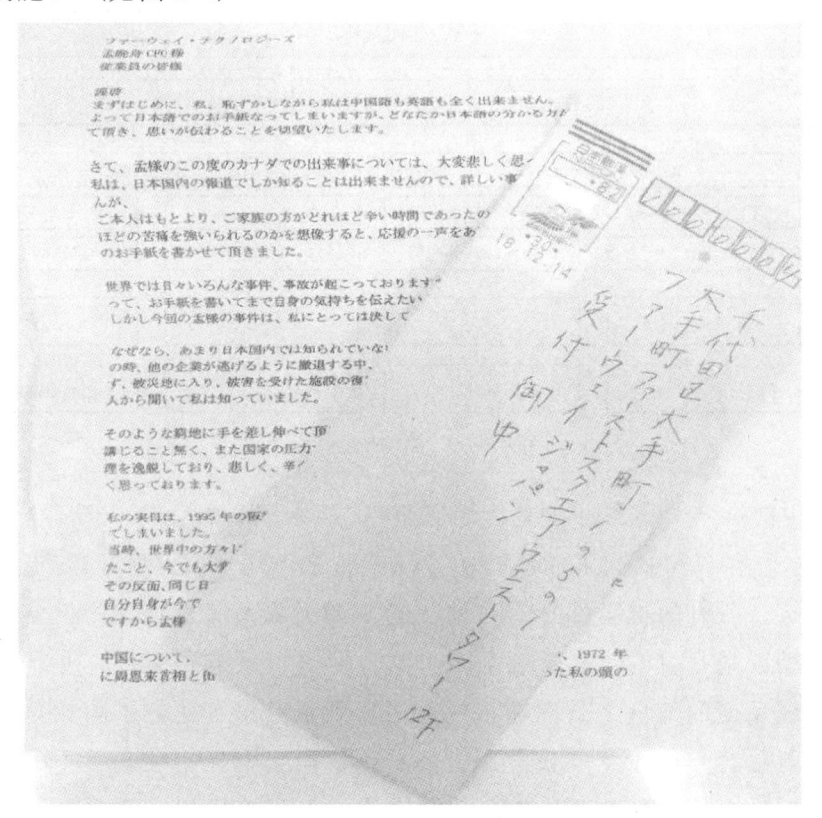

图 5-4　东京市民致信华为声援孟晚舟

因为员工对公司核心价值观是否认可很难通过日常考核来得出，所以后来华为公司在考核员工的核心价值观的时候，把关键事件作为员工认可公司核心价值观的主要依据。在重大危机的时候，是真正认清员工领导力和核心价值观的时候，也是选拔干部的最好时候。

5.1.5 贴近客户的市场洞察组织

市场洞察是制定战略的基础，也是研发制定蓝图和路标的依据。华为公司的市场洞察组织由战略与Marketing部来承担，图5-5为华为战略与Marketing部的组织架构，市场洞察职能就归属其中。

华为公司一线的作战组织有地区部和代表处，一线的市场洞察组织是实体组织，被称为战略与Marketing部，由常驻一线的中方和本地员工组成，他们每天的工作就是拜访客户、了解客户痛点、挖掘和引导客户需求、输出给中后台作为公司决策依据（战略方向和研发产品），这是"以客户为中心"的市场洞察的具体落地。基于对当地细分市场的洞察，精准快速决策，支撑品牌营销的胜利。只有贴近客户，才可能做好深入市场的洞察，为战略和战术的制定提供方向和输入。

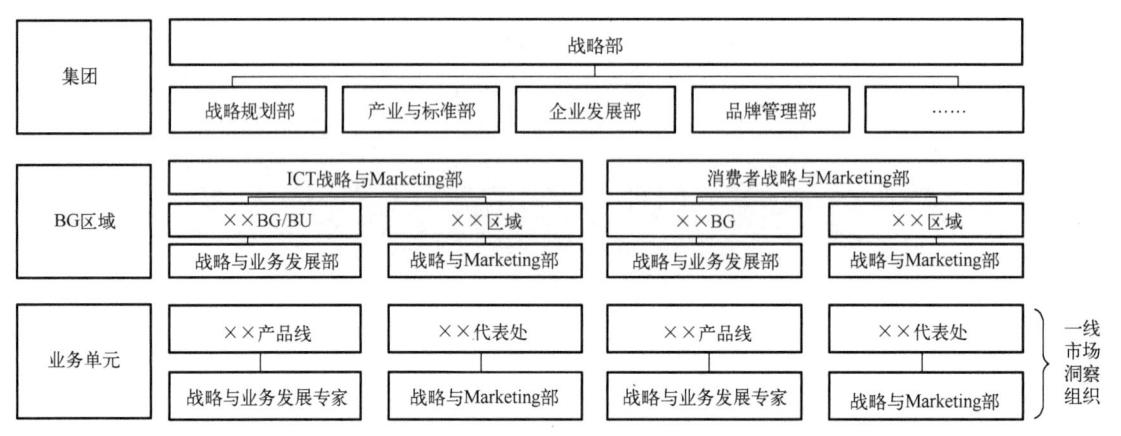

集团	战略部				
	战略规划部	产业与标准部	企业发展部	品牌管理部	……
BG区域	ICT战略与Marketing部		消费者战略与Marketing部		
	××BG/BU	××区域	××BG	××区域	
	战略与业务发展部	战略与Marketing部	战略与业务发展部	战略与Marketing部	
业务单元	××产品线	××代表处	××产品线	××代表处	一线市场洞察组织
	战略与业务发展专家	战略与Marketing部	战略与业务发展专家	战略与Marketing部	

图5-5 华为战略与Marketing部的组织架构

华为采用的客户洞察方法称之为"五看"，看宏观、看行业、看客户、看竞争、看自身，其中看客户和看竞争最直接的方法就是去市场一线。洞察客户正在干什么、计划要干什么，所有的机会都是客户给予的，如果看不清楚客户的投资计划，企业在市场的举动就是盲目的，就会迷失方向。同时要洞察竞争对手正在干什么、计划干什么，一线反馈的信息是最准确和最直接的。企业只有建立了与竞争对手的差异化优势，才能在客户界面竞争获胜，否则看到了机会也抓不住。

很多企业的市场洞察组织基本上都是常驻在总部机构的，主要是通过购买并分析咨询报告，从网上搜集行业、对手信息来形成自己的市场洞察报告，这样的做法有其局限性和片面性，最后很可能是纸上谈兵、外行指挥内行。由于咨询报告不完全可信，网上的信息缺乏可信性，因此洞察组织要到一线去，到客户身边去，与客户进行沟通交流。一来可以获得一手市场情报，二来可以交叉验证很多不确定的信息。

小结

在 2C 领域，我们周边也有非常多的以客户为中心的案例：
(1) 海底捞的极致服务，提升客户满意度；
(2) 胖东来的人性化服务，用极致服务占领客户心智；
(3) 朴朴超市的 30 分钟配送服务，用差异化竞争在市场上脱颖而出；
(4) 美国沃尔玛超市和麦当劳的 Drive-Thru 服务，给顾客多一种选择（见图 5-6）；
(5) 美团的社区服务，打造 15 分钟便民生活圈，让生活更美好。

图 5-6 麦当劳 Drive-Thru 服务

不管是 2B 还是 2C，客户都是企业的衣食父母，以客户为中心，是企业生存的基本准则。以客户为中心，一定要有具体内容，并在企业落地实施。具体落地过程中一定有很多、很大的阻力，没有企业家真正理解"以客户为中心"并下决心执行，就不可能实现"以客户为中心"。华为以客户为中心的实际案例还有很多，比如研发的产品设计、交付服务的项目管理、人力资源管理等。

5.2 华为微波的创业故事：通过洞察客户投资，发现第二增长曲线

战略规划的起点和终点都是差距，按照战略领导力 BLM 模型的定义，差距可以分为两类，分别为业绩差距和机会差距。

(1)业绩差距：是现有经营结果和期望值之间差距的一种量化的陈述，业绩差距可以通过高效的执行填补，不需要重新设计业务。通俗地讲，"业绩差距"就是"份内"的事情没有做好，关注于现在和过去。

(2)机会差距：机会差距是现有经营结果和新的业务设计所能带来的经营结果之间差距的一种量化评估，机会差距需要新的业务设计。通俗地讲，"机会差距"就是"份外"的事情没有看到，关注未来和潜在的可能性，是企业增长的第二曲线。

通过分析客户的投资，找到企业的机会差距，通过战略投入实现公司第二增长曲线，华为微波的创业故事就是一个这样的真实案例。

光纤通信和微波通信是现代电信网络主要的两种传输方式，光纤通信的传输介质是光纤，是固体介质。微波通信是直接使用微波作为介质进行的通信，不需要固体介质，当两点间直线距离内无障碍时就可以使用微波传送。微波通信一般只能直线传播，距离在几公里至一百多公里，无线网络(2G、3G、4G、5G)基站的网络传输是一个很典型的应用场景，一个基站就需要一跳微波传输(见图5-7)。

任正非关于5G和微波论述的视频

微波通信在中国应用不广，因为与国外相比，在中国铺设光纤相对容易，究其原因是中国的土地是国有的，挖地、填埋等在中国成本低。在国外土地私有的国家(比如美国、印度、菲律宾、南非等)，铺设光纤的难度和成本都很高，要在土地下面埋设光纤需要获得土地拥有者的许可并支付土地使用费用(租金等)，甚至土地拥有者压根就不同意在他的土地下面埋设光纤，因此只能通过微波通信的方式解决跨距离通信问题。光纤通信的大规模应用是中国电信网络发达的重要原因之一，让老百姓可以使用上廉价的宽带服务。

在华为还没有走向海外的时候，华为研发部门很多次评估过是否需要研发微波产品，最后的结果都是"No"，因为投资回报率很低。华为在2000年左右大规模拓展海外业务，偶尔遇到一些需要微波的电信项目，就从日本厂商NEC、英国的马可尼贴牌采购其产品，每年采购金额不大。但在2004年后，随着华为的3G业务逐步赶超了西方厂商(爱立信、诺基亚、西门子等)，华为海外的无线通信网络项目也越来越多，项目金额也

图5-7 用于远程通信的微波

越来越大。例如,建设一个 1000 个基站的 3G 无线通信网络,就需要 1000 跳微波,一跳微波的设备价格大概需要 5000~10 000 美元,单个项目就需要这么一笔很大的设备金额,再加上微波设备的安装和调试,微波建设成本可以占到无线通信项目的 30%以上。这段时期华为每年从其他厂商采购的微波以亿美元计算。

2004 年左右全球微波的年销售额大概 30 亿~40 亿美元,全部被欧美日厂商占据,如马可尼、朗讯、哈里斯、NEC、富士通、西门子等,这些都是国际巨头。

根据市场现状,华为产品行销部、市场部、研发部门成立联合工作组,结合海外各大区主流客户(运营商)的投资分析,得出的结论是:海外运营商每年投资微波的金额巨大,而且每年的投资相对稳定。

因此,摆在华为面前的两条路就很清晰了:第一条路是继续购买欧美日厂家的微波设备,第二条路就是自己研发微波设备。华为选择了后者,于是就在中国成都和意大利米兰分别成立了微波研究所(成都电子科技大学培养了大量微波通信人才,意大利米兰是全球微波人才的高地,Renato Lombardi 是意大利人,他是全球微波领域的顶级专家,华为专门因为他在米兰成立了微波研发所,他后来担任研究所所长),如图 5-8、图 5-9 所示,开发华为自主品牌的微波设备。

图 5-8 华为成都研究所

图 5-9 华为米兰研究所所长 Renato Lombardi 与同事在一起

由于华为在通信领域耕耘了这么多年，因此开发微波产品的难度不是很大，产品很快就开发出来并投入商用，经过两年左右时间，2009年华为就做到全球微波份额第一，微波的销售主要是通过无线通信项目配套，销售的对象是华为现有的客户。直至今天，华为微波一直是全球微波市场第一大供应商，并在技术上遥遥领先其他厂商（见图5-10）。

创新的方式很多，先学后超，看准机会点和时间窗进行战略投入，快速推出产品占领市场，不断投入研发逐步实现技术领先，这就是华为微波的创新做法。华为研发内部有个反对盲目创新的不成文规定：凡是可以在市场上买到的技术，就不要盲目自己去研发。

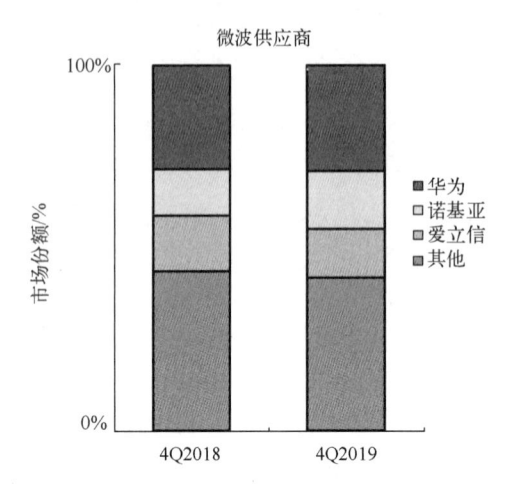

图 5-10　2019年华为微波市场份额

小结

卖给老客户新产品、开发新产品，是实现企业增长的常用做法，是效率较高、投入相对较低的投资行为，其有如下特点：

(1)双方已经认识，彼此互相认可；
(2)客户前期已经使用过产品和服务，对产品和服务很信任；
(3)客户易于接受推荐的新产品和服务。

市场洞察是战略制定的基础，通过洞察客户（包括老客户和新客户）的投资，找到机会差距，找到企业第二增长曲线，是每个企业都应该做的一个标准动作。

5.3　如果苹果哪天被打败了，是谁干的

惊闻苹果公司于2023年6月30日市值超3万亿美元，创下了新高。苹果市值达22万亿人民币，相当10个茅台、7个腾讯，苹果也正式成为全球首家市值突破3万亿美元的公司（见图5-11）。回顾近5年的国际形势巨变对全球经济、贸易、科技等带来的影响，苹果应该感谢中国、感谢华为。

华为和苹果都是非常强大的公司，从美国打压华为的2019年5月开始到今天，极限施压一直在持续中，余音未了。事物的表象及底层逻辑分析如下：

(1) 从战术上看，如果没有美国对华为的极限施压，苹果就不可能上 2 万亿美元的市值。苹果受益于短期的美国打压华为政策，不超过几年就会达到顶峰并走向下坡路。也就是说，如果没有美国对华为的极限施压，苹果的好日子不会持续这么久。

(2) 从战略上看，正是因为有了美国对华为的极限施压，再加上华为在被打压后超乎寻常、极其坚韧的表现，可以得出结论：苹果一定会败北，同时败北的还有美国其他科技公司。因为随着时间的推移，世界上一定会有其他国家和其他公司出来提供替代方案，这是事物发展的基本规律，今天这个国家就是中国，这个公司就是华为。

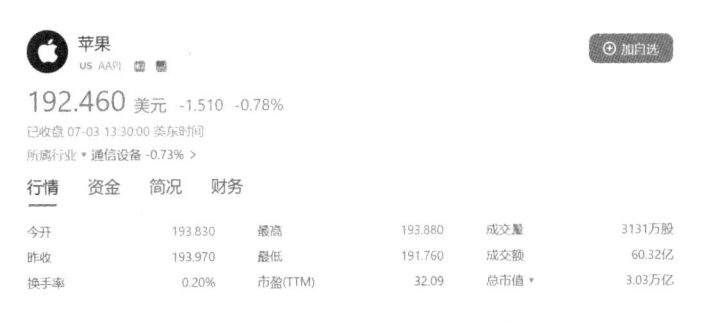

图 5-11 2023 年 7 月 3 日苹果的股票

因此，打败苹果的 2 个对手：一个是时间，另外一个是华为。

5.3.1 为什么是时间

历史上被时间打败的类似故事比比皆是，究其原因就是企业在关键的历史节点上犯战略选择的错误，比如柯达、诺基亚。

(1) 诺基亚是功能手机时代的霸主，市场份额一度高达近 40%（2008 年为 38.6%），由于没有及时选择安卓系统或调整其塞班操作系统，在智能手机的赛道上远远被苹果、三星、华为等厂商甩在后头，如今诺基亚手机的市场份额已经归为他人。

(2) 柯达是胶卷相机时代的王者，乔治·伊士曼（1854 年 7 月 12 日—1932 年 3 月 14 日），美国发明家，柯达公司创办人以及胶卷发明人。柯达于 1975 年开发出世界第一部数码相机，为了保护胶卷相机的市场地位和既得利益，柯达的市场战略使得柯达错过了数码相机的风口，败给了像索尼、佳能、奥林巴斯等日本厂商。

这些优秀的企业一一倒在巅峰之后，正如诺基亚总裁所说："我们并没有做错什么，但不知道为什么，我们输了。"（见图 5-12）

图 5-12　这些曾经特别优秀的公司为什么输得一塌糊涂

为什么会出现上述现象？直接的原因就是社会不需要你的产品了，真正的根因是企业战略选择错误，没有革自己的命，一直活在自己的舒适区，或者说既得利益者害死了这些优秀的企业。类似的故事还有很多，比如现在小偷越来越少了，是因为网络支付打败了小偷，近几年方便面销量下滑的原因是快递小哥杀死了方便面（见图 5-13），都是同一个道理。与其说败给了时间，不如说败给了自己，凡是不能革自己命的人，最后的命运只有一条，等着被别人革命。

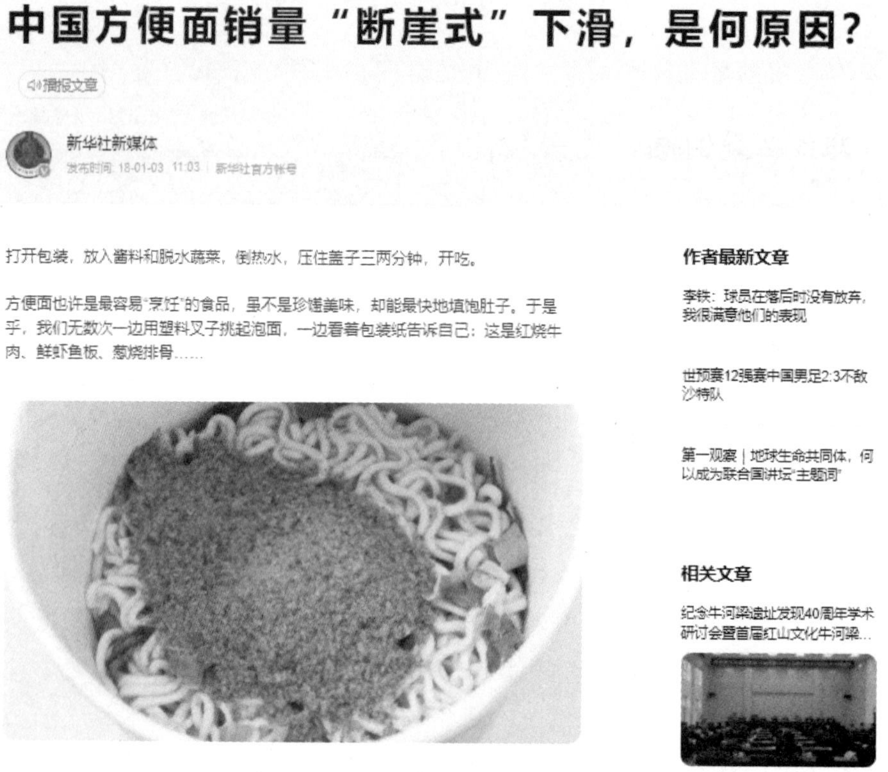

图 5-13　快递小哥杀死了方便面

5.3.2 为什么是华为

2019年，华为的手机出货量突破2.4亿部，超越苹果1.98亿部，成为世界第二大手机厂商(仅次于韩国的三星)。2019年5月15日，世界第一大强国美国举全国及全球之力打压华为，导致华为芯片断供、安卓操作系统断供、芯片设计软件断供等，华为手机业务一年内减少了60%的营业收入(减少2000多亿人民币)，但是美国没有能力把华为打死，华为一直没有放弃手机业务，一直在寻找替代方案。从目前来看，华为的元气一步步在恢复，过不了多长时间，华为将卷土重来。如果没有上述事件发生，华为预计将在2021年或者2022年成为全球第一大手机厂商(超越三星和苹果)(见表5-2)。

表5-2 近年苹果和华为手机全球销量

年份	苹果/台	华为/台	注释
2010	3999万	300万	
2011	7229万	2000万	
2012	1.27亿	3200万	
2013	1.5亿	5200万	
2014	1.69亿	7500万	Mate7发布
2015	2.3亿	1.08亿	
2016	2.1亿	1.39亿	
2017	2.16亿	1.5亿	
2018	2.18亿	2.08亿	
2.19	1.98亿	2.4亿	美国极限施压
2020	2.06亿	1.89亿	
2021	2.39亿	3500万	
2022	2.26亿	2800万	

再看看苹果从2019年至今，一路高歌，全球业绩突飞猛进，成为全球第一家市值超1万亿美元的公司，在2020年8月市值突破2万亿美元，2023年6月市值突破3万亿美元。其中最大的一个原因是华为被打压之后，苹果没有一个像样的对手与其抗衡，国内的手机厂商没有能力接住华为瞬间空出来的市场份额，华为大量的高端手机用户重新回到了苹果手里(在中国市场中，800美元以上的手机，苹果的市场份额超过80%)，因此华为被打压，最大的受益者是苹果。国内其他的手机厂家一直在中低端市场徘徊，没有做出战略性举措来应对市场的大变局。今年发生的一些重大事件让人唏嘘，比如OPPO裁掉了哲库，小米当初气势汹汹进入手机芯片研发之后销声匿迹了，当初叫嚣要与华为手机平起平坐的联想手机已经不见踪影。总而言之，国内其

他手机厂商：

(1)认知上，没有敢于对苹果发起挑战；

(2)行动上，没有对苹果构成实质威胁。

后来余承东执掌华为 CBG，还有像李小龙、何刚及荣耀团队中的那些悍将，他们都是能够打大仗、打攻坚战的将军，他们的名声可能不及雷军、贾跃亭、周鸿祎、杨元庆，但他们是打败苹果的中坚力量，他们曾经从失败走向成功，又从成功滑落到低谷，接下来就是触底反弹的时间了。

极限施压让无数的不可能变成了可能，犹如当年的上甘岭战役，打开了中国高科技企业的一片天空。芯片、操作系统、ORACLE、SAP、EDA 等国际巨头，都有替代方案了，华为凭借一己之力挑战大半个美国科技界企业，这是华为的伟大之处，可能是前无古人后无来者(见表 5-3)。

表 5-3 华为挑战美国科技界大厂

华为挑战大半个美国科技界
高通：华为海思威胁到我了
谷歌：华为鸿蒙威胁到我了
苹果：华为手机威胁到我了
惠普：华为电脑威胁到我了
思科：华为数通威胁到我了
甲骨文：华为 MetaERP 威胁到我了
亚马逊：华为云威胁到我了
华为接入网没有美国对手了
华为 5G 通信没有美国对手了
华为光传输没有美国对手了
……

(视频)金一南：美军永远不知道志愿军在上甘岭上是怎么打仗的

还有那些消失、衰败的国际巨头，朗讯、北电、摩托罗拉、马可尼、阿尔卡特、西门子电信，都是百年的科技大厂，一一倒在激烈市场竞争的征程中，特别是与中国厂商的竞争中。跟这些国际巨头败北一样，华为在不久的将来将打败苹果，这个时间点取决于中美世界地位的翻转和华为卡脖子问题的解决，前者可能会慢一些(见图 5-14)。

图 5-14 那些消失、衰败的国际通信大厂

在当今"恶狼"当道的世界，我们期待一个大同的世界是不可能的，因为"恶狼"不同意。美国的极限施压让我们彻底清醒：丢掉幻想，准备斗争。因此只有在实力上超越"恶狼"，占据硬实力的制高点，再逐步同化或消灭恶狼，再占据软实力的制高点，这个过程可能有点漫长。

实用主义的态度，拿来主义的方法，向一切先进学习，华为通过 20 多年学习西方 100 多年的现代管理，逐步形成了一套适合自身发展的高效管理体系，把自己打造成为"钢铁之躯"，这就是华为打败苹果的底气。企业家的高度、使命感，干部的内驱力和执行力，能力建在组织上而不依赖于任何一个牛人，内部的自我批判使得公司时时思考危机就在身边，相互制约、矛盾中又统一的自愈系统，即使在美国极限施压的情况下公司还是运作得井井有条，不管风吹雨打，胜似闲庭信步！

华为还需要花较长时间来解决卡脖子的问题，从近一两年的情况来看，华为发布的鸿蒙操作系统、高斯数据库、欧拉操作系统、MetaERP、芯片设计 EDA 软件等，让我们看到了曙光，接下来的手机芯片自研自产突破、光刻机突破等，有望在不远的时间内实现。

美国打压华为越狠，华为迈向成功的步伐就会越坚定，因为心无杂念，只有一条路。从长期来看，对华为、对中国是个利好，危机危机，是危也是机，短暂的痛苦是为了长久的安稳。希望中国的各行各业有"小华为"产生，我们的中国梦就稳稳的！

2021 年 9 月，华为轮值董事长徐直军在一次媒体采访中说的："在适当的时候让华为手机重回正轨，等几年吧，看看我们能不能努力达到这个目标，让你们能够继续买到华为 5G 手机……"，一惯性的未雨绸缪、战时状态的卧薪尝胆，可见华为一直在为芯片受限问题努力。

正如华为轮值董事长胡厚崑在 2023 年元旦微博中说到："方向盘又回到了自己的手上。"一切都在有条不紊地推进（见图 5-15）。

与天斗，与地斗，与美斗均其乐无穷，我们期待华为手机的王者归来，那时真正的决战才刚刚开始。

（视频）华为轮值董事长徐直军：在适当的时候让华为手机重回正轨，等几年吧

图 5-15　华为轮值董事长胡厚崑 2023 年元旦微博

5.4 企业经营管理——多做数学题，少做语文题

为了更直观和通俗易懂地让各位读者理解本章内容，请先扫码观看视频：

视频《让子弹飞》:惊喜要量化，从做语文题转到做数学题

此视频虽短，但它揭示了一个常识性的规律：要想吸引别人的注意力，一定把要表达的事物描述得非常具体，尽量描述准确、量化，而不是用形容词来描述，比如说应该、也许、大概、就这样吧、我尽最大的努力等。

作为企业管理者，在管理我们的员工和业务时，也需要把任务和要求尽可能量化，量化的考核指标是最没有争议的，指标尽量数字化，比如5%的增长、5000万销售额、客户满意度提升到75%、客户关系由C级提升至B级等。对于企业内部运作与管理，能够量化的业务往往效率会高，因为有了清晰的背景、目标、度量指标，在企业内部获取资源、高层的支持也会更容易一些，这就是管理要从做语文题转到做数学题的原因。

华为的管理是中西合璧的，即"西方管理理论中国化，中国管理哲学科学化"。西方现代管理最大的特点之一就是量化管理，而东方管理哲学最大的特点之一是灰度管理。笔者认为东方管理和西方管理没有优劣之分，管理不能走极端，不是零和游戏。华为创始人任正非要求华为的高级管理者必须领悟灰度管理，对中基层管理者要有明确、清晰的目标管理，即可量化的任务，尽可能少采用描述性的语言，少做语文题。

下面举例说明如何对关键客户关系进行量化评估并制订提升计划，可以看出西方的量化管理与东方客户管理的截然不同（见图5-16）：

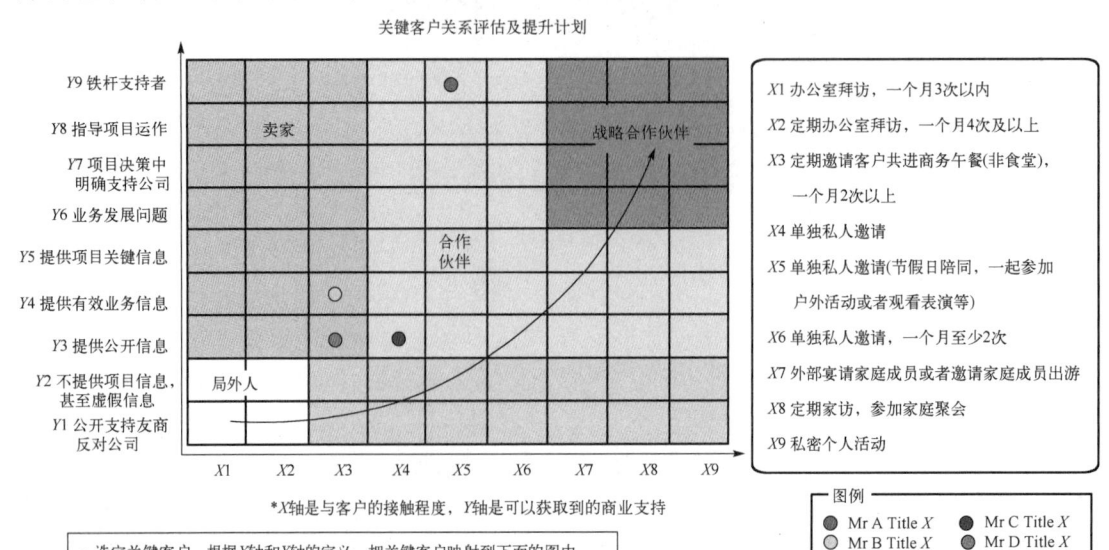

图5-16 关键客户关系评估及提升计划

(1) X 轴表示与关键客户关系接触的紧密程度，共有 9 个刻度；
(2) Y 轴表示获得客户具体的业务支持项目，共有 9 个刻度。

与经营管理相关的业务指标，大家可以回顾一下，下列指标是否都已经量化了：
(1) 客户关系量化评估、客户关系提升计划；
(2) 经营分析会各项指标（定发收回/ITO/DSO 等）；
(3) 对手份额、市场份额管理、竞争压制比管理；
(4) 流程成熟度评估、子流程衡量指标制定；
(5) 组织 KPI 和个人 PBC 制定；
(6) 市场空间大小、可参与空间大小；
(7) 年度经营目标的制定；
(8) 奖金比例的制定、华为总部刚性固定成本；
(9) 其他。

5.5 企业的愿景、使命、价值观

2022 年下半年，埃隆·马斯克有段视频评价沃伦·巴菲特，提炼一下，大概的意思是：马斯克认为巴菲特的工作没有社会、历史价值，没有为推动人类社会做出多大的贡献，只是利用资本赚取更多资本而已，而且挣钱的逻辑比较简单，也很无趣，就是给潜力大的股票或者企业注资，获得丰厚回报，这不是自己想要的工作。

一个企业想要成为什么？企业家有何使命？企业能够走多远、触达多高？一个企业的天花板在哪里？接下来从企业的愿景、使命、价值观、战略为入口来解读。

(1) 愿景：你要成为什么，或你的理想是什么？
(2) 使命：什么对你重要，或你们最在意什么？
(3) 价值观：做事、做人的态度是什么？
(4) 战略：你的对策是什么，你怎么选择？

马斯克点评巴菲特的视频

战略是为了实现企业的愿景服务的，因此清晰、高大的愿景、使命、价值观让战略有了灵魂！企业的战略就是不断地做选择并立即行动，你的行为一定要跟得上你的野心，只有行动才能有结果。华为公司内部流传的"眼界决定境界、定位决定地位、思路决定出路"，很好地诠释了愿景、使命、价值观、战略的逻辑关系，企业家的最核心价值就是把天窗打开，带领大家向理想前进。

沃伦·巴菲特（Warren E. Buffett），1930 年 8 月 30 日生于美国内布拉斯加州的奥马哈市，经济学硕士，全球著名的投资家，主要投资品种有股票、基金行业。

沃伦·巴菲特于 1956 年创办伯克希尔·哈撒韦公司，是一家主营保险业务的公司，同时伯克希尔·哈撒韦公司设有许多分公司，其中包括：GEICO 公司，是美国第六大汽车保险公司；General Re 公司，是世界上最大的四家保险公司之一。伯克希尔·哈撒韦公司在珠宝经销连锁店 Helzberb Diamonds、糖果公司 See's Candies,Inc.、从事飞行培训业务的飞安国际公司、鞋业公司 H.H.Brown and Dexter 等拥有股份。伯克希尔·哈撒韦公司还持有美国运通、可口可乐、吉列、华盛顿邮报、富国银行以及中美洲能源公司的部分股权。

从上述伯克希尔·哈撒韦的投资公司来分析，巴菲特经营的公司是用资本挣取更大资本的商业模式，以资本回报的最大化为目的，而不是对某件事情、某个行业有何种使命感，因此无法梳理出一个触动灵魂深处的愿景和使命，也没有办法把这么多公司的愿景、使命统一起来，形成共识。

埃隆·里夫·马斯克(Elon Reeve Musk)，1971 年 6 月 28 日出生于南非的行政首都比勒陀利亚，企业家、工程师、慈善家、美国国家工程院院士。埃隆·马斯克本科毕业于宾夕法尼亚大学,获经济学和物理学双学位。太空探索技术公司(Space X) CEO、特斯拉(Tesla)公司 CEO、太阳城公司(Solar City)董事会主席。

马斯克创立的众多公司中，其中两家最著名：特斯拉和太空探索技术公司，这两家公司的愿景和使命分别是：

> 太空探索技术公司(Space X)
> 【愿景】：是让人类成为一个多星球物种。
> 【使命】：降低航天成本、促进探索和开发太空资源，实现人类登陆火星的目标。
> 特斯拉(Tesla)
> 【愿景】：通过推动全球向电动汽车的转型,打造 21 世纪最引人注目的汽车公司。
> 【使命】：加速世界向可持续交通的转变。

对比巴菲特的企业和马斯克的企业，他们企业的愿景、使命、价值观，差异悬殊，高下立判，因此回过头来再看马斯克评价巴菲特的那段视频，就很好理解了。

再讲讲华为，华为是一帮泥腿子和一群秀才一起起家的，先做代理生意挣了点钱，之后立志独立研发、创新，再通过任正非的思想、经营理念的加持，把这一帮泥腿子和一群秀才打造成了一批批钢铁战士，在短短 30 年的现代工业文明发展中，一次次实现超越，以至于受到了一个最强大的国家的打压，这种现象是前所未有的，也印证了"小成功需要朋友，大成功需要敌人，伟大的成功需要伟大的敌人"。

自华为公司创立以来，任正非的经营底线首先是要活下去，短期战术和长期战略相结合，实现可持续发展。华为基本法中写到：劳动、知识、企业家和资本创造了公司的全部价值，这是任正非一直坚持的原则，因此华为的核心价值观中是"以奋斗者为本"，奋斗者的劳动是排在第一位的，资本是排在第四位的。与巴菲特的资本为资本挣钱的逻辑，本质是不同的。

> 华为的愿景、使命、价值观：
> 【愿景和使命】：把数字世界带入每个人、每个家庭、每个组织，构建万物互联的智能世界。
> 【价值观】：以客户为中心，以奋斗者为本，长期坚持艰苦奋斗，坚持批判和自我批判。

企业家设立愿景的重要意义是激发员工、客户、伙伴的使命感、成就感，好的愿景能让员工和合作伙伴热血沸腾、痛哭流涕、彻夜未眠、满怀希望、感到自豪。当巴菲特和他的员工讨论奖金、股票、分红的时候，马斯克在和他的员工讨论什么时候去火星的问题，孰高孰低，一目了然。

创新、使命担当、敢于冒险是埃隆·马斯克鲜明的标签，他志向远大，誓言要为人类进步做出贡献，这与华为选人的画像不谋而合。任正非近些年一直说的"一杯咖啡吸收宇宙的能量"，就是抱着开放、交流、创新的思想，勇于尝试、允许试错，两者的深层次的内涵是一致的，无非马斯克更张扬一些，任正非更收敛一些，这与两位伟大企业家的生长、营商环境相关，他们都是使命驱使的伟大人物。再来看一下巴菲特，他与马斯克、任正非不属于同一调性，不具有可比性。

总结来说，企业家愿景和使命的高度，决定企业的高度，因此企业家的天花板就是企业的天花板。

想了解愿景、使命、价值观、战略的更多知识点，请参考"战略制定与执行落地"课程大纲。

5.6 企业家延迟满足精神

2023 年 5 月 30 日，马斯克正式访问中国，他拜访了重要政府官员和重要商业伙伴，并举办了一系列大型商业活动。应该说，中国对马斯克来讲越来越重要，不单单是因为中国有庞大的市场，中国还有很多其他国家(包括欧美)不具备的优势，比如说供应链、技术、产品、人才等。中国近 10 年在新能源产业的飞速发展，取得了了不起的成绩，不仅赢得了世界的市场，也赢得了世界的尊重。

但是回到 2011 年，时任特斯拉 CEO 的马斯克接受彭博社记者采访，记者询问他对于比亚迪汽车的看法时，马斯克带着讥讽的口气对记者说："你见过比亚迪的车吗？那不是一个出色的产品，我不认为它是我的竞争对手……"

2011 年马斯克点评比亚迪汽车的视频

12 年之后，就在 2023 年 5 月 26 日，马斯克在社交媒体发推文表示：时间过去了很多年，现在比亚迪非常具有竞争力（见图 5-17）！

图 5-17　2023 年马斯克认可比亚迪竞争力的推文

还是那个比亚迪，还是那个马斯克，时隔 12 年，马斯克对比亚迪的评价发生了反转，为什么会出现这种情况？笔者总结如下几条要素供读者参考。

(1) 不承认错误实在过意不去。2022 年比亚迪超越特斯拉成为全球最大的新能源汽车制造商，事实摆在面前，而且可预见今后几年内比亚迪将会一直领先。

(2) 为特斯拉和比亚迪合作营造好的氛围。弗迪电池有限公司（比亚迪子公司）是全球第二大汽车动力电池制造商，特斯拉汽车电池的主要供应商是宁德时代（全球第一大汽车动力电池），选择第二电池供应商是企业通用的做法，特斯拉有采购比亚迪电池的长期诉求（已经开始合作了）。

(3) 营造好与中国合作的商业氛围。2023 年马斯克来中国访问，与中国国务委员和外交部部长秦刚见面，并在中国进行了一系列重大商业活动（推广特斯拉自动驾驶、新 Model 3 产线开工、上海储能工厂开工等）。

在 2023 年 4 月的上海国际汽车展中，大众集团首席执行官奥利弗·布鲁姆（Oliver Blume）在上海表示："比亚迪非常非常强大。"

2023 年 5 月，福特汽车首席执行官吉姆·法利（Jim Farley）表示，中国电动车厂商是其主要竞争对手，而非通用、丰田。他在摩根士丹利可持续金融峰会上表示："中国将成为动力源。"

可以看出，国际汽车巨头都纷纷改变了对中国汽车制造企业的看法，从以前的不屑一顾到今天的重视甚至尊敬，毫不夸张地说：中国不仅在汽车领域，在新能源其他领域（包括汽车动力电池、储能、光伏、风电等）已经大跨步领先全球。

企业家精神是一种创新意识，是一种责任，是一种品格，是一种价值观，是一种文化修养。企业文化、企业战略是企业家精神在企业落地的具体表现。

在企业里，延迟满足是企业家的一种品格，指一种甘愿为更有价值的长远目标而放弃即时满足的抉择取向，以及在等待期中展示的自我控制能力。具有延迟满足的企业家，更具有长期主义精神，更容易展现出社会竞争力，具有较强的自信心，能够更好地应对企业发展过程中的挫折、压力和困难，在追求企业的目标时，更能控制和抵制住即时满足的诱惑，而实现长远的、更有价值的目标。

马斯克是情商和智商都很高的企业家，也是一个耐不住寂寞的人，他付出一百二十分的努力也希望可以及时获得全世界的认可。从特斯拉的电动汽车价格策略中，我们可以看出马斯克非常擅长商业运作与包装，这是中国企业家非常不擅长的。马斯克的商业操作，甚至是极其丰富的个人生活等都是全球关注的焦点，他是自带光环和流量的，不需要借助媒体，因此特斯拉从来不打广告，甚至特斯拉都不参加全球最大的汽车展——上海车展。

马斯克是一个偏执狂，具有颠覆性的创新思想，他少年成名，创造性地开发出了电子支付系统 PayPal，成立赫赫有名的特斯拉汽车公司，同时创立 Space X 公司，立志要为人类找到另外一个可以居住的星球，是非常伟大的一位人物。

任何人的个性都与其所生活的国家和社会息息相关，马斯克生活在一个相对开放的社会环境中，马斯克的企业成长在一个相对成熟的市场环境中，因此在西方商业故事里，通过个人勇敢、能力带领团队达成事业辉煌的比比皆是，但卧薪尝胆的故事我们很少听到，这是整体的文化氛围造就了这种现象：崇尚英雄、歌颂英雄，很直接、非含蓄的文化体现。甚至还有人认为马斯克为了发推自由，不甘心只当最大股东的埃隆·马斯克，花费 430 亿美元买下推特公司，这样我们再来理解 12 年前马斯克评价比亚迪的观点就不难理解了。

再反观比亚迪的创始人王传福，没有任何显赫的背景，1995 年创办比亚迪公司，短短几年时间，发展成为全球最大的充电电池制造商之一，2003 年比亚迪收购陕西秦川汽车，进入汽车行业，开始漫长的造车旅程。做电池出身的比亚迪，应该说是没有造车基因的，但是认定了新能源汽车是个时代大方向，王传福选择了一条正确的、艰难的路，直至 20 年后，实现了全球第一大新能源汽车的宏图大略，这就是企业家的延迟精神，从不看重一时一刻、一城一池的得失，不在乎一路上的掌声、鲜花、歧视，不达目的不罢休，因为相信，所以坚持。王传福的这种延迟满足精神，当然与所处的文化、社会氛围相关，也与其本人的努力强相关，前者是外因，后者是内因，内因是决定性的。中华文明作为四大文明唯一保存下来的文明，文化里流淌着"温良恭俭让、仁义礼智信、忠孝廉耻勇"的传统，这些传统文化对企业家、对每个生活在这种文化氛围中的人，都有潜移默化的影响。

延迟满足，是在孤独和遇到困难时的支撑，可以照亮我们前行的路，不计较当下，不被当下一时的挫折磨灭心志，坚定自己的目标！真正厉害的人，都是延迟满足的高手。他们奉行长期主义，将其看成是提升延迟满足、对抗短期利益的武器。企业员工需要"即时满足"，但企业家需要"延迟满足"精神！

5.7 从华为、比亚迪、特斯拉看企业长期主义战略

2022年比亚迪新能源车年销量达到了186万辆，特斯拉2022年新能源汽车销量为131万辆，比亚迪大幅甩开特斯拉，成为全球新能源车销量冠军。在2023年4月，比亚迪总裁王传福接受记者采访时说：比亚迪2023年新能源车年销量大约为300~360万辆。这个数量预计为特斯拉同期销量的1.5~2倍。

（视频）王传福展望2023年比亚迪汽车的销量

2023年4月上海车展，比亚迪发布了仰望系列汽车，主打100万元以上的高端汽车市场，一经发布，轰动了全球汽车行业，满满的黑科技和非凡的创新。仰望汽车的独门绝技有：蟹步行走，原地掉头，浮水模式，3.6秒从0到100码提速成绩，标配插混1100超强马力，车辆高速爆胎防翻车，四轮电机工作防止车辆打滑等。仰望系列汽车基于四电机独立可控的技术底层，用一个全新的技术平台，重新定义了另外一种维度的豪华汽车。不得不说，这是让全世界所有的汽车厂包括特斯拉都要仰望的（见图5-18）。

比亚迪上述一系列高光数据，对比12年前马斯克嘲讽比亚迪，如今马斯克惨遭狠狠打脸，此时此刻不知道马斯克是否有深刻、痛苦的领悟。我们对特斯拉和比亚迪这两家全球新能源车的头部企业进行分析，像特斯拉这种美国品牌又自带流量的能力，每每都是舆论的焦点，甚至连全球最大的上海车展都没有参加，表面上看是特斯拉的傲慢、自大，再深入一层来看这种傲慢自大应该说是特斯拉品牌战略的一环，把自己定位为与众不同的品牌，自带光环，不跟其他厂商抱团创造流量，特斯拉宣称自己

图5-18 比亚迪高端车型仰望U8

不是车企，而是互联网企业，这当然是一个冠冕堂皇包装的说法，就像国内的某些手机厂商把自己包装成是互联网模式的手机厂相似，能够短时期吸引部分流量，但是这些流量基本属于年轻一族，而非社会理性阶层。特斯拉终究还是要与比亚迪在技术、成本、服务、市场、生态等道路上一决高下，最后，谁胜出就是谁的品牌能力强，这是一个企业长期成长的过程，因此有远见的企业家不在意当下的一城一池，而是有放眼长远的战略。

比亚迪作为全球唯一一家可以生产电动汽车三大部件（电池、电机、电控）的厂家，基于企业长期主义投入原则，认定一个正确的方向不放松。这也是我们经常讲的企业中长期战略选择原则：当你面前有两条路时，选最难的那条路。比亚迪选择的就是最难的那条路，没有长期的研发投入、技术积累、不断创新，仅仅靠一个互联网概念、元宇宙概念等来造车，违背工业品的发展规律，只能博得一时喝彩，最终还是要被淘汰的。长期来看，全世界还没有哪个企业靠一个概念成长为一家百年老店的。

比亚迪长期主义的战略与华为当年无线产品的战略如出一辙，我们现在来进行战略复盘，华为也是选择了一条最难走的路。

(1) 2000 年左右，无线通信领域的技术路线有小灵通、CDMA、WCDMA、Wimax 等，主流厂商有华为、中兴、UT 斯达康、爱立信、诺基亚、朗讯、西门子等（见图 5-19）；

(2) 2002 年，中国国内 5 年不发 3G 牌照，而是建设小灵通；

(3) 为了活下去，华为只能拓展其他国家或地区的 3G 市场，在华为强大的市场能力和研发能力的双轮驱动下，前后突破了中东阿联酋、中国香港 3G 主流市场。

当年很多通信企业不放过挣快钱的机会，比如 UT 斯达康，选择了做小灵通，当年挣得盆满钵满，也就是经过四五年的时间，国内电信运营商停止建设小灵通网络并逐渐建设 3G 网络来替代小灵通网络，这就验证了挣快钱的不可持续。而华为在 3G 的道路上选择了一条正确、最难的路，坚持自主研发无线 3G 网络系统，持续不断地加大投入，没有被挣快钱、容易的钱所干扰，即使在多年巨大研发投入颗粒无收的情况下，依然没有放弃，正是这样的战略定力造就了今天华为在全球无线通信领域的王者地位。

企业在做战略选择时，通常有两种选择：容易的路还是正确的路（见图 5-20）。

细心的人会发现，早在 2007 年，王传福就豪言比亚迪汽车 2025 年全球第一，现在竟提前实现了，成功背后的艰辛和挑战可想而知。在战略选择的路上，有的人会选择"容易的路"，有的人会选择"正确的、难的路"，这就是企业家与伟大企业家的分水岭，印度伟大诗人泰戈尔说：你今天受的苦、吃的亏、担的责、扛的罪、忍的痛，到最后都会变成光，照亮你的路。泰戈尔名言的内涵与企业家的长期主义精神是一致的！

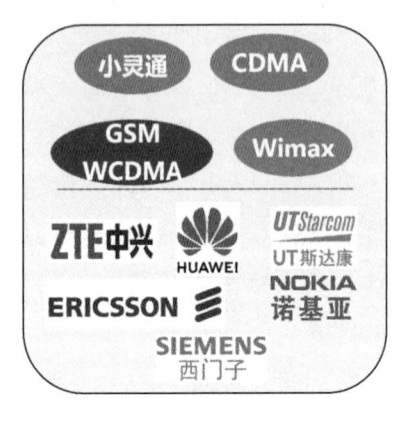

图 5-19　2000 年左右无线通信领域的头部厂商

图 5-20　容易的路和正确的路

1. 容易的路：一开始好走，别人也好走
   - 能力提升不大
   - 限制未来发展
   - 温水煮青蛙

2. 正确的路：一开始会很难，有人会掉队
   - 为中长期发展找到一条正确的路，路越走越宽
   - 锻炼了队伍，特别是干部
   - 逐步建立起战略控制点

第二篇 Part 2 / 营销科学篇

第 6 章

营销铁三角

6.1 营销就是"满足客户需求+淘汰对手"

营销是产品或服务从生产者手中移交到消费者手中的过程，是企业以满足消费者需求为中心进行的一系列活动组合。营销既是一种职能，又是企业为了自身及利益相关者的利益而创造、沟通、传播和传递客户价值，为客户、合作伙伴以及整个社会带来经济价值的活动、过程和体系。

笔者在给企业家授课过程中，经常问企业家一个问题：作为企业的市场行为，营销可以由哪几个动作组成？得到了很多不同的回答。"先找到客户并销售产品""营销就是营和销两个动作""把满足客户需求的产品卖给客户""做性价比最高的产品"等，这些回答都没有错，但动作分解得都不完整。从甲方（购买方）的视角来看营销，营销是给购买方提供性价比最高的产品；从乙方（供应商）的视角来看营销，营销分解成两个动作：第一个动作为满足客户需求，第二个动作就是淘汰对手。为什么不能只有第一个动作呢？因为满足客户需求的供应商可能有多家，所以第二个动作是必需的，否则整个营销过程就没有完成（见图 6-1）。

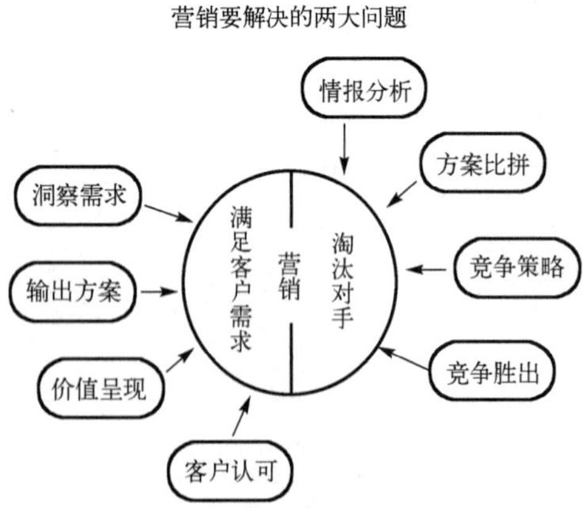

"营销=满足客户需求+淘汰对手"，其实这是一个比较简单的商业逻辑，但往往很少人能把它想通透，企业通常会忽视第二个动作，为什么呢？因为大多数企业把满足客户需求作为唯一的市场行为，没有去思考怎么应付竞争对手，同时竞争这个动作比较敏感，竞争的具体举措与企业家的价值观、情感、习性、做事的思维习惯等相关。很多企业把竞争认定为贬义词，

图 6-1 营销的动作分解

往往把竞争想成是一种丑陋的行为，与自己的价值观相违背，其实这是不对的，因为竞争存在于每次交易过程中。

在商业领域，竞争是个中性词，竞争无处不在，任何一笔商业交易都有竞争存在，不管你想与不想、做与不做，它都在那里：

(1) 小到一部手机的交易，你今年买了苹果手机，这个事实的背后就是你没有买小米手机或华为手机，也就是说，你把小米和华为手机排除在你的采购清单之外了，苹果在竞争中获胜。

(2) 大到飞机、高铁、轮船的交易，要成功交易这些产品，都得在淘汰对手后才可以获得订单。

竞争无处不在，每一次成功交易的背后，都有一次失败的交易，成功的是赢单者，失败的是丢单者，这就是事实，这就是商业。竞争是商业的合理合法手段，是对抗、是谋略，商业谋略与企业家品质是两回事。

因此，企业在规划商业成功的路径时，不但要设计出满足客户需求的产品或服务，同时要思考如何与友商竞争，在竞争比拼中胜出。

6.1.1 满足需求

营销是企业以客户需求为出发点，洞察客户需求量以及购买力信息、客户期望值，为客户提供满意的产品或服务，实现企业商业目标的过程。根据市场行为的先后顺序，满足客户需求可以分为如下四个步骤：洞察需求、输出方案、价值呈现、客户认可。

1. 洞察需求

需求洞察能力，主要包括两方面内容：

(1) 需求理解，洞察到客户需求就要详细理解需求。这里要求解决方案经理要懂得在需求收集过程中，能理解客户提出需求的背景、动机、场景及痛点。洞察需求一定要站在客户角度或现实场景去理解需求。

(2) 需求分析。对需求有了充分理解之后，首先需要判断这些需求的本质、价值等，并判断需求的真假；其次就是判断这些需求背后的动机，企业需投入的成本等。

2. 输出方案

洞察清楚了客户的需求，就可转化为产品需求，开发出满足客户需求的产品或解决方案。以 2B 产品举例，输出方案包括的内容如下：

(1) 产品宣传资料。

(2) 项目方案。
(3) 社交媒体包装。
(4) 应用案例。
(5) 其他。

3. 价值呈现

在输出满足客户需求的产品或服务后,需要量化给客户带来的价值,比如说省多少成本、省多少电、省多少空间、节省多少人力、多产出多少利润等。具体可以从以下几个维度呈现:

(1) 产品价值、服务价值。
(2) 关键信息传递,即在宣传材料、日常与客户交流等场景下,如何快速传递量化的价值。
(3) 总体价值呈现:在很多场景下,价值呈现有显性的和隐性的,需要通盘考虑产品生命周期整体的价值,特别是客户对隐性价值不知晓的情况下,要让客户尽快知道并对齐认知,把隐性价值呈现出来。

4. 客户认可

有了量化的价值呈现,我们要换位思考,客户是不是真地认为我们的产品或服务满足了他们的需求,客户要接受产品或服务,最低的门槛是什么?客户如果拒绝,可能的原因是什么?要通过良好的客户关系了解客户真正的想法。如果客户不接受,应尽快复盘并采取行动弥补。

即使我们从客户角度确定我们的产品或服务可以满足他们的需求,也不要认为营销工作就结束了,因为可能有好多家供应商满足客户需求,我们还不是最后赢家,因此接下来需要思考如何淘汰对手。

6.1.2 淘汰对手

商业的本质是以盈利为目的的活动,淘汰对手是商业竞争的目标,是与商业交易同时发生的。管理学对竞争的定义是:每个参与者不惜牺牲他人利益,最大限度地获得个人利益的行为,目的在于追求富有吸引力的目标。

根据市场行为的先后顺序,淘汰对手可以分解为如下四个动作:情报分析、方案比拼、竞争策略、竞争胜出。

1. 情报分析

市场情报包括政经情报、行业发展情报、竞争对手情报等。市场情报搜集和分析是企业了解市场的主要窗口之一，可为企业提供市场的各种信息，降低产品进入新市场的潜在风险。建设市场情报搜集的管理机制对于企业整体的情报渠道体系建立具有非常重要的意义，通过市场情报搜集获取最真实、最前沿的市场信息，为制定产品研发、营销策略等提供最直接的输入。

只有建立全方位的市场情报搜集方式，才能保证快速有效的信息沟通，才能实现终端市场信息快速反馈。全方位的情报搜集工作是市场信息流动快速而畅通的保证，也是企业决策人员运筹帷幄、决胜千里的先决条件。对企业来说，市场情报搜集和竞争分析的目的如下：

(1) 看清产业，帮助企业把握整个产业的动向。
(2) 看清自己和对手，补齐短板。
(3) 帮助企业找到有前景的细分市场。
(4) 帮助企业调整成本、定价、商业模式等。
(5) 有利于企业开发市场，快速占领市场。

企业可以通过奖励、广泛动员等方式，发动尽可能多的资源来搜集竞争情报，同时也提升了组织竞争意识。竞争情报的主要搜集渠道如下：

(1) 竞争对手本身：对手的年报、季报，分析师大会材料、报告，网站、媒体、杂志，在市场上直接接触竞争对手可以获得更多信息。
(2) 客户：通过客户拜访、访谈等方法，可获得竞争厂商的市场和销售动向，以及产品或服务的优劣势等。
(3) 公司内部信息：通过内部交流、信息共享、人员访谈，几乎可获得所有可能获得或者所需要信息的80%～90%，关键是有组织来承接。
(4) 咨询公司：通过购买咨询公司报告，可获得竞争环境报告、厂商宏观研究报告、市场份额与排名，还有行业分析师、证券商的分析报告等。
(5) 其他渠道：代理商、分包商、供应商、合作伙伴、上下游产业、行业协会、政府机关、对手参股子公司、友商员工入职等。

搜集好了竞争情报，就要对其进行分析。分析时要遵从专业、经验、面向一线打仗的原则，需要从对手的战略、组织、产品、区域、研发、策略等方面进行分析，分析竞争对手的常用方法较多，这里介绍几种比较常用的方法。

(1) SWOT分析：对企业内外部条件进行综合和概括，进而分析组织的优劣势、面临的机会和威胁的一种方法。
(2) 标杆分析法：将本企业各项活动与从事该项活动最佳者进行比较，从而提出行动方法，以弥补自身的不足。
(3) 雷达图分析法：雷达图分析法是对企业经营情况进行系统分析的一种有效方

法。这种方法从企业的经营收益性、安全性、流动性、生产性、成长性等五个方面分析企业的经营成果。后续也发展成竞争的分析方法。

(4)竞争五力模型：迈克尔·波特于20世纪70年代初提出，该模型认为行业中存在着决定竞争规模和程度的五种力量，这五种力量综合起来影响着产业的吸引力以及现有企业的竞争战略。这五种力量分别是：同行业内现有竞争者的竞争能力、潜在竞争者进入的能力、替代品的替代能力、供应商的讨价还价能力、购买者的讨价还价能力。

(5)其他，比如鱼骨图法、商业画布图，具体可参照"竞争洞察与实战"课程大纲。

2．方案比拼

对竞争对手进行详细分析后，就要输出有针对性的产品或服务，要突出自身的优点，放大对手的弱点，通过技术、商务等手段弥补或弱化自身的缺点。在与对手比拼过程中，可以参考如下方法：

(1)通过解读竞争对手的档案和竞争情报分析，输出自己企业的针对性方案。

(2)制定有针对性的产品对策或服务方案，以及竞争"一指禅"，量化对手与自己企业的差距，呈现自身价值。

(3)使用竞争工具箱，如商务对比、对手的假信息、负面案例、公司竞争政策等。

(4)公司内部进行红蓝军演练，提升组织蓝军意识、锻造团队竞争能力。

(5)其他，如高层客户关系的影响、巧用教练的角色等。

3．竞争策略

与客户成功交易的过程，也是与竞争对手斗智斗勇的过程，需要良好的项目运作与管理能力，以及制定合理的竞争策略。在市场竞争激烈的环境下，策略是穷尽一切办法，可以实现目标的方案集合。作为管理者，需要管理好相关的责任人，看责任人是否穷尽了一切办法，资源是否合理配置，策略是否对路，是否发挥了组织合力。具体的策略可以参考如下：

(1)价格策略：是盈利优先还是规模优先；

(2)竞合策略：是否要压制对手，是否要竞合；

(3)品牌、宣传策略：2B和2C的宣传打法是有区别的；

(4)短、中、长期策略相结合：企业当前的诉求是什么，中长期目标是什么；

(5)其他：与代理商、政府的关系，区域策略等。

每个行业、每个客户、每个区域都是有差异的，属性都不一样，策略也应相应适配，不能一套方案打天下，要随行就市。

4. 竞争胜出

通过项目的高效、科学运作，强有力的竞争管理，企业才有可能在竞争中胜出。竞争管理是一套科学的管理方法，按照竞争管理的先后逻辑，可以分为三个阶段：情报搜集阶段、情报分析阶段、竞争实施阶段（见图 6-2）。

情报搜集阶段 1 → 情报分析阶段 2 → 竞争实施阶段 3

图 6-2 竞争管理三阶段

企业在与对手竞争的过程中，有很多具体的竞争管理方法可以使用，这有助于企业在竞争过程中胜出：

(1) 给一线作战团队赋能，提高与对手的对抗能力；
(2) 设置竞争管理目标并加强考核；
(3) 搭建兼职或者全职竞争组织，职能先对齐；
(4) 竞争补贴的使用，服务于战略项目和恶性竞争项目；
(5) 其他。

商业竞争是非常敏感的活动，商业情报是高度机密的，需要做好信息安全工作，可以专人管理，采用最小范围覆盖原则。情报搜集、情报传递、情报使用等，都要做好保密工作。

小结

企业家精神和商业智慧是当今商业成功不可或缺的因素，企业家精神是指企业家的创造力、冒险精神和坚韧不拔的意志，而商业智慧则包括对市场、客户、产品和竞争对手的深刻理解和商业谋略，商业谋略与企业家品质是两回事，是两个维度的事情。

企业若没有想通营销"满足需求、淘汰对手"的这两个动作，则营销的路径是不清晰的，市场的打法是不完整的，最后的结果一定是打折的。企业一定要在"满足需求、淘汰对手"这两个点上同时发力，并形成一套市场组合拳，两手都要抓，两手都要硬。

6.2 铁三角的起源

我国军队的著名战术理论实践中，也有类似铁三角运作的经典案例。在解放战争时期，解放军以少敌多，为了提高战斗力，我军创造了著名的"一点两面三三制"战术。

"一点两面"指的是反对平分兵力与敌人陷入阵地消耗战。防线部署兵力要有层次,要集中优势兵力,以发挥优势火力攻击敌人防线的一个点,突破后向两面(正面和侧面)或更多面形成包围,以求全歼敌人或严重打击敌人。特别是在兵力不足的情况下,"一点两面"的战术越发显得重要。

每次进攻战斗,都需要有多个攻击点:一点,就是将优势兵力集中在主要的攻击点上,而不是在各个进攻点平分兵力;两面,就是要对敌人实施包围,不给敌人以突围的机会,力求全歼。这里说的两面,是指至少两面,主要看兵力多少,兵力多时也可以是三面、四面。主攻一点,就是要集中火力和兵力,确保打垮敌人;两面包围,就是不让被打垮的敌人跑掉。这个战术原则,是针对当时部分指挥员不懂得集中兵力、不敢进行迂回作战而提出来的。它强调在进攻作战中,要多点进攻,但主要力量要集中到一个点上,形成尖刀,首先打开一个突破口,再包围全歼敌人。

"三三制"是指以班为作战单位的战术运用,每个班分为三个组,每个组有三名战士,每名战士都有明确分工,作战由班长负责指挥。每组的三名战士分工明确,一人负责进攻,一人负责助攻,一人负责支援,相互配合进攻或者防御,三人交替配合,依次掩护推进,战术灵活多变。各小组依据地形分散展开攻击,战斗时呈三角队形进攻、掩护、支援。每个人之间的距离应在 20 米左右,这样既能减少伤亡,又能将一个班的攻击效能发挥到最大(见图 6-3)。

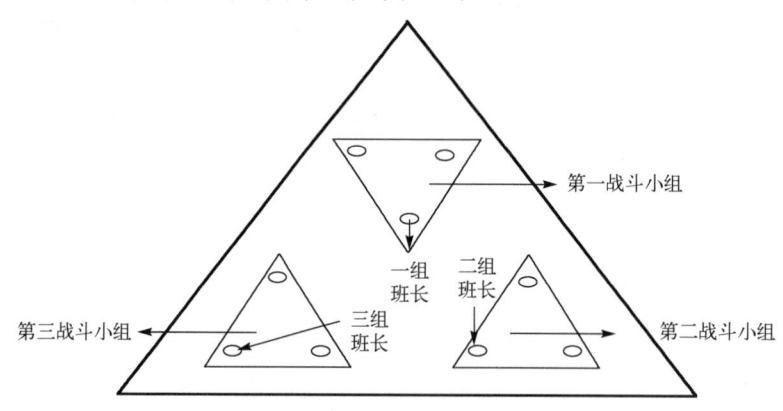

图 6-3 三三制战斗队形

"三三制"战术的出现,主要解决单兵之间的协作配合,也为了避免战场上人员密集造成不必要的伤亡,交替掩护推进。"三三制"作战小组是战场上最小的作战单位。

华为的铁三角与"一点两面三三制"有很多相似点,概括如下:

(1)铁三角中的客户经理和解决方案经理是市场拓展主要的两个面,负责客户关系和解决方案的攻克;

(2)铁三角中的三个角色是多点接触客户,即使一个角色出了问题,客户界面的黏性仍能有两点，不会形成灾难性后果；

(3) 两种战术都是先攻击对方的薄弱部位，取得局部优势，再发展到全局胜利；

(4) 两种战术都非常强调团队合作精神，同时三个角色之间相互支援。

企业通常在销售管理和运作过程中存在以下问题：

(1) 过程不规范、制度不明确；

(2) 过度依赖销售精英，团队少了某个人不行；

(3) "粮仓"不稳定、预测不准确；

(4) 大客户少、转化率低；

(5) 动作变形、业务失真；

(6) 老板背起全公司；

(7) 人才成长很困难；

(8) 其他问题。

反观华为，华为的销售组织则是：

(1) 以客户为中心、狼性文化、激励导向冲锋、干部能上能下；

(2) 不依赖精英，能力建在组织上，客户关系在公司；

(3) 多元差异化激励，全体员工背指标；

(4) 清晰的职业通道，高手一直很忠诚；

(5) 团队分工很明确，好干部层出不穷；

(6) 其他。

剖析两者之间的差别，原因是多方面的，其中一线作战队形的设置是导致上述差异因素之一。华为铁三角组织是最小的作战单元，触达客户神经末梢，反应灵敏，响应迅速，直通中枢指挥系统。

6.2.1 华为一线作战组织演进历程

华为早期的成功，也是市场营销的成功。创业初期，华为没有自己的产品，代理香港的小程控交换机的销售。以任正非为首的一线销售团队攻城略地，由于销售得太好，引起香港厂商担心，取消了华为的代理权，华为迫不得已自己研发产品。从那个时候开始，华为的一线销售人员给客户的印象就像一批狼，这就是华为狼性文化的雏形，也是华为销售团队一直延续至今的优良品质。

从"呼唤英雄"到"人人争当英雄"，再到"不做昙花一现的英雄"，直至"遍地英雄"，华为打造出了一支敢战、能战、善战、战必胜的销售队伍，这样的销售组织是怎么成长演变的呢(见图6-4)？

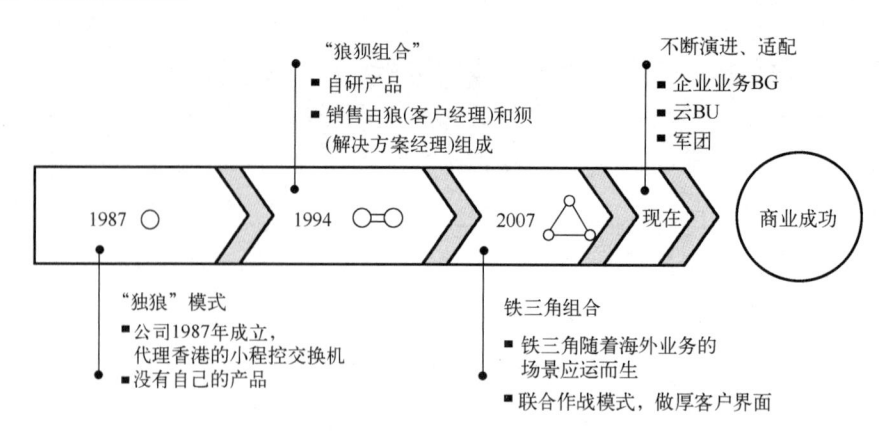

```
"狼狈组合"                      不断演进、适配
■ 自研产品                      ■ 企业业务BG
■ 销售由狼(客户经理)和狈         ■ 云BU
  (解决方案经理)组成             ■ 军团

   1987        1994        2007       现在        商业成功

"独狼"模式                      铁三角组合
■ 公司1987年成立,               ■ 铁三角随着海外业务的
  代理香港的小程控交换机           场景应运而生
■ 没有自己的产品                ■ 联合作战模式,做厚客户界面
```

图 6-4 华为的一线销售团队演进历程

1. "独狼"模式

从 1987—1991 年, 在初创期代理设备期间, 由于管理水平有限, 华为凭企业家的个人魅力和能力, 聚集了一批批"一贫如洗、胸怀大志"年轻人, 南征北战, 创造了不错的市场业绩。此阶段华为的销售组织属于独狼模式, 没有背景、没有流程、没有资金, 全靠个人能力和意志, 目标就是拿下项目, 公司以结果为导向, 人人争做英雄。

1992 年以后, 华为自主研发的程控交换机推出后, 当时的产品质量比较一般, 地市级以上城市市场进不去, 华为就把工作重心放在县乡的农村市场, 销售人员拜访一个个乡、县电信客户, 艰难地说服客户, 有技术问题客户关系来补, 有些时候服务人员睡在客户机房里, 设备出了问题立即处理或更换备件修复, 客户经理负责安抚好客户的情绪。当时公司的资金很紧张, 产品如果卖不出去, 公司只有关门了。就这样艰难地发展到了 1994 年, 华为销售额达到十多亿元, 有了不错的利润, 公司基本度过了生存危机, 也为后来的大发展打下了基础。

2. "狼狈组合"

C&C08 程控交换机是华为发展史上的一个里程碑产品, 从它开始, 华为开启了大跨步投资研发的新时代, 相继成立了中研部、中试部、预研等组织, 产品也越来越丰富, 技术含量也越来越高。客户经理在销售华为的产品时, 单靠自身已经无法满足客户对技术细节的诉求, 因此一线销售团队就出现了解决方案经理这个角色, 由客户经理和解决方案经理配合, 共同出现在客户界面, 对客户界面出现的事务合作完成, 客户经理关注客户关系的拓展, 解决方案经理关注技术方案的推介, 这就是华为公司在 20 世纪 90 年代中期形成的"狼狈组合"。

提到"狼", 人们会想到狼的凶残、无耻、不顾情面、毫无人性; 提到"狈",

人们往往会想到狡猾、邪恶、可恶，它们往往是贬义的代名词，但华为提到的狼和狈，是把它们的优点提取出来：

(1) 狼嗅觉敏锐、锲而不舍，有团队合作精神；

(2) 狈善于思考、出谋划策，能妥协。

除了上述优点，华为更看重它们的组合特点：团结合作、能力互补，类似于现代战场上"司令员+参谋长"的组合，是打胜仗的有力保障。

华为的客户经理就像"狼"一样嗅觉灵敏、拓展能力强，具有奋不顾身的精神以及团队奋斗的意识。解决方案经理本质上就是参谋、政委角色，必须以精细化管理、内控管理为主，能够守得住江山，能够出谋划策、解决客户的业务痛点，就像"狈"一样。这样的"狼狈组合"在客户界面相互配合，做厚了客户界面，不但在市场一线有冲击力，客户关系也维护好了，还能够理解客户的业务并提出解决客户痛点的方案，是当时一套先进的销售打法，极大地提高了销售运作效率和成单效果。

华为后来的组织设置，基本是参照"狼狈组合"模式，部门一把手是"狼"，部门二把手是"狈"，因此这个组织既有进攻性的狼，又有精于算计的狈。任正非推行的"狼狈组合"，使华为的各内部组织同时具备了勇气、智慧与执行力。

"狼狈组合"所要传达的是狼和狈的进攻与合作精神，落实到企业当中，它就是一种团队精神、合作文化。两个不同的利益体，为了一个共同目标，走到一起互相配合，并且开始学会合作的技巧和默契，取长补短，相互利用各自优势，弥补自我缺陷，围绕共同的目标出谋划策，一起努力，最终实现共赢。

3. 铁三角组合

2000年以后，华为大规模派人拓展海外市场，先选定了发展中国家和华人主导的发达国家或地区（新加坡和香港）作为拓展重点。经过艰苦卓绝的拓展，海外市场逐步打开，截至2005年，华为海外的营业收入首次超过国内的营业收入（58%≥42%），同时华为参与的项目的销售和交付程度也越来越复杂，对个人和组织的能力要求也越来越高。这个时候，客户界面常出现一种场景（如苏丹电信3G项目），客户经理和解决方案经理把喇叭口张得很大，不缺项目线索，但是由于很多东西的宣传有些超前或者项目的可交付没有合理评估，导致售后服务兜不住超前的宣传，这时候就需要把服务能力前移，让交付经理尽早地介入售前的销售工作中，给原来的"狼狈组合"增加一个角色——交付经理，这个时候铁三角组合应运而生，形成了"客户经理+解决方案经理+交付经理"的铁三角组合（见图6-5）。

华为铁三角组合借鉴了现代美军的作战模式（冲锋在最前线的为7~11人的小班、排作战单元），让听得见炮声的人来决策。铁三角不是一个三权分立的制约体系，而是紧紧抱在一起生死与共、聚焦客户需求的共同作战单元。铁三角的工作模式：做厚客户界面，以项目运作为抓手，以项目成功为导向。

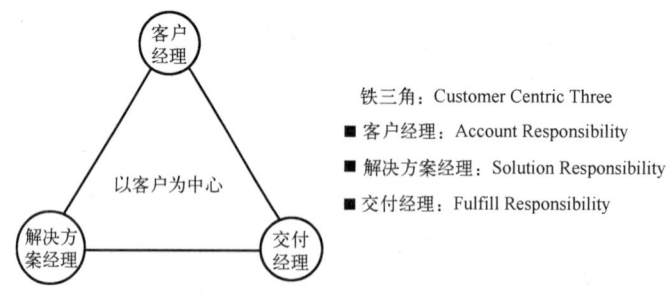

铁三角：Customer Centric Three
- 客户经理：Account Responsibility
- 解决方案经理：Solution Responsibility
- 交付经理：Fulfill Responsibility

图 6-5　以客户为中心的铁三角组合

铁三角组合的目的只有一个：满足客户需求，成就客户的理想。随着华为业务的推进，铁三角模式在不同的 BG 得到推广和应用，比如企业业务 BG、云 BU、军团等。

2020 年以后，华为受到以美国为首的西方国家极限施压，为了弥补美国制裁带来的营业收入下滑，必须找到新的机会增长点，华为分三个阶段分别成立了二十多个军团，军团模式是铁三角组合的升级，它把基础研究的科学家、技术专家、产品专家、工程专家、销售专家、交付与服务专家全都汇聚在一个部门，通过大量专家的集中投入，缩短产品交付周期，目标更聚焦。通过军团作战，打破现有组织边界，快速集结资源，提升效率，做深做透一个领域，对商业成功负责，为公司多产"粮食"。军团横向拉通内部资源，专门打硬仗，比之前的"铁三角"更聚焦、更有战略性、更有"杀伤力"。

4．狼性文化

关于华为的狼性文化，华为创始人任正非在 2020 年 3 月 24 日接受香港《南华早报》的采访时做了详细阐述，比较系统地诠释了华为狼性文化的内容，澄清了外界对华为狼性文化的一些误解，让社会大众更清晰地明白了狼性文化褒义的一面。

1）敏锐的嗅觉

善于抓住任何机会，有强烈的目标导向，能瞬间出击。"狼最大的特点是鼻子很敏锐，知道客户的需求在哪儿，能知道十年、二十年后科学技术的方向在哪儿。狼的敏锐程度很重要，狼很远能闻到肉味，冰天雪地中也要找到那块肉。这就是对市场的敏感、对客户需求的敏感、对新技术的敏感，代表一种敏锐的认识。"

从企业发展的角度来看，敏锐的嗅觉极其重要，它既包括企业家在重大机会窗口下的战略判断和业务选择、赛道和细分市场选择，还包括如何识别和选择出"有好奇心""积极主动""有创新精神"的人才，更包括如何建立一个"让听见炮火的做决策"的客户导向型、市场导向型组织结构，甚至包括企业的数字化建设。

2）不屈不挠、奋不顾身、永不疲倦的执着精神

狼群盯上目标之后，极其有耐心，会一直等待最佳的进攻机会，而一旦咬住目标，就从不轻易松口。这种冷静、坚韧、执着的精神正是做事业所需要的宝贵品格。

任正非说："干部不能发现有困难就要求换岗位。死也要死在团队里，不行就去给团队煮饭，做后勤保障、做场景、做人的工作，要在自己选定的路上拼死拼活地打上去。干部随意调换岗位就势必会挡住年轻员工上进的道路。"从任正非的这番话中，既看出华为对干部的高标准要求，对组织机会公平的关注，也看出华为长期以来对人才的最重要的品质要求，我们可以说它是"不屈不挠"，也可以说它是"坚强的意志力"，还可以说它是"坚毅的品格"。

3）群体奋斗的狼狈合作精神

狼一般不单独生活，是群居动物，狼捕猎的时候，都是群体出动，甚至有明确的分工，所以才有"猛虎还怕狼群"之说。

狼最显著的品质之一就是合作精神，我们几乎可以将狼群的行动看成"合作"的典范。狼之所以厉害，就是因为它们的合作精神。狼懂得感恩图报，甚至能以生命作为报答，绝不"窝里斗"，极具自律精神。另外，狼善于交流沟通，为了团队的利益勇于自我牺牲。狼具有把个体劣势转化为群体优势，树立绝对的生存竞争意识，敢于战斗并争取胜利的生命哲学。狼时时刻刻都处在"战争状态"，弱肉强食，违背这个原理就会死亡，这同企业的生存法则是一样的。

不论是在国内，还是在国外，华为市场系统流行了多年的"胜则举杯相庆，败则拼死相救"，这是对华为"狼性"文化的最好概括和总结。在华为，这种"狼性"训练无时无刻不在。任正非强调，团队的凝聚力什么时候都不能减弱，一旦减弱了，企业走下坡路是非常迅速的，甚至是瞬间。狼群中的老狼不能老，尤其是中、高层管理人员，要有随时准备战斗的状态。任正非是华为的狼王，即便已经70多岁，但始终保持战斗的激情，时刻都处于战斗状态（见图6-6）。

> 任正非提出：我们把目标瞄准世界上最强的竞争对手，不断靠拢并超越他，因此公司在研发、市场系统必须建立一个适应狼生存发展的机制，吸引、培养大批具有强烈求胜欲的进攻型、扩张型干部，激励他们像狼一样嗅觉敏锐、团结作战，不顾一切地捕捉机会，扩张产品和市场。
> ——引自华为任正非《建设一个适应企业生存发展的组织和机制》（1997）

图 6-6　2020 年 3 月 24 日，任正非接受香港《南华早报》的采访

6.2.2　华为铁三角历程

苏丹，一个非洲北部的国家，干旱、贫瘠，电信基础设施落后。2006 年夏天，苏丹电信开始建设 3G 网络，邀请了华为和其他中西方友商进行投标。西方一些厂家在非洲耕耘了几十年甚至近百年，对当地的环境和资源非常了解。华为当时对非洲市场还不够了解，没有理解客户需求，提交了一个技术很先进的 3G 网络建设方案，但是客户的需求是一个交钥匙工程，由于对客户的需求理解不正确，华为没有满足客户的需求，在那个重要的移动通信网络投标中惨痛出局。而其他友商对客户的需求理解到位，很好地满足了客户诉求。事后，当华为客户经理问客户原因时，客户说："你们没有理解我们的需求，我们需要的是一个能够拿来就可用的电信网络，而不是一堆先进的 3G 设备。"

随后，华为一线作战团队进行了复盘，充分认识到自身的问题：前期的业务拓展以自我为中心，只告诉客户我们能够做什么，而没有读懂客户的需求是什么，是典型的以自我为中心。

通过此次复盘，华为得出如下结论：组织不匹配、以自我为中心，发现客户界面的交付能力缺失，没有人真正了解客户的交付能力和需求，这项工作必须有一个角色来承担，这就是后来的交付经理角色。

经历过这次惨痛的教训，华为苏丹代表处对一线作战团队的整体组织架构进行了重新设计：

（1）打破部门墙，弱化作业边界，以客户为中心，最大化协同客户经理、解决方案经理、交付经理、商务财经等以往相对独立运作的人员一起工作；
(2) 针对部分战略级客户项目，成立专门的管理团队，将之前"错综复杂"的客户接口统一管理，力出一孔，更高效地服务客户，为客户创造价值；
(3) 以客户经理、解决方案经理、交付经理为核心组建项目管理团队，从点对点被动响应客户到面对面主动对接客户。

"三人同心，其利断金"，华为终于在苏丹电信的 3G 扩容中赢得该客户，逐步奠定了其在苏丹市场的头部地位。

苏丹代表处的销售项目管理团队以客户经理、解决方案经理和交付经理为中心，组建了一个以客户为中心，立足一线，主动对接客户需求、聚焦项目商业成功、快速响应的作战团队，这种组织模式被华为内部形象地称为销售"铁三角"。

铁三角模式要求铁三角团队有较好的合作精神，不能吃独食，同时要有良好的服务意识，主动关注客户的压力和挑战，要有良好的学习能力，在实战中成为一专多能的高手。

华为铁三角模式充分借鉴了三三制战术和其他作战模式，让听得见炮火的人来呼唤炮火。在华为 2B 营销能力架构中，铁三角的建设和运作拥有举足轻重的地位，是所有 2B 营销活动在一线落地的最基础的组织保障。通过铁三角把销售流程打通，把能力建在组织上！

华为铁三角先在苏丹代表处打磨，然后向北非地区部推广，进而在公司层面全面推广。这种模式早期主要依靠师傅带徒弟的方式进行推广，在 2007 年以后，通过销售流程变革，将其形成制度和流程进行固化，逐步形成了华为一套流程化的一线作战机制，在全球得到了推广。

销售铁三角模式在华为公司成功之后，也逐步被国内其他企业熟悉并借鉴，形成了 2B 市场的一种标准打法。铁三角模式，至于是二角还是三角、四角，需要因企制宜、因业务制宜、因市场制宜、因项目制宜、因文化制宜，不要生搬硬套，更需要在各种场景下适配。

6.3 铁三角的模式设计

6.3.1 华为铁三角变革思路

大部分的企业在设计营销组织结构的时候都习惯性地使用垂直管理结构（一般为职能型组织），层层向下、逐级管理，这样的设计对于初创公司和小型企业是无可厚非的，但随着企业规模的发展和业务的变化，这种营销组织结构的弊端就会凸显，如图 6-7 所示。

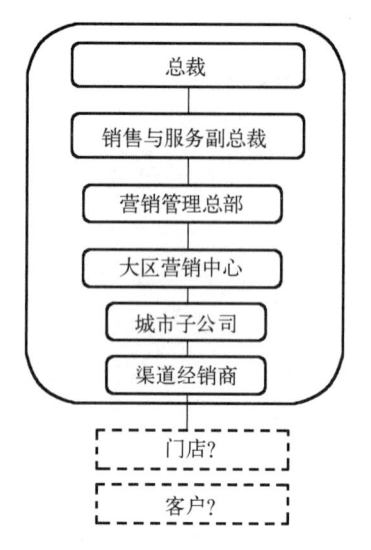

```
总裁
  │
销售与服务副总裁
  │
营销管理总部
  │
大区营销中心
  │
城市子公司
  │
渠道经销商
  │
 门店?
  │
 客户?
```

图 6-7　某公司的营销组织结构图

(1) 职能型组织，组织设置基于内部管控，职能型组织是为了更好地管理公司内部资源，而不是为客户提供有竞争力的服务，不是以客户为中心；

(2) 没有为贴近客户的团队设计相应的授权，一线员工向机关申请权限，隔了很多层级，效率低下，不适应现在快节奏的市场变化；

(3) 公司内部协调资源非常痛苦，比搞定客户还难，一线员工整天在梳理公司内部关系，没有时间花在客户身上，严重影响市场开拓。

垂直管理结构导致企业屡战屡败，华为在成立初期和业务高速发展期也面临过同样的问题：资源和权力逐渐向远离战场的高层管理人员和职能部门集中；一线销售人员 70% 的时间都耗费在了解到货情况和资源调动上。一线销售人员面向客户的多个部门，各自为战，无法满足客户需求，连连丢单。华为针对苏丹电信项目的失利进行了深入系统的复盘总结。

(1) 代表处和地区部各部门缺乏沟通、各自为战，信息在部门内部打转转，没有有效地共享，最终导致不同部门对于客户的承诺不一致，客户认识到的华为是片面的，严重影响了客户对于华为的认知；

(2) 不同部门各自都有客户界面的接口人，每个人只立足于自己部门的利益和职责，缺乏基于客户界面的整体化、团队化的视野，最终导致每个模块都没法获得客户的认可，缺乏组织整体利益的概念；

(3) 各部门成员能力和主观能动性欠缺，没有准确及时地分析客户的需求，而只是被动地进行响应（特别是交付服务方面），给客户带来较差的观感和体验（见图 6-8）。

随着公司的不断发展，特别是不同领域业务的快速拓展，华为的营销体系又迎来了全新的挑战。面临战略级的系统部，很多项目中跨国、跨领域的要素逐渐增多，同时，不同客户的需求也变得越来越多样和复杂，华为始终秉承以客户为中心的使命，因此需要持续探索新的、高效的战术来为客户提供端到端的商业解决方案，来满足客户全方位、多样化和差异化的需求。在这样的环境下，随着业务增长和组织扩张，华为内部部门墙日益加厚，跨部门协作的难度在明显加大，内部竞争的逐渐加剧严重影响了整体的协同和凝聚力。

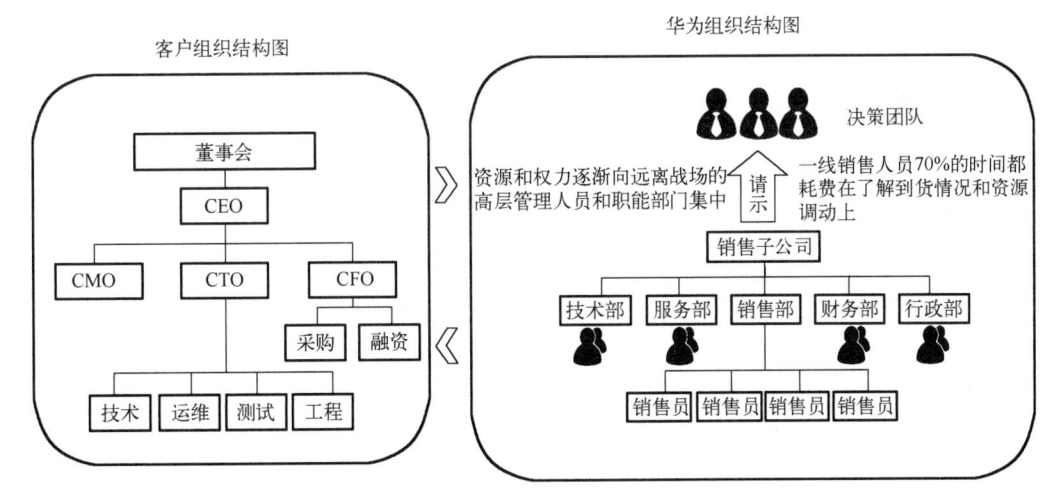

图 6-8 华为早期的销售模式

在新的市场环境和发展要求之下，需要有一个以客户为中心、跨部门协同、端到端的管理运作流程体系，以提高销售效率，确保订单转化以及有效控制和规避相关风险。在苏丹电信事件之后，铁三角组织逐步在华为公司内部推广普及。2009 年，华为启动 LTC 销售流程变革，把铁三角作为一线销售组织的固定模型融入 LTC 销售流程中，更加奠定了铁三角在营销体系中不可撼动的地位。铁三角作为 LTC 销售流程的发动机，使华为能够更加敏捷、高效地掌握客户的需求，通过跨部门的协作为客户提供端到端、全流程的高质量服务及优质体验，最终实现高效运作，确保华为基业长青。

华为的销售铁三角一方面打破了高高耸立的部门墙，有效保障了内部及时高效的信息传递，对市场的敏锐嗅觉和对客户需求的及时快速响应能力也大幅增强；同时，作为贴近客户、呼唤炮火的最小作战单元被赋予了极大的资源和权限，这样的充分授权在一定程度上极大地调动了一线销售人员的组织活力和主观能动性。

6.3.2 铁三角的两种形式

铁三角模式适合 2B 领域的业务销售组织，根据运作模式的不同，铁三角分为系统部铁三角、项目铁三角（见图 6-9）。

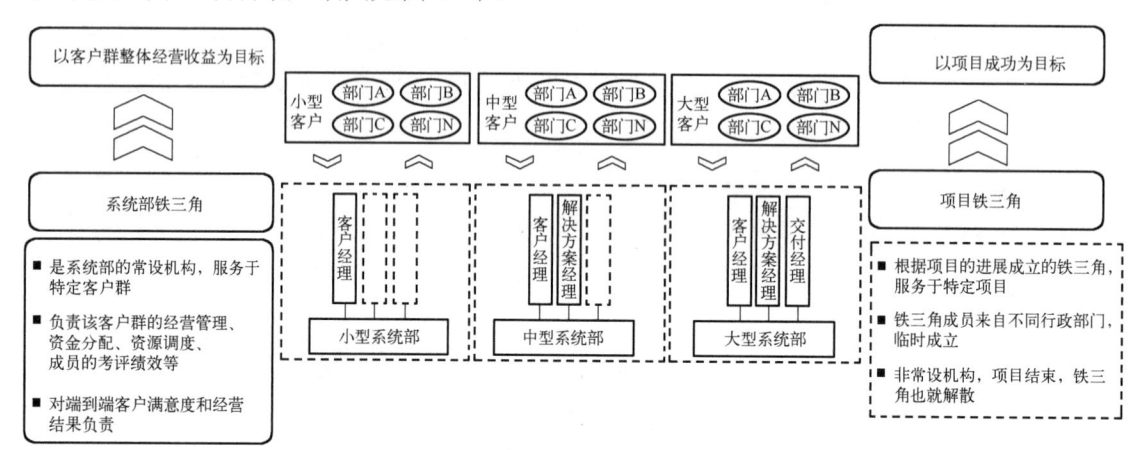

图 6-9 铁三角的两种形式

系统部铁三角有如下特点：
(1) 是系统部的常设机构，服务于特定客户群。
(2) 负责该客户群的经营管理、奖金分配、资源调度、成员的考评绩效等。
(3) 对端到端客户满意度和经营结果负责。

项目铁三角有如下特点：
(1) 根据项目的进展成立的铁三角，服务于特定项目。
(2) 铁三角成员来自不同行政部门，临时成立。
(3) 非常设机构，项目结束，铁三角也就解散。

铁三角的两种形式在实践中的应用（见图 6-10）。

1．系统部铁三角

系统部铁三角是项目铁三角的支撑平台，由销售业务部、解决方案部和交付与服务部构成。其作为服务客户的部门而存在，是一个相对稳定的职能组织形式，其职责包括：
(1) 负责公司系统部整体经营指标的达成。
(2) 负责公司系统部的市场规划，客户关系平台建设和维护。
(3) 负责公司系统部的机会点挖掘，并组织资源实施项目，对项目成功及盈利负责。
(4) 负责公司系统部的交易质量改善、客户满意度提升。
(5) 负责公司系统部的内部竞争目标的达成等。

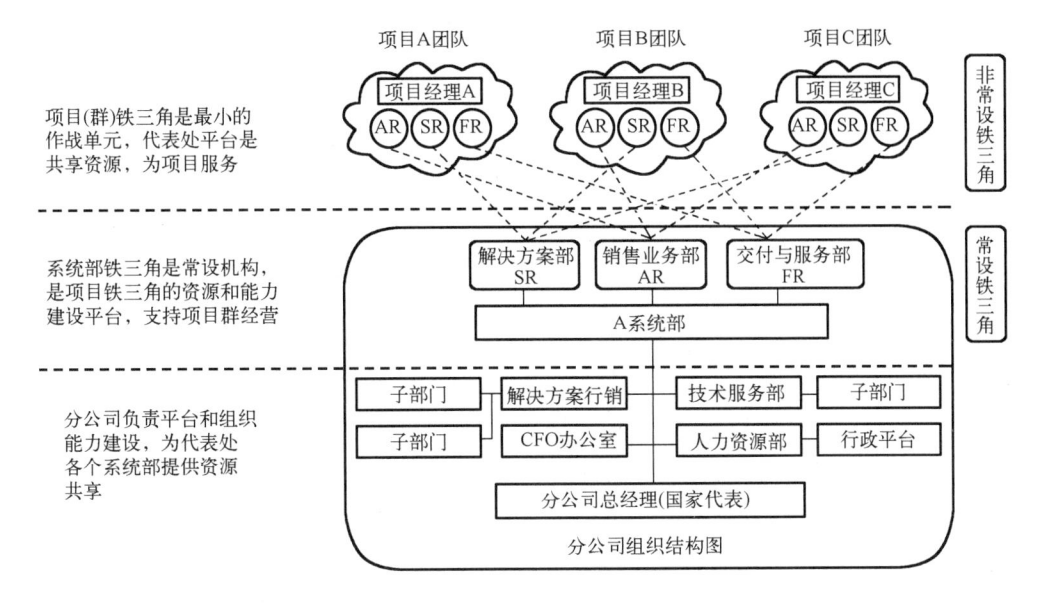

图 6-10 铁三角的两种形式在实践中的应用

2. 项目铁三角

华为项目铁三角基于项目设立，是聚焦客户需求的一线作战单元，其成员包括核心成员、项目扩展角色成员和支撑性功能岗位成员，具有任务性和阶段性的特点。

(1) 是为了切实贯彻以客户为中心的经营理念，基于客户/项目(群)组建的跨职能部门的核心管理团队。

(2) 是华为与客户的统一接触界面，通过承担从线索管理到合同履行的端到端职责，提升客户全周期体验和客户满意度，实现 LTC 销售流程运作的高效率和项目的高盈利。

6.3.3 铁三角的能力要求

1. 铁三角的组织能力要求

华为铁三角所需能力涉及铁三角组织整体运营能力以及个人角色能力。在铁三角组织整体运营能力方面，铁三角作为客户统一接触界面，是项目管理团队的核心。一个高效的铁三角组织需要具有两个方面的能力：

(1) 一是面向客户的能力，包括客户洞察力、线索发现和机会点挖掘能力、全面解决方案的应对能力、客户期望和客户满意度管理能力、项目交付和服务能力等。

(2) 二是面向公司内部的能力，包括角色认知能力、经营管理能力、内部资源获得能力和整合能力、资源优化配置能力等。

2. 铁三角的个人角色能力要求

(1) 客户经理（AR）需要有强化客户关系、制定解决方案、融资和回款条件以及交付服务等营销四要素能力，提升综合管理和经营的能力以及带领高效团队的能力。

(2) 解决方案经理（SR/SSR）需要具有从解决方案角度来帮助客户成功的能力，要"一专多能"，具有集成和整合公司内部各个专业领域的能力。

(3) 交付经理（FR）需要具有与客户沟通交付与服务解决方案的能力，有项目进度监控和问题预警能力以及对后方资源的把握能力。

华为铁三角组织能力的提升分为两个层面：提升铁三角组织整体运作能力和成员角色能力。其中，在提升组织整体运作能力方面，以代表处为责任主体的，确保铁三角规范化、例行化运作；在提升成员角色能力方面，是以岗位任职资格为切入点、人岗匹配为管控手段，以客户经理为龙头，带领解决方案经理以及交付经理提升个人能力。

铁三角组织能力提升责任体系则由代表处责任体系和地区部责任体系构成。

6.3.4 分公司在铁三角运作中的职责

分公司是铁三角能力提升的第一责任人，特别要在铁三角组织运作能力提升方面负责。各能力提升内容责任人的主要职责涉及如下四个方面：

(1) 组织保障：为了保证铁三角的有效运作，相应的绩效考评、商务授权、及时激励和财务权签都需要落实到系统部以及相应的项目核心团队。

(2) 运作审视：各系统部每月要对铁三角的运作情况进行自检，检查铁三角运作中的情况，代表处责任人针对检查过程中的问题和系统部确定改进计划，并检查改进的实施情况。

(3) 指定导师：根据任职资格要求审视铁三角各角色的能力匹配度，为铁三角中的每个成员指定导师，导师在角色认知、工作开展中提供指导和帮助。

(4) 能力提升目标落实：督促各个铁三角将组织运作能力和个人能力提升的内容纳入绩效目标中进行考核。

其中，各能力支撑内容责任人的主要职责涉及四个方面：

(1) 铁三角内部研讨支撑：地区部各专业部门负责为各铁三角内部研讨提供引导材料、能力提升计划模板，提供铁三角内部研讨时必要的现场支持、培训授课支持。

(2) 集中研讨、培训实施：根据各铁三角的研讨，分析共性能力差距，组织相应的研讨、培训。
(3) 铁三角各角色能力提升赛马机制实施：组织实施铁三角中各角色能力提升的赛马机制。
(4) 激励支撑：地区部的人力资源管理专员负责运作优秀和能力提升优秀的铁三角的激励措施的落实。

华为铁三角模式以客户为中心，协同客户关系、产品与解决方案、交付与服务等部门，组建以客户经理(AR)、解决方案经理(SR/SSR)、交付经理(FR)为核心的作战团队，发挥团队作战的优势，实现全流程客户最佳体验，帮助客户商业成功。

华为铁三角模式主要以项目为单位组建，具有灵活机动的特点，能与客户的组织对接。通过以客户经理、解决方案经理以及交付经理为核心组建的项目运作团队，能更加全面地满足客户需求，做厚做宽客户关系，实现与客户共赢的目的。

铁三角模式有利于打破组织内部的部门壁垒，保证团队内部沟通的畅通，实现对客户需求的快速响应。华为铁三角作为最小作战单元，具有相应的权限，被赋予相应的资源，是独立核算单位，有利于目标统一、步调一致，也利于调动团队的积极性和创造性。同时，铁三角模式的实施，锻炼了一线队伍，夯实了一线销售人员的能力。

6.3.5 铁三角团队(AR、SR、FR)和扩展、支撑团队的职责

1. 客户经理(AR)的职责

客户经理是相关客户/项目铁三角运作、整体规划、客户平台建设、整体客户满意度、经营指标达成、市场竞争的第一责任人。其职责包括：
(1) 作为面向客户的"铁三角"的领导者，也是全项目流程运作的责任主体，客户经理要对客户/项目的经营结果(格局、增长、盈利、现金流等)负总责；
(2) 作为系统部规划的制定者和执行者，需要做好市场洞察，做好目标和策略的制定、规划执行和调整，以及品牌建设等工作；
(3) 作为销售项目的领导者，需要组建团队，做好目标和策略的制定、监控和执行，做好竞争管理；
(4) 作为全流程交易质量的责任者，需要做好线索管理、机会点管理、系统部风险识别、合同签订质量把关、合同履行质量监控、项目工程交付、项目收入和回款等工作；
(5) 作为客户关系平台的建立者和管理者，需要做好客户关系规划、客户关系拓展、客户关系管理等工作。

2. 解决方案经理(SR)的职责

解决方案经理是客户/项目整体产品品牌和解决方案的第一责任人，从解决方案角度来帮助客户实现商业成功，对系统部解决方案的业务目标负责。其职责包括：

(1) 通过客户沟通，挖掘机会点，促成机会点向项目的转变，实现市场突破；

(2) 理解和管理客户需求，引导解决方案开发；

(3) 组织制定客户化解决方案并推广，保障解决方案的竞争力；

(4) 在针对客户高层及关键技术层的对话中，提供解决方案层面的支持，创造客户价值，获得客户的信任。

3. 交付经理(FR)的职责

交付经理是客户/项目(群)整体交付与服务的第一责任人，要对项目前期的销售工作提供支持；对整体交付与服务客户满意度负责；对交付与服务的经营指标负责；还要负责搭建、交付与服务端客户关系平台，以承载代表处各项业务的落地。其职责包括：

(1) 作为交付管理客户满意度的责任人，为客户提供及时、准确、优质、低成本交付，对项目交付满意度承担第一责任；

(2) 作为交付经营目标的责任人，对项目交付经营目标(收入、交付成本率、ITO、超长期未开票)负责；

(3) 作为契约化交付责任人，通过合同关键条款控制、合同谈判、合同交接、合同履行和变更、开票等全流程合同管理业务，提升项目契约质量和履约质量，促进对客户的契约化交付；

(4) 作为交付项目管理者，对交付项目的监控与问题升级、预警，提升交付项目的运作水平和网络运行质量，以及交付项目的客户满意度和交付成功负责；

(5) 作为交付资源管理者，负责项目交付资源管理，承担项目业务量预测和交付资源需求预测、规划、调配等交付资源的日常管理业务。

4. 项目扩展角色成员

项目扩展角色成员包括商务责任人、项目财务控制人、融资责任人、交易协调人、产品责任人、区域产品与解决方案支撑团队、合同责任人、交付项目经理、供应链责任人、项目采购责任人，以及公司内部赞助人等(见图6-11)。他们的职责包括：

(1) 以铁三角为核心，推动跨职能部门合作；

(2) 项目扩展角色和功能岗位为铁三角提供支持。

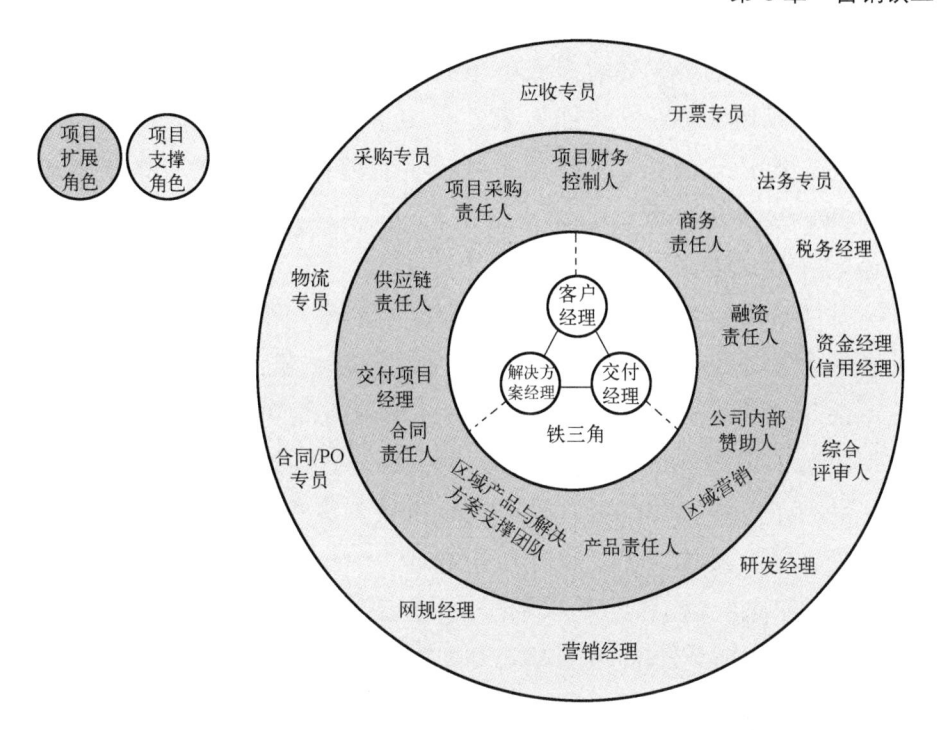

图 6-11 铁三角与跨部门团队协同工作

其中，公司内部的项目赞助人指为联系特定项目的公司高级领导，主要从事高层客户交流，对项目的成功交付负责。

5．项目支撑角色成员

项目支撑角色成员包括应收专员、开票专员、法务专员、税务经理、资金经理（信用经理）、公共关系（PR）专员等、研发经理、营销经理、网规经理、物流专员、合同/PO专员、采购履行专员、综合评审人。

铁三角的有效运作要求客户经理（AR）、解决方案经理（SR）和交付经理（FR）以客户为中心，依据上述各岗位职责来协调工作。

(1) 铁三角团队的第一责任人由客户经理担任，解决方案经理和交付经理全力协同工作，三者的任务目标一致、思想统一。三者之间组成一个三角形，三个角之间的距离（角色承担的责任），可以依据项目 LTC 流程进度以及实际需要进行调整。

(2) 铁三角团队需要与客户组织匹配：需要深入理解和梳理客户组织结构图，熟悉客户的部门、岗位、职务、权限、运作流程；洞察关键客户链和整理客户各项业务流程，梳理出流程上的所有关键人员和角色。

(3) 做好角色转换工作：客户经理需要从过去的纯粹的销售人员向综合经营管理角色转变；解决方案经理由产品销售向综合解决方案销售转变；交付经理也

由单纯的项目交付向对客户服务与满意负责，最终实现与客户共赢。

(4) 赋予铁三角组织相应的权利，提升一线决策的灵活性和及时性。华为结合铁三角组织形式的推行，相应引入项目制授权，赋予项目铁三角相应权利，来增强一线决策权利，实现决策前移，让听得见炮声的人做决策，保证能快速响应客户需求，应对市场竞争。

项目制授权就是在基本授权（体现在四个方面授权：合同盈利性、合同现金流、客户授信额度、合同条款等）之外，在项目的立项决策、投标决策、签约决策、合同变更决策、合同关闭决策时依据项目等级进行相应授权。项目铁三角依据授权进行决策。超越授权情况时需要按程序申请审批。项目制授权提升了一线决策的灵活性，也使得决策者与考核指标承担者关系一致，有利于调动一线团队的积极性和创造性。

(5) 作为独立经营单元运作：华为项目铁三角运作团队在公司授予的权限和预算范围内具有经营管理、奖金分配、资源调度、相关重大问题决策、成员绩效目标承诺和关键绩效指标制定等重要权利，以保证铁三角制度的有效落实及发挥效力。

6.4 铁三角的运作

6.4.1 铁三角工作界面分工

作为一线销售组织，铁三角对内外的协同有清晰的定义，解决了一线销售团队的工作边界问题，对资源配置和管理更合理、更高效，如图6-12所示。

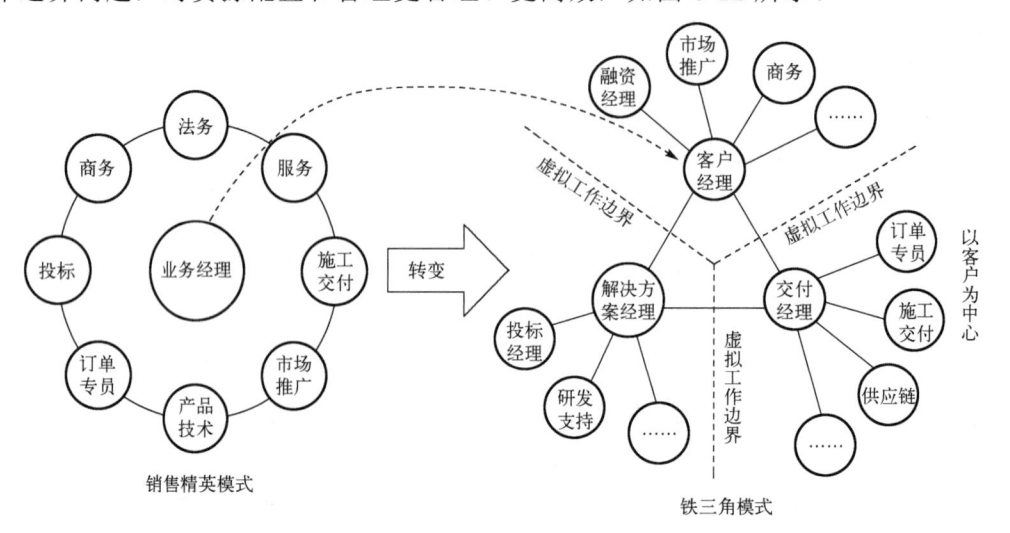

图6-12 铁三角解决了一线销售团队的工作边界问题

在销售精英模式下，业务经理是发动机，周边所有的支撑人员都为业务经理服务，业务经理是该模式下的灵魂人物，他们基本具有如下特征。

1. 执着

对目标执着，锲而不舍，这是一个优秀销售人员的良好品质。在我们身边经常见到的房产中介，是典型的执着型销售人员。在经历过多次被拒绝后，销售人员都会有乏力的时候，如果累了就当逃兵，心情不爽了就不干了，很难成事。不轻言放弃，能够坚持到最后的人，往往是最可能成功的人。

优秀的销售人员都应该很坚持、执着，不要因为一次的不成功就气馁。不成交说明你对客户还不够了解，没有摸清楚客户的痛点和需求，他对你还不够熟悉，没有达成相互信任，要继续倾听、洞察、沟通，找到不成交的根因，然后解决问题，下一次等待你的可能就是成交。

2. 自信

自信是优秀的销售人员必须具备的一种特质。没有完美的产品和服务，做销售需要做的，不是让天下所有人都觉得你的产品好，而是让有需求的客户觉得你的产品好。如果你对自己的产品都没有信心，客户多问两句你就心虚，那么你没办法说服客户，让客户相信你。要善于挖掘产品的特性满足客户需求，并自信地展示给客户，因为你的产品是为客户带去帮助的，所以你应该更加充满信心。

自信是可以在工作中逐步培养的，比如多了解客户需求，注意倾听客户的痛点，控制语言表达速度让客户清楚你表达的意思，多强调自己产品的特性给客户带来的价值，多谈成功案例，等等。通过历练和不断学习技巧和方法，销售人员可以更加自信地和客户沟通，提高销售水平和业绩。

3. 热情

热情的人往往容易被客户接纳。作为一名销售人员，一定是少不了热情的。如果你在客户界面上不够热情，不愿意贴近客户，百分百是会以失败告终的。因为销售人员需要把高涨的热情传染给客户和团队，这有助于交易的达成。如果没有了热情，不仅自己会感觉很累，客户也会感觉很沮丧，有这样的心态，失败的结果就可想而知了。

(1) 要对自己的产品满腔热情；

(2) 要热爱你的客户，热心为客户服务；

(3) 销售人员要对自己的职业充满热情。

要拥有足够的推销热忱，要养成良好的自我推销习惯，要做许多基本功的训练，更重要的是要调整好自己的心态。没有人愿意拒绝热情，这样的故事在我们身边处处可见，比如海底捞的服务人员、胖东来超商的服务人员，都是通过热情的服务来触及顾客的心智，树立起品牌的优势。

4．敏锐的嗅觉

嗅觉敏锐强调的是快速反应，要先于对手找到机会，一步领先步步领先，一步落后步步落后。在商业世界，很多时候就是看谁能更快一步。简单地说，嗅觉敏锐就是洞察力很强，就像狼很快能闻到猎物在哪里一样，只有早一点洞察到商业机会，才能抢占先机采取行动，达成目的。

作为一名销售人员，敏锐的嗅觉是必备的能力。和客户沟通的时候，不仅要准确把握到客户说话的显性需求，也要尽可能地分析出客户的隐性需求，知道客户的话外音，然后从中寻找解决方法对症下药。敏锐的嗅觉可以帮助销售人员洞察生活中的细节，培养逆向思考的能力，以终为始，可以事半功倍。

5．不断学习

苹果公司创始人史蒂夫·乔布斯说过一句话：Stay hungry, stay foolish。作为一名优秀的销售人员，学习能力是必须具备的。首先要学产品的知识和原理，把产品价值准确、清晰地呈现给客户，还要了解竞争对手。

时代发展突飞猛进，知识更新极快，如果没有很强的学习能力，就会被时代淘汰。销售人员在提高销售业绩的同时，一定要不断地学习，提升自己的知识广度和深度。除了学习行业知识，还要不断地吸取综合的新知识。当你不断学习、与时俱进的时候，你会发现很多你以为难以解决的难题，都可以轻易解决。有底气的时候，好的机会就会青睐你。

6．其他能力，比如良好的心态、独立能力、吃苦精神、良好的体力、适应能力等

销售精英的个人能力比较强，通过努力，往往能够达成个人的销售目标，但是一旦组织大了，需要大量的协同工作时，单凭个人能力已经无法达成团队的目标，这时就需要团队协同和合作，铁三角正好满足了这种场景下的需求，它把销售精英角色转换成客户经理，再增加解决方案经理和交付经理，形成最稳固的铁三角模型，这带来了如下变化。

(1)与客户接触的业务人员由1个变为3个。

> 由一个销售精英变成了铁三角中的客户经理、解决方案经理和交付经理，形成全面的接触，因此，客户界面的接触就不再是单点了，不但起到了备份效果，也增加了客户黏性。

> 客户经理是相关客户或项目群的铁三角运作、整体规划、客户平台建设、整体客户满意度、经营指标的达成、市场竞争的第一责任人。
> 解决方案经理的定位和职责是整体产品品牌和解决方案的第一责任人,从解决方案角度来帮助客户实现商业成功,对客户群解决方案的业务目标负责。
> 交付经理是整体交付与服务的第一责任人,对项目前期销售工作提供支持;对整体交付与服务客户满意度负责;对交付与服务的经营指标负责;负责搭建交付与服务侧客户关系平台,以承载代表处各项业务的落地。

(2)铁三角是利益共同体。

日常工作各司其职,工作在虚拟工作边界(你中有我,我中有你),把周边的支撑人员划归给客户经理、解决方案经理、交付经理来协调,这就解决了销售精英精力瓶颈的问题,同时也避免了业务支撑的漏洞。一般情况下,虚拟界面的划分可以如下:

> 客户经理负责:与高层、融资经理、市场推广经理等对接;
> 解决方案经理负责:研发支持,与投标经理、商务经理等对接;
> 交付经理负责:订单专员、供应链、技术支持、交付资源等。

为保障铁三角作为最小作战单元的积极性和运营持续性,企业应注重责权利机制设计,打造利益共同体,使用"利益捆绑"把团队成员组织在一起,实现1+1+1>3的目的。

(3)奖金分配方式也从"独食"变为获取分享制,力出一孔,利出一孔。

在销售精英模式下,奖金分配方式往往是业务骨干提成制,周边的支撑人员没有获得该有的利益。

提成制的优势如下:

首先,体现了"多劳多得"的分配理念,能够鼓励销售人员多干活多"产粮"。

其次,体现了销售工作的差异化属性,符合其攻城略地和开疆拓土的任务特质。

最后,能有效降低企业的固定人工成本负担。

但是,有利就有弊,提成制也会有很多的劣势与短板。它是一种粗放的刺激方式,可以提高销售人员短期收益的积极性,但是无助于他和客户形成长期稳定的客户关系,会导致销售人员考虑更多的短期利益。

提成制的劣势如下:

首先,会让业务人员"唯数字论",业务人员只会关注销售额和利润,对公司组织能力提升没有好处,团队也得不到成长;

其次,还容易滋生销售人员的盲目自大之心,不利于人才的成长,好的人才也进不来;

最后,由于利益分配过于集中在几位精英身上,会加剧销售人员与其他支持部门人员的利益纷争，不利于组织的团结和形成好的作战氛围。

华为公司自 20 世纪 90 年代中期就不再用提成制，一直延续至今。铁三角的激励模式是奖金包模式：公司根据项目利润管控要求，留出一部分作为系统部奖金包。铁三角团队作为系统部核心团队，从这些奖金包获取激励。大家可以在奖金包中根据各自的贡献论功行赏，合理分配。当然，公司会给出一个在客户经理、解决方案经理、交付经理中可供参考的分配比率，但具体如何分配，可以由项目负责人进行灵活调配并报上级主管审核获准即可。在传统企业中，似乎只有客户经理在前方开疆拓土，是第一大功臣，理应获得最大的激励，而在华为铁三角模式中，已经由客户经理的单兵作战转变成三人作战小团队，变成了面向客户的"铁三角"作战单元，奖励分配比率不会刻意对客户经理岗位倾斜，更多是基于铁三角的岗位职责与业务贡献而确定。在华为，"以岗定级、以级定薪、人岗匹配、易岗易薪"也是铁三角激励执行的重要原则。

6.4.2 铁三角日常沟通会议

例行会议是铁三角主要的正式沟通渠道，必选的有项目分析会、销售例会、月度经营分析会、半年度/年度述职会议、系统部战略规划会议，还有一些会议是视情况来开展的，比如产品例会、交付进展例会、月度系统部产品推广例会等，如图 6-13 所示。

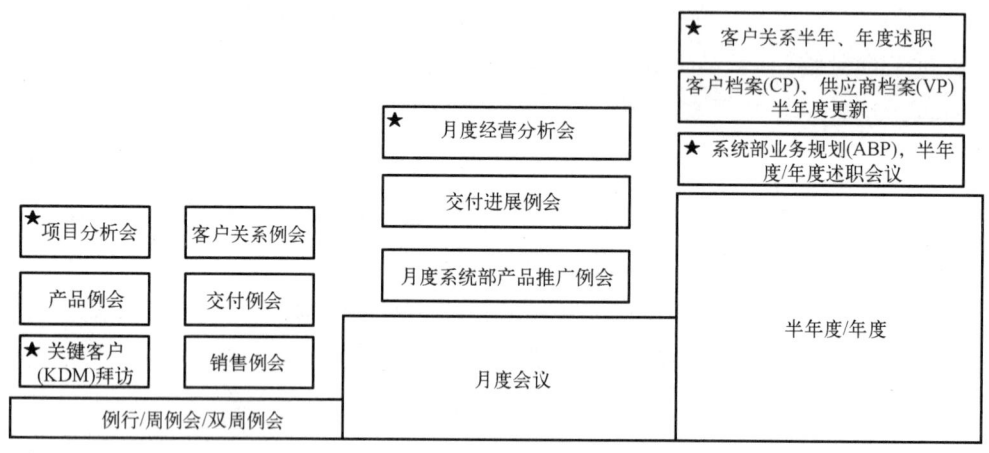

★ 为必选项，会议可单独开或与其他会议合并一起开。

图 6-13 铁三角主要的沟通渠道

1．项目分析会

项目分析会通常为周例会或月度例会，在项目冲刺阶段可视情况调整为日例会。

项目分析会的会议材料一般由铁三角成员(以客户经理和解决方案经理为主)共同完成。在发生重大变化，影响项目落实、计划执行时，要立即召开临时项目分析会。这些重大变化包括：行业政策发生重大变化、客户需求发生重大变化、客户决策链发生重大变化、竞争对手发生重大变化、自身产品设计方案发生重大变化、自身要求发生重大变化等。参加项目分析会的人员包括项目组核心成员、相关议题相关人员，必要时需要邀请上一级领导与会，共同进行资源协调、风险预警、项目重大节点管控等。涉及客户关系分析和竞争对手分析时采用最小参与范围原则。

项目策划报告主要要说清楚项目成功的关键要素，这就是华为讲的营销四要素和其他周边要素，目前这些要素的状态是怎样的，可能的风险有哪些，具体的举措有哪些，需要配置哪些资源，需要向哪些部门求助等。项目策划报告在项目立项时就要写好，后续不断更新迭代。项目策划报告的目录如图6-14所示。

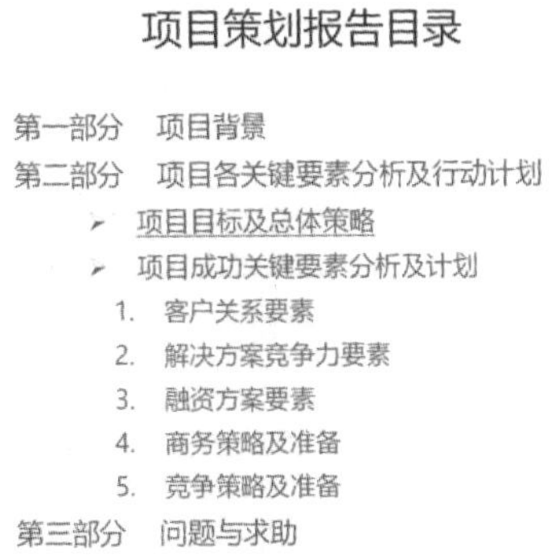

项目策划报告目录

第一部分 项目背景
第二部分 项目各关键要素分析及行动计划
  ▶ 项目目标及总体策略
  ▶ 项目成功关键要素分析及计划
  1. 客户关系要素
  2. 解决方案竞争力要素
  3. 融资方案要素
  4. 商务策略及准备
  5. 竞争策略及准备
第三部分 问题与求助

图 6-14 项目策划报告目录

项目分析会一般由项目管理人员来定期组织(PMO)，参会成员可以根据项目进展情况来决定。

2. 销售例会

(1) 时间和频度：周一上午，每周一次。
(2) 会议内容：对每个项目进展情况更新，并报告风险和关键节点状态，比如投标点、决策点、测试点、客户高层拜访等。
(3) 参与人员：铁三角以及周边支撑人员。
(4) 其他事项：求助、内外部协同等。

周例会的会议支撑材料为机会清单管理表，一般是从CRM系统提取出来的最新数据，大致内容如表6-1所示。

表 6-1 机会清单管理表

拟制：××分公司

No	项目名称	国家	省份	客户名称	客户级别	产品大类	产品类型	项目级别	应用行业	预计签单时间	项目状态	项目金额/万元	项目把握度	备注
1	××项目采集	中国	山东									500	20%	
2	××扩容	中国	山东									800	40%	

续表

No	项目名称	国家	省份	客户名称	客户级别	产品大类	产品类型	项目级别	应用行业	预计签单时间	项目状态	项目金额/万元	项目把握度	备注
3	××××建设集团铝型材采购招标项目											800		

3. 月度经营分析会

经营分析会是战略落地的关键抓手，因此，不断提升经营分析会的质量，不但能提高经营管理水平，保障战略目标实现，而且认真开好每场经营分析会，还能提升企业的经营效率和管理效率。

系统部的月度经营分析会沿用了华为"一报一会"的机制，把经营分析会定位为"作战会议、作战指挥系统"。系统部的项目财务从财务的视角入手，通过看财务指标解读出业务方面的问题，并由铁三角团队来解答业务方面的问题。经营分析会要做数学题，要量化管理，归因于内：针对目标，要做什么动作、什么时间点完成、责任人是谁、验收的标准是什么。经营分析报告格式如图 6-15 所示。

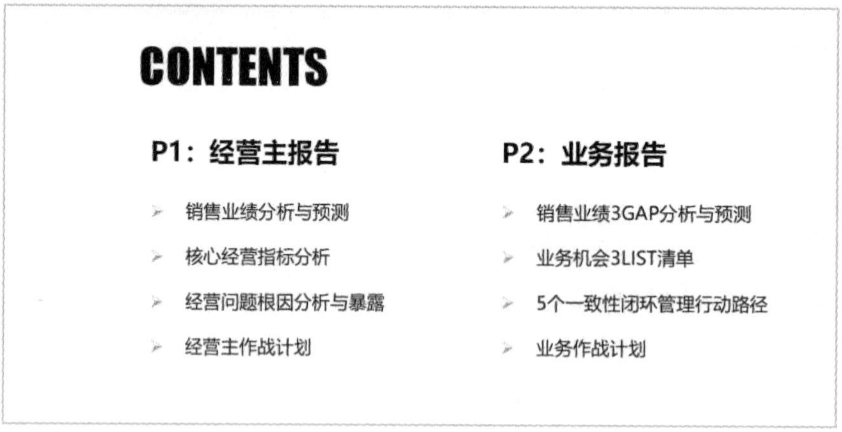

```
CONTENTS

P1：经营主报告                    P2：业务报告

▶ 销售业绩分析与预测              ▶ 销售业绩3GAP分析与预测
▶ 核心经营指标分析                ▶ 业务机会3LIST清单
▶ 经营问题根因分析与暴露          ▶ 5个一致性闭环管理行动路径
▶ 经营主作战计划                  ▶ 业务作战计划
```

图 6-15 经营分析报告格式

4. 系统部年度/半年度述职会议

系统部述职会议是由系统部部长向上一级管理团队进行述职，铁三角成员作为系统部重要的组织成员,需要全程参与。述职的主要目的是强化系统部的责任和目标意识,促使系统部在实际工作中不断改进管理行为,促进员工和部门持续地改进绩效。例如,华为的年终述职遵循三个原则:

(1)以责任结果为导向,关注最终结果目标的达成;

(2)坚持实事求是的原则,强调以数据和事实讲话;

(3)坚持考评结合原则,考绩效、评任职,面向未来绩效的提高。

年度述职制度是华为一项独特的管理制度,它通过年度述职的方式,对目标达成进行有效管理,同时让企业管理者了解员工和潜在干部的工作表现和潜力,为员工的职业发展提供科学依据。

在进行年度述职之前,系统部需要提前准备,准备工作主要包括:

(1)回顾一年的工作表现,分析自己的优点和不足;

(2)制订系统部发展计划,明确业务目标和发展方向。

接着,由系统部部长撰写述职报告,进行书面述职,详细介绍系统部的业绩达成情况及个人的工作表现等。

述职之后,由上一级管理团队进行点评,并提出改进计划,或者打回重新述职。

系统部年度/半年度述职报告格式如图6-16所示。

```
一、上一年经营总结
   KPI完成情况(定发收回、ITO/DSO等)
   项目完成情况
   管理目标完成情况(人力、平台等)
   主要亮点与不足
二、202×年度经营环境分析
   总体形势分析(政策、营商环境等)
   市场变化(趋势、空间、地域等)
   竞争格局、变化(对手动态、新进入者、竞品等)
三、202×年度市场规划及执行
   目标客户群分析      销售目标及各项KPI
   市场空间分析        市场目标管理
   主要竞争对手分析    市场整体策略
                      (客户产品、区域)
四、预算管理
   全面预算管理
   预算生成
```

图 6-16 述职报告格式

5. 系统部年度规划会议

项目分析会的工作模板样例如表6-2所示。

表 6-2 铁三角系统部管理十大类工作模板之一

	类别	客户群管理模板
1	战略	CP 客户档案
2	战略	VP 对手档案
3	战略	ABP 客户年度规划
4	组织	组织结构和职位说明
5	组织	PBC 模板
6	管理	客户满意度管理方法和模板（结合 CESM 项目）
7	管理	客户关系管理模板及方法
8	经营	客户群经营分析，一报一会模板
9	运作	例行管理运作、例会运作、ST/AT 运作
10	运作	销售管理、项目运作、例行监控

6.4.3 铁三角的考核及激励

激励的前提是考核的相对公平，没有合理的考核去谈激励是不正确的。因此，要先把考核厘清。华为公司通过平衡计分卡 BSC 四个维度做好考核，先把作战团队主管的组织 KPI（即个人绩效指标）梳理出来，如客户群主管、部长总监、区域销售主管，这些人都是作战团队的主管。然后是铁三角的具体作战团队、具体角色的 KPI，要基于主管承担的考核指标细分到下属各个角色，通过解码的方式把主管的 KPI 解成下属的 PBC 指标。下面举例说明系统部主任的组织 KPI，并分别解码成客户经理、解决方案经理、交付经理的 PBC 指标（见图 6-17）。

铁三角的支撑成员，可以通过逐步解码来承接上一级主管的 PBC，比如说销售管理人员、项目财务人员、供应链人员，他们协助做好项目经营，也要考虑这些人的考核与激励问题。

华为公司的激励是多方面的，有物质奖励，包括工资、津贴、奖金、股权；有精神奖励，包括总裁级个人金牌、金牌团队等。

对于铁三角涉及的其他员工，华为公司的考核流程是基本一致的，都是通过一考、二考、管理团队（AT）上会审核完成考核的（见图 6-18）。

关于激励，我们主要诠释一下"铁三角"的奖金：

(1) 年度奖金采取的是获取分享制，通过产出的一些财务指标，如收入、回款、现金流，还有运营效率等，根据公司输出的系数公式生成一个奖金包。

(2) 先解决铁三角组织的奖金问题，再逐渐过渡到组织里面的每一个人，根据员工的考核成绩、岗位贡献、承担的压力，以及是面向客户的作战组织还是平台组织等一系列的规则，逐渐把奖金发给个人。

第6章 营销铁三角

组织绩效指标及系统部长个人绩效指标

分类	牵引点	指标	权重
客户	市场目标	市场目标完成率	5%~15%
	客户关系管理	客户关系目标提升完成率	5%~15%
	客户满意度	客户满意度	5%~15%
财务	规模	订货额	5%~30%
		销售收入	5%~30%
	利润	销售毛利	5%~20%
	现金流	回款额	5%~20%
内部运营		DSO + ITO	0%~10%
		交易质量改进	5%~10%
学习与成长		铁三角能力提升	0%~20%

交付经理个人绩效目标

分类	指标	权重
客户	交付管理客户满意度	10%~20%
	客户关系目标提升完成率	15%~25%
财务	销售收入	10%~20%
	交付成本率	5%~15%
	服务销售毛利率	5%~15%
	ITO	5%~15%
内部运营	重大问题SLA满足率 网络安全保障关键事件	5%~20% 扣分项

解决方案经理个人绩效目标

分类	指标	权重
客户	目标市场完成率	20%~40%
	客户关系目标提升完成率	15%~20%
	解决方案客户满意度	5%~10%
财务	订货额	20%~40%
	成长成熟期客户群：市场份额 拓展期客户群：订货增长	10%~20%
	销售毛利率	10%~20%

客户经理个人绩效目标

分类	指标	权重
客户	市场目标完成率	15%~25%
	客户关系目标提升完成率	20%~30%
	客户满意度	10%~15%
财务	订货额	10%~30%
	销售收入	10%~20%
	回款额	10%~30%
内部运营	DSO	0%~10%
	交易质量改进	5%~10%

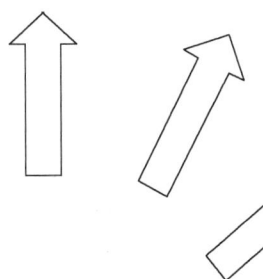

图 6-17 系统部主任的组织 KPI 解码铁三角的 PBC

直接主管
- 面对面考核或电话沟通考核
- 初步确认考评结果

管理团队会议
- 管理团队(AT)会议评审整个部门考评结果并完成终考。如有疑义，打回重新考评
- 考评结果上线并存档

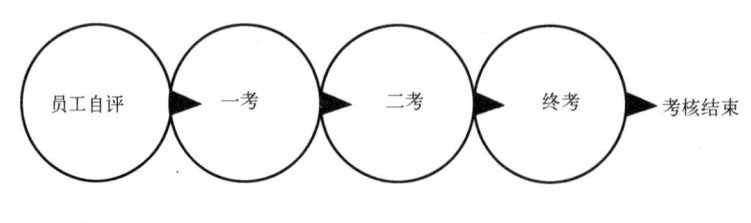

员工自评 → 一考 → 二考 → 终考 → 考核结束

员工
- 填写工作态度自评表
- 填写每个目标的完成情况、效果和个人自评等级

二级部门主管
- 如果员工有疑义，由二级主管或行业主管来沟通
- 如果没有疑义，此步骤将不发生

图 6-18　华为公司员工考核流程

(3) 即时激励采取项目奖。项目组通常有一个项目目标，公司可以根据项目目标的达成情况，来获取相应的奖金包。

如何激励销售团队？铁三角的考核激励是坚持不搞"销售提成制"，而是采用奖金包分配模式。我们要强调全面回报；控制刚性，增加弹性，打破平衡，拉开差距。对新市场新业务、新市场老业务、老市场新业务、老市场老业务，我们要有不同的考核标准。

铁三角的考核激励，要通过面向市场和客户的考核指标进行拉通，实现客户需求，让客户满意。上下游业务单元之间形成考核联动，设置客户满意度指标，并利用考核指标的互锁，让所有部门都面向客户进行承诺。

授予一线更大权利，让一线团队直接决策，是华为公司屡战屡胜的一大法宝。决策授权机制对"铁三角"销售团队至关重要，没有充分的决策权，铁三角的独立经营大打折扣。

6.4.4　对其他企业的借鉴

1. 企业为什么需要铁三角

(1) 职能部门过于强大，导致职能不清晰、反应速度慢。不能让拥有资源的人来指挥战争，而要让听得见炮声的人来指挥。

(2) 关键角色缺失，导致项目运作失败。铁三角中有三个角色，代表项目成功的 3 种能力，缺一不可。

2. 铁三角模式的启示、借鉴

其他企业借鉴铁三角的建设时要注意以下几点。

(1) 产业是否适合，是否具备 B2B 行业特点，市场规模较大，比如矿业、林业、轮船、地铁、航空等。对规模不大的客户，可以采取客户群合并的模式，类似华为成立综合系统部。
(2) 不能死板地认为铁三角就是三个角，有可能是铁二角、铁三角，甚至铁四角，要因业务而异。
(3) 企业文化是否适合，是否能够穿透部门墙，进行组织变革。
(4) 找出与标杆的共性和差异性，做好对比和归纳，学习其中的逻辑但不要完全临摹。

小结

任正非 2007 年在华为英国代表处讲话时说："为了更好地服务客户，我们把指挥所建到听得到炮声的地方，把计划预算核算权力、销售决策权力授予一线，让听得见炮声的人来决策。打不打仗，客户决定；怎么打仗，前方说了算。由前线指挥后方，而不是后方指挥前线。"这就是华为在"管理的拉力"中所惯行的第一准则：一线呼唤炮火！现在我们来重新审视总部和一线的定位就更加清晰明确了，总部应该成为能力中心、资源中心、共享中心，负责战略规划和制造炮弹，而一线则要成为最小作战单元和利润中心，负责呼唤和使用好炮弹。

华为铁三角模式为什么可以成功？主要有如下五点原因。

1. 责任到位

客户经理为项目成功第一责任人，解决方案经理和交付经理全力协助工作，任务目标一致，思想统一；三个角色之间分工要清晰，要有一个牵头人，哪个角色离客户最近、对最终结果负责，谁就发挥主导作用。通常来说，在不同阶段，主导业务的人是不同的。比如业务铁三角模式，在产品销售阶段，客户经理从市场营销和客户关系维护上发挥重要的作用，由他来呼唤后端炮火的支持；而在产品交付阶段，则由交付经理(项目经理)负责总体统筹、资源配置，包括制订计划、把控进度和整体协调，解决方案经理则在技术方案的优化和创造上发挥作用，客户经理则在维护客户关系上提供支持。整体上客户经理是整个铁三角的头狼，对系统部的整体经营指标负责。

2. 赋权到位

授权尽量前移，让听得见炮声的人来决策。铁三角的有效落地需要有相应的授权机制，这样才能使快速决策和响应客户需求不会成为一句空口号。例如，华为项目铁三角运作团队在公司授予的权限和预算范围内独立经营，在项目的立项决策、投标决策、签约决策、合同变更决策、合同关闭决策时依据项目等级进行相应授权，来增强一线决策层级，实现决策前移，保证快速响应客户需求对应市场竞争。这样赋予一线更多的权力，简化评审和决策流程，提升铁三角的工作效率，使铁三角能更快速地响应客户的需求。

3. 独立经营

铁三角团队具有经营管理、奖金分配、资源调度、成员的考评绩效等重要权力。首先在绩效目标的制定上，铁三角要背共同的业绩指标，比如销售收入、利润、客户满意度等，并且这些共同的业绩指标占每个人绩效考核60%~70%的权重；另外30%~40%权重是基于不同分工的差异化指标。如果目标达成，奖励的应该是铁三角的整体，也就是说，先看团队的整体绩效，在此基础上再看个人贡献进行二次分配。如果目标没有达成，板子要打到三个人身上，这样才能实现责任共担、利益共享。这也就是说，铁三角的目标是一致的。

4. 贴近客户

铁三角团队要深入客户，了解客户的组织结构、决策链、运作流程等，具有扎实的客户关系；铁三角在三条线上工作，每个人了解的情况，都要阐述给整个铁三角团队。项目的所有邮件都按照计划执行，要发给谁、抄送给谁，非常清晰，避免单线联系。铁三角内部每周要有周例会，和客户也应有周例会，会议纪要共享给所有干系人。一般都有即时通信群能实时同步进度和共享信息，重大问题要开会讨论决策。三个人在工作层面主动交流，及时共享信息，一起讨论策略，一起策划并拓展客户，这样就形成了紧密团结的作战单元，团队配合也非常默契。

5. 角色转换

铁三角团队从销售员转变成综合经营管理角色，对整体经营指标负责。在挑选铁三角成员的时候，在认知与价值观上要一致，在能力、性格上要互补，同时，每个人的能力要符合不同角色的要求，比如客户经理要有目标导向，交付经理要有丰富的交付经验及资源统筹协调能力，解决方案经理要有非常好的技术功底及协调资源能力。除此之外，每个人都要有团队协作意识，要把铁三角当作一个团队，从整体出发来思考问题。

总之，一线铁三角的运作，通过责任共担、利益共享、快速决策、及时响应客户需求，做厚了客户界面，市场的开拓不再依赖某一两个"牛人"，实现由个人英雄向组织能力转型，实现了组织能力的成长。

6.5 铁三角的四大组织职责

铁三角的三个角色,代表着在客户界面的三种力量:销售力、产品力、交付力,这三种力量是做强客户界面的核心要素,力量越大,黏性越强。在客户界面上,铁三角作为 LTC(Lead to Cash,从线索到回款)销售流程的发动机(见图 6-19),需要做厚客户界面,随时呼唤炮火,拉通内外部资源,以项目成功为目的,因此铁三角有下列四大组织职能:

(1)客户需求管理;
(2)客户关系管理;
(3)销售项目管理;
(4)客户满意度管理。

上述四个职责是铁三角作为独立作战单元的组织职责,在日常过程中既有清晰的责任主体,又需要高效地协同,这四个组织职责由铁三角的 KPI 来定义并考核,接下来详细诠释这四个职责。

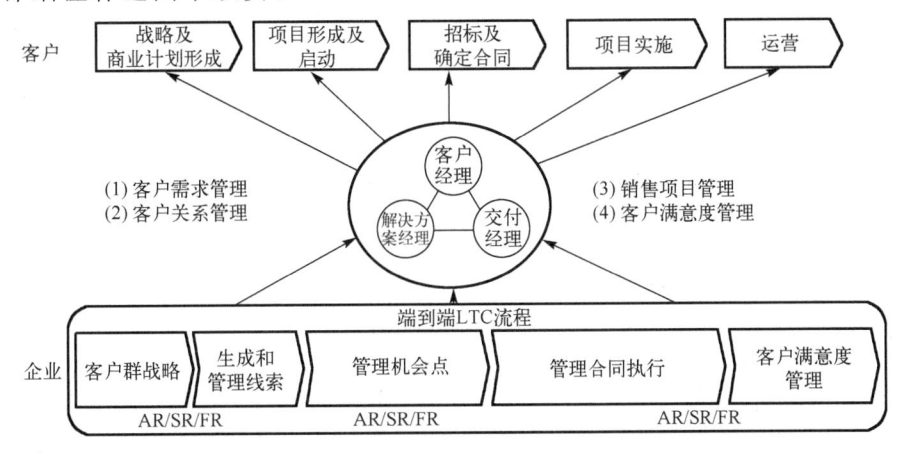

图 6-19 铁三角在销售过程中端到端的运作分解

6.5.1 职责 1:客户需求管理

技术快速发展,竞争日益激烈,市场需求不断变化,因此客户的需求也是随时变化的,在这样的背景下,华为铁三角作为公司最小的作战单元,担负着管理客户需求、进行客户洞察和开展竞争分析的重要任务。铁三角不能被动地接收客户需求,而应该主动引导,甚至创造出客户需求,要比竞争对手先一步,把主动权把握在自己手上,这是项目成功的关键一环(见图 6-20)。

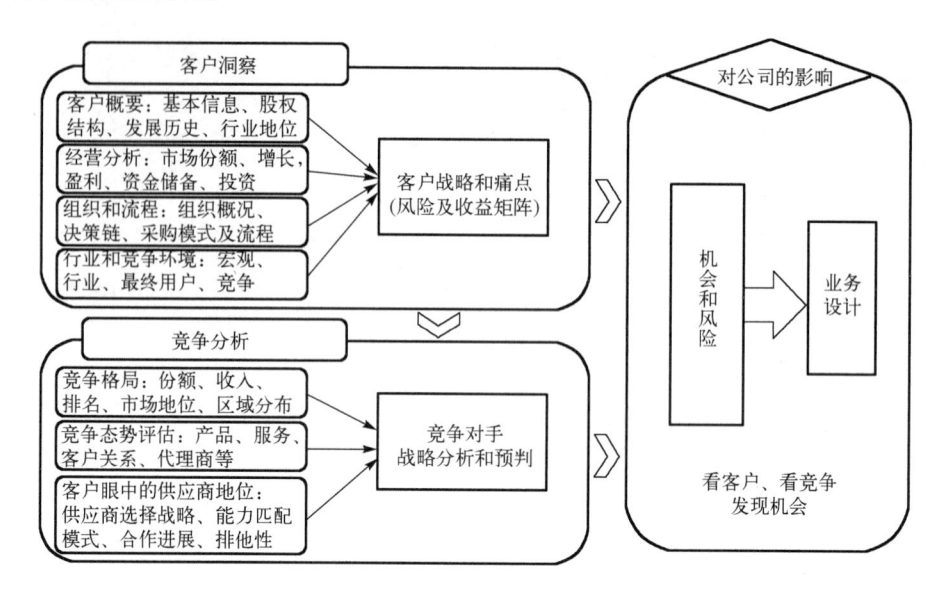

图 6-20　铁三角团队职责之一：客户需求管理

客户需求是华为铁三角管理的重要内容，在公司界面，铁三角代表客户利益，向公司提出要求。为了更好地满足客户需求，华为铁三角采取了多种措施。例如，在客户需求管理阶段，铁三角会通过调查问卷、访谈、技术交流、展会交流、高层拜访等方式，收集客户的需求和建议，然后对这些信息和数据进行整理、分类和优先级排序。此外，铁三角还采用人工智能技术，对客户需求进行预测和分析，从而提前掌握市场需求变化趋势，以便更好地理解客户的战略、市场、组织、流程以及竞争环境。

通过客户洞察，铁三角可以深入了解客户的需求和行为，了解客户的购买决策过程、使用习惯和反馈意见，从而发现新的市场机会。例如，华为铁三角曾经通过市场调研发现，非洲市场的手机需求量逐年上升，但当地手机市场的主要品牌并没有提供适合非洲市场的产品。铁三角及时捕捉到了这一市场机会，针对非洲市场开发了具有长续航、耐高温等特点的手机产品，成功打入非洲市场。

竞争分析是铁三角在市场竞争中取得优势的关键环节。铁三角通过分析竞争对手的产品特点、市场份额、定价策略等，找出自己的优势和劣势，制定相应的战略和措施，对所在区域进行业务设计，以保持华为的竞争优势，获得客户的认可。

6.5.2　职责 2：客户关系管理

客户关系是第一生产力，是 2B 业务拓展的关键之一，它不仅涉及企业的销售业绩，更关系到企业的品牌形象和客户满意度。在华为铁三角中，客户关系管理被视为一项重要的工作，它贯穿于企业的整个价值创造过程。华为的立体式客户关系管理包括关键客户关系、普遍客户关系、组织客户关系（见图 6-21）。

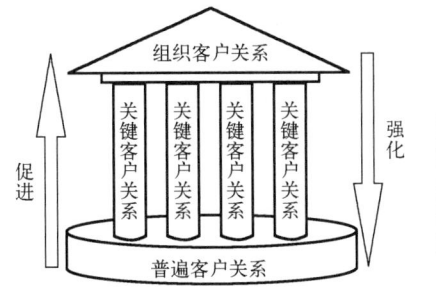

客户关系分类	定位	价值
关键客户关系	点、根本	• 项目成功的关键，对战略性、格局性项目影响巨大
普遍客户关系	面、支撑	• 是口碑，是建立良好的市场拓展氛围的基础，可以影响组织和客户关系，是活得好不好的关键
组织客户关系	势、氛围	• 是企业长期发展生存的基础，是牵引市场长远发展的发动机

图 6-21　铁三角团队职责之二：客户关系管理（华为立体式客户关系架构）

关键客户关系是企业发展的重要支柱，是项目成功的关键，对战略性、格局性项目影响巨大。首先，为了建立关键客户关系，铁三角首先要了解关键客户的需求和偏好，确定它们的优先级和次序，并为它们提供满意的产品或服务。其次，加强与关键客户的沟通和交流，及时掌握他们的需求变化，为他们提供个性化的解决方案。此外，铁三角还注重对关键客户的关怀和感恩，给关键客户高层提供全力的工作发展支持。

除此之外，铁三角还应注重维护普遍客户关系。普遍客户关系是口碑，是建立良好的市场拓展氛围的基础，可以影响组织和关键客户关系，需要强大的平台支持。为了维护普遍客户关系，铁三角可以采取多种措施。首先，定期地进行走访和联络，了解各部门的需求和经营状况，及时发现问题和解决问题。其次，提供优质的售前、售中和售后服务，满足不同部门客户的各种需求。此外，铁三角还应注重对普遍客户的培养和引导，帮助他们提高专业技能和知识水平，增强他们的信任感和忠诚度。

最后，在铁三角的关键活动中，立体式客户关系是客户关系管理的重要特征之一，是企业长期发展和生存的基础，是牵引市场长远发展的发动机。管理客户关系（Manage Client Relationships，MCR），是华为公司 17 个业务一级流程之一，MCR 的 IT 化工具使得管理客户关系具有全局性、延续性。

6.5.3　职责 3：项目管理

销售项目管理是铁三角日常"打粮食"的核心职责，铁三角要让项目组的资源投入延伸到市场拓展的前期阶段，而不是从投标阶段才开始（见图 6-22）。

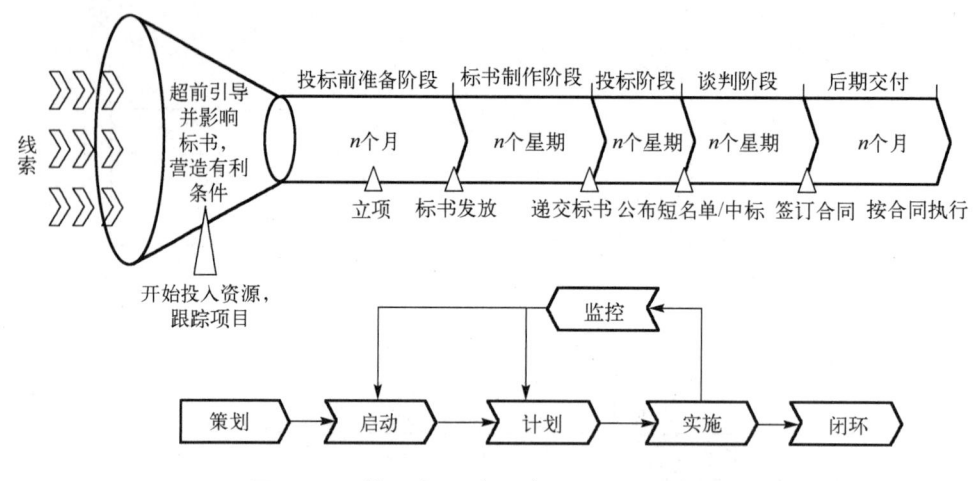

图 6-22　铁三角团队职责之三：项目管理

首先，正确启动是销售项目管理的第一步，它要求项目组成员对市场需求进行分析，明确项目目标，制订可行的项目计划等。在铁三角中，销售项目正确启动需要做到以下几点。

(1) 市场洞察与需求分析：铁三角团队需要深入了解市场趋势和客户需求，为项目的启动提供准确的情报支持；

(2) 项目目标明确：铁三角团队需要明确项目的目标、任务和时间表，确保项目组成员能够充分理解项目要求；

(3) 项目计划制订：铁三角团队需要根据项目目标制订详细的执行计划，包括资源调配、进度安排和风险管理等。

其次，正确执行是铁三角销售项目管理的核心环节，它要求项目组成员按照项目计划，准确、高效地完成各项任务。在铁三角中，正确执行职责需要做到以下几点。

(1) 项目计划执行：铁三角团队需要严格按照项目计划执行，确保项目进度和质量达到预期目标；

(2) 任务分配与协调：铁三角团队需要根据项目计划对任务进行合理分配，并确保团队成员之间的沟通协调顺畅；

(3) 风险管理与变更管理：铁三角团队需要时刻关注项目风险，及时采取措施进行风险控制，同时对项目变更进行评估和管理。

在销售项目的策划和运作过程中，铁三角对项目的最终成功负责。最终，不管项目是成功了还是失败了，铁三角都必须带领项目组进行复盘。对于成功的项目，铁三角团队需要根据项目效果评估，对团队成员进行奖励和反馈，激励团队成员在未来的项目中发挥得更好。

6.5.4 职责 4：客户满意度管理

铁三角代表公司，给客户提供全面的产品、解决方案以及服务，所以客户满意度是衡量铁三角工作成效的重要指标。铁三角用五步法进行客户满意度管理（见图 6-23）。

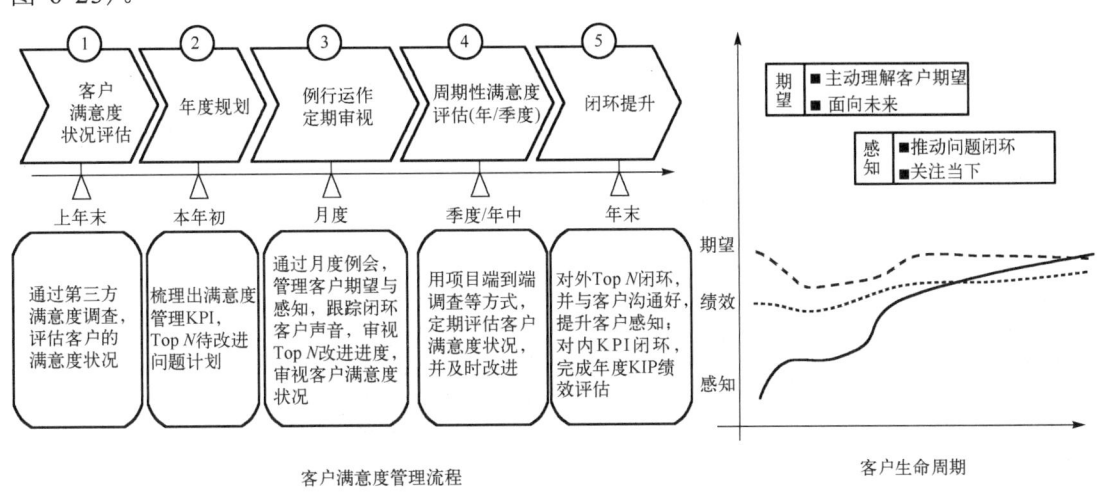

图 6-23 铁三角团队职责之四：客户满意度管理

1. 第一步：客户满意度状况评估

要提高客户满意度，首先必须了解客户的需求和期望。通过市场调研、客户访谈和大数据分析，深入了解客户的需求，从而为后续的决策提供有力支持。

2. 第二步：年度规划

在收集到客户反馈后，铁三角会对客户提出的问题进行定义和分类，梳理出满意度管理 KPI，以及 Top N 待改进问题计划。明确哪些问题是亟待解决的，哪些是可以暂时缓一缓的，从而确保解决问题的优先级和针对性。

3. 第三步：例行运作，定期审视（月度）

通过月度例会，管理客户期望与感知，跟踪闭环客户声音，审视 Top N 待改进问题的改进进度，审视客户满意度状况。

4. 第四步：周期性满意度评估（年/季度）

铁三角采取项目端到端调查等方式，定期评估客户满意度状况，并及时改进。

5. 第五步：闭环提升

铁三角针对 Top N 待改进问题改进状况实施效果评估和闭环管理，对外与客户沟通，提升客户感知；对内 KPI 闭环，完成年度 KPI 绩效评估。

为了持续提高客户满意度，铁三角会定期收集和分析客户反馈。通过建立客户反馈渠道和机制，及时了解客户的真实想法和需求。根据客户反馈，铁三角组织公司资源，对产品和服务进行持续优化，以满足客户需求和提高客户满意度。

📖 **小结**

华为铁三角的实践表明，通过客户需求管理、客户关系管理、项目管理以及客户满意度管理，在客户界面代表华为展示"以客户为中心"的解决方案提供能力，在华为公司内部代表客户提供全价值流不同阶段的要求，拉通公司内部、外部资源，迅速响应并有效解决客户问题，这样才能在激烈的市场竞争中立于不败之地。

对于其他企业来说，学习和借鉴华为铁三角的四大活动管理方法，有助于提升自身的市场拓展能力、客户服务水平，为企业持续高质量发展打好坚实的基础。

想了解更多铁三角的知识点，请参考"销售铁三角运作及实战"课程大纲。

6.6 铁三角之客户经理角色认知

2007年华为公司从北部非洲国家苏丹华为代表处失败的教训中，总结、提炼出来的销售铁三角组织阵型及打法，在华为公司的运营商 BG 公司内部先推广，后在全公司普及，获得重大成功，形成了华为公司 2B 业务在客户界面标准的组织阵型，形成了一套标准化打法。随后国内的企业也逐步效仿，在不同行业中获得了普遍认可。

也是在 2007 年左右，华为公司与 IBM 联合开发的关键岗位角色认知模型（也称同心圆模型），提出了关键岗位统一的素质模型，为人才、干部的培养提供了理论模型支撑。客户经理在铁三角中是最重要的一个角色，是头狼。2010 年左右，由华为全球销售部开发的 AR 角色认知模型（SALES 模型）就是基于此同心圆模型（见图 6-24）的，对销售铁三角之客户经理定义出了 4 种能力：

> S —— Sales Project Director 销售项目的主导者
> A —— Account Relationship 客户关系平台的建立者和维护者
> L —— Lead To Cash 全流程交易质量责任者
> ES —— Executable Scheme 客户群拓展计划制订者和执行者

SALES 模型包含四种能力,每种能力都定义了 AR 标准化动作,以及这些标准化动作所需的赋能课程,下面做详细诠释。

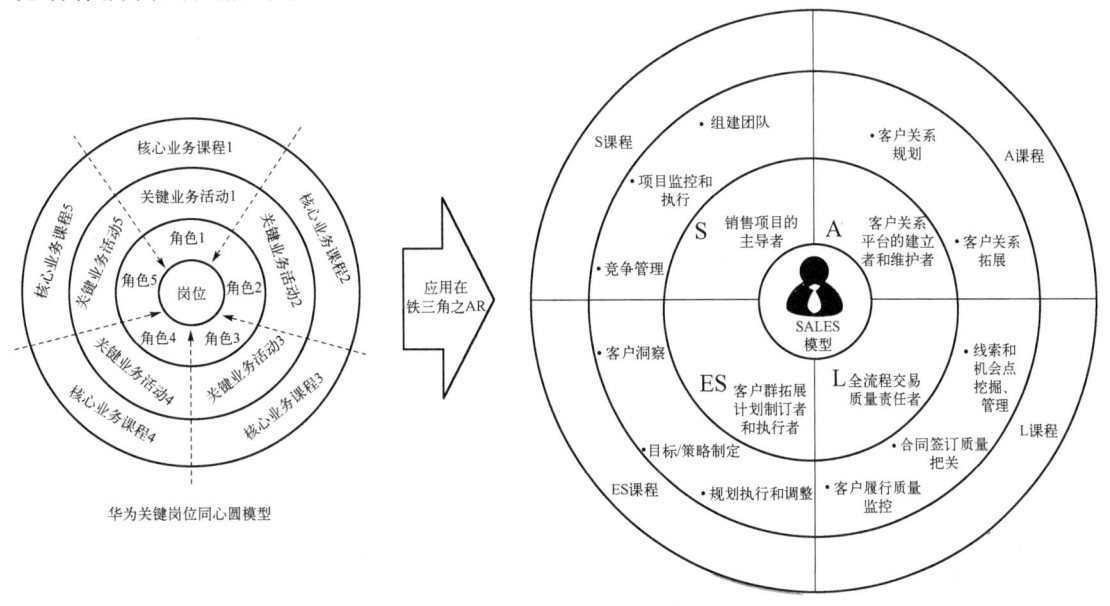

图 6-24 客户经理的 SALES 模型

6.6.1 销售项目的主导者

1. 组建团队

客户经理是铁三角的核心人物,要适配合适的解决方案经理和交付经理人选来组成铁三角组织。铁三角团队是冲在客户最前端的,灵活机动,人数不多,单兵能力强。同时客户经理或系统部主任也要根据本系统部的情况,组建铁三角扩展团队和支撑团队(全职或兼职),比如项目财务、技术工程师、工程采购等(见图 6-12)。

2. 项目监控和执行

建立铁三角的目的就是要做厚客户界面,增强与客户的黏性,以项目运作为抓手,以项目成功为导向(见图 6-25)。

华为创始人任正非:"我们系统部的铁三角,其目的就是发现机会、咬住机会,将作战规划前移,呼唤与组织力量,实现目标的完成。系统部里的三角关系,并不是一个三权分立的制约体系,而是紧紧抱在一起生死与共、聚焦客户需求的共同作战单元。它们的目的只有一个,满足客户需求,成就客户的理想。它是作为客户在公司 LTC 流程中的代表,驱动公司满足客户需求,它们拥有的权力实质是客户授予的,它们是站在客户的角度来审视公司运作的。由于在铁三角中有多种角色,使我们更有能力做好普遍客户关系和提升客户满意度,我们要完成以往对决策层漫灌到对普遍客户关系滴灌的改变"。

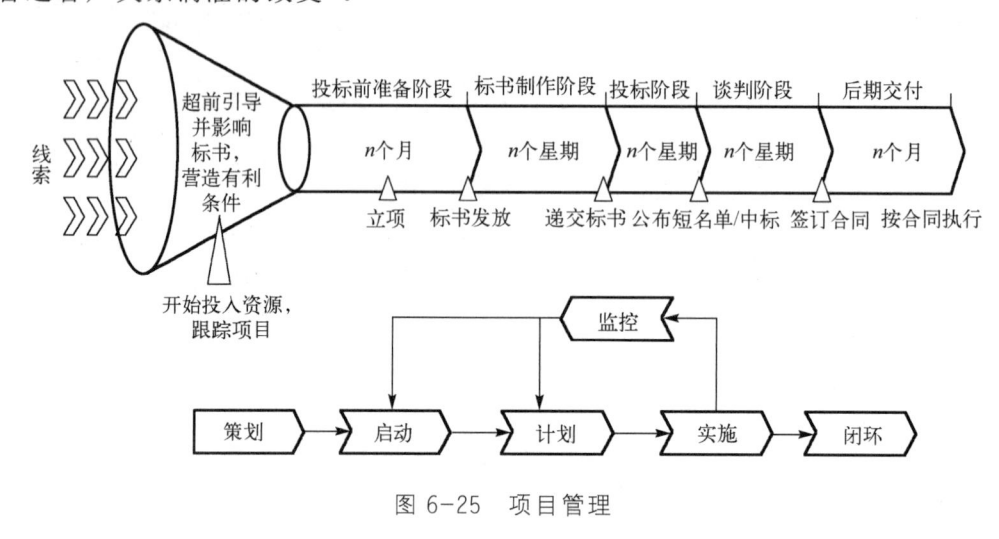

图 6-25 项目管理

3. 竞争管理

客户经理对本系统部竞争对手的业务要有量化管理,比如对手签单金额的压制、产品突破的压制、市场份额的压制等。上述指标都要量化后在 KPI 中严格考核,因此要在销售项目的运作过程中,对竞争对手了如指掌,方可百战不殆,要充分利用各种竞争策略和压制手段,在与竞争对手的比拼中胜出。

6.6.2 客户关系平台的建立者和维护者

通常,客户经理的这项能力包含:
(1)客户关系规划;
(2)客户关系拓展。

为了与客户建立长期稳固合作的关系,要与客户建立起立体式客户关系,包括关键客户关系、普遍客户关系、组织客户关系。

客户经理要在述职时,梳理并制订当年的客户关系拓展计划,包括关键客户关系、普遍客户关系、组织客户关系,并要量化考核客户关系提升程度(关于客户关系量化和度量,请参考"立体式客户关系建设及流程运营"课程大纲),这将作为客户经理年度和半年考评的重要 KPI。

客户关系管理具体要做哪些事情?包括现状评估→目标规划→监控执行→评估优化,具体的关键动作如图 6-26 所示。

客户关系管理关键动作

1. 现状评估：根据业务目标和业务现状分析，进行客户关系现状分析（组织客户关系、普遍客户关系、关键客户关系），确定待提升点。
2. 目标规划：设定客户关系公共目标。例如，Top5重点客户关系，制定实施措施和方案，进行客户关系关键动作策划，如展会邀请、公司参观、样板点参观、高层峰会等，建立客户关系责任矩阵。
3. 监控执行：定期进行执行情况的复盘，根据项目进展及时更新项目计划，对延迟的计划进行预警。
4. 评估优化：进行半年/年度客户关系述职，自评完成情况，以便第二年改进。

- 客户关系评估表(组织客户关系、普遍客户关系)
- 决策链分析(Power Map)
- 客户关系拓展卡片(KDM)

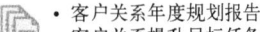

- 客户关系年度规划报告
- 客户关系提升目标任务书
- 客户关系措施计划勾勾表

- 客户关系措施计划勾勾表

- 客户关系提升目标任务书
- 客户关系述职报告

- 客户关系措施计划勾勾表
- 客户群战略活动日历表
- 客户关系提升目标任务书

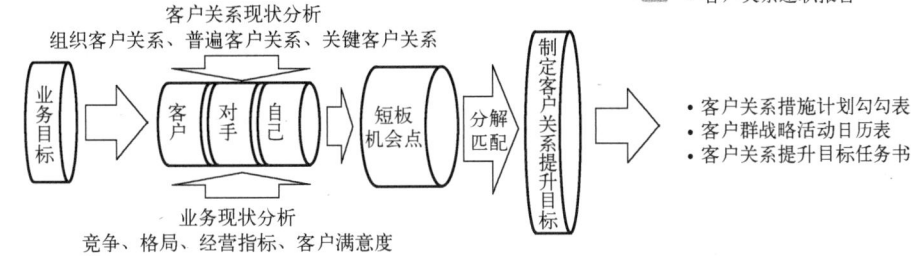

图 6-26　客户关系管理关键动作

6.6.3　全流程交易质量责任者

作为全流程交易质量责任者，客户经理需要做的工作有：
(1) 线索和机会点挖掘、管理；
(2) 合同签订质量把关；
(3) 客户履行质量监控。

客户经理作为线索和机会点挖掘的主导力量，要在客户界面做厚做强，先于竞争对手挖掘出项目机会。当然，在线索和机会的挖掘过程中，铁三角是充分沟通、协同作战的(见图 6-27)。

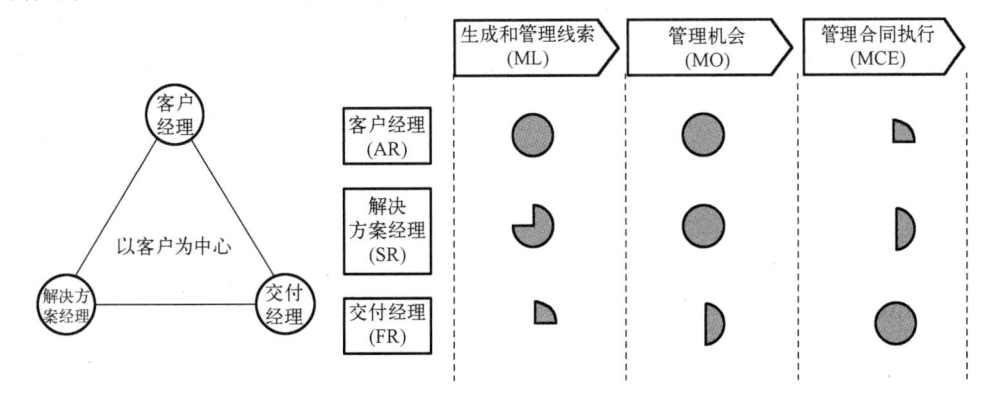

图 6-27　系统部铁三角关键动作协同示意图

同时客户经理要对合同的签约质量负责，包括盈利性、可交付性、风险性、合规性等，因此客户经理要组织相关的专业评审人来对专业条款把关，比如法务评审人、商务评审人、供应链评审人、工程服务评审人等。

客户经理也要监控客户侧的合同履约，要监控好客户侧的项目进度和项目交付质量，并根据项目里程碑及时回款，确保客户的履约质量（见图6-28）。

1. 分析现存交易质量Top问题，探讨交易质量解决方案。
2. 编制作战地图，制定年度Top问题改进目标。
3. 通过作战地图和业务简报进行监控。
4. 通过有效的商务谈判提升合同质量，把工作在售前完成。

序号	类型	交易质量Top问题
1	合同质量	① 验收回款单元不清晰 ② 整网验收或验收单元过大 ③ 未明确"先验收后商用" ④ 绝对到货时间 ⑤ 验收比例大或付款周期长 ⑥ 物权风险转移不明确
2	履约质量	① 由于过度承诺导致罚款 ② 初验周期长 ③ 客户站点准备缓慢导致存货低周转 ④ 交易模式导致借货转销售周期长
3	回款质量	① 客户还款能力或还款意愿导致超长期 ② 外汇管制导致超长期 ③ 客户回款周期导致超出约定账期 ④ 融资周期长

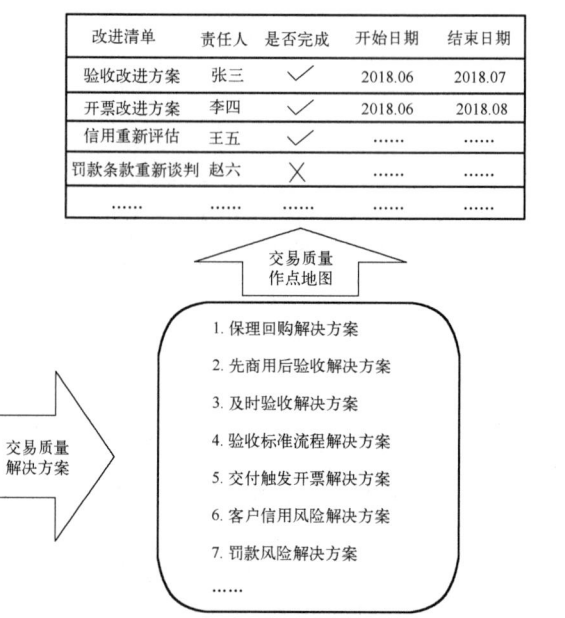

改进清单	责任人	是否完成	开始日期	结束日期
验收改进方案	张三	√	2018.06	2018.07
开票改进方案	李四	√	2018.06	2018.08
信用重新评估	王五	√	……	……
罚款条款重新谈判	赵六	×	……	……

交易质量作点地图

交易质量解决方案：
1. 保理回购解决方案
2. 先商用后验收解决方案
3. 及时验收解决方案
4. 验收标准流程解决方案
5. 交付触发开票解决方案
6. 客户信用风险解决方案
7. 罚款风险解决方案
……

图6-28 交易质量管理关键动作

6.6.4 客户群拓展计划制订者和执行者

在这项能力中，客户经理需要做的工作：
（1）客户洞察；
（2）目标、策略制定；
（3）规划执行和调整。

客户经理最关键的能力之一就是洞察市场机会，因此客户经理需要深入洞察客户的市场空间（客户投资）和项目清单，发现自己可参与的空间和项目，根据客户的可参与空间定义出自己的销售目标和市场目标（见图6-29）。

在制定市场目标和销售目标之后，就要对销售项目尽快执行过程管理，并采取合理策略完成执行。在客户经理年度述职中要详细阐述具

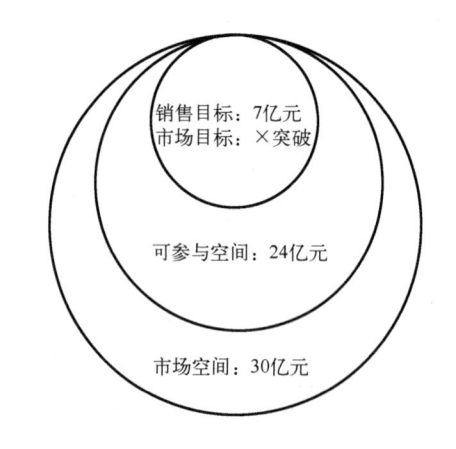

销售目标：7亿元
市场目标：×突破
可参与空间：24亿元
市场空间：30亿元

图6-29 举例说明客户的市场空间和可参与空间洞察

体的计划和措施,并获得直接主管的审核通过。直接主管会在过程中进行指导和管理,确保计划和策略执行正确(见图 6-30)。

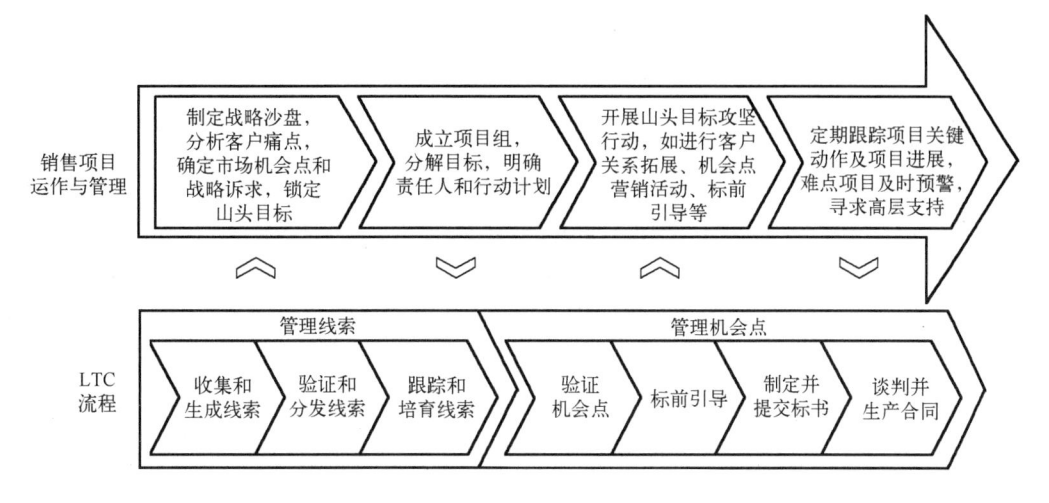

销售项目运作与管理	制定战略沙盘,分析客户痛点,确定市场机会点和战略诉求,锁定山头目标	成立项目组,分解目标,明确责任人和行动计划	开展山头目标攻坚行动,如进行客户关系拓展、机会点营销活动、标前引导等	定期跟踪项目关键动作及项目进展,难点项目及时预警,寻求高层支持
LTC 流程	管理线索：收集和生成线索 / 验证和分发线索 / 跟踪和培育线索		管理机会点：验证机会点 / 标前引导 / 制定并提交标书 / 谈判并生产合同	

图 6-30 市场目标管理关键动作

6.6.5 客户经理画像小结

客户经理是铁三角的核心成员,是狼群的头狼,是铁三角的发动机,有如下特征:
(1) 综合素质强(待人、接物、管理能力等),个人职级在铁三角中一般为最高;
(2) 市场感好、狼性足、抗压性强,具有很强的人际关系理解力;
(3) 具有较强的领导力,是系统部主任的后备干部。

华为公司的客户经理都是从不同岗位和途径成长起来的,有一进公司就是客户经理角色的,有从优秀的 SR 转过来的,也有从优秀 FR 转过来的,总之这些人都基本符合上述的人才画像。

想了解更多的客户关系拓展知识点,请参考"立体式客户关系建设及流程运营"课程大纲。

6.7 铁三角之解决方案经理角色认知

解决方案经理(SR)作为铁三角团队的参谋、军师,也是我们说的华为"狼狈组合"中的狈,负责解决方案的可行性、品牌传播、出谋划策等,是与客户经理搭档最紧密的一个角色。

根据华为公司与 IBM 联合开发的关键岗位角色认知模型,也称同心圆模型。在 2010 年左右,华为全球产品行销部开发出解决方案经理角色认知模型(BE-DOOR 模型），对销售铁三角之解决方案经理定义出了6种能力（见图6-31）：

(1) B——Brand builder，品牌塑造者。

(2) E——solution Envoy，中高层解决方案战略对话特使。

(3) D——Demand，客户解决方案需求代言人。

(4) O——Opportunity miner，市场策划及售前项目策划者。

(5) O——Operation，市场机会挖掘者。

(6) R——Resource coordinator，资源协调整合者。

BE-DOOR模型包含六种能力（角色），每种能力都定义了SR的标准化动作，以及动作所需的赋能课程，下面做详细诠释。

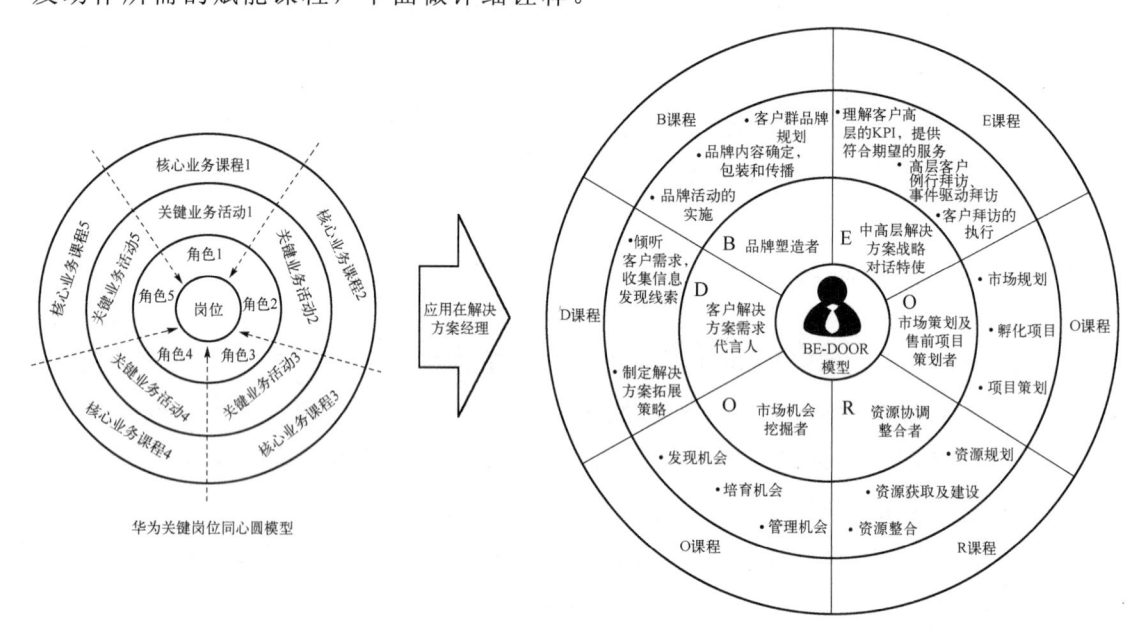

图6-31 华为关键岗位同心圆模型和解决方案经理BE-DOOR模型

6.7.1 品牌塑造者

(1) 根据公司品牌战略，制定客户群品牌规划并实施，确保解决方案的关键信息能及时有效地传播给客户。

(2) 有效开展事件营销活动。

2B业务的品牌传播是点到点或者点到多点，在客户界面上的客户关系非常重要，这种客户关系是立体式的（包括关键客户关系、普遍客户关系、组织客户关系）。解决方案经理（SR）的短期目标是拿下当期的关键项目，中长期目标是与客户建立战略合作、可持续的商业合作伙伴关系，因此SR在日常工作中需要向客户传递公司的产品、解决方案的亮点，提升公司品牌价值，在关键项目的决策过程中，获得关键客户的支持，从而赢得项目。

同时 SR 要制订品牌推广计划，实施营销活动，比如展会、现场会、样本点建设、产品发布会、技术交流会、高层拜访等，这些都是有效的品牌提升基本动作，把上述基本的事情做到极致，超出客户的预期，品牌在客户心目中的位置就会改变，甚至是关键性的质变。这就是为什么华为公司非常强调"营销三板斧"的神奇功效（见图 6-32），把客户邀请到公司、展会现场即可，剩下的由公司帮你搞定，这就是一线 SR 标准动作，借助公司整体力量为一线业务拓展服务。

营销三板斧：华为市场开拓、新客户突破的秘密、高能武器

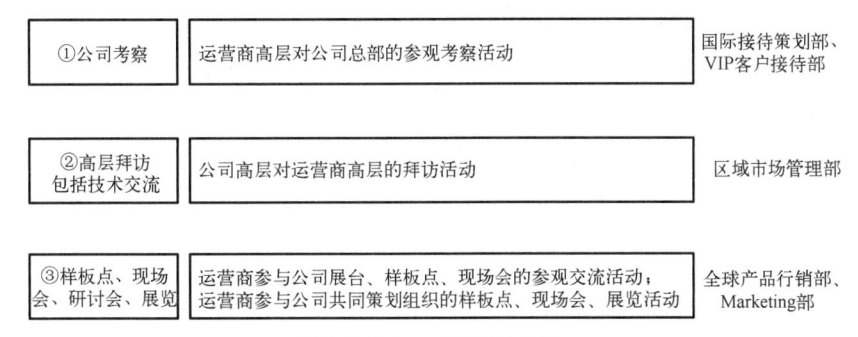

①公司考察	运营商高层对公司总部的参观考察活动	国际接待策划部、VIP客户接待部
②高层拜访包括技术交流	公司高层对运营商高层的拜访活动	区域市场管理部
③样板点、现场会、研讨会、展览	运营商参与公司展台、样板点、现场会的参观交流活动；运营商参与公司共同策划组织的样板点、现场会、展览活动	全球产品行销部、Marketing部

图 6-32 营销三板斧

2C 业务的品牌传播是网状全链接的，品牌的宣传主要是公用媒体的宣传，比如电视、户外广告、互联网媒体等。这类品牌的宣传应该由专门的品牌部门总体规划，分步骤实施。

6.7.2 中高层解决方案战略对话特使

(1) 针对客户高层及关键技术层的对话，提供解决方案层面的支持，传递解决方案价值，获得客户的信任；
(2) SR 作为解决方案推广的第一责任人，要负责公司解决方案的包装和销售。

首先要传递解决方案的亮点，并说清楚给客户带来何种价值，要有量化数据。解决方案的销售有其标准化的打法，常用的手段有推动客户开实验局、设备 POC 测试、设备赠送使用、邀请客户参观样本点等。在这些过程中，有策划、有节奏地与高层对话并传递公司解决方案价值。因此 SR 需要有与客户高层对话的能力，这种能力包括沟通、公关、人际关系处理、技术等方面。

6.7.3 客户解决方案需求代言人

(1) 倾听客户需求，深入挖掘客户潜在需求，站在客户的视角思考问题；

(2) 对于现有方案,及时整合和提供方案给客户。对于新方案,牵引公司解决方案的研发和完善。

销售铁三角日常工作在一线的客户界面上,能够第一时间听到客户的需求,SR有责任充分理解客户需求后,传递给研发需求管理部门,共同制定产品开发策略和路标。总体上讲,研发的需求都应该来自客户的声音,研发的目标是瞄准商业成功,而不是开发出一个先进的产品。因此,SR 在一线的角色就显得非常重要,他应该作为客户与研发产品开发的桥梁、信使,SR 要能以客户的视角换位思考,这种换位思考不是全盘接纳,而是代表客户发声。

6.7.4 市场洞察与策划及销售项目策划者

(1) 市场洞察与策划,看清楚行业环境及趋势,牵引资源投入;
(2) 对潜在的机会点进行"孵化",在充分理解客户需求、公司解决方案、竞争态势的情况下,合理安排策略制定、组织和实施,确保机会点演进成为项目;
(3) 通过项目策划,在团队内部达成项目运作的共识(包括但不限于策略、计划、监控、复盘等);
(4) 通过组织相关资源,确保策略在本区域、本项目的顺利实施,并最终获得项目成功。

SR 作为从解决方案维度和产品维度看市场的另外一双眼睛(第一双眼睛为客户经理 AR),要对行业环境及技术发展趋势有深入洞察,并制定相应的策略。同时 SR 要盯住当下的销售项目,把握项目的节奏,把相关的资源卷入进来,为项目成功服务。同时 SR 在日常工作中要对竞争对手进行充分分析,预判给我们何种影响,并提前做出部署,以在项目竞争过程中获胜。

6.7.5 机会挖掘者

(1) 理解客户需求,聚焦价值区域、产品以及格局性项目;
(2) 根据公司产品战略制定客户群的年度产品规划,组织相关资源,确保格局项目的实现。

SR 的日常工作应该是大部分时间在处理客户界面的事情,包括客户关系的拓展、客户不同职能部门的对接(比如采购部、工程部、市场部等)。在与客户的日常沟通中,应先于对手发现项目线索,并逐步孵化成可参与的项目,因此 SR 的日常工作是要去拓展大量客户关系的,这也是"客户关系是第一生产力"的又一佐证。

6.7.6 资源协调整合者

（1）围绕市场目标和销售目标做好内部资源规划；

（2）有效整合和调度各类资源，并对资源有效性提升负责。

市场策划、解决方案宣传、项目运作、技术交流等是 SR 日常最主要的工作，需要整合本地、中后台不同的资源。这些资源有些是现场能够解决的，有些是必须花力气、时间在中后台申请的，因此协调能力是 SR 必须具备的。比如协调研发专家资源支持一线市场拓展，协调测试专家到客户现场完成方案测试，协调服务人员完成工程报价等。

解决方案经理画像小结

（1）技术全面（需要掌握跨领域、多种类产品解决方案）；

（2）协调能力强，善于灰度管理；

（3）性格与 AR 有互补性。

其实华为公司很多 SR 都是研发背景出身的，对解决方案的理解有深度和广度，这样在客户界面上就有很强的技术宣导能力，往往这种类型的 SR 是非常受重用的。

想了解解决方案经理更多知识点，请参考"解决方案营销之五环十四招"课程大纲。

6.8 铁三角之交付经理角色认知

交付经理（FR）负责铁三角工作的落地实施，比如项目交付方案输出、交付实施、项目验收、发出开票并回款、维护客户满意度等。通过华为销售流程（LTC）端到端拉通资源的要求，交付经理在项目售前阶段就要介入，负责评估和输出交付可行性方案，是项目运作中的重要一员。很多企业通常的做法是，交付经理往往在签单以后才介入项目，导致前期承诺的内容没法交付，严重影响客户满意度，甚至导致合作关系的断裂。

根据公司与 IBM 联合开发的关键岗位角色认知模型（也称同心圆模型），华为技术服务部开发了 FR 角色，并定义了 FR 角色的 5 种能力（见图 6-33）：

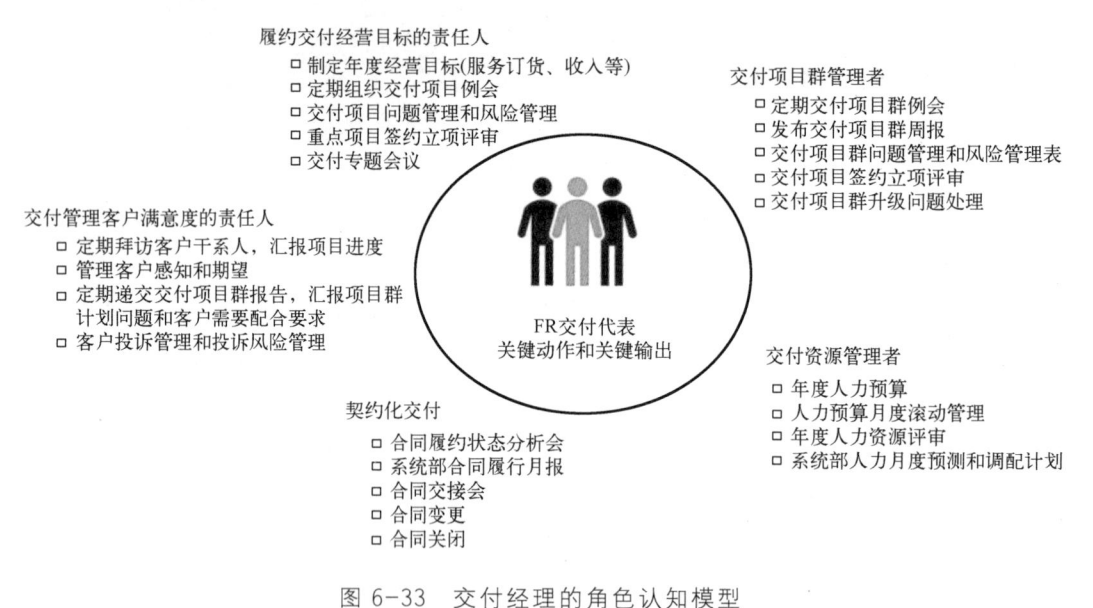

图 6-33 交付经理的角色认知模型

6.8.1 履约交付经营目标的责任人

FR 作为履约交付经营目标的责任人，主要工作内容如下。

(1) 制定系统部年度经营目标，包括服务订货、收入等；

(2) 定期组织交付项目例会，推动问题处理，管控成本，保障项目经营目标达成；

(3) 早期介入重点项目签约立项评审，避免过度承诺，规避罚款等风险；

(4) 服务业务拓展：熟悉客户网络，充分了解客户需求，挖掘网络扩容、优化、设备续保等服务机会点。

FR 作为履约交付经营目标的责任人，既要能熟练运用项目管理的方法（标准、流程等），也要能交付满意的结果（质量、成本、满意度、绩效等），从而加大对项目经营结果和经营目标的考核权重。

为了达成交付经营目标，FR 对所辖系统部的项目，尤其是重大项目执行标准管理动作。例如，在项目立项阶段根据项目信息识别供应链、采购资源需求和项目组人力资源需求，以及决策是否需要提前备货和提前发货，特别是工期计划、验收条款等，避免因过度承诺产生罚款和投诉。

交付阶段主要定期组织交付项目例会，识别交付项目问题和进行风险管理，重大问题组织交付专题会议来推动解决。同时 FR 承担系统部服务销售指标，熟悉客户网络，充分了解客户需求，挖掘网络扩容、优化、设备续保等服务机会点。

服务团队是对客户的设备运行情况最了解的团队，充分利用一切机会主动服务客户，既能提升客户体验，也能发现不少商机。以最常见的设备巡检服务为例：巡检是主动对客户网络和设备的运行状态进行诊断和维护的服务活动,一般作为服务产品销售,其主要任务是识别和排除隐患,提出优化建议,挖掘服务与市场机会点(见图 6-34)。

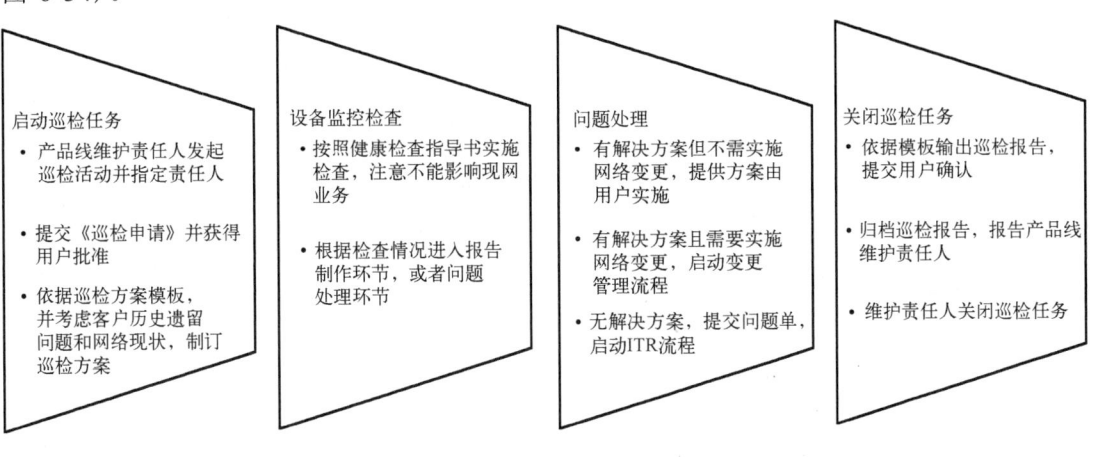

启动巡检任务
- 产品线维护责任人发起巡检活动并指定责任人
- 提交《巡检申请》并获得用户批准
- 依据巡检方案模板,并考虑客户历史遗留问题和网络现状,制订巡检方案

设备监控检查
- 按照健康检查指导书实施检查,注意不能影响现网业务
- 根据检查情况进入报告制作环节,或者问题处理环节

问题处理
- 有解决方案但不需实施网络变更,提供方案由用户实施
- 有解决方案且需要实施网络变更,启动变更管理流程
- 无解决方案,提交问题单,启动ITR流程

关闭巡检任务
- 依据模板输出巡检报告,提交用户确认
- 归档巡检报告,报告产品线维护责任人
- 维护责任人关闭巡检任务

图 6-34　主动巡检服务

6.8.2　交付项目群管理者

FR 作为交付项目群管理者,主要工作内容如下:
(1)定期召开交付项目群例会;
(2)发布交付项目群周报;
(3)提出交付项目群问题和风险管理表;
(4)交付项目签约立项评审;
(5)交付项目群升级问题处理。

FR 的管理对象是交付项目群,是基于系统部中所有项目的交付情况进行管理的。如果说单项目经理是对单个战斗的胜利负责,而 FR 则要"看大局",要对系统部的整个交付战役的胜利负责,对作战态势如项目分布、项目群资源地图、项目群运作情况有整体把握。

项目群管理的目标是确保项目群中的各个项目能够协调一致地进行,并在整体上达到预期的目标。它需要对项目之间的依赖关系和冲突进行有效管理,以确保项目之间的协同工作和资源分配的有效性。项目群管理涉及以下几个方面的工作。

(1)项目群的规划和组织:确定项目群的目标和范围,制订项目群的计划和组织结构,明确各个项目的角色和责任;
(2)项目群的协调和整合:确保各个项目之间的协同工作和资源分配的有效性,解决项目之间的依赖关系和冲突;

（3）项目群的监控和控制：监控项目群的进度、质量和成本，及时发现和解决问题，确保项目群能够按计划达到目标；

（4）项目群的沟通和理解：确保项目群内外的沟通畅通，及时传递信息和决策，保持项目群成员的合作和理解；

（5）项目群的风险管理：识别和评估项目群的风险，制定相应的风险应对措施，确保项目群的风险控制在可接受范围内；

（6）项目群管理需要具备良好的组织和协调能力，能够有效地处理项目之间的关系和冲突，同时还需要具备项目管理的专业知识和技能。

6.8.3　交付资源管理者

FR作为交付资源管理者，主要工作内容如下：

（1）年度人力预算，以及分包资源需求；

（2）人力预算月度滚动管理；

（3）年度人力资源评审；

（4）系统部人力月度预测和调配计划。

交付人力资源是支撑项目群成功的重要因素，华为在早期项目交付时经常出现由于交付人力资源不足导致不能支撑交付项目执行的情况，以致交付项目群四处起火，因此后期华为加强了对人力资源预算的管理，而人力资源预算管理的最小单位就是FR负责的系统部交付项目群。

FR根据市场预测来进行与之匹配的年度人力预算，该人力预算支撑相关业务部门进行人力资源匹配，提早发现人力资源不足，提前进行人力资源储备，或进行人力资源优化和盘活，支撑交付项目群工作的顺利执行。FR需要执行的管理动作是年初输出年度人力预算，并根据实际情况进行人力预算月度刷新，组织年度人力预算评审和执行人力资源调配。通过工时成本的录入核算，严格控制人力成本，避免资源浪费，提升组织效率。

6.8.4　契约化交付

FR作为契约化交付的责任人，主要工作内容如下：

（1）合同履约状态分析会；

（2）系统部合同履行月报；

（3）合同交接会（关键条款、关键假设、遗留问题等）；

（4）合同变更（根据客户习惯，同客户指定变更流程）；

(5)合同关闭。

根据 LTC（从线索到回款）流程的 MCE 段（管理合同执行），FR 负责销售合同从售前团队到售后团队的交接，通过合同交接会来承接这一个管理动作，实现售前和售后团队对合同条款的共识，提前了解合同的问题和风险点。

合同进入售后阶段后，FR 执行管理动作，如合同履约状态分析会、系统部合同履行月报、合同变更，例行对合同进行管理，最后按照合同关闭标准对合同进行关闭。也就是说，FR 是合同全生命周期里在 MCE 段的第一责任人。合同验收管理是回款和内部移交的关键动作，通常由项目经理或 FR 负责组织（见图 6-35）。

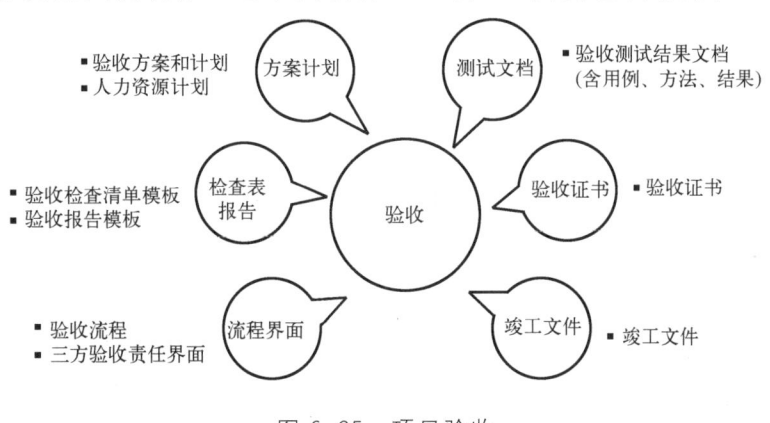

图 6-35 项目验收

6.8.5 交付管理客户满意度的责任人

FR 作为交付管理客户满意度的责任人，主要工作内容如下：
(1) 梳理客户的组织架构，识别关键干系人，组织匹配，定期拜访客户干系人汇报项目进度；
(2) 管理客户感知和期望；
(3) 定期递交交付项目群报告，汇报项目群计划问题和客户需要配合的要求；
(4) 通过 ITR 流程有效管理客户问题，保障问题得到及时响应。

FR 是本系统部交付管理客户满意度的责任人，负责从交付业务层面评估客户满意度状况，分析并识别驱动客户满意度的关键因素。在交付项目的计划、执行和关闭等关键环节与客户进行沟通并达成共识，确保问题在客户层面闭环。

FR 通过 ITR 流程管理交付客户问题，确保所有的客户问题都能有正确的处理渠道并及时闭环，以此提升客户感知，保持较好的客户满意度。

管理客户满意度必须管理客户的关注点，也就是业务本身，通过对业务的有效管理，使业务做得更好，满足客户需求，从而持续提升客户满意度（见图 6-36）。

```
        因果关系        因果关系        因果关系
感知点、关注点 ⟶ 顾客感知来源 ⟶ 满意度 ⟶ 顾客行为
```

- 语言能力、专业能力满足需求
- 能积极主动地与客户进行沟通与互动
- 了解当地文化、当地团队、组织的支持
- 网络、设备运行质量高
- 产品功能、特性符合客户需求
- 容易操作和维护软件升级与补丁
- 系统灵活、可扩展及兼容
- 工程交付质量高
- 解决问题的速度快和质量好
- 资本支出、运营成本

- 人员及团队
- 战略伙伴关系
- 解决方案的设计
- 产品及系统的整体质量
- 产品演进与创新
- 供货与项目交付
- 服务与支持
- 成本及财务

奖杯：产品好、服务好、运作成本低

- 未来一年购买产品、系统的可能性
- 未来一年购买专业服务的可能性
- 推荐意愿

图 6-36　客户满意度管理

📖 交付经理画像小结

交付经理是铁三角的核心成员之一，是客户满意度的守护神，有如下明显特征：

(1) FR 多数拥有技术经验，熟悉网络；

(2) 交付经验丰富（例如，华为交付经理交付过大型移动 5000 万美元项目、固网 1000 万美元项目）；

(3) 个性踏实、稳重，确保交付质量不打折扣；

(4) 沟通能力、管理能力强，做过 PM（项目管理）的人较多；

(5) FR 的发展前景好，可以晋升到国家交付代表、地区部交付总裁等职位。

想了解更多铁三角的知识点，请参考"销售铁三角运作及实战"课程大纲。

6.9　铁三角的客户经理与解决方案经理的拧麻花机制

近年笔者走访过近百家大大小小的企业，其营业收入从 1 亿元到百亿元、千亿元不等，有民营企业、国有企业、混合制企业，但他们有一个普遍现象：企业在定季度或年度销售目标、在哪些战略客户方面取得突破，基本上都是一线的客户经理（也称业务经理）说了算，更为严重的现象甚至是客户经理一手遮天，不容许来自公司内部的挑战，甚至可以"绑架"老板（特别是营业收入在 5 亿元以下的中小型企业）："你不依我，我就另立门户了！"老板没有办法，只好迁就这些所谓的销售精英们。

为什么会出现客户经理一手遮天的情况呢？笔者对比这些企业与华为的销售机制，发现关键问题在于产品线（产品行销部门、产品研发部门）与客户线（客户经理、一线业务部门)没有形成拧麻花、相互制约、目标互锁、利益共同体的机制。

客户经理天然地是以单一客户为中心的(与自己的过去比),不太考虑对手和全局的市场,解决方案经理则不同,解决方案经理的视角是从产品的维度看全局、看市场趋势、看市场空间和可参与空间(与对手和行业比),因此这两个视角得出的结论是不一样的(见图6-37)。

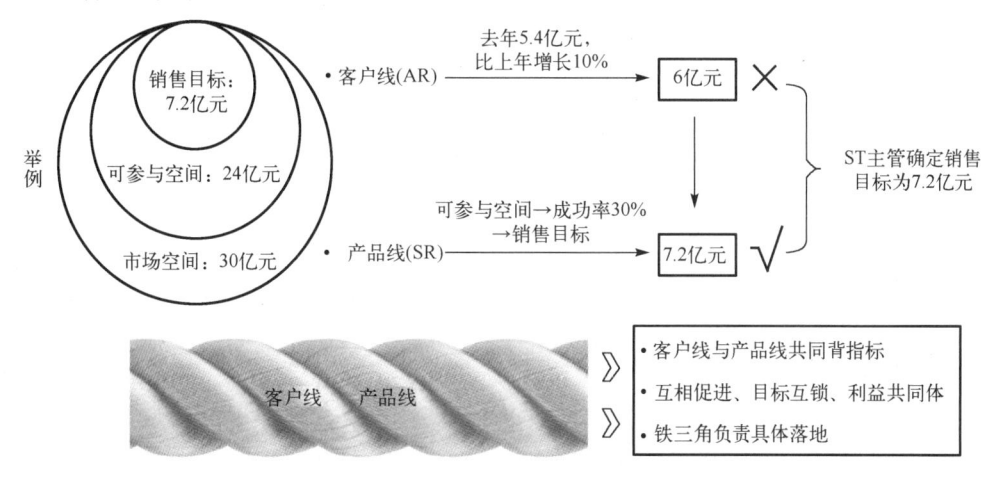

图6-37 华为公司产品线与客户线的拧麻花机制

华为公司总部机关作为职能管理部门,设计出客户经理与解决方案经理掰手腕、拧麻花的机制,销售目标和市场目标由铁三角这个组织来背,因此客户经理和解决方案经理就没有原则性矛盾了,或者说是矛盾中的利益共同体。

在华为运营商BG(运营业务)的组织结构图中,全球产品行销部是解决方案经理(SR)的娘家,客户全球销售部是客户经理的娘家,这两个组织的人员比例大概是2:1(比如:运营商BG大概有8000名解决方案经理和4000名客户经理),这两个组织的销售目标、市场目标是一样的,在华为内部称为"业绩双算"。就是因为目标一致,所以这两个组织既互相监督又相互促进,形成了利益共同体(见图6-38)。

笔者在华为工作近19年,有一半多的时间从事华为解决方案经理和客户经理工作。回忆过去每次开销售例会(ST会议)的感受,印象最深的是客户经理和解决方案经理的主管吵架最多,其中客户经理抱怨解决方案经理提供的解决方案有问题、产品没有竞争力、报价太高等,解决方案经理的主管抱怨客户经理的客户关系没有做到位、被对手牵着鼻子走。有了铁三角之后,身为铁三角之一的解决方案经理的协调、灰度、策划等角色功能就发挥出来了,最后解决方案经理会与客户经理一道面向客户形成合力,共同把销售指标、市场指标背起来,形成一个自愈系统(自我纠偏)。

再放眼其他企业,由于没有独立的产品行销部,支持一线市场的技术人员往往都是蹲在总部的(很多企业的解决方案经理隶属于研发部门),没有贴近客户,自然市场话语权非常弱，基本是被客户经理使唤的，没有从市场全局、产品维度来判断市场动态，因此就没有制约客户经理的能力，只能躲在客户经理后面。同时大多数企业都是采用提成制，解决方案经理不享受提成，因此客户经理吃饱喝足，解决方案经理和周边支持人员连汤都没有喝的，导致周边的人员工作没有积极性，整个后台支撑组织缺乏活力，严重影响客户界面的作战能力。

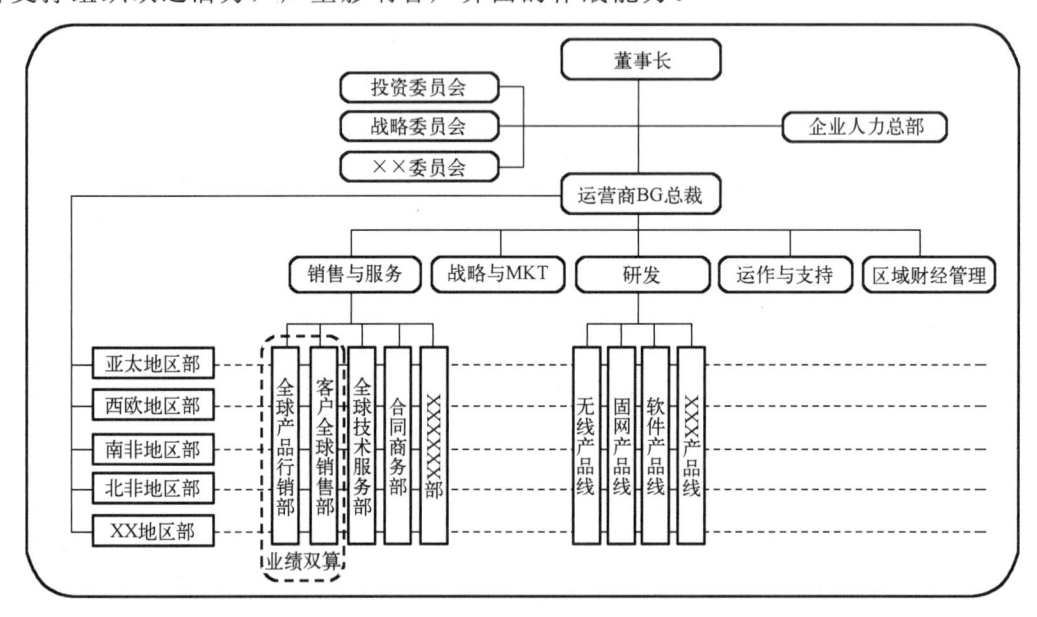

图 6-38　华为公司运营商 BG 组织结构图

大多数企业的销售部门更多地是销售中心而不是经营中心，也就是仅仅把东西卖出去，不考核其他经营指标（现金流、ITO、DSO、效率等）。大多数企业的销售体系，只要签了合同就会有提成，企业采用专一的提成制，这在小型企业是有一定的好处。例如，在创业初期可以把业绩、规模迅速地拉升起来，但是企业发展到了一定规模以后，如果一味采用提成制，对整个公司的组织能力提升没有任何好处，甚至有很大的坏处，因为提成制是"唯数字论"，卖出去就行，没有考虑到组织能力、战略目标、综合业绩等要素，所以企业达到一定规模以后，建议采用提成制加绩效考核制，这样既照顾了眼下的业绩，又考虑了企业中长期战略和组织能力的提升。

其实华为的营销体系与研发体系也是拧麻花的，研发部门同样背市场目标、销售目标，因此你经常可以看到华为的研发产品线总裁一年大概50%甚至更多的时间在全世界飞来飞去，他们就是去拜访客户，直接倾听客户的声音，了解他们开发的产品在客户心目中的位置，同时作为关键客户关系的支撑者，协助一线高层客户关系的拓展工作，这样既服务了前期业务开拓，又可以倾听客户声音以改进产品和调整研发策略。

华为的成功有一个很重要的原因，尊重人性，尊重常识，敬畏规律，把常识性的事情做到了极致，不羞于谈钱，钱是可以解决很多问题的。任正非说：钱分好了，管理的一大半问题就解决了。分配机制是企业增长最重要的内部发动机之一。解决方案经理及其周边支持人员必须同时享受市场成功的利益，才能形成面向客户的利益共同体，这样整个团队就激活了。

想了解铁三角更多知识点，请参考"销售铁三角运作及实战"课程大纲。

6.10 解析华为军团战略的组织、运作及目标

6.10.1 军团的概念和特点

在商业组织中，谷歌是最早提出军团的企业。谷歌军团是谷歌的一个特殊组织，由博士、科学家、工程师和营销专家组成，这个群体一般也就五六十个人，但是他们的目标就是要做世界第一，不能做到世界第一，他们绝不退出这个团体（见图 6-39）。

坚持"精英+精兵"战略
- 50~60个人
- 基本都是博士，产品经理也雇用斯坦福博士
- 1个谷歌博士=10个微软研究员

预研和研发紧密结合
- 研究开发不分家
- 只招动手能力强的博士
- 开发一代，研究一代，跟踪一代

追求谷歌品质
- 挑战世界级难题
- 一行代码不得超过80个字符
- 永远追求1%的改进

图 6-39　军团组成

从实际运作来看，华为组建"军团"（见图 6-40)的目的是：拉通各个组织的战略作战部队，打破现有组织边界，快速集结资源，穿插作战，提升效率，创造新的增长引擎，为公司多产"粮食"。因此，华为军团的特点有如下两个。

(1) 目标是一流的：瞄准一个领域进行饱和攻击，缩短商业成功时间，并做到世界第一；

(2) 团队是一流的：包含基础研究的科学家、技术专家、产品专家、工程专家、销售专家、交付与服务专家等，把业务颗粒化，缩短产品进步的周期。

图 6-40 华为组建"军团"

6.10.2 华为为什么成立军团

1. 使命愿景在召唤

在 2016 年以前，华为公司的使命愿景是：丰富人们的沟通和生活；之后，使命愿景修改为：把数字世界带入每个人、每个家庭、每个组织，构建万物互联的世界。

成立军团，正是践行"把数字世界带入每个人、每个家庭、每个组织，构建万物互联的智能世界"这一使命愿景。比如，华为早期在拓展煤矿行业业务时，客户有很多需求，华为也有很多技术，但现实情况就像"坛子里和面——搭不上手"。华为的那些"高大上"的技术，不能匹配煤矿行业客户的需求，不能解决客户的实际问题，不能真正给客户带来价值。华为储备了很多技术，客户也想试试用用，但无从下手，因为客户自己没有能力整合这些技术，形成解决方案。

客户决定业务，业务决定流程，流程决定组织，眼看"把数字世界带入煤矿行业"这个业务遇到了挑战，华为立刻调整了面向客户的组织，成立了煤矿军团：一支队伍服务好一个行业。"煤矿军团"实际上就是一个集成团队，不只有销售，还有需求管理、行业解决方案开发、生态合作以及服务等资源。

在华为，面向客户的组织有"铁三角""重装旅""系统部"等，军团作为面向客户的组织，在级别和装备上均超过了前三者，所以战斗能力——"势如破竹"，完美匹配"没有退路就是胜利之路"的军团组建初衷。

煤矿军团已经与客户一起完成了基于鸿蒙开发的煤矿操作系统——矿鸿。矿鸿解决了在煤矿作业环境下，各种各样设备联通的问题，用行业客户的话来说，"设备之间互相认识了，机器人跑一趟就把数据采集了，距离矿工穿西装打领带采煤的梦想就更近一步了"。煤矿军团在"矿鸿"开发过程中，从需求调研到商用发布仅用了3个月的时间，这在过去是无法想象的。至此，煤矿军团成功地把数字化带入煤矿行业，构建了煤矿行业的万物互联世界。

2. 战略需要

华为每年春季做战略规划，秋季做年度经营计划。战略制定的出发点，是来自对业绩的不满意，是来自公司的实际经营差距（业绩差距和机会差距）。2021 年 10 月 29 日，华为发布第三季度业绩（4558 亿元），同比（2020 年同期 6713 亿元）下滑 32%。2155 亿元的差距（华为公司每年设定的目标都是很有挑战性的，所以实际的差距远超这个数字）很明显是个机会差距。

什么是机会差距？机会差距是现有经营结果和新的业务设计所能带来的经营结果之间差距的一种量化的评估，机会差距需要新的业务设计，它涉及六个要素：客户选择、创新焦点、价值获取、活动范围、持续价值和风险管理。

在业绩发布的同日，华为宣布组建五大军团，即煤矿军团、智慧公路军团、海关和港口军团、智能光伏军团、数据中心能源军团，也就是选择这五大类客户，来支撑公司战略目标的达成。

任正非曾在采访中提到："我们现在只想自己多努力，努力寻找能生存下来的机会。煤矿就是机会，这么多煤矿将来能产生上千亿元价值，上千亿元可以养活多少人。"以煤矿军团为例，任正非表示，"中国有 5300 多个煤矿，2700 多个金属矿，如果能把这 8000 多个矿山做好，那华为的发展空间很大。"假设每个矿山平均贡献 1000 万元的销售，8000 个矿山就能贡献 800 亿元的销售额。

随着第一批五大军团的效果得到认可，2022 年 4 月，华为成立了第二批十大军团，包括：

(1) 电力数字化军团；

(2) 政务一网通军团；

(3) 机场与轨道军团；

(4) 互动媒体军团；

(5) 运动健康军团；

(6) 显示新核军团；

(7) 园区军团；

(8) 广域网络军团；

(9)数据中心底座军团；

(10)数字站点军团。

3. 开创 5G 应用场景的需求

华为以前的通信网络主要是连接千家万户，为全球几十亿人提供连接。但是到了 5G 时代，5G 技术的特点是更快、更宽、实时性更好，主要的连接对象是企业，比如机场、码头、煤矿、钢铁、汽车制造、飞机制造等，为产业互联网服务。

探寻和发现 5G 独特的应用，才能真正掌握 5G 时代的脉搏。华为已经打造了覆盖智慧城市、金融、能源、交通、制造等 10 余个行业的 100 多个场景化解决方案，但还是不够深入，唯有成立各大军团，调集各路专家，才能真正抢夺 5G+AI 的战略高地——"扑上去，杀出一条血路"。5G 的"杀手级"应用蓬勃发展起来后，才能促进 5G 网络的进一步发展，进入生机勃勃、繁荣昌盛的 5G 时代。

6.10.3 军团主要解决什么问题？哪些值得借鉴

1. 承接公司战略，洞察行业需求，配套政策资源，展开饱和攻击

一般地，公司战略首要是持续增长，而且要高于行业平均的增长速度。当实际的经营结果达不到公司战略目标，甚至差距还比较大时，就可以根据 BLM 模型（业务领导力模型）进行市场洞察、创新焦点、战略意图以及业务设计，解码出战略举措。成立军团，正是华为战略举措之一。

作为一个新成立的"组织"，军团承担的是一个"洗盐碱地"的战略任务，要让组织充满活力，前提是要设计好"粮食包"。首先，调集到军团的将士一定是精兵强将，军团长一定是公司高层干部；其次，一定要在薪酬包和奖金包上做好充分的准备，给火车头加满油。初期公司是战略投入，后期获取分享制的激励政策要执行到位。只有在人力资源政策上配备到位，才能让军团从初生到胜利的路上没有逃兵——没有退路就是胜利之路。

军团并不涉及流程的重整，如 LTC 流程和 IPD 流程不用启动专项变革。但是，在组织设计上，需要调集公司的科学家、工程师以及交付服务专家、供应链专家等定向瞄准特定的行业冲锋——做到"一支队伍，服务好一个行业"，如图 6-41 所示。

2. 以客户为中心，解决客户问题，构建立体式客户关系

以标准产品去应对客户需求，必然得不到客户的认可；深入不了客户的作业流程，也就做不出好用、能用的解决方案。在客户需求和公司的技术之间，永远隔着一堵墙。

军团存在的意义，在于能牵引公司的资深专家扎根客户现场，理解客户的业务和流程痛点，并制订出匹配的解决方案，真正帮客户管好生产、提高收益、降低成本、排除风险——向上捅破天，向下扎到根。这也是华为一直采取的解决方案营销的实质。

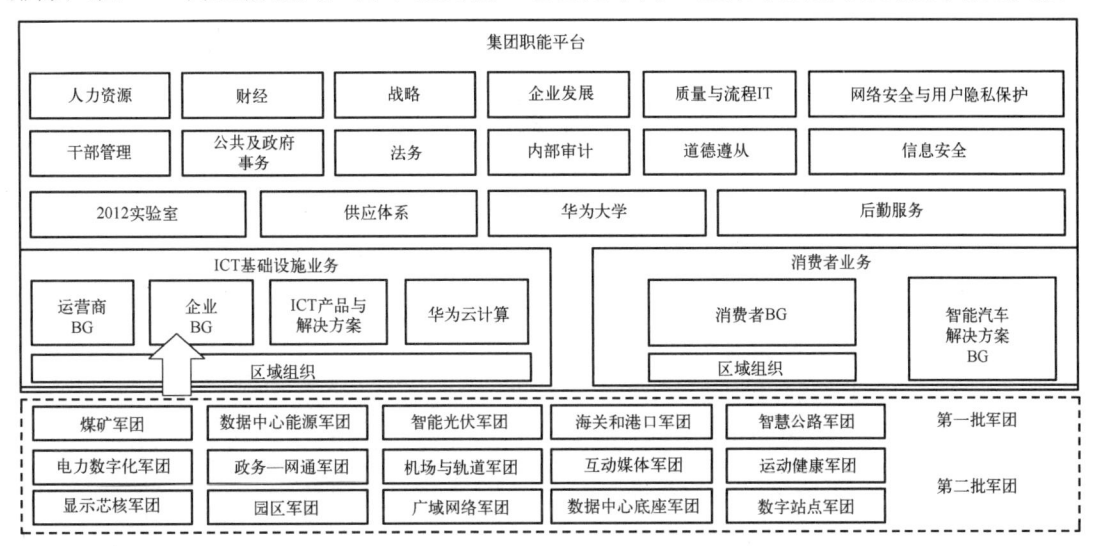

图 6-41 集团职能平台

各大军团面对的客户群，都是巨无霸企业，因此不管是传递客户需求，还是传递的解决方案，都必须依赖于客户关系，所以说"客户关系是第一生产力"也不为过。因此，军团运作成功的基础也正是客户关系。立体式的客户关系包含关键客户关系、普遍客户关系以及组织客户关系三个类别（见图 6-42）。

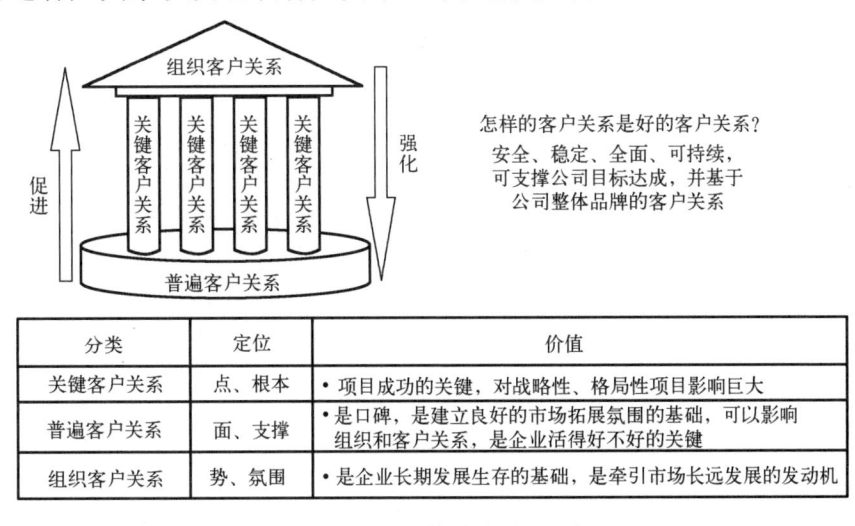

分类	定位	价值
关键客户关系	点、根本	• 项目成功的关键，对战略性、格局性项目影响巨大
普遍客户关系	面、支撑	• 是口碑，是建立良好的市场拓展氛围的基础，可以影响组织和客户关系，是企业活得好不好的关键
组织客户关系	势、氛围	• 是企业长期发展生存的基础，是牵引市场长远发展的发动机

图 6-42 立体式客户关系

最后提醒大家一点，完全照搬华为的模式显然是有风险的，有个段子叫"没有华为的命，却得了华为的病"。但是，我们从华为的业务、流程、组织设计中透露出的一贯的"以客户为中心,以奋斗者为本"的理念和商业逻辑,以及在营销、研发方面的大量实用工具和方法,是一定可以借鉴的。

想了解军团领域的更多知识点,请参考"军团的定位、组织、运作、考核"课程大纲。

第 7 章

营销科学篇之流程

7.1 在流程中,只有角色没有头衔,人人平等

7.1.1 流程概述

根据管理大师迈克尔·哈默对流程的定义:流程是把一个或多个输入转化为对顾客有价值的输出活动,流程有八个基本要素:输入、活动、活动的相互作用、业务规则、资源、输出、客户、价值(见图 7-1)。

流程的特点:

(1) 跨岗位、跨部门、跨企业、跨行业;

(2) 无隶属关系、无指挥关系、无级别关系;

(3) 与部门职能和岗位描述一致。

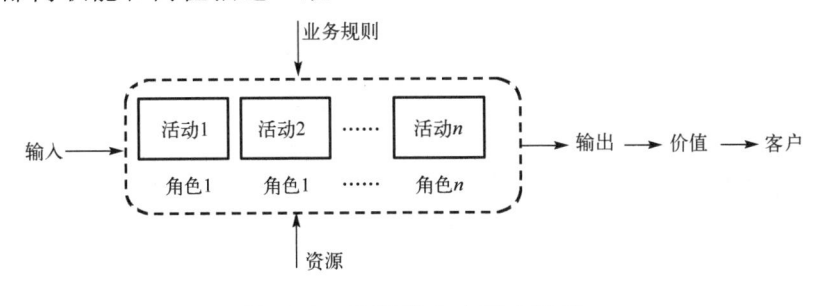

图 7-1 流程的八个基本要素

流程是为业务服务的,流程即业务,好流程的标准是:更快、更好、更省、更稳,如图 7-2 所示。

图 7-2 好流程的标准

流程时间：更快
- 加快订单完成时间
- 缩短内部运作时间
- ……

流程成本：更省
- 降低运作成本
- 提高投资回报
- ……

好流程

流程质量：更好
- 降低次品率
- 提高预警服务质量
- ……

流程风险：更稳
- 降低商业风险
- 提高应变能力
- ……

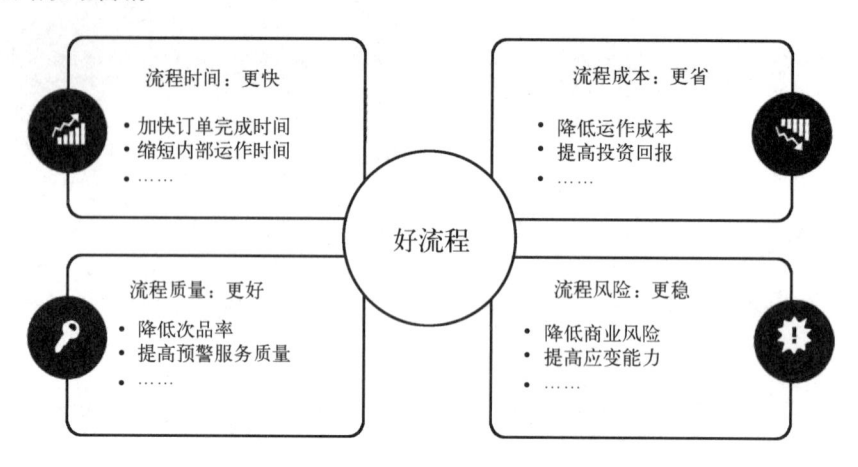

图 7-2 好流程的标准

流程的核心是要反映业务的本质，流程承载业务，业务在流程上跑，业务怎么走，流程就应该怎么设计，业务的流程化能提升业务执行的效率、提高企业效益，流程化地管理业务，让业务管理变得简单、安全。

总之，客户决定业务，业务决定流程，流程决定组织，组织决定个人。客户是企业一切的源头，以客户为中心，建立流程化组织，是企业管理的终极目标。创造价值的是流程，而不是哪个部门和个人，角色就是执行流程的人，角色不是特定的某个人，组织中的成员一旦被任命为流程特定角色，他就被赋予了执行流程的权利和义务，角色只有工作分工，没有隶属关系。

7.1.2 流程、角色、岗位、组织的关系

岗位是组织分工的最小单位，也就是说组织中的每个岗位都是唯一的，比如上海分公司总经理，这个岗位只有一个。角色是驱动流程执行的人，流程中只体现角色，而不是岗位或者职位。流程设计需要组织中的岗位或职位进行角色适配，让合适的岗位或职位承担流程中的角色（见图 7-3 和表 7-1）。

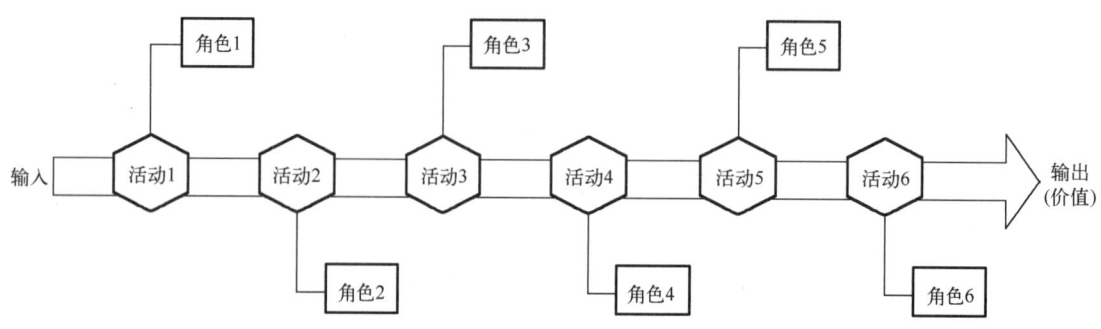

图 7-3 流程是公司的业务梁

表 7-1　岗位与角色的区别及关系

名称	定义	不同点	关系
岗位	岗位是组织根据一项或多项责任而赋予个体的权力的总和	● 随组织的变化而变化 ● 可以在多个流程中承担流程角色	流程型组织中的岗位设置尽量与流程角色相匹配，如合同管理员，项目经理
角色	流程中定义的，是流程活动的执行者	● 不随组织的变化而变化 ● 流程角色是唯一的，与业界通用	可以通过与岗位的匹配建立映射关系，如工程督导可以由工程经理、技术支持经理承担

(1) 企业的董事长、总裁、财务总监、研发总监、区域总经理、人力资源总监等，这些都是岗位头衔；
(2) 项目 Sponsor、项目 Owner、项目组组长、专业评审人、商务责任人、合同责任人等，这些都是流程角色。

表 7-2 为华为销售流程（LTC）中的角色清单。

表 7-2　华为销售流程（LTC）中的角色清单

Sponsor 即"顾问"，利用自身的经验，对项目的总体方向、节奏把握、关键资源的协调和配置等提供策略指导	解决方案、服务交付、商法、财经投标责任人 Solution、Delivery、Commercial、Financing Bid Responsible 组织所属模块的投标专业评审	合同责任人 Contract Responsible 做好合同层面的监控与管理，保障合同从生成到关闭得到端到端的关注；
Owner 对项目成败负责，参与项目的日常运作，参与项目分析会，进行重要策略决策、重大问题解决、高层拜访、资源调配、一线跑动支持等	投标责任人 Bid Responsible 组织投标综合评审，形成投标书，对项目投标质量负责	组织合同变更评审和合同关闭决策，复核合同、PO 变更协议的签审一致性
项目组组长 Project Director（PD） 负责项目的日常运作管理，对《销售流程各决策点报告》的质量、合同质量（商务、回款、解决方案竞争力等）和项目信息安全负责	专业评审人 Functional Reviewer 为总体方案、投标书、合同（包括变更）提供专业评审意见 综合评审人 Comprehensive Reviewer 综合评审总体方案、投标书、合同（包括变更），为决策提供建议	商务责任人 Commercial Responsible 对合同的商务条款负责，确保合同签审一致性 交付项目经理 Delivery Project Manager 支持 FR 开展项目的具体交付工作，领导履行团队在售前进行早期介入
销售项目管理员 Coordinator of Sales Project Management 组织立项决策；审核机会点定级；审核及发布销售项目组任命；组织完成及发布项目授权	评审与决策组织人 Review and Decision-Making Organizer 组织投标决策、合同评审和签约决策及合同变更决策	业务财务控制人 BFC 项目财务控制人 PFC 拉通项目预算，支撑高质量高效率，推动端到端项目经营管理

流程里的每项活动，都由流程角色去执行，每项活动有前后关系和串并行关系，

活动缺一不可,否则流程就会出现断点。每个角色都是平等的,没有高低之分和隶属关系,流程角色中人人平等,这样就天然地打破了职能部门的部门墙。业务的运作规则,流程角色说了算,而不是职位高的人说了算,拥有权力、资源的人不能够左右业务的流程走向,必须遵从流程,为流程的运转提供资源。

正是因为流程角色中人人平等,所以华为公司中一个刚刚大学毕业的年轻员工可以直接与公司的高级副总裁沟通,敦促、监督业务,甚至可以指出领导不正确的观点。正是因为有流程为每个角色保驾护航,所以年轻员工不惧怕高级别头衔人员带来的压力、困惑,只要按照流程定义的来做,就不怕被别人穿小鞋。

7.1.3 流程 Owner 与业务主管的关系

流程管理的基本原则之一就是设置流程 Owner,即流程由谁来总负责。流程 Owner 的主要职责如下:

(1) 负责流程架构、管控要求、生命周期管理,确保流程高效、安全、低成本运作;
(2) 负责流程在业务中的推行落地;
(3) 负责流程管理支撑组织的建设和管理平台的运转;
(4) "事"权:批准发布或废止流程、管控要求、问责;
(5) "人"权:管理关键职位的任命权、建否权、问责定级;
(6) 业务主管是职能部门的主管,对某专项功能模块的运作负责,是该职能部门的一把手,并为流程的运转提供保障,比如财务部、法务部、服务部等。流程 Owner 与业务主管的各自职责和关系如表 7-3、图 7-4 所示。

表 7-3 流程 Owner 与业务主管的流程管理责任

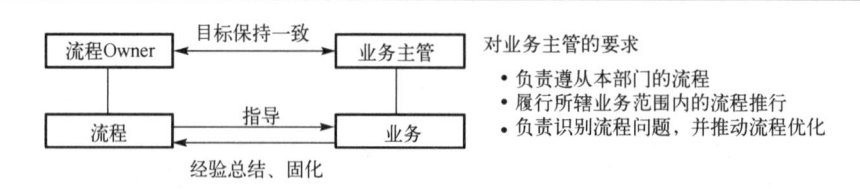

	流程建设	流程遵从与运营
流程 Owner	建设优化流程、签发流程	制定流程度量指标,持续运营、改进流程
业务主管	提出流程优化需求并推动	测评流程度量指标,持续运营、改进流程

图 7-4 流程 Owner 与业务主管的关系

在优秀的流程化组织中,业务主管的职责与流程 Owner 的职责是一致的,都以为客户创造价值为出发点,使业务更顺畅、更高效、更安全。

7.1.4 流程建设是打破"部门墙"的最佳选项

在企业中经常出现的一种现象是：当公司产品或服务出了问题，遭到客户投诉，公司组织人员调查，询问各职能部门为什么会出问题或投诉时，比较普遍的答案是：我做了自己应该做的事情，其他的我就不知道了，我不应该对此负责任。为什么企业各部门之间会相互推卸责任呢？除了部门分工不明确、责权不清晰，另一个很重要的原因是"部门墙"的存在，"部门墙"即部门本位主义，部门之间画地为牢，部门利益高于企业利益，坚固的"部门墙"有如下显性特征：

(1) 只关注各种孤立的活动；
(2) 只关注上司的感觉；
(3) 只关注局部的效率。

如何破除"部门墙"？下面参考华为公司流程变革案例，看看流程化组织是怎么来拆除"部门墙"的(见图7-5)。

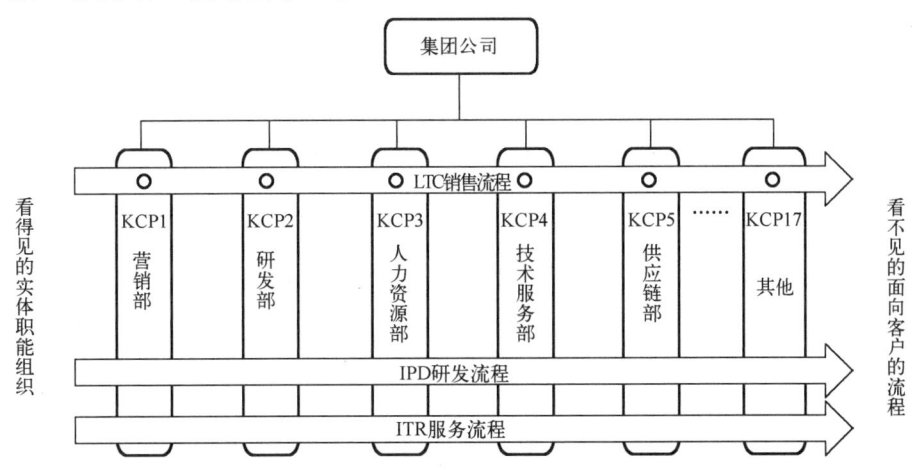

注：KCP(Key Control Point，关键控制点)

图7-5 流程与实体职能组织的协同，打破"部门墙"

根据图 7-5 可以看到集团公司下有数十个一级职能部门，每个职能部门都拥有丰富的资源，比如说人才、专业能力、各类软硬件，每个职能部门都有相应的 KPI，华为公司通过基于面向客户的流程变革，以客户为中心，按照为客户创造价值的维度建立起相应的流程，各个职能部门在这些流程里只是一个关键控制点(KCP)，由该部门的角色来执行这个 KCP，这个角色不分职级高低，按照 KCP 的业务专业性来操作执行。从图中可以清晰地看到，面向客户的流程像一把利剑一样刺穿职能部门，刺透"部门墙"。职能部门在流程的运作中，只能为角色进行赋能，不能够指挥角色执行业务。

例如，华为如何签订一个高质量合同？华为公司为高质量合同定义出 17 个清晰的合同评审要素，每个指标都需要在销售流程（LTC）中进行评审，这些评审的角色来自各个职能部门，同时每个职能部门都被 LTC 串联起来（见图 7-6）。

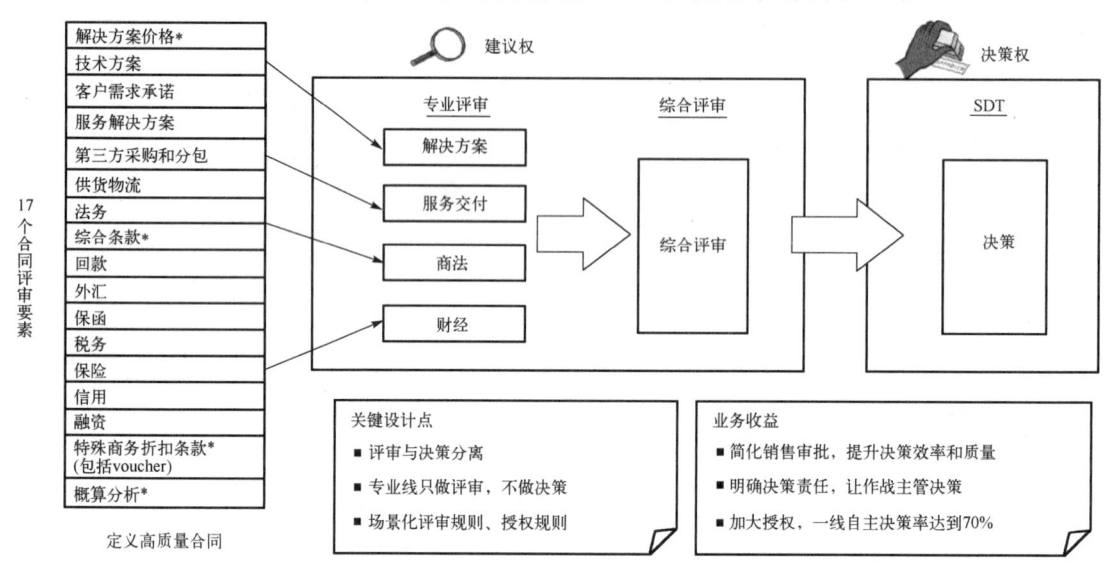

17 个合同评审要素：
- 解决方案价格*
- 技术方案
- 客户需求承诺
- 服务解决方案
- 第三方采购和分包
- 供货物流
- 法务
- 综合条款*
- 回款
- 外汇
- 保函
- 税务
- 保险
- 信用
- 融资
- 特殊商务折扣条款*（包括voucher）
- 概算分析*

定义高质量合同

建议权：专业评审（解决方案、服务交付、商法、财经）→ 综合评审 → **决策权 SDT**：决策

关键设计点：
- 评审与决策分离
- 专业线只做评审，不做决策
- 场景化评审规则、授权规则

业务收益：
- 简化销售审批，提升决策效率和质量
- 明确决策责任，让作战主管决策
- 加大授权，一线自主决策率达到70%

图 7-6　华为公司基于 LTC 跨部门评审合同

当然，打破"部门墙"是一个复杂的过程，需要考虑多种因素，建立起业务流程是打破"部门墙"最关键的动作，同时也需要协同其他动作，如关注员工的能力、意识、主观能动性，帮助企业打造精英流程管理团队，进行企业文化建设、清晰的组织职责定义、考核激励机制建设，建立跨部门沟通机制，加强跨部门融合等，这些要素可以组合使用。

7.1.5　流程是企业员工能够轮岗的基础

这里说的轮岗不是传统意义上同属性岗位的轮换，而是指企业有计划地让员工（干部）轮换担任若干种不同属性工作的做法，从而达到考察员工的适应性和开发员工多种能力、增强员工换位思考意识、对员工进行在职训练、培养复合型人才的目的。

很多企业家也知道轮岗是一种非常有效的人才培养机制，但是普遍反馈在自己企业很难做到。一旦把一位重要干部调离，原部门业务就会受到重大冲击，甚至瘫痪，究其表面原因是干部储备不足，没有做到 1+1 备份，更深层次的原因是业务还是属于人治，而不是机制，即没有做到业务流程化、动作标准化，也没有提供干部选拔、培养、轮岗的土壤。

华为公司的轮岗制度是华为公司人力资源政策一个非常鲜明的特点。例如，今天在阿根廷工作的"国家总经理"，下星期就可能被任命为新加坡"国家总经理"；亚太地区部交付总裁，下个月就可能到新加坡或亚太总部开始工作了，这是华为公司非常普遍的干部任免现象。今天华为公司供应链总裁是华为公司前独联体地区部总裁，他的经历是研发 7 年、市场 14 年（成都代表处、中国移动系统部部长、独联体地区部总裁），再到供应链总裁；今天华为公司人力资源部总裁是华为公司前拉美地区部总裁，做销售出身的；今天华为公司管理 9 万多人的研发总裁是华为公司前意大利分公司总经理，也是做销售出身。笔者曾经很多次给国内其他企业家讲述这个现象，企业家们都很惊讶，说他们不可能做得到，否则业绩肯定会下滑甚至崩盘，究其原因是组织能力与个人能力没有分离，甚至组织能力完全依赖于某一两个人，这样一旦哪一两个人调离，业务就会受到很大负面影响，从而导致轮岗是一件不可能的事情。这时的干部多是职能型干部，而不是管理型干部。

再观察华为的轮岗，华为对每个岗位都有清晰的画像和称重（即价值评估），特别是干部，通过岗位的角色认知模型（同心圆模型），梳理出岗位需要哪些技能，进而对这些所需的技能生成各类课程。对这些岗位人员进行赋能培训，均采取训战结合的模式，同时有严格的考试机制。因此华为的干部可以互相调派，从研发调市场、从市场调人力资源、从供应链调财经等，如图 7-7 所示。

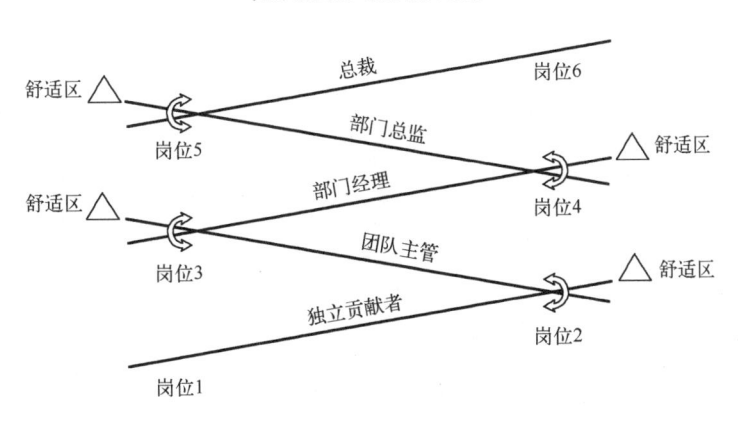

拉姆·查兰的"领导梯队理论"

图 7-7　华为人才"之"字形发展轨道

业务流程化、动作标准化，使得岗位对个体依赖度降低，从而使得轮岗成为可能，这样整个公司人才的流动就成为一种常态。从 2010 年开始，华为公司人力资源体系还创造性地发明了人才资源池、战略预备队，这都是轮岗的体现，如图 7-8 所示。

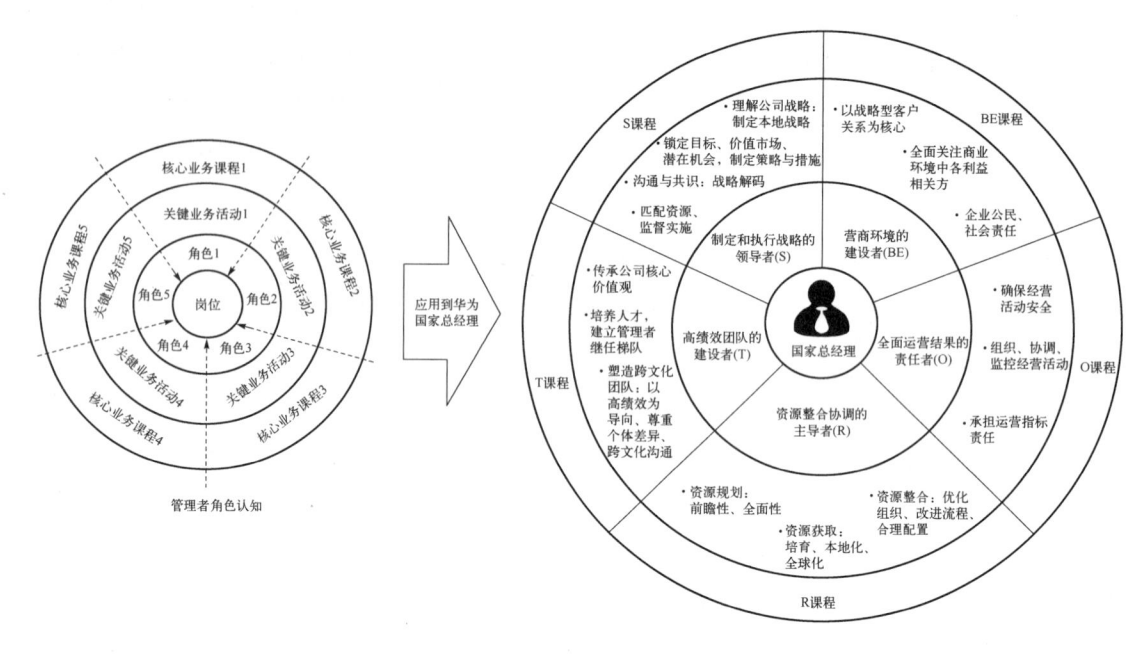

图 7-8　岗位同心圆模型及在国家总经理岗位中的应用

7.1.6　把流程打通，把能力建在组织上

流程是最佳业务实践，流程是否好用、跑不跑得通顺、是否严重影响工作效率、是增加还是减少了运营成本，业务人员最清楚，也就是俗话讲的"谁用谁知道"。下面通过华为公司销售流程（LTC）图（也称 LTC 键盘图）和华为公司营销能力框架来诠释"把流程打通，把能力建在组织上"（见图 7-9）。

图 7-9　华为公司销售流程（LTC）图

所谓"业务决定流程，流程决定组织"，即 L1—L3 的各级流程与组织的设置基本上是互相对应的，举例说明华为公司运营商 BG 的销售组织与流程的对应关系，如表 7-4。

表 7-4 销售组织与流程的对应关系

流程	组织	
	华为各级组织	流程 Owner
L1—LTC	全球销售部	一级部门—全球销售部总裁
L2—管理战略	战略&Marketing 部	二级部门—战略部总监
L2—管理线索	全球销售部销售管理部	二级部门—销售管理部部长
L2—管理合同执行	商务部 CCFM	二级部门—商务部总监
L2—管理授权和行权	商务部 CCFM	二级部门—商务部总监
L2—管理客户解决方案	全球产品行销部	一级部门—全球产品行销部总裁
L3—管理销售项目	全球销售部销售管理部	三级部门—销售管理部部长（兼）
……	……	……

组织也必须与业务和流程进行匹配，要实现匹配就需要建立流程型的组织。如果组织是为老板服务的，跟着老板的意见来走，随时都需要请示老板，这样的组织仅仅是权利的分解，并没有完成组织能力的建设，我们称这种组织为职能管控型组织，而不是流程型组织。建立流程化的组织，才能真正解决组织的反官僚化、去部门墙的问题。

销售流程(LTC)图其实描述的是一件事情，即华为销售业务的运作大概是怎样的。它从流程的维度来描述一个项目从线索到回款是怎样发生的，经过哪些步骤，需要哪些部门介入。而华为公司 2B 业务营销能力构架是从能力的维度来描述一个项目从线索到回款需要哪些能力，要遵从哪些流程，能力之间的逻辑是什么。因此理解"把流程打通，把能力建在组织上"就是要把流程图做实、做通，把 2B 营销体系(能力框架)做精通、做强。

小结

外部环境不可预测，企业唯一可以掌握的是企业内部要素，华为创始人任正非说过："用内部规则的确定性来应对外部环境的不确定性"，这与金庸大侠写到的"他强任他强，清风拂山岗，他横由他横，明月照大江"，真是异曲同工，或许更是心心相印！

7.2 论企业从职能型组织向流程型组织跃迁

人员效率(简称"人效")是衡量企业组织能力的最重要指标之一，为了提高人效，需提高企业组织能力，对于企业而言，更高的组织能力意味着在投入相同的情况下，比竞争对手投入各种要素转化为产品或服务时，具有更高的生产效率或更高的质量。在管理实践中，企业最常用的人效指标是人均净利润、人均销售额、单位人工成本净利润和单位人工成本销售额。这四个指标通常是企业家最关心的企业经营指标，它们也是最能直接反映企业经营效率和质量的指标，尤其用在同行乃至跨行业竞争对手之间比较时，具有明确代表性。指标值越高，人力资源产出效率越高，企业的经营效率和经营质量就越高。

华为从创业开始，经营业绩一直高歌猛进，经过20多年向西方学习先进管理经验和自我变革，完成从野蛮生长的"游击队"到高效作战的"正规军"的蜕变。从2000年开始，华为的营收从220亿元增长到2020年8900亿元，员工数量从1.2万人增长到了19.8万人。我们从人均销售额来分析，2000—2010年，人均销售额相对稳定（140万~160万元），2011—2020年，人均销售额从140万元猛增至450万元（见图7-10），整整提升了3倍多，为什么前面10年的人效与后面10年的人效差距如此之大，人效增长背后的逻辑是什么，根因又是什么？是员工能力、考核、激励、新赛道（手机）还是其他原因？

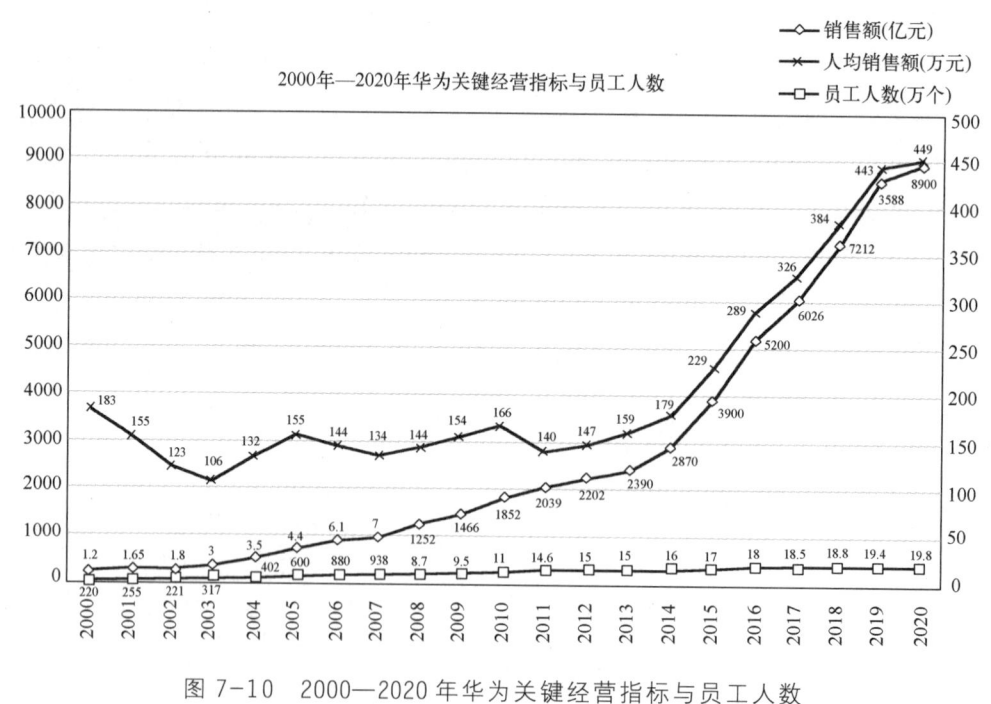

图 7-10　2000—2020 年华为关键经营指标与员工人数

通过上述分析，笔者认为华为公司人效提高主要有以下两方面因素。

（1）第一个因素：华为进入手机行业并在 2013 年以后实现突飞猛进的增长，拉升了整个公司的人效；

(2) 第二个因素：随着以流程为基础的公司管理变革深入，管理变革逐步显现出成效，公司整体的运作效率提升了。

从华为公司的变革历程来分析，可以发现在 2012 年前后，通过与西方多家头部咨询公司合作，华为公司基本上完成了所有业务的流程体系建设，之后的几年逐步把前期的流程变革推行落地、优化、夯实，这些内容包括 IFS、LTC、ISC+、IPD+、数字化变革、人力资源变革等。在 2012 年前后，华为总裁任正非在公司内部会议上提出："今后几年，我们的业绩应该要显著增长甚至翻番，但是人员不能显著增加，向管理要人效"。2010 年之后，事实是华为公司人效增长明显加快，公司内部以流程化组织的运营体系逐渐建设起来，基本实现"业务流程化、动作标准化"的自愈管理体系，业务的发展不依赖于特定的某些人或某一群人，基本完成从职能型组织向流程型组织的升级。

近两年，笔者服务了国内头部重工企业 A，参与多个管理咨询项目，涉及总部机构和多个事业部，对该公司的研发和营销及各事业部的运作、组织结构有了较深入了解。该公司共有 14 个事业部（A、B、…、N 事业部），分别为挖机事业部、风机事业部、港机事业部、重能事业部等，每个事业部独立经营，最大的事业部年营收 400 亿元，最小的事业部年营收约 30 亿元，在重工领域逐步走向世界前列。事业部制就像古代的诸侯分封制一样，每个人都有自己的小家，都会打自己的小算盘。

该公司的组织架构图输出如图 7-11 左边所示，将其与华为大平台型组织架构图（见图 7-11 右边）做比较，梳理出它们的特征，一一加以比较（见图 7-11）。

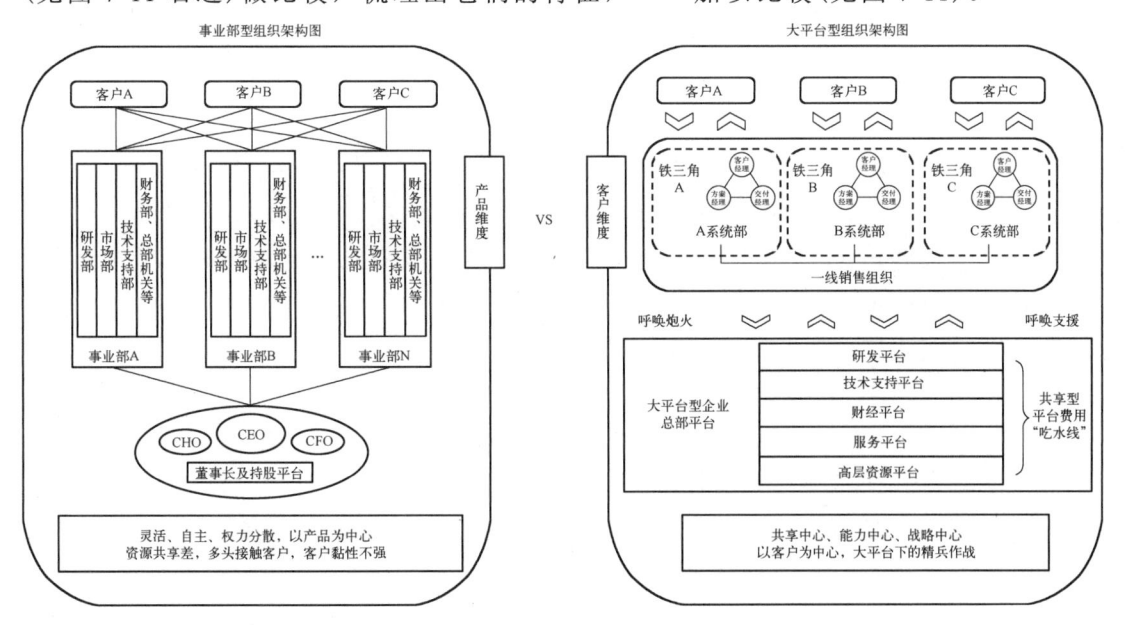

图 7-11　事业部型组织架构图和大平台型组织架构图

1. 事业部型企业特征

(1) 事业部是按照产品类型分的，比如挖机事业部、港机事业部、重能事业部等，事业部与事业部之间关联性不大。

(2) 每个事业部独立经营核算，灵活、自主；在业务发展初期的企业，事业部机制可能快速提升企业业绩。

(3) 每个事业部的组织结构类似，都是以职能部门为基础建立的组织架构，比如研发部、市场部、人力资源部等，事业部之间的同类职能组织其职能是一样的，但运营方式不一定一样。

(4) 事业部的执行力很强，一些小的事业部依靠部分核心骨干，往往能够把业绩拉上来。

(5) 总部机关是领导中枢，对事业部的一把手及高管有任免权，强权力管控，弱业务管理。

分析了事业部组织机构，同时做了相应的调研，发现事业部型企业的问题不仅存在于 A 公司，别的公司也同样存在。

(1) 集团公司对各事业部有人事、财务的决策权，但是对事业部内部运营管控是很弱的，基本每个事业部的流程、机制是不一致的，没有统一性。

(2) 各个事业部的职能组织没有形成共享，资源轻载、重载不均衡的情况很普遍，资源利用效率低。举例来说，每个事业部都有研发部门，很多研发的代码或元器件是可以在集团公司层面共享的，但是由于没有平台共享机制，导致事业部与事业部之间就像一根根烟囱，而且有很厚的烟囱壁，无法穿透，这些通用性的代码或元器件没有得到共享。

(3) 在客户层面，一个客户可能有好几个事业部的销售人员去对接，使客户感觉错乱，客户层面没有统一的接口。

(4) 事业部各自为战，之间的发展和平衡难以协调，职能型组织主导事业部运转。

(5) 每个事业部的文化、组织氛围也不尽相同。

2. 大平台型企业特征

(1) 各职能部门是一个共享中心、能力中心，能够在整个具体层面上复用，提高了资源使用效率，同时高端、稀缺的资源可以集中管理，分摊费用，极大增强了平台的竞争力，比如华为的 2012 实验室、海思半导体等。

(2) 在客户界面，以客户的维度建立营销组织，唯一的接口为铁三角组织，对接客户效率高，响应速度快，前端很灵活，比如中国移动系统部、法国电信系统部、沃达丰系统部等。

(3) 实行费用分摊机制，由各利润中心来分摊大平台的费用，在华为称费用为"吃水线"，这样可以有效地降低单一产品线的经营压力；

(4) 由于平台大，可以对战略机会点实现资源倾斜，在新产品、新方案发展初期，可以由大平台向这些战略机会点进行投入，通过饱和攻击的模式快速让新产品成长起来。

这就是华为一直说的"以客户为中心，大平台下的精兵作战"，这种大平台模式，也不是处处都适合，有它适配的场景，需要企业规模较大、业务流程比较清晰、客户相对固定、企业管理水平要求高等，需要有流程型组织来支撑大平台企业的运转。对于华为来说，流程型组织的引入促进了公司管理能力和效率的提升，加速了公司规模化发展的步伐。

7.2.1 职能型组织

职能型组织，是按职能来组织部门分工，即从企业高层到基层，均把承担相同职能的管理业务及其人员组合在一起，设置相应的管理部门和管理职务。管理的专业化分工开启了职能化管理。随着产品品种的增多，市场多样化的发展，应根据不同的产品种类和市场形态，分别建立各种集生产、销售、服务为一体，自负盈亏的事业部制。这种组织结构对于产品单一、销量大、决策信息少的企业非常有效。

1. 职能型组织的特点

(1) 各级管理机构和人员实行高度的专业化分工，各自履行一定的管理职能。因此每一个职能部门所开展的业务活动将为整个组织服务，只与最高层汇报或互动，与周边部门协同少，导致本位主义严重。

(2) 企业管理权力高度集中。由于各个职能部门和人员都只负责某一方面的职能工作，唯有最高领导层才能纵观企业全局，所以，企业生产经营的决策权必然集中于最高领导层，这样最高层往往是瓶颈，如果最高层选择的不合适，会影响整个公司的运转。职能型组织结构如图 7-12 所示。

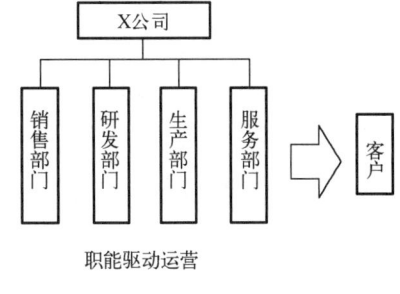

图 7-12 职能型组织结构

2. 职能型组织的优缺点

职能型组织的优点：快速、灵活、责任清晰，职能部门成为该专业的能力中心，可以对外输出能力。在单一职能部门，资源调动方便，执行力高，比如在中小型企业里，销售部门的几个核心骨干就可以把业绩快速提升起来。

职能型组织的缺点：烟囱式的分工过细，沟通成本高，效率低，各职能部门协同效率低甚至导向割裂，各自为战。组织层级多，在客户层面没有统一，客户需求响应迟缓，难以适应环境的迅速变化。关注领导，易催生官僚主义，职能部门之间的部门墙很厚。

职能型组织结构不是以客户为中心设置的，而是为了管理好公司内部资源，因此，客户界面的满意度往往不高，没有统一的责任归口。

3．职能型组织适合的场景

(1) 企业规模较小，老板可以掌握全局，掌控各职能部门的资源，效率高，执行力强。

(2) 企业产品品类较少，协调作战的工作相对较少，在部门内部基本解决了大部分问题。

(3) 公司企业文化落地好，员工思想统一，协同性好，企业可以在公司层面来平衡各职能部门，为客户倾斜资源，为商业成功服务。

随着公司产品品类的增多，公司不断壮大，职能型组织形式就暴露出单一事业部的部门与部门之间、事业部与事业部之间发展不平衡或难以协调的问题。如果没有一个部门能对公司整体的产品规划、整体策略等负责，那么各部门就会强调各自的重要性，以便争取到更多的预算和决策权力，致使部门、事业部之间无法进行协调，导致效率低下而失去转瞬即逝的市场机会。当企业规模、内部条件的复杂程度和外部环境的不确定性超出了职能型结构所允许的限度时，就不应再采用这种结构形式，但在企业的某些局部组织，仍可运用这种按职能部门分工的方法。

7.2.2 流程型组织

流程型组织结构（见图 7-13）是以满足客户需求为导向，以业务流程为中心的组织机构类型。这种组织并不强调纵向的管理线，而是采取以横向的流程线为主，以部门职能为辅的管理模式，一切重心导向客户和结果，目的是提高对顾客需求的反应速度与效率，降低对顾客的产品或服务供应成本。

流程型组织是基于业务流程的组织分工方式来设置的，从图 7-13 中的研发流程、销

图 7-13 流程型组织结构

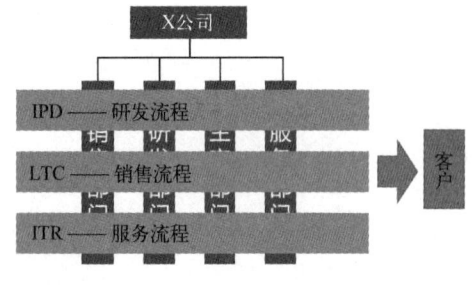

流程驱动运营，职能部门作为能力中心

售流程、服务流程(在华为公司称为运作流程),目的地都是围绕客户服务的,而不是围绕职能部门的领导服务的,流程型组织实现了去中心化、去权威化。管理者的管理对象主要是流程规则和流程角色、流程运转及效率,而不是特定的某个人。

1. 流程型组织的特征

(1) 系统化的流程设计和管理。
- ➢ 从业务框架到操作细节,构建了一套完整的流程体系。流程经过系统性设计,贯穿运营管理的始终,是端到端的业务管理过程,而不是片段散落的状态;
- ➢ 流程作为企业的核心资产被有效管理起来,流程生命周期,包括流程设计、执行、检查、反馈和优化,形成了持续运行和管理的机制;
- ➢ 流程能够被有效执行,并且经过持续优化成为最佳实践。

(2) 客户价值的有效传递。
- ➢ 流程即业务,流程里运行的是业务流,客户需求能够在企业中通过贯穿始终的流程,迅速、准确地传递,这个过程不被职能部门割裂和衰减;
- ➢ 整个组织的各种职能和资源都能够以价值链为核心实现协同和合理配置。

(3) 基于流程的职责分工与合作。
- ➢ 企业运转不是依靠行政命令上传下达的方式,而是基于流程定义的业务规则,流程成为企业运行的基本规则,岗位与流程的角色形成映射关系,因此形成各个岗位的工作标准;
- ➢ 企业中角色的权责关系不是上下级的从属关系,而是基于流程的分工合作、上下游的协同关系;
- ➢ 管理者的核心工作是确保流程正常、有效运行,并不断随着业务的变化优化流程,提高流程的运行效率。

(4) 管理手段和方法的集成。
- ➢ 企业中的各种资源和管理规则,能够有机地协调起来,不会各自形成孤岛,它们通过流程实现集成,能够有效地作用于现实的活动;
- ➢ 流程通过IT系统来固化,IT系统的电子流就是业务流,运行中IT系统之间以及人机之间能够顺畅交互,彼此协调。

(5) 自我运行的文化。

流程通过角色驱动,一旦触发就不会停止直至输出结果,企业需形成一种遵从流程的文化,而不是遵从权威,这样企业的治理就从人治迈向了法治。

2. 流程型组织机构的缺点

(1) 流程的设计、确定、修改等工作较为复杂困难，需要专业的人才，增加了企业成本；

(2) 与传统纵向职权型的管理方式差别较大，员工需要适应过程，在执行力不强的公司接受度较低；

(3) 把员工定位在流程中的一个角色，重复流程中的一个动作，对员工的职业通道有负面影响，解决这个缺点最好的方法是让员工周期性轮岗，对业务全局性有很好地了解，而不仅仅是一个螺丝钉。

建立流程型组织的充要条件是企业内部的流程相对稳定、规则明确、环节清晰、企业部门墙不厚、遵从流程文化等。流程型组织中原有职能部门的设置功能弱化，把职能部门的岗位映射成流程中的角色，原先存在的资源可以逐步建立起公司的专业能力中心，借助公司大平台搭建的力量共享出来，根据市场机会进行灵活的分配和派遣。业务自有其规则，角色按照业务规则运作，形成良性循环。工作细节不需要高层管理者的日常参与就能够实现自我运行，成为一个"自我管理"的组织，当业务有变化时，需要对流程进行调整和适配，确保流程反映业务真实情况，在华为称之为"流程是最佳业务实践"。

7.2.3 如何从职能型组织跃迁至流程型组织

职能部门作为专业能力的中心，一直会在企业中存在，建立流程型组织不是要消灭职能部门，而是以客户为中心，为客户提供更加优质的产品和服务，为企业的长治久安而服务，建立起一个不依赖于人的管理体系，让规则、制度来管理企业，而不是人治（见图7-14）。

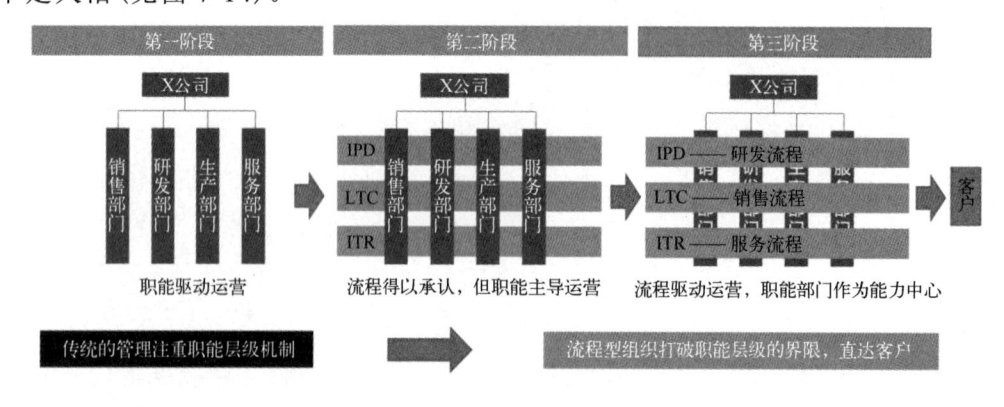

图7-14 职能型组织向流程型组织跃迁

事实上，没有完美的流程型组织存在，但这并不妨碍越来越多的企业开始向这个方向努力。怎样建设一个流程型的组织，或者说怎样使得一个组织从职能型向流程型转变？笔者根据华为流程变革的经验和实践，梳理出流程型组织的建设过程。

(1) 通过对业务价值流的分析和梳理，逐步完成各业务流程的设计，并清晰定义出流程中的关键控制点、规则、角色，这样就完成了流程设计环节。流程设计过程一定要由业务部门主导，而且要有流程责任人，通常该责任人为业务部门一把手。

(2) 流程设计出来后，需要选择不同的场景试运行（称为试点），确保流程运转正常后，再逐步推广到全公司，并完成流程IT化。

(3) 流程的优化和运营过程，是一个常态，随着业务的变化，流程也需要随之优化，同时需要有团队对流程的运营效率负责，确保流程高效运作，可以通过设置流程的度量指标来进行效率优化，IT作为流程固化的工具，需要随着业务变化来调整IT工具的更新；

(4) 其他，比如要梳理出职能部门与流程角色的关系，确保流程角色是专业的、高效的，否则将影响流程效率和质量。

很多企业认识到了流程管理的价值，并开始了推进流程变革的工作。然而，在实际推行中发现，仅从技术上推动是步履艰难的，尤其是流程管理和多个管理体系的整合会带来企业更深层次的变化，这种变化是战略性的、全局性的，它带来的是管理思想、组织模式、运营逻辑和行为模式的变化，同时，这些变化也会面临着很多固有的思想、原有的惯性和利益引发的阻力。所以对于推动流程管理这项工作，一定是最高层认同并发起，由上至下推行，让流程变革成为公司上下的共识，有了这种变革文化后，推行才可能成功。

在流程型组织运用下，矩阵式管理将由原来的管理职能向服务职能进行转变。组织定位也发生了根本性的变化，由管理部门转变成了资源部门、服务部门，弱化了职能部门的权力，强化对职能部门的能力需求。

中后台就变成了系统支撑力量，及时有效地提供支撑、服务和管控。当然考虑到矩阵式管理的层级过多，在构建流程型组织、支持全流程运营等方面，还必须构建授权、行权、监管的分层授权体系，这一点对企业是个重大挑战。一个公司如果没有强大的管理平台、数据支撑平台、审计与监控体系，那么就会陷入"一抓就死，一放就乱"的混乱局面中。

不管是流程型组织还是职能型组织，都是为实现业务目标而采取的业务运作方式，在权责分配、组织设计上存在差异，我们可以将流程型组织看作职能型组织的升级版，流程型组织是在职能型组织的基础上，按照流程进行组织职责匹配和工作分工的结果，而且这种改变是为了更高效服务客户，提高客户满意度，实现商业成功。

小结

我们通过不同维度对职能型组织和流程型组织进行比较（见表 7-5），可以看出来这两种组织形态没有绝对的好与坏之分，它们适合企业不同的发展阶段。

表 7-5　流程型组织和职能型组织的对比

	流程型组织	职能型组织
工作方式	有明确的流程和标准，按部就班工作	领导指派任务，缺少规则和岗位定位，内部协调工作大
责任机制	人管事，个人对流程结果负责，对客户负责	领导管人，容易造成员工只对领导负责
管理者功能	管理系统的设计师，处理重大和例外事项	流程中的关键环节，庞杂事务缠身
绩效评价	依据个人在流程中的工作完成情况进行评价	个人工作内容不定，靠领导或者民主打分
组织形态	扁平化精简的组织结构，管理成本比较低	金字塔形的组织结构，管理成本很高
核心竞争力	个人能力要求低，流程和标准是核心竞争力	个人能力要求高，部分能人是核心竞争力
运营效果	价值链协同高效运营，产品和服务质量稳定	部门分立协同不畅，产品和服务质量不稳定
市场表现	面对市场变化和客户需求快速响应	面对市场变化和客户需求响应速度慢

企业成长从小到大、由大到强，需要对组织进行不断的变革，流程型组织是企业长远发展的方向，从职能型组织向流程型组织的转型，是一个长期的过程，这个过程不存在捷径。我们可以看到一些新兴的互联网公司，它们一经成立就带有一些流程型组织的典型特征，这是由于它们所处的行业变化快，高度竞争和快速响应是他们得以生存的基础。同时灵活性也是"双刃剑"，有时候"快就是慢、慢就是快"，我们需要辩证地看待、平衡地对待。

行业不同，环境不同，管理策略不同，发展阶段不同，组织形态也不同，经验可以借鉴但不可复制，要借鉴底层逻辑，摒弃具体做法。每个企业都面临着自己的选择：找到一条适合自己的道路，没有最好的，只有最合适的。

想了解企业流程化组织更多知识点，请参考"企业流程化组织建设"课程大纲。

7.3　如何把能力建在组织上，摆脱对人的依赖

任正非在 2003 年华为公司研发产品路标规划评审会议上讲："企业管理的目标是流程化的组织建设。"

小型企业到了一定规模以后，能否成长为中型企业，还是徘徊不前或者逐渐衰败？中型企业如何跨越规模瓶颈壮大为大型企业？纵观中外企业创业史，任何企业创业时期，往往是通过创始人或一小部分核心团队的个人能力，逐渐发展并存活下来，任何成长型企业能够壮大为大型企业，都不是依赖于一两个人发展起来的，而是依赖公司组织的合力。

如何从小型企业发展为中大型企业？通过对许多知名企业的发展历程进行分析，企业愿景、使命、价值观，企业战略选择能力，企业组织能力和企业家精神等都是非常关键的要素。企业要想在不确定性的条件下实现高质量发展并壮大，跨越未来的不确定性，首先要有强大的组织能力。

组织能力，就是一个组织为客户创造价值的综合实力，对内表现为一种凝聚人、财、物等各种资源的能力为客户创造价值，对外表现为一种适应环境的创造力、进化力，不断提升企业的组织能力，跨越企业成长的规模瓶颈。组织能力远远超过个体能力的简单相加，组织的系统影响力远远大于个体影响力之和。

企业如果不能摆脱对"强人"和"牛人"的依赖，企业的规模就做不大，因为个体再厉害，能力也是有限的，这几个"强人""牛人"就是企业的天花板。因此优秀的企业家、创始人应该认清自身，认识到企业要突破发展瓶颈就要摆脱对个人的依赖，发挥组织的力量，把自己的工作从以前的"冲锋陷阵"中抽身出来，逐步转向提升企业的组织能力，把"强人"的能力复制到更多人的身上，实现人才复制、组织复制，这样的企业才有发展的潜力。组织能力建设对一个企业长远发展来说极其重要，关乎企业的未来。

1998年，华为创始人任正非在《我们向美国人民学习什么》一文中写道："企业缩小规模就会失去竞争力，扩大规模，不能有效管理，又面临死亡，管理是内部因素，是可以努力的。规模小，面对的都是外部因素，是客观规律，是难以以人的意志为转移的，它必然抗不住风暴。因此，我们只有加强管理与服务，在这条不归路上，才有生存的基础。这就是华为要走规模化、搞活内部动力机制、加强管理与服务的战略出发点。"可以看出企业的规模是优势，规模优势的基础是管理。如果没有优秀的管理，规模越大就越乱，就形成不了企业的规模优势。

华为创业30多年来，之所以能够取得巨大的商业成功并不断发展壮大，关键的要素之一是得益于组织能力的不断提升。华为通过不断地变革，建立起比较科学的管理体系，逐步摆脱了对技术、人才、资金的依赖，实现了组织能力快速复制，建立起一套完善的自我管理、自我修复运作体系，帮助华为逐步从"必然王国走向了自由王国"，让华为的商业成功从"偶然走向了必然"。华为的成功是管理体系的成功，也是规则制度战胜人制的成功。

那么，怎样提升企业的组织能力呢？企业组织能力建设的关键点在哪里？根据华为公司的治理理念"用内部规则的确定性来应对外部环境的不确定性"，施行端到端的"业务流程化，动作标准化"机制，用流程型的组织来替代职能型的组织，因此企业的能力输出具体表现在企业流程的输出上，而不是在人身上，从而实现流程制度代替人制。在变革过程中不断优化流程、提高流程效率就是提升组织能力的过程。

华为公司在探索组织能力建设过程中摸索出一套行之有效、适合中国企业的方法论。"桥修好了就不要摸着石头过河"，好的经验拿过来用即可。接下来结合华为的变革历程和变革经验总结，从构建企业组织能力的三个要素来解读：

(1) 变革领导力；
(2) 业务流程化体系建设；
(3) 业务流程的执行力。

7.3.1 变革领导力

管理者把事做正确，而领导者做正确的事。变革工作是领导者带领管理者及团队进行流程、组织、权力、机制等再造的过程。变革领导力强调变革过程中被领导者的参与深度以及变革目标的达成。变革最难的地方就是突破人的舒适区，因此在组织内变革经常会遭到各种各样的反对，主要由于变革流程没有得到良好处理，比如感到自满、缺乏理解、追求私利、缺乏安全感等。

变革是战略实现的必然要求，是一个从现在走向未来的过程。盲目、草率地推进变革不仅无法获得期望的收益，还会给企业带来伤害。企业要么从内部变革，要么被别人变革。在一个变革能力成为常态化的时代，成功领导变革的能力对企业的长期有效发展至关重要。

华为公司根据多年的变革历程经验，认为变革领导力聚焦"人"的改变，梳理出变革领导力 uTorch 模型（见图 7-15）。

> 1. 增强紧迫感 (Urgency)：帮助团队成员认识到变革的必要性，以及马上采取行动的重要性。
>
> 2. 发展同路人 (Team)：发展同盟军，确保组建一个强有力的团队，专业才能、公信力、沟通技巧、权威性、分析技能和紧迫感的团队。
>
> 3. 共启愿景及目标 (Objective)：制定变革愿景和目标，让大家清楚认知变革后的未来与过去会有怎样的不同，愿景将如何变成现实。
>
> 4. 消除阻力 (Resistance)：变革过程中一定会有人反对，有人支持，有人中立。做好宣传和引导，消除变革中的杂音，解决好利益冲突，对于反对的人员要

重点关注，争取更多的人参与进来。

5. 赢得信心（Confidence）：尽快取得一些看得见成果的胜利，赢得团队信心。建立样板，激励标杆，凝聚团队。

6. 固化变革成果（Hold on）。

取得最初的成功后要加倍努力，让更多的成果逐步涌现。不断地进行变革，直至将愿景变为现实。

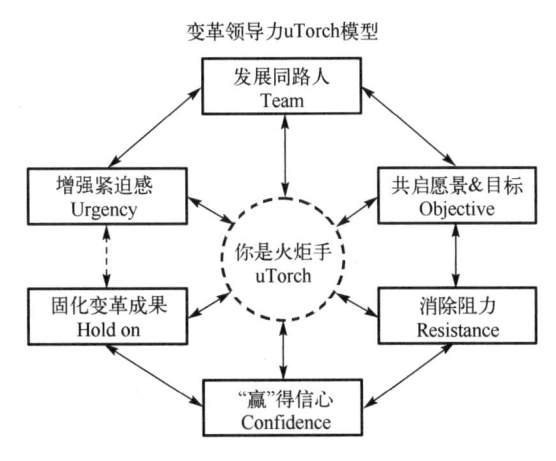

图 7-15　变革领导力 uTorch 模型

变革领导力为变革保驾护航，是变革成功的核心要素，为变革过程消除阻力，使得变革能够顺利进行。因此领导者要深入理解并很好地应用 uTorch 模型，推动变革稳健前行。

7.3.2　业务流程化体系建设

业务流程化体系建设的核心内容就是"把业务建在流程上，把能力建在组织上"。因此"能力建在组织上"的第一步就是建立公司的业务流程体系。流程建设一般包括以下内容。

1. 建立公司业务流程

客户决定业务，业务决定流程，流程决定组织，以客户为中心，建立公司的流程体系是实现"能力建在组织上"的基础。

什么是流程？ISO9000 对流程的定义是：一连串可重复的活动，具有可衡量的输入、增值活动，可衡量的输出。根据管理大师迈克尔·哈默对流程的定义，流程有八个要素（见图 7-16）。

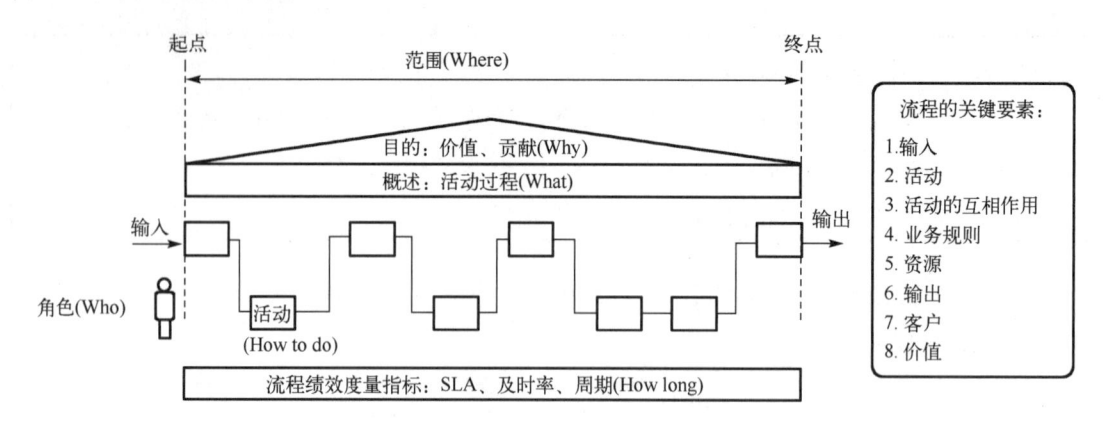

图 7-16 流程及流程的八个要素

华为公司认为流程是最佳业务实践，流程即业务。以客户为中心，就是输入从客户中来，输出到客户中去，因此建立公司的流程要紧紧围绕为客户创造价值。华为公司通过 20 多年的流程体系建设，逐步建立起完善的流程体系及管理机制，并不断地优化，适配业务的变化，不断优化的流程为业务的腾飞插上了翅膀。

很多企业，也认识到流程建设的重要性，当流程建设完成以后，发现效率并没有以前高，甚至慢了很多，就怀疑流程的作用，认为流程效率低下，拖累了业务，就没有坚持下去。罗马不是一天建成的，如果没有长期主义的决心，这条变革的路注定要失败。据统计，变革项目能够达成项目初期设定目标的比例为 25% 左右。

变革是耗时耗钱耗资源的过程。华为公司从 1996 年引入 ISO 体系直至今天，20 多年过去了，时代发生了巨大变化，华为公司的市场地位也得到了极大提高，没有企业家坚持不懈地变革，不可能有今天的成就。华为公司流程体系的发展历程如图 7-17 所示。

图 7-17 华为公司流程体系的发展历程

按照迈克尔·波特的价值链模型，华为公司把业务流程分为运作流程、使能流程、支撑流程。

(1)运作流程：直接面对客户，端到端定义为完成对客户的价值交付所需的业务活动；

(2)使能流程：响应运作流程的需求，用于支撑运作流程的价值实现；

(3)支撑流程：确保公司日常高效、安全运作的基础性流程。

下面列举华为公司运营商业务的17个一级流程（见图7-18），这些流程支撑了华为公司几千亿的营收，实现了业务的可视、可度量、可追溯管理，初步实现了职能型组织向流程型组织的转型，实现"业务建在流程上、能力建在组织上"，摆脱了对人的依赖，因此任何员工的轮岗、调配、离开都不会影响业务的运作，这就是华为这20多年来流程变革带来的巨大收益，基本摆脱对人的依赖，持之以恒是其伟大之处。

华为公司定义的17个一级流程（波特价值链）

运作（Operation）
1. IPD（Integrated Product Development，集成产品开发）
2. MTL（Market to Lead，从市场到线索）
3. LTC（Lead to Cash，从线索到回款）
14. CHS（Channel Sales，渠道销售）
16. Retail（零售）
17. Cloud BU（云BU）
4. ITR（Issue to Resolution，客户问题到解决方案）

运作流程：客户主要价值创造流程，端到端的定义，为完成对客户的价值交付所需的业务活动，并向其他流程提出协同需求

使能（Enabling）
5. Develop Strategy to Execution（从战略到执行）
6. MCR（Manage Client Relationships，管理客户关系）
7. SD（Service Delivery，服务交付）
8. ISC（Integrated Supply Chain，集成供应链）
9. Procurement（采购）
15. Manage Capital Investment（管理资本运作）（机密流程）

使能流程：响应运作流程的需求，用以支撑运作流程的价值实现

支撑（Supporting）
10. Manage HR（管理人力资源）
11. Manage Finances（管理财经流程）
12. Manage BT&IT（管理业务变革&信息技术）
13. Manage Business Support（管理基础支持）

支撑流程：公司基础的流程，为使整个公司能够持续高效、低风险运作而存在

图7-18 华为公司的17个一级流程

流程是一门管理科学，企业在进行流程建设的过程中，一定要尊重专业、尊重优秀的经验，流程建设指导原则：

(1)必须以客户为中心；

(2)遵从企业架构（包括流程架构）及内控框架；

(3)坚持业务急用先行；

(4) 主干清晰、末端灵活；

(5) 融合内控、数据、质量、安全、IT 等管控要求；

(6) 遵从相关的规范、标准、工具、模板；

(7) 流程 BI 要承接端到端信息链的贯通。

2．动作标准、模板统一

分层分级管理是流程管理的基本原则，现代管理学一般把流程分为 6 层，每一层都有特定的含义和特征（见图 7-19）。

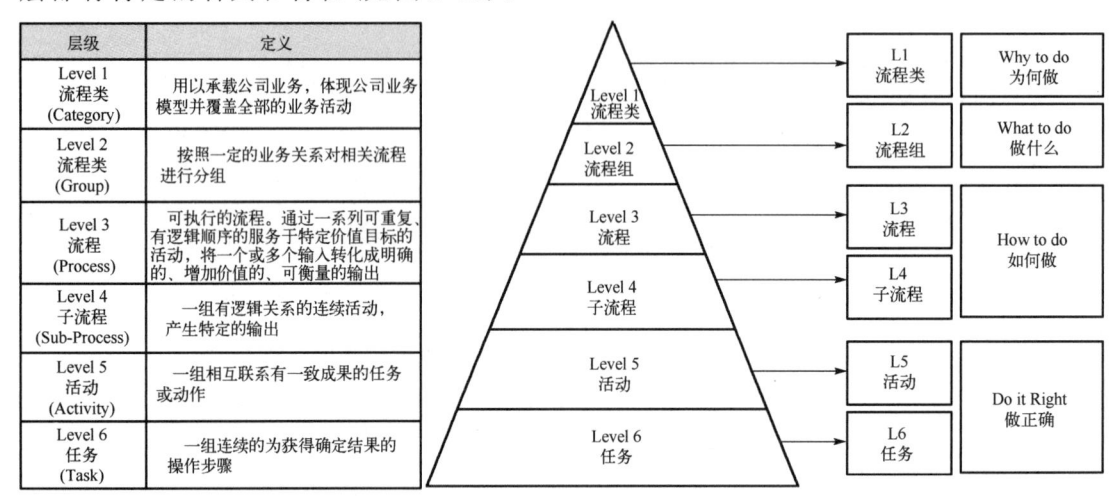

层级	定义
Level 1 流程类 (Category)	用以承载公司业务，体现公司业务模型并覆盖全部的业务活动
Level 2 流程类 (Group)	按照一定的业务关系对相关流程进行分组
Level 3 流程 (Process)	可执行的流程。通过一系列可重复、有逻辑顺序的服务于特定价值目标的活动，将一个或多个输入转化成明确的、增加价值的、可衡量的输出
Level 4 子流程 (Sub-Process)	一组有逻辑关系的连续活动，产生特定的输出
Level 5 活动 (Activity)	一组相互联系有一致成果的任务或动作
Level 6 任务 (Task)	一组连续的为获得确定结果的操作步骤

图 7-19 流程的分层分级管理

(1) L1、L2 层：Why to do 和 What to do，回答为何做/做什么，承接企业战略目标。

(2) L3、L4 层：How to do，回答如何做，聚焦战略设计，体现为企业、客户创造价值的主要流程

(3) L5、L6 层：Do it right，要求做正确。

其中 L5、L6 流程是具体的业务操作指导，该层流程将会定义出具体任务的具体动作、工具、模板，是可以重复使用的，对每个角色都具有一致性。因此 L5、L6 就定义了一个可以复制的能力，与具体哪个人来操作该动作、模板无关，只要该角色按照模板的定义来做，输出的结果基本可行、可控。

华为的公司级流程一般会定义到 L3 和 L4，对于 L5 和 L6 的活动和工具模板，不同业务部门可以自己适配，公司会给出一些参考模板，华为销售流程（LTC）分层分级模板如图 7-20 所示。例如，项目立项模板，由于山东和河北两省的某些采购模式不一致，华为山东分公司的立项模板和华为河北分公司立项模板是不一样的。

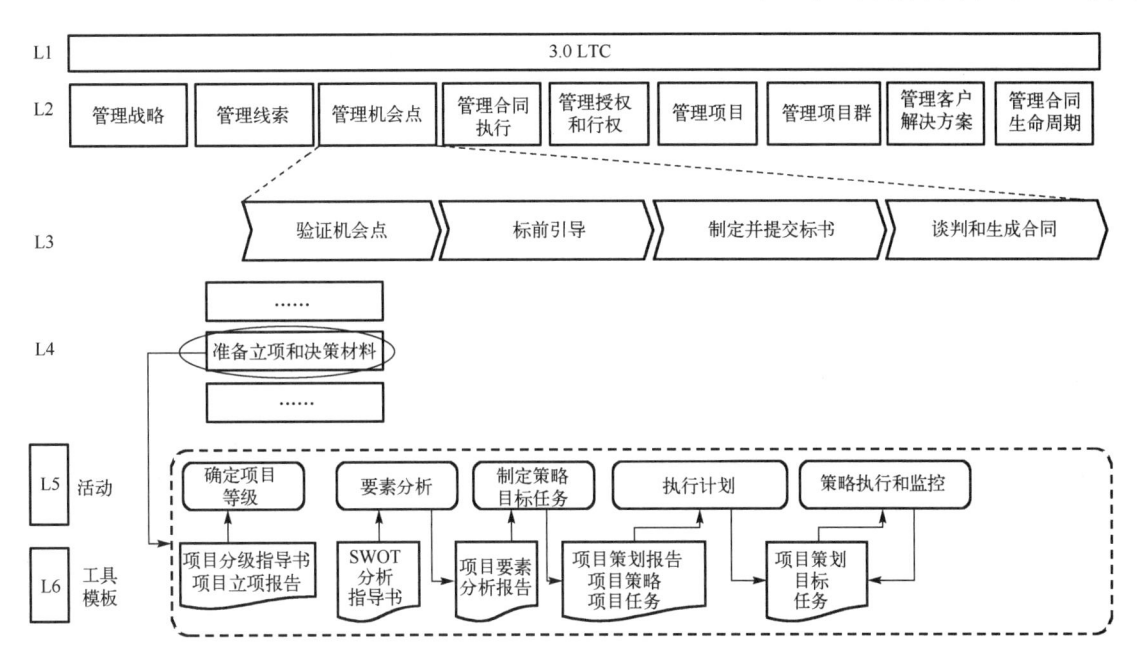

图 7-20　华为销售流程(LTC)分层分级样例

有了统一的模板，每个员工按照模板来做，是业务部门对员工的基本要求，对人的能力要求不高，每个模板之外的内容，员工可以根据业务场景发挥各自的特长，或者业务有特殊需求超出模板之外的内容，都可以自由发挥。因此，有了科学的流程、机制，普通人也可以成就非凡的事业。

3. 建立以客户为中心的流程型组织

传统企业随着规模的扩大，要逐步从职能型组织转化为流程型组织。流程要从客户中来，到客户中去，通过端到端的流程拉通给客户创造价值的业务，打破职能部门的"部门墙"，职能部门作为流程的能力中心和行业管理中心，为流程任命角色和为角色进行专业赋能(见图 7-21)。

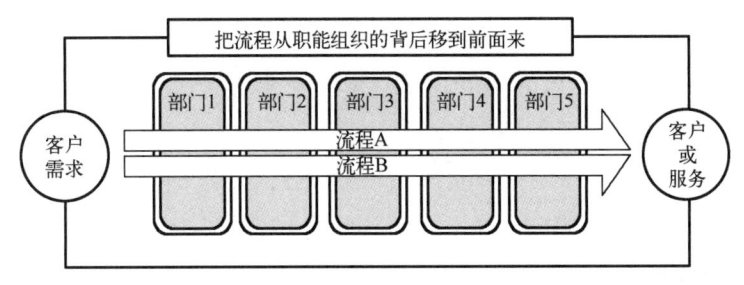

图 7-21　从职能型组织到流程型组织的跃迁

流程型组织的优点：
(1)灵活：跨部门端到端，及时响应客户的需求；

(2)竞争：在全流程中构建竞争优势，包括周期、进度、质量等；

(3)创新：更小的产品开发周期，保持产品技术领先；

(4)满意：以客户满意为宗旨，跨部门团队在流程中的协同。

4．流程固化的 IT 系统

流程是被重复执行、逻辑上相互关联的一组业务活动序列，将明确的输入转换成明确的输出，从而实现为客户创造和向客户交付价值（产品和服务）的业务目的。流程作为业务的载体，是由流程角色来执行的，为了确保执行过程中的一致性、可视化、可追溯，需要把流程的执行固化在 IT 系统中，避免因为人员离职或替换等问题导致知识流失或准入门槛过高的情况出现。

5．其他

比如流程的例行管理：

(1)流程规划与版本管理；

(2)设计、优化；

(3)执行、监控；

(4)评估、度量；

(5)生命周期。

7.3.3 流程的执行力

流程已经匹配了业务，如果组织不调整，组织没有匹配流程，就会造成流程不匹配业务的表象，而且"部门墙"可能更严重，最后形成了"流程一张皮，业务一张皮"的平行线，流程锁在柜子里面无人问津，业务人员依照原来的惯性按部就班。真正流程化组织是反官僚化的，是去"部门墙"的。要让流程来主导业务，而不是职能部门主管。

1．流程变革是一把手工程，领导要示范和倡导

企业领导要成为流程管理的倡导者和实践者，积极参与到流程改进和优化中，带领员工共同推进流程氛围建设。有了领导的垂范，员工才能够转变意识和改变原有的惯性。在1998年，华为公司开始推行研发流程 IPD 变革时，华为创始人任正非就对变革管理团队说："不换思想就换人"。团队的思想统一了，必然有好的执行力。

2．流程运营机制

(1)流程 PO(Process Owner)责任制。

很多企业把流程的开发、运营的责任归属于 IT 部门，这是完全错误的。IT 系统只是承载流程的工具，IT 部门的员工对业务并不熟悉，必须是业务部门对流程负责，

IT 部门提供流程方法论的赋能。在华为公司并没有 CIO 这个角色,取而代之是 BP/IT 总裁(Business Process/Information Technology,流程与 IT 总裁),该部门是流程的行业管理部门,对流程方法论负责,为业务部门提供变革的专业知识。华为公司对每条业务流程采用流程责任制,即业务部门的一把手为该流程的 PO(Process Owner,流程责任人),比如销售流程 LTC 的 PO 是华为全球销售部总裁,问题解决流程 ITR 的 PO 是全球服务部总裁。每个 PO 项目还有区域 PO(RPO),负责该流程在区域内的推广。只有抓住 PO 这个牛鼻子,流程的执行力才可落地。华为公司流程 Owner 设置与管理如图 7-22 所示。

- 设置与管理原则
  - 基于架构,分层分级
- GPO任命各级流程Owner时应遵循设置模型
  - 匹配业务主管,既是流程Owner,又是业务主管
  - 唯一性,不能自行转授

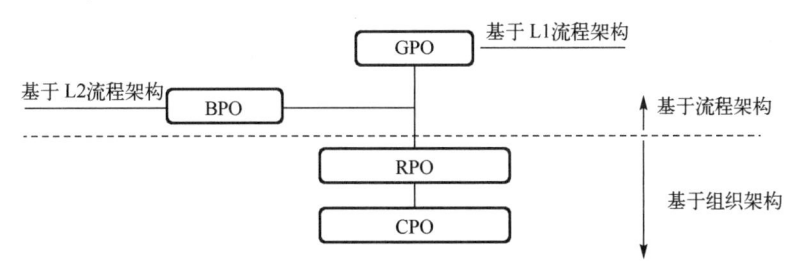

图 7-22 华为公司流程 Owner 设置与管理

从流程遵从走向流程责任,核心是对结果负责,建立流程管理理念主要包括:
- 强调不仅仅是按照流程办事,还要关注目标的达成或效益最佳;
- 要发挥主观能动性,驱动流程不断优化,对结果负责;
- 责任结果不仅包括当前考核的 KPI,还包括流程输出的质量、效率和风险控制,以支持业务结果的持续达成。

流程责任制包括:
- 明确责权:基于流程定义的角色和职责,分配岗位的责任和权力;
- 履行职责:要求岗位要按照流程定义的角色职责履责,对下一环节负责;
- 结果担责:岗位要对流程角色的责任结果担责。

(2)加强流程推行管理,保证流程落地。

流程的推行过程:试点推行、全面推行准确度评估、全面推行。

(3)流程的审计、CT、SACA。

通过流程审计,识别业务运作中的重大风险;通过流程遵从性测试(CT),验证流程关键控制活动执行的有效性;通过流程半年度控制评估(SACA),保障流程安全、高效、合规运营。

3. 流程意识的提升和流程文化的建立

(1) 变革准备的工作非常重要。磨刀不误砍柴工，在变革项目初期，一定要把团队的思想统一起来，营造变革的氛围。流程的氛围建设是指营造一种关注流程、重视流程、遵守流程的氛围。流程氛围使企业的各个部门和员工都能够对流程管理产生共同的理解和认同，并积极参与和支持流程改进和优化。

(2) 通过建立流程文化，强调流程管理的重要性和必要性，使员工形成对流程的共同认知和行为习惯，营造一种良好的流程氛围。

4. 培训、激励、奖励、宣传、推广

(1) 通过开展流程管理培训和教育，让员工了解流程管理的意义和作用，提高员工对流程的认知和操作技能，促进员工积极参与和支持流程氛围建设。

(2) 对于积极参与到流程改进和优化中的员工，企业应该给予激励和奖励，激发员工参与流程氛围建设的积极性和创造性。

(3) 通过宣传和推广流程管理的成功案例和经验，增强员工对流程管理的信心和认同感，推动企业形成良好的流程氛围。

7.3.4 摆脱对人的依赖

岗位和角色是不同的（见图7-23）。在职能部门中，每个人都处于不同的岗位，有高低之分，比如警察岗位有警监、警督、警司、警员等。但流程中的角色是没有个性的，没有地位高低之分，都是平等的，比如商务审批人、法务审批人、解决方案审批人、合同终审人等。因此我们为每个流程角色梳理出标准的能力模型，再把合适的人分配给这些角色，这样处于相同角色的人就是具有共性的流程执行者，就可以摆脱对人的依赖。

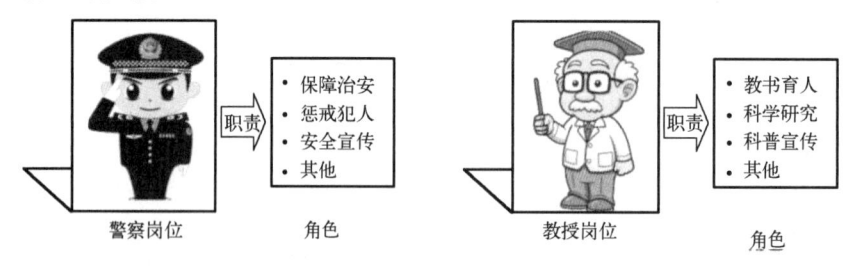

图 7-23　岗位和角色

如何输出角色的标准模型呢？华为公司基于岗位角色的认知来梳理不同岗位的能力模型，称为"同心圆模型"（见图7-24）。

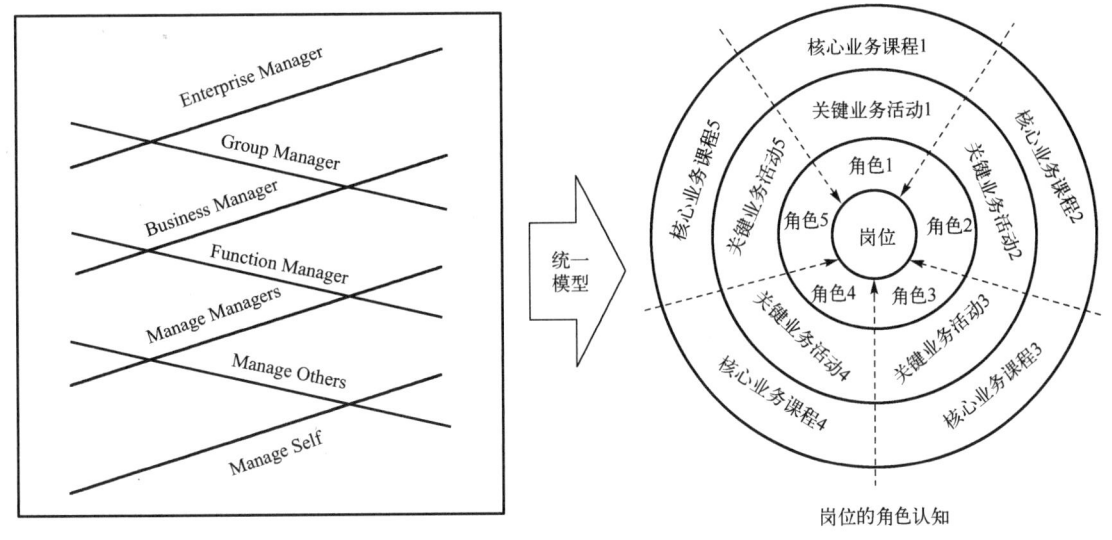

图 7-24　岗位角色的认知模型

在很多创业型企业里面，聪明人太多，导致思想、方向、行动得不到统一，这就是典型的"聪明反被聪明误"。企业没有一个主心骨或者有很多主心骨，意见得不到统一，都是不可能成功的。反观很多成功的大企业，组织中所有的价值基本上都是由一群看上去不胜任的人创造出来的，任何人走上一个新的岗位都是从不胜任开始的。要选有意愿的人，而不是选有能力而意愿不强的人，只要这个人有意愿，我们先给他机会，让他小步快跑，绝不能虚位以待，要在实战中选择人才，而不是在课堂上选择人才。只要规则清晰，选对合适的人，平凡人也可以干出不平凡的业绩。

业务的流程化大大弱化了公司对人的依赖，因为我们给角色适配合适的人，而不是最牛的人，这样一群才识一般的人，只要按照流程定义的业务规则做事，也可以输出合格的业绩。因此只要把流程中的角色定义好，把流程的运作规则梳理清楚，不断优化流程，提高效率，这样就基本摆脱对人的依赖。

小结

华为虚心地向西方老师学习，同时企业家的战略选择和长期主义精神，使华为从此走上流程化组织变革之路，投入大、周期长，当然收效也非常显著。从1998年至今，从华为的各项指标看，产品研发费用降低近40%，产品上市周期缩短近50%，公司整体人效提高了 300%。这些年我们观察到，一旦华为选择进入某一赛道，比如手机、逆变器、云，开始基本都是跟随策略，看准时机并战略投入，最后实现对友商的超越，成为该赛道的头部企业。整个过程基本摆脱了对人的依赖，这就是组织能力发挥的重大作用。

能力建在组织上，是一个漫长的过程，不能期望一蹴而就，企业管理的目标是建立流程化组织，但是如果始终不敢迈出第一步，只停留在思考中，思考一百遍不如干一次，没有开始就永远走不到终点！正如现代管理学之父彼得·德鲁克讲的："管理是一种实践，其本质不在于知，而在于行。"

想了解企业流程化组织更多知识点，请参考"企业流程化组织建设"课程大纲。

7.4 华为从市场到线索(MTL)流程

在与很多企业交流时，常听到这样的话："不知道去哪里找线索""如何把喇叭口张得更大，把更多线索导入进来""我手里有很多潜在客户，但就是不知道该如何下手""这个营销活动花钱那么多，效果到底怎么评价"，这些问题也是华为一直在思考的问题。毕竟，对于一个企业来说，再大的市场、再多的客户，如果不能有效转化为销售线索，那也只是一堆"死"数据。所以，"销"的勤奋弥补不了"营"的懒惰！

由此，华为从市场到线索 MTL 流程应运而生。MTL，全称 Marketing to Lead，直译为"从市场到线索"。它的核心理念是将市场与销售和研发紧密相连，通过精准的市场营销手段，将潜在客户需求转化为可跟进的销售线索，再进一步转化为实际的销售业绩，同时也洞察客户潜在技术、商业模式需求，这些需求形成对研发的输入。MTL 流程在华为流程体系中属于运作流程，在华为流程体系中的位置如图 7-25 所示。

华为 MTL 流程的独特之处在于它与市场和研发的协同职责，并能够有效地落地应用。它以实际业务场景为基础，帮助销售快速获取高质量的销售线索，同时为研发提供有效、快速的输入。MTL 流程视图如图 7-26 所示。

7.4.1 第一阶段：市场洞察(MI)

市场洞察(Market Insight，MI)是对市场进行深入的研究和理解，它就像一位智慧的长者，用深邃的目光洞察着商业世界的点滴变化，其目标是清晰地把握市场趋势，了解客户需求，以及掌握竞争对手的动态。

第 7 章　营销科学篇之流程　　211

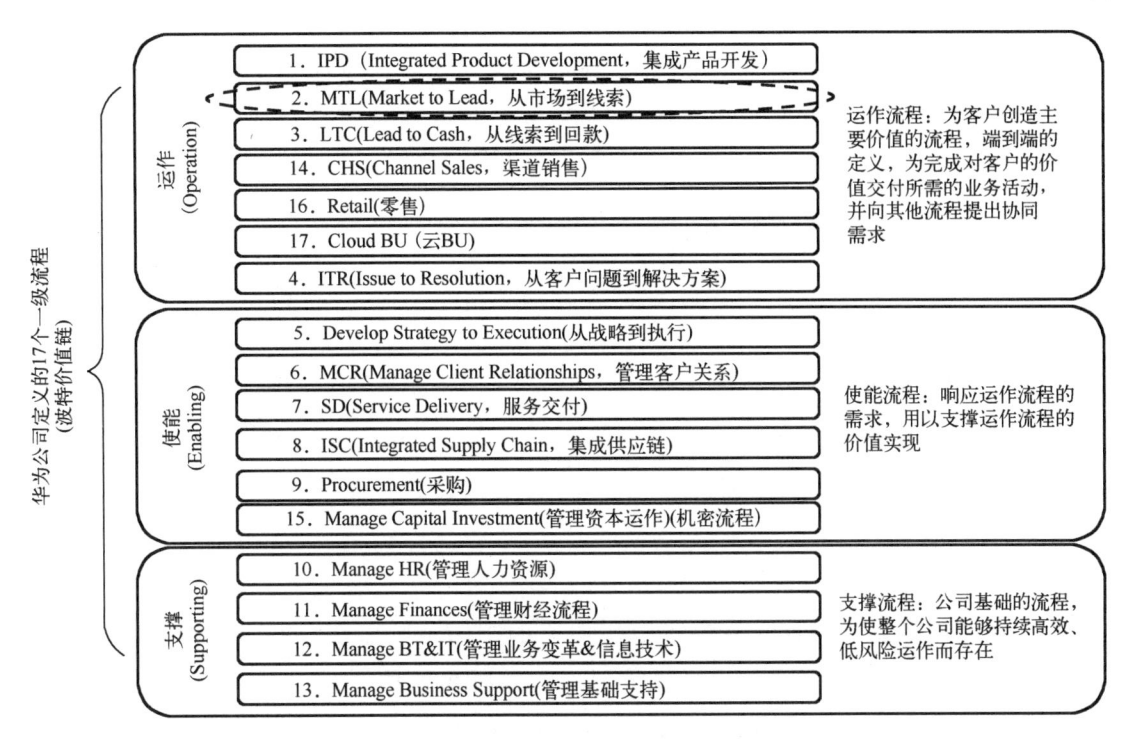

```
华为公司定义的17个一级流程（波特价值链）
┌─ 运作(Operation)
│   1. IPD（Integrated Product Development，集成产品开发）
│   2. MTL(Market to Lead，从市场到线索)
│   3. LTC(Lead to Cash，从线索到回款)
│   14. CHS(Channel Sales，渠道销售)
│   16. Retail(零售)
│   17. Cloud BU（云BU）
│   4. ITR(Issue to Resolution，从客户问题到解决方案)
├─ 使能(Enabling)
│   5. Develop Strategy to Execution(从战略到执行)
│   6. MCR(Manage Client Relationships，管理客户关系)
│   7. SD(Service Delivery，服务交付)
│   8. ISC(Integrated Supply Chain，集成供应链)
│   9. Procurement(采购)
│   15. Manage Capital Investment(管理资本运作)(机密流程)
└─ 支撑(Supporting)
    10. Manage HR(管理人力资源)
    11. Manage Finances(管理财经流程)
    12. Manage BT&IT(管理业务变革&信息技术)
    13. Manage Business Support(管理基础支持)
```

运作流程：为客户创造主要价值的流程，端到端的定义，为完成对客户的价值交付所需的业务活动，并向其他流程提出协同需求

使能流程：响应运作流程的需求，用以支撑运作流程的价值实现

支撑流程：公司基础的流程，为使整个公司能够持续高效、低风险运作而存在

图 7-25　MTL 流程在华为流程体系中的位置

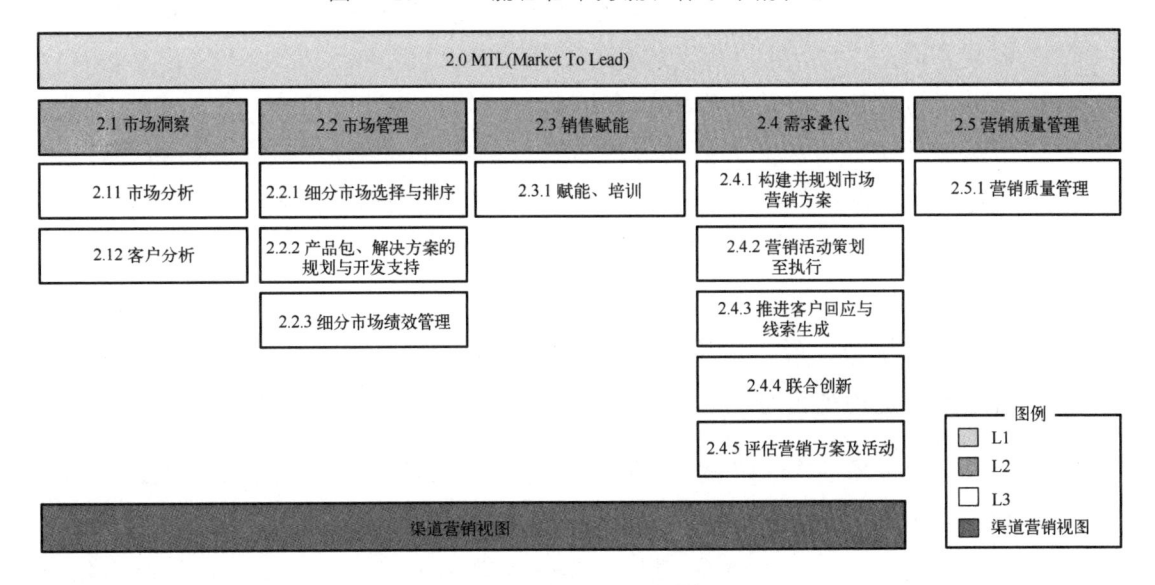

2.0 MTL(Market To Lead)				
2.1 市场洞察	2.2 市场管理	2.3 销售赋能	2.4 需求衍代	2.5 营销质量管理
2.11 市场分析	2.2.1 细分市场选择与排序	2.3.1 赋能、培训	2.4.1 构建并规划市场营销方案	2.5.1 营销质量管理
2.12 客户分析	2.2.2 产品包、解决方案的规划与开发支持		2.4.2 营销活动策划至执行	
	2.2.3 细分市场绩效管理		2.4.3 推进客户回应与线索生成	
			2.4.4 联合创新	
			2.4.5 评估营销方案及活动	
渠道营销视图				

图例：L1　L2　L3　渠道营销视图

图 7-26　华为 MTL 流程视图

市场洞察是整个营销流程的出发点，开展市场洞察工作，分析市场环境和客户需求，从而为后续的市场管理提供有力的支撑。在市场洞察阶段，主要从市场和客户两个维度进行分析，其中市场维度包括市场细分、市场趋势、市场规模、市场增长、竞争分析和颠覆性力量分析（见图 7-27）。而客户维度则包括客户细分、

客户行为分析、客户价值分析、客户声音研究、客户体验测量以及社交媒体分析等。在市场洞察阶段,大部分时候可以把竞争分析独立出来,以应对激烈的市场竞争。

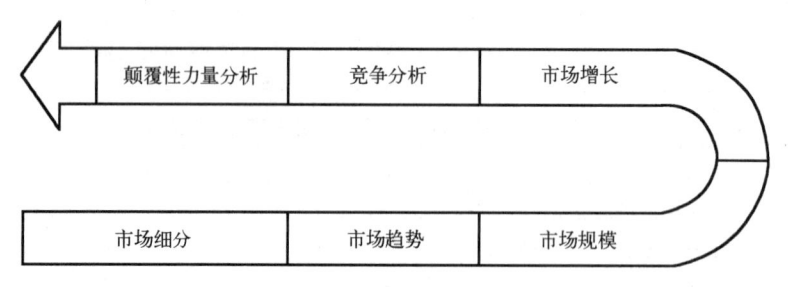

图 7-27 市场分析主要工作

（图中内容：颠覆性力量分析、竞争分析、市场增长、市场细分、市场趋势、市场规模）

1．市场细分的工作内容

(1)确定市场范围：首先需要确定所面向的市场范围,包括目标市场国家和地区的政治、经济、社会、文化等因素的分析和评估。

(2)识别目标客户：根据确定的市场范围,需要识别目标客户的需求和痛点,了解他们的消费行为和偏好,包括客户的年龄、性别、职业、收入等特征的分析和判断。

(3)分析市场趋势：需要分析目标市场的市场趋势和发展趋势,包括市场容量、市场增长率、市场竞争格局等因素,以确定目标市场的潜在机会和威胁。

(4)制定市场策略：根据以上分析结果,需要制定相应的市场策略,包括产品定位、差异化策略、市场定价、推广渠道、营销活动等。

(5)制订销售计划：根据市场策略制订相应的销售计划,包括销售目标、销售渠道、销售策略、销售预算等。

2．市场细分工作的目标

(1)了解目标市场的需求和痛点,为产品和服务提供更广阔的市场空间。

(2)发现市场机会和潜在客户群体,为公司的产品和服务提供更广阔的市场机会。

(3)根据目标市场需求和趋势,制定相应的市场策略和营销计划,以提高市场份额和销售业绩。

(4)根据目标客户群体和消费行为偏好,制定相应的产品定位和差异化策略,以提高品牌知名度和客户满意度。

(5)根据市场趋势和发展方向,及时调整和优化市场策略和营销计划,以保持公司的竞争优势和市场领先地位。

3. 市场趋势分析的内容

(1) 影响市场的政治、经济、社会环境是怎样的。
(2) 与所研究的市场相关的关键技术趋势如何。
(3) 主要市场竞争对手当前有何举动。
(4) 是什么在改变市场中的业务模式、渠道。

4. 市场趋势分析的方法

(1) 收集之前进行过有效性分析的数据、信息，识别那些被多个数据源反复提及的主体。
(2) 对信息、数据进行总结，形成市场 Top10 趋势，确保每个趋势都与正在分析研究的市场相关联。
(3) 针对每个趋势问自己"然后呢"，在业务问题场景下对趋势进行描述。
(4) 突出、合并最重要的趋势，舍弃琐碎的趋势，为每个识别出的趋势提供几条支撑观点。
(5) 确保趋势分析在坚实的数据支撑下，为看待市场提供了一个新角度。

总体来说，市场趋势分析应重点分析技术发展趋势、价值链转移趋势以及客户需求变化趋势。

市场规模分析，也称市场容量分析，主要用来研究目标产品或行业的整体规模，包括目标产品或行业在指定时间内的产量、产值等，以便更好地理解市场的规模和趋势。

5. 市场规模分析的方法

(1) 直接法：直接法是通过直接获取市场数据来计算市场规模。例如，通过行业报告、官方统计数据、市场研究公司发布的报告等途径获取特定行业的市场规模数据。这种方法比较准确，但需要一定的时间和精力去寻找可靠的数据来源。
(2) 间接法：间接法是通过其他指标来估算市场规模。例如，通过销售额、销售量、市场份额等指标来估算市场规模。这种方法相对简单，但需要有一定的数据处理和分析能力。
(3) 复合法：复合法是将直接法和间接法结合起来，通过多个指标来估算市场规模。例如，通过销售额、销售量、市场份额等指标来估算市场规模，同时考虑消费者数量、消费能力等因素。这种方法比较全面，但需要更多的时间和精力去分析和处理数据。

6. 进行市场规模分析时的注意事项

(1) 要注意数据来源的可靠性和准确性。最好使用官方数据或权威的市场研究公司的报告。

(2) 要注意数据的时间和空间限制。不同的数据可能只适用于不同的时间段和地区。

(3) 要注意数据的可比较性。不同指标之间的数据可能需要进行换算或调整，以便进行比较和分析。

(4) 要注意数据的可预测性。市场规模和趋势的分析需要基于历史数据和现有信息来进行预测，因此要选择可预测性强的数据和指标。

市场增长分析主要研究目标市场的增长趋势、增长率和增长驱动因素等，以便了解市场的潜在机会和风险，为制定营销策略和投资决策提供依据。

7. 市场增长分析的目的

(1) 评估市场的潜在机会：通过分析市场的增长趋势和驱动力，可以评估市场的发展潜力和机会，为企业的战略规划和发展提供指导。

(2) 识别市场的风险和挑战：市场增长分析也可以帮助企业识别市场的风险和挑战，包括市场饱和度、竞争压力、技术更新等因素，以便更好地制定应对策略。

(3) 指导营销策略：通过市场增长分析，可以了解目标市场的增长趋势和潜在机会，从而制定更精准的营销策略和推广活动。

(4) 辅助投资决策：对于企业而言，投资决策是至关重要的，通过市场增长分析，可以更准确地评估市场的投资价值和潜在回报，为企业的投资决策提供依据。

竞争分析主要内容是研究并分析竞争对手在目标市场中的情况，包括竞争对手的产品、服务、营销策略、市场占有率等，以便了解竞争对手的优势和劣势，为企业制定相应的竞争策略提供依据。

8. 竞争分析的方法

(1) SWOT分析：通过对竞争对手的优势、劣势、机会和威胁进行分析，了解竞争对手在市场中的地位和影响力，为企业制定相应的竞争策略提供依据。

(2) 竞争对手分析框架：采用标准的竞争对手分析框架，包括竞争对手的市场占有率、产品特点、营销策略等，以便更好地了解竞争对手的情况。

(3) 客户调研：通过与客户的沟通和调查，了解客户对竞争对手的评价和态度，从而更好地把握竞争对手的优势和劣势。
(4)合作与联盟：与竞争对手进行合作或建立联盟，可以共同推动市场的发展和扩大市场份额，同时也可以提高企业的竞争力。

9．颠覆性力量分析

颠覆性力量分析是指深入分析可能对现有市场格局产生重大影响的力量，包括技术、政策、商业模式、竞争态势等方面。主要分析内容包括：

(1)技术颠覆：分析新技术的发展趋势和应用场景，预测其对现有市场的冲击和影响，以及可能产生的商业机会。

(2)政策颠覆：关注政策调整和法规的变化，分析其对行业和市场的影响，以及可能带来的商业机会和挑战。

(3)商业模式颠覆：研究新的商业模式和价值链，预测其可能对行业和市场的影响，以及如何应对和利用这些变化。

(4)竞争态势颠覆：分析竞争对手的战略调整和市场布局，预测其对市场格局的影响，以及如何制定相应的竞争策略。

10．颠覆性力量分析的方法

(1)PEST 分析：对政治、经济、社会、技术四个方面进行分析，识别可能对市场产生颠覆性的力量，以及可能产生的商业机会。

(2)SWOT 分析：结合内部优势和外部威胁，分析可能对市场产生颠覆性的力量，以及如何利用自身优势应对挑战并抓住机会。

(3)案例分析：通过研究颠覆性力量对行业的实际影响案例，深入了解其作用机制和应对策略，为未来应对类似情况提供参考。

(4)模拟分析：通过模拟不同情况下的市场变化，为企业制定相应的战略和计划提供参考。

7.4.2　第二阶段：市场管理(MM)

市场管理(Market Management，MM)阶段，基于市场吸引力和自身能力，根据市场洞察的结论，主要完成下面三部分工作：

(1)对细分市场进行选择和优先级排序，完成细分市场的投资组合；
(2)根据客户的需求和痛点，识别细分市场的业绩差距并提出改进意见，规划、开发产品和解决方案；
(3)制订目标细分市场的市场计划，管理细分市场的绩效。

细分市场的选择和排序主要基于市场吸引力和自身能力进行。首先，针对每个细分市场，公司需要评估其吸引力，包括市场规模、增长率、竞争状况等因素。其次，公司需要评估自身在该市场中的竞争能力，包括产品或服务的优势、技术实力、品牌影响力等因素。通过将这两个方面的评估结果进行对比和分析，可以对各个细分市场进行优先级排序，并选择最具发展潜力的市场进行投入，可以参考华为市场管理的 SPAA 模型（见图 7-28）。

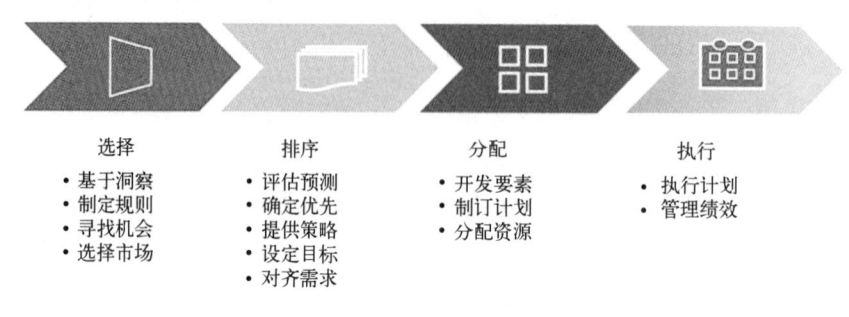

图 7-28 市场管理的 SPAA 模型

(1) 选择细分市场和排序方法可以帮助公司实现以下目标：
  - 找到最具发展潜力的市场，为公司的产品和服务扩大市场份额提供机会；
  - 选择与公司战略目标和竞争能力相匹配的细分市场，以最大程度地发挥公司的优势；
  - 有效地分配资源，优先投入最具潜力的细分市场，以获取更好的业务效益。

(2) 通过细分市场的选择和排序，公司可以输出以下结果：
  - 对各个细分市场的评估报告，包括市场规模、增长率、竞争状况、自身竞争能力等因素的分析和比较；
  - 根据评估结果，为每个细分市场制定相应的营销策略和计划，包括产品定位、目标客户、市场推广方案等；
  - 根据优先级排序，为不同细分市场分配相应的资源，制订相应的投资计划，以确保最大限度地实现业务效益。

(3) 在 MTL 流程中，针对不同的细分市场制定不同的市场策略：
  - H1 成熟市场：针对这些已经相对成熟的市场，主要采取的是绩效管理和销售赋能的策略。通过销售赋能，促进已有产品的销售，并进一步扩大市场份额。
  - H2 成长市场：在成长市场中，将重点放在营销上，通过营销活动扩大产品在细分市场中的影响力，吸引更多的潜在客户。
  - H3 探索市场：对于这些新兴的、潜力巨大的市场，采取投入策略，通过市场洞察，与客户进行联合创新，生产解决方案，然后再通过营销活动，进行规模复制。

(4) 根据产品所处的四个不同阶段，制定产品营销策略。

① 初始期阶段的特征：
- 产品销量少，促销费用高。
- 制造成本高，销售利润很低甚至为负值。

② 初始期的产品营销策略：
- 产品有较大的需求潜力；目标顾客求新心理强。策略：高价格、高促销费用推出新产品。
- 市场规模较小；产品已有一定的知名度；目标顾客愿意支付高价。策略：以高价格、低促销费用推出新产品。
- 市场容量相当大；潜在消费者对产品不了解，且对价格十分敏感。策略：低价格、高促销费用推出新产品。
- 市场容量很大；市场上该产品的知名度较高；市场对价格十分敏感。策略：低价格、低促销费用推出新产品。

③ 成长期阶段的特征：
- 销售量激增，利润迅速增长。
- 生产规模逐步扩大，产品成本逐步降低。
- 新的竞争者进入。

④ 成长期的产品营销策略：
- 改善产品品质，增加新功能，发展新型号。
- 寻找新的细分市场。
- 改变广告宣传的重点，逐步树立品牌形象。
- 适时降价。

⑤ 成熟期阶段的特征：
- 销售量增长缓慢甚至开始缓慢下降，利润也开始下降。
- 市场竞争非常激烈，各种品牌、款式的同类产品不断出现。

⑥ 成熟期的产品营销策略：
- 调整市场，发现产品的新用途，寻求新的用户或改变推销方式等。
- 调整产品，通过产品自身的调整来满足顾客的不同需要，吸引有不同需求的顾客。
- 市场营销组合调整，即通过对产品、定价、渠道、促销四个市场营销组合因素加以综合调整，刺激销售量的回升。常用的方法包括降价、提高促销水平、扩展分销渠道和提高服务质量等。

⑦衰退期的特征：
- 产品销售量急剧下降，利润很低甚至为零。
- 大量的竞争者退出市场。
- 消费者的消费习惯已发生改变等。

⑧衰退期的产品营销策略：
- 继续策略，继续沿用过去的策略，直到这种产品完全退出市场为止。
- 集中策略，把企业能力和资源集中在最有利的细分市场和分销渠道上，从中获取利润。

营销要素开发主要包含以下内容。
- 价值主张：识别目标受众，理解真实业务需求，体现顾客收益和独特价值，产品满足需求的关键信息。
- 上市通路策略：运营商主要为直销市场，企业网主要为渠道市场，不同的产品形态匹配不同的上市通路。
- 命名支持：MSM 和 OM 协作进行产品和解决方案命名。
- 内容和营销资料：MSM 协同 DP/SCE 和沟通团队开发营销内容计划，并确保按照计划开发出营销内容。
- 搜索关键字：MSM 确保所有恰当的"搜索条"在内部网站和外部网站搜索分配到最优结果。

营销计划是指企业为了推广其产品和服务而制定的一系列营销策略和活动。这些营销策略和活动包括广告宣传、促销活动、公关关系、品牌推广等，旨在提高品牌知名度和认可度，吸引更多的客户，促进销售增长。

营销计划的目标是为客户提供优质的产品和服务，并帮助客户实现商业目标。通过精准的市场洞察和高效的营销策略，满足客户的需求和偏好，提升客户满意度和忠诚度，从而赢得市场份额。

营销计划的实施需要整合各种营销资源，包括广告渠道、公关机构、销售团队、合作伙伴等。通过与这些机构的合作，可以更好地推广产品和服务，提高品牌价值和市场竞争力。同时，营销计划也需要不断调整和优化，以适应市场和客户需求的变化。

在整个市场管理过程中，绩效管理是关键环节，企业可以通过以下方式来管理营销绩效。

(1) 设定明确的营销目标：营销团队在制定营销策略时，应明确具体的业绩目标，例如销售额、市场份额等指标，将这些目标层层分解到各个部门和员工身上，以确保目标的可达成性。
(2) 制订完善的营销计划：营销团队根据公司的整体战略和市场环境，制订完善的营销计划，包括市场调研、产品定位、促销活动、客户关系管理等环节，并根据实际情况不断调整和优化计划，以确保营销活动的有效性和针对性。
(3) 进行科学的营销考核：营销团队对各个部门和员工的营销绩效进行考核，通过制定明确的考核标准和流程，对营销活动的效果进行科学评估，并为下一阶段的营销策略提供参考。

营销的绩效指标主要包括以下几类：
(1) 销售额：是衡量营销效果最直观的指标，通过对销售额的追踪和分析，可以了解产品的销售情况和市场需求。
(2) 市场份额：是反映公司在市场竞争中的地位和优势的指标，通过对市场份额的变化进行跟踪，可以了解公司在市场中的竞争地位以及市场变化趋势。
(3) 客户满意度：是指客户对公司产品和服务的满意程度，通过对客户满意度的调查和分析，可以了解客户的需求和期望，为公司改进产品和服务提供参考。
(4) 销售周期：是指从接触客户到完成销售所需的时间，通过缩短销售周期可以提高工作效率和销售业绩。
(5) 客户保持率：是指公司保留老客户的比例，通过提高客户保持率可以提高公司客户的忠诚度和长期收益。

7.4.3　第三阶段：销售赋能

销售赋能与细分市场营销计划(Marketing Segment Plan，MSP)互锁，设定销售赋能策略，并向销售人员提供对应的赋能资料，提升销售人员技能，销售赋能的流程架构如图 7-29 所示。通过与客户对话，将公司战略转化成销售商机，执行赋能计划，并对赋能的结果进行度量。销售赋能的主要目标是：帮助销售人员识别机会点，与客户开展对话，推进销售进展。

MTL 流程中的销售赋能工作主要内容包括：
(1) 针对不同的角色(如客户经理、售前支持、解决方案经理、一线销售人员、市场经理、营销活动专员等)组织不同的赋能活动，提供不同的赋能内容，提升销售人员的技能。

(2) 统一客户形象,并通过与客户的对话,将公司的战略转化为销售商机。

销售赋能的度量指标主要包括以下几类:

(1) 客户满意度:通过客户反馈和满意度调查来评估销售人员的表现和服务质量。

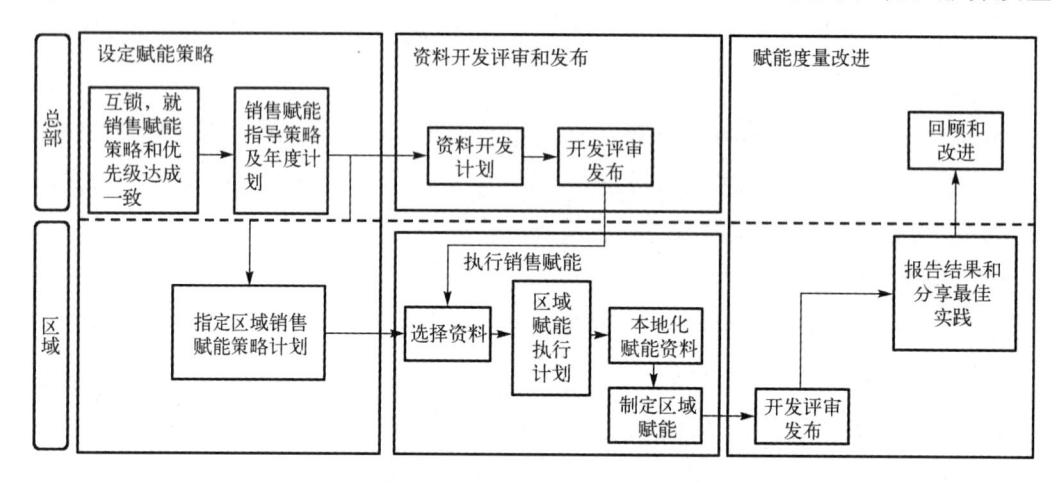

图 7-29 销售赋能的流程架构

(2) 销售业绩:包括销售额、销售周期、客户保持率等指标,以及销售人员对产品知识的掌握程度和销售技巧的应用能力。

(3) 市场反馈:通过市场调查和客户反馈来评估销售人员对市场趋势和竞争对手的掌握程度和应对能力。

(4) 团队协作:评估销售团队之间的协作和沟通能力和对客户需求和公司战略的贯彻执行能力。

(5) 培训和发展:通过培训、认证和晋升等途径提高销售人员的技能和能力,促进销售团队的发展和成长。

通过这些度量指标,可以有效地评估销售赋能的效果和销售团队的绩效,并针对问题进行改进和优化。

如何组织针对销售人员的个性化赋能?在 MTL 流程中,需要先建立销售赋能对象的画像,可以分为以下几个步骤。

(1) 市场洞察:了解目标市场的需求和趋势,以及竞争对手的情况,找到自己的品牌定位和目标客户群体。

(2) 确定赋能对象:根据市场洞察和销售策略,确定需要赋能的对象,如针对特定行业、市场、客户或者产品解决方案等。

(3) 建立赋能对象画像:通过对赋能对象的调研和分析,了解其需求和问题,确定赋能的关键点和方向,包括产品知识、销售技巧、客户关系管理等。

(4) 设计赋能策略:根据赋能对象画像,制定相应的赋能策略,包括培训课程、案例分享、实战演练、外部合作伙伴引入等，以满足赋能对象的需求并提升其能力。

对于设计销售赋能策略，需要考虑以下方面。

(1) 培训课程：针对赋能对象的需要，设计相应的培训课程，包括产品知识、销售技巧、市场趋势分析、竞争对手对比等，帮助赋能对象更好地掌握销售过程中的必备技能和知识。

(2) 案例分享：通过分享成功的销售案例和经验，让赋能对象了解最佳实践和成功经验，并学习如何在不同场景下应对客户的需求和问题。

(3) 实战演练：组织模拟销售场景和实际销售任务，让赋能对象在实践中学习和应用所学知识和技能，提高其销售能力和应对客户需求的能力。

(4) 外部合作伙伴引入：引入优秀的外部合作伙伴，为赋能对象提供更广阔的学习机会和资源，提升其专业能力和市场竞争力。

总的来说，建立销售赋能对象的画像，并设计相应的赋能策略需要深入了解目标市场的需求和趋势、竞争对手的情况、客户需求和问题以及销售团队的能力和绩效等方面的情况，并根据实际情况制定相应的赋能策略和计划。

7.4.4　第四阶段：需求挖掘

MTL 流程中的需求挖掘(Demand Generation，DG)是指通过各种营销活动，即通过规划并执行系列营销活动，激发客户购买意愿，从而为公司的产品、服务或解决方案生成销售线索。需求挖掘(DG)需要瞄准细分市场开展营销活动(见图7-30)。

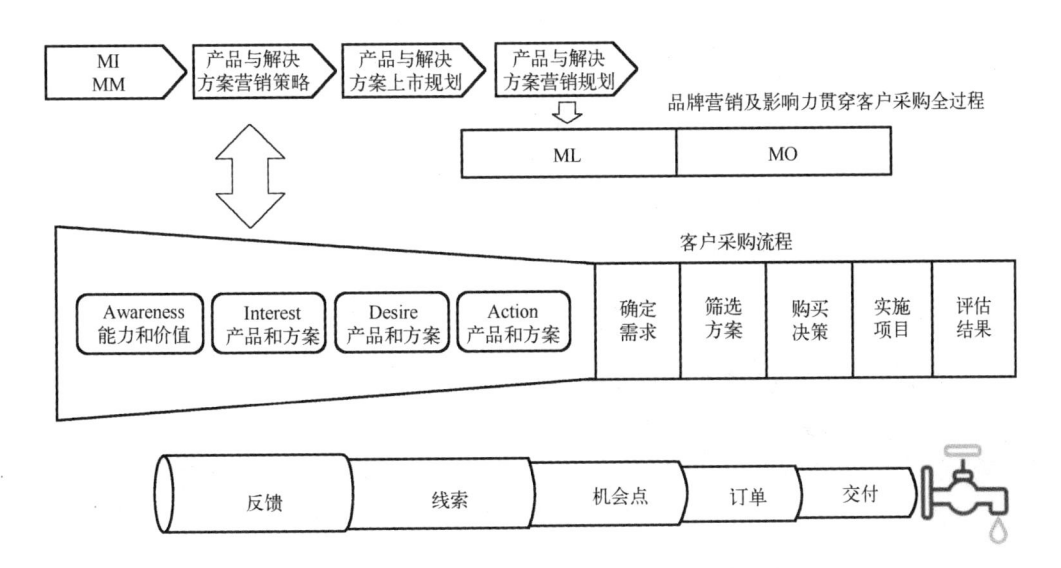

图 7-30　需求挖掘(DG)瞄准细分市场开展营销活动

需求挖掘的三大价值是：

(1) 生成线索；

(2) 推进线索和机会点；

(3) 提升客户对公司品牌的认可。

营销方案的规划可分为以下五个步骤：

第一步：选择细分市场。

(1) 优势市场：通过细分使市场无限大，孵化出新市场；

(2) 弱势市场：通过细分构建差异化优势，集中资源；

(3) 两类细分市场：客户化解决方案和研发(SPDT)颗粒度的产品及服务。

第二步：对准客户角色和关注点。

(1) 客户角色有：高层，比如 CEO、CTO、CIO、CMO 等；中层，比如技术 VP、采购 VP 等；骨干层：比如运维部、工程部骨干等。

(2) 对项目的影响：批准者、决策者、决策支撑者、评估者、影响者。

(3) 关注点：商业解决方案、技术解决方案、产品及服务等。

第三步：匹配产品和解决方案。

(1) 商业解决方案；

(2) 技术解决方案；

(3) 产品组合；

(4) 产品。

第四步：规划营销方案。

(1) 目标；

(2) 预算；

(3) Campaign；

(4) 关键营销活动。

第五步：确定价值主张和 KM。

(1) 针对客户关注点的价值主张；

(2) 核心卖点(Key Message, KM)。

7.4.5 第五阶段：营销质量管理(MQA)

营销质量管理(MQA)主要关注营销活动和流程的质量，包括市场调研、需求管理、产品规划、销售策略、渠道策略、客户关系管理、市场活动、广告活动和促销活动等。营销质量管理(MQA)的价值如图 7-31 所示。

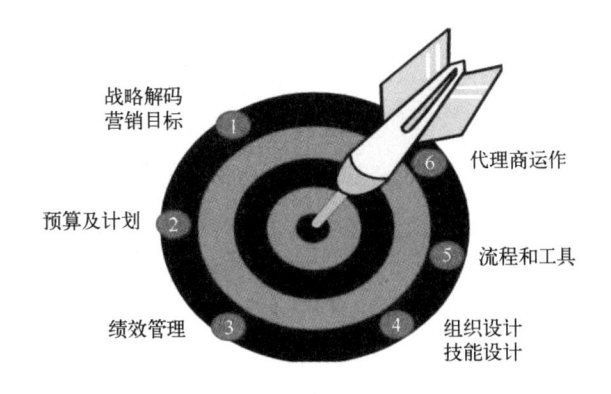

图 7-31 营销质量管理(MQA)的价值

营销质量管理(MQA)的主要内容有以下几个方面。

1. 从公司战略解码到营销目标

根据公司的战略和市场分析结果，确定具体的营销目标，包括销售额、市场份额、客户满意度等具体指标，为营销活动提供明确的方向和目标。

2. 预算及计划

根据营销计划，制订相应的预算和资源需求计划，以确保营销活动的顺利实施。

3. 绩效管理

根据设定的绩效目标，对营销活动的实施进行实时监控和评估，了解营销策略的有效性和目标的达成情况，对绩效进行定期地回顾和总结，分析案例的成功和不足之处，为未来的营销活动提供经验和教训，不断优化和提高绩效水平。根据绩效结果，对表现优秀的员工进行激励和奖励，对表现不佳的员工进行适当的惩罚和辅导，激发员工的工作积极性和责任感，提高整体绩效。

4. 组织设计及技能设计

根据公司的战略和市场环境，确定适合的营销组织架构，包括市场管理、销售管理、营销平台和客户服务等部门，各部门之间需要进行有效的协调和沟通。根据营销目标和市场特点，确定需要的营销技能，包括市场调研和分析、品牌管理和推广、销售技巧和谈判、客户关系管理和维护、市场活动和促销等技能。针对需要的营销技能，建立培训体系，包括培训课程、实战演练、外部合作伙伴引入等，帮助营销团队提升技能水平，提高营销效率和效果。

5. 流程和工具设计优化

通过梳理现有流程，了解流程中的关键环节和瓶颈，确定流程优化和工具设计的重点和方向。根据营销目标和市场需求，明确流程优化的目标，如提高线索转化率、降低营销成本、提升客户满意度等。针对现有流程中的关键环节和瓶颈，对流程进行优化设计，例如市场洞察、市场管理、联合创新、销售赋能、激发需求及营销质量管理等环节，明确流程环节的具体内容、责任人、时间节点等。针对现有流程中的不足，引入先进的营销工具和技术，例如数据分析工具、营销自动化平台、人工智能技术等，提高营销效率和效果。对优化后的流程和引入的营销工具进行持续的监控和评估，了解其效果和不足之处，及时进行调整，不断提高营销水平和效果。

6. 代理商运作

根据业务需求和代理商的能力，选择合适的代理商进行合作。选择的代理商需要具备专业的营销能力、对公司产品有深入了解、拥有良好的行业口碑和客户服务能力。和代理商签订合作协议，明确合作范围、责任、义务、期限等，以确保双方的合作顺利进行。代理商需要对公司的目标市场进行调研和分析，了解市场需求、竞争情况、目标客户等，为制定营销策略提供支持。代理商应根据市场调研结果和业务需求，制定相应的营销策略，包括产品定位、品牌推广、渠道策略、促销策略和客户服务策略等。代理商需要根据制定的营销策略，执行相应的营销活动，例如市场推广、销售拓展、客户服务等，以提高产品的知名度和销售业绩。代理商需要管理销售渠道和销售过程，跟踪销售订单的进展情况，及时了解市场需求和客户反馈，以提高销售效率和客户满意度。代理商需要建立和维护与客户的良好关系，及时解决客户的问题和反馈，提高客户满意度和忠诚度，为公司赢得更多的业务机会。代理商需要对营销活动的效果进行评估和反馈，分析案例的成功和不足之处，总结经验教训，不断优化和提高营销水平和效果。

小结

华为就是通过不断优化和完善营销流程，提升营销效率，从而实现五大目标：育市场、拉研发、长线索、树品牌、促增长。

育市场：华为通过实施 MTL 流程，不断培育和发展潜在市场。它要求华为深入了解潜在客户的需求和痛点，通过精准的市场分析，制定有效的市场策略和措施，从而引导市场发展，满足客户需求。

拉研发：华为的 MTL 流程不仅是市场的需求，也是研发的需求。通过将市场需求和研发能力有效结合，华为可以实现快速的产品迭代和优化，提升产品的竞争力和用户体验，从而拉动研发的效率和效果。

长线索：华为的 MTL 流程通过精准的市场定位和品牌推广，帮助华为获得更多的销售线索。同时，通过有效的销售管理和跟进，华为可以转化更多的线索为实际销售机会，从而实现销售业绩的增长。

树品牌：华为的 MTL 流程不仅关注短期销售业绩，更关注长期品牌建设。通过精准的品牌定位和传播策略，华为可以提升品牌的知名度和美誉度，树立良好的品牌形象，从而吸引更多的潜在客户。

促增长：华为的 MTL 流程通过市场分析、销售策略制定、销售执行到销售评估等环节的精细化管理，提升销售效率和效果，促进公司的业务增长。同时，通过不断优化流程和工具，可以实现营销的持续增长和创新。

所以，华为 MTL 流程不仅仅是一个流程，更是思维方式和营销能力的转变。通过以客户为中心的价值观牵引，以客户需求和痛点为出发点，以客户购买习惯为设计依据，识别和建设营销业务能力，张大喇叭口，聚焦客户购买意向转化，通过 MTL 流程的持续反复运营，实现营销的高效运作和业绩的持续增长，从而推动公司的整体发展。

想了解 MTL 流程更多知识点，请参考"从市场到线索(MTL)营销流程"课程大纲。

7.5 华为从线索到回款(LTC)流程

LTC(Lead to Cash)，中文翻译为"从线索到现金"或"从线索到回款"，这个词在中国国内广泛传播是 2007 年华为公司实施 LTC 变革以后，逐步被国内很多企业所引用。LTC 流程作为华为的一级运作流程，与其他流程协同为企业直接创造价值。LTC 流程是企业端到端的运营管理，旨在打造一个从市场、线索、销售、服务、交付到回款的闭环运营系统，在华为流程体系中的位置如图 7-32 所示。

笔者跟很多企业交流过，企业家和高管往往把 LTC 简单地认为仅是销售流程本身，有时还会要求帮助企业把 LTC 流程在 3 个月内建立起来。但华为的 LTC 变革整整经历了 10 年，做了大大小小十几个变革子项目，才形成今天数字化营销、数字化作战、数字化运营的模样。为了对上述误解进行澄清并很好地传播 LTC 变革的真实原貌，本章节深入阐述华为 LTC 变革历程(见图 7-33)，从狭义 LTC 与广义 LTC 两个维度来诠释 LTC 变革，供读者参考。

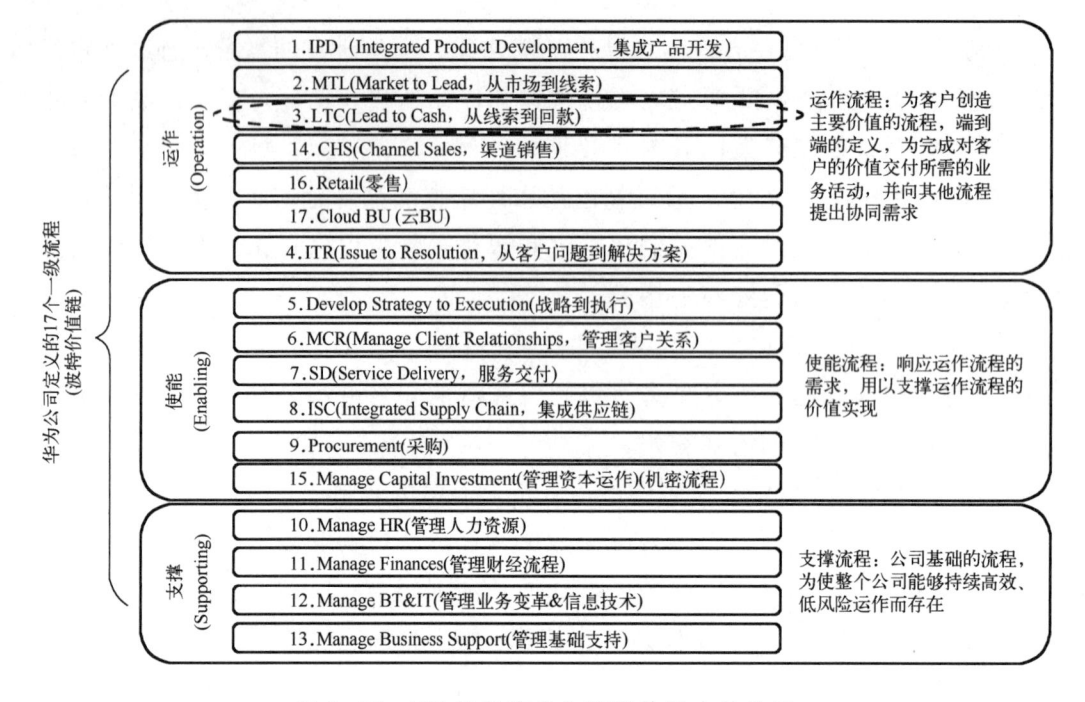

华为公司定义的17个一级流程
(波特价值链)

运作 (Operation)
1. IPD (Integrated Product Development, 集成产品开发)
2. MTL (Market to Lead, 从市场到线索)
3. LTC (Lead to Cash, 从线索到回款)
14. CHS (Channel Sales, 渠道销售)
16. Retail (零售)
17. Cloud BU (云BU)
4. ITR (Issue to Resolution, 从客户问题到解决方案)

运作流程：为客户创造主要价值的流程，端到端的定义，为完成对客户的价值交付所需的业务活动，并向其他流程提出协同需求

使能 (Enabling)
5. Develop Strategy to Execution (战略到执行)
6. MCR (Manage Client Relationships, 管理客户关系)
7. SD (Service Delivery, 服务交付)
8. ISC (Integrated Supply Chain, 集成供应链)
9. Procurement (采购)
15. Manage Capital Investment (管理资本运作)(机密流程)

使能流程：响应运作流程的需求，用以支撑运作流程的价值实现

支撑 (Supporting)
10. Manage HR (管理人力资源)
11. Manage Finances (管理财经流程)
12. Manage BT&IT (管理业务变革&信息技术)
13. Manage Business Support (管理基础支持)

支撑流程：公司基础的流程，为使整个公司能够持续高效、低风险运作而存在

图 7-32 LTC 流程在华为流程体系中的位置

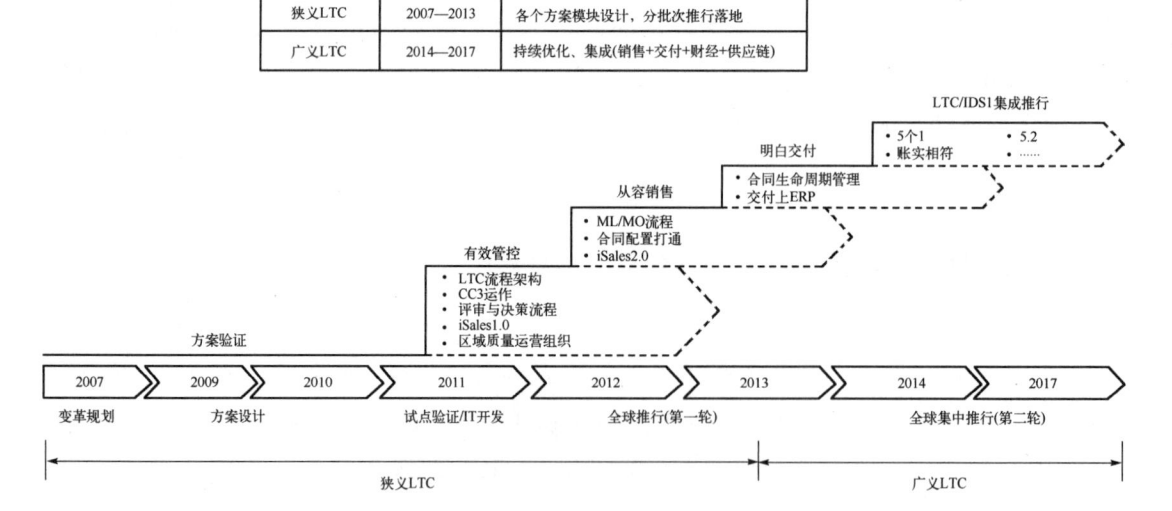

| 狭义LTC | 2007—2013 | 各个方案模块设计，分批次推行落地 |
| 广义LTC | 2014—2017 | 持续优化、集成(销售+交付+财经+供应链) |

图 7-33 华为 LTC 变革历程

7.5.1 华为 LTC 变革的由来

2005 年，华为海外的营收开始大于国内营收(58%和 42%)，业务已经全球化，销售领域的诸多问题和经验教训触发了 LTC 变革。

(1) 客户需求变化，比如项目越来越复杂，跨产品的网络解决方案销售和交付遇到困难，内部缺乏协作和拉通；

(2) 客户界面的作战组织没有统一和标准化，关键角色缺失或运作时不一致；

(3) 大量的合同存在质量问题、风险识别问题；售前预测盈利，但售后低于预期或不盈利；

(4) 没有端到端流程，流程不完整、不具体、不连贯，经验没有固化，运作过程不统一，导致售前、售后相互推诿、掐架等。

因此，华为公司决定流程再造，重新梳理业务流程，把断点打通，端到端拉通，通过高效的 IT 系统把业务可视化地管理起来。由于 1000 多亿元的业务一直在系统中运行，LTC 变革就像在高速路上给奔跑着的跑车换轮胎，具有高风险性，因此必须小心谨慎，一步一步来，不能急于求成，否则就会影响业务的运行，产生重大损失。

7.5.2 狭义 LTC

LTC 项目在 2007 年开始立项，进行了较长的方案验证阶段，从 2010—2013 年逐步启动了如下狭义 LTC 子项目，包括如下变革内容。

1. LTC 流程构架及流程

LTC 流程构架及流程（简称键盘图）如图 7-34 所示。流程支撑业务，LTC 变革的关键目标就是实现业务流程端到端跨领域集成贯通，流程建设是变革的关键任务之一。经过多次迭代，建立起如图所示的 LTC 流程架构，然后逐步开发 L3 业务流程。

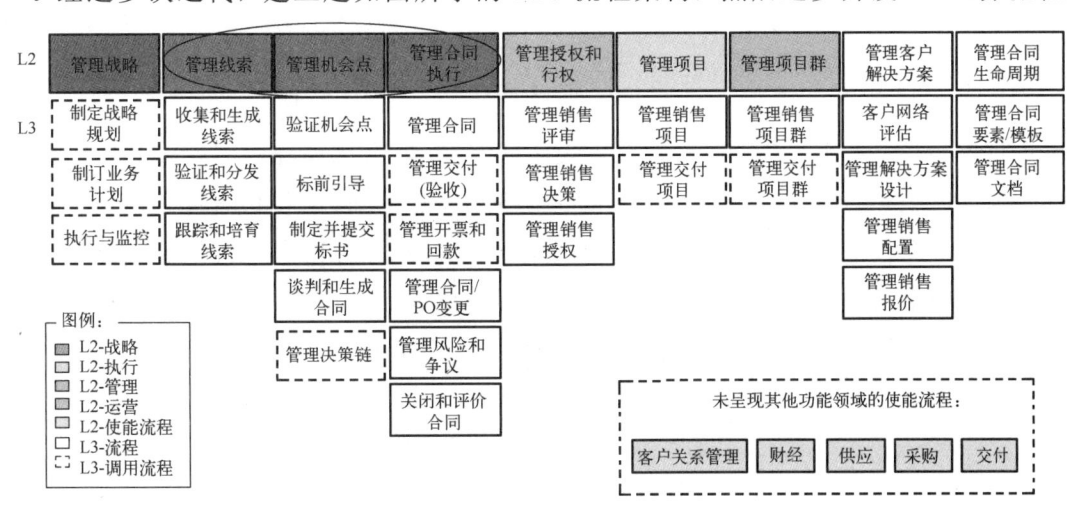

L2	管理战略	管理线索	管理机会点	管理合同执行	管理授权和行权	管理项目	管理项目群	管理客户解决方案	管理合同生命周期
L3	制定战略规划	收集和生成线索	验证机会点	管理合同	管理销售评审	管理销售项目	管理销售项目群	客户网络评估	管理合同要素/模板
	制订业务计划	验证和分发线索	标前引导	管理交付（验收）	管理销售决策	管理交付项目	管理交付项目群	管理解决方案设计	管理合同文档
	执行与监控	跟踪和培育线索	制定并提交标书	管理开票和回款	管理销售授权			管理销售配置	
			谈判和生成合同	管理合同/PO变更				管理销售报价	
			管理决策链	管理风险和争议					
				关闭和评价合同					

图例：
- L2-战略
- L2-执行
- L2-管理
- L2-运营
- L2-使能流程
- L3-流程
- L3-调用流程

未呈现其他功能领域的使能流程：客户关系管理、财经、供应、采购、交付

图 7-34 LTC 流程构架

2. 客户界面铁三角

铁三角是代表公司面向客户的组织和最小作战单元，包括客户经理、解决方案

经理和交付经理三个关键角色(简称CC3),他们紧紧抱在一起,生死与共,聚焦客户需求,共担责任和KPI,同时各有职责。销售项目组就是以CC3为核心的跨部门销售项目团队,其他功能领域角色有投标经理、合同商务经理、项目财务、采购、供应、交付经理等。

铁三角是LTC端到端业务流程运转的发动机,主要负责四方面职责(见图7-35):

(1)客户需求管理;

(2)客户关系管理;

(3)项目管理;

(4)客户满意度管理。

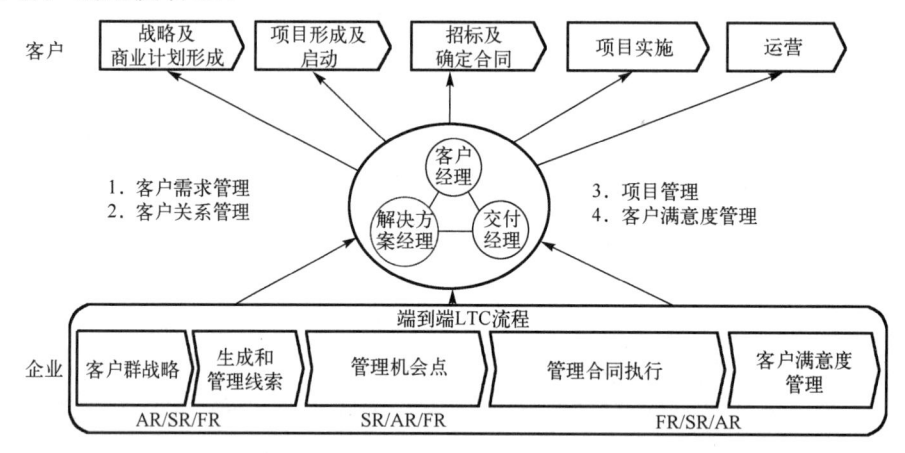

图 7-35 铁三角作为发动机驱动 LTC 运转

3. 授权与行权

销售项目要赢单,还要盈利,关键是LTC全流程运作过程中对质量和风险的管控,以产生高质量的合同,降低合同履约的质量风险,确保顺利回款。销售管控落实到流程,其中非常重要的是立项、标书、合同及变更的评审、决策,对于华为复杂的业务来讲,LTC的评审分解决方案、供应交付、商务法律和财经四个专业评审,每个专业都包含若干子要素的评审,最后还有综合评审。

一个销售项目从线索开始,形成机会,最后能签下合同,需要公司内部多阶段、多业务部门的评审和决策。考虑到业务专业性和职能部门责任归属,LTC流程中采取了评审和决策分离的机制,专业的人干专业评审的事情,业务主官来决策并承担相应的责任,LTC流程的评审与决策如图7-36所示。

(1)立项评审与决策:项目的可行性评审,包括技术方案的可行性、项目的基本目标及策略的可行性、项目的评级、项目的资源投入。

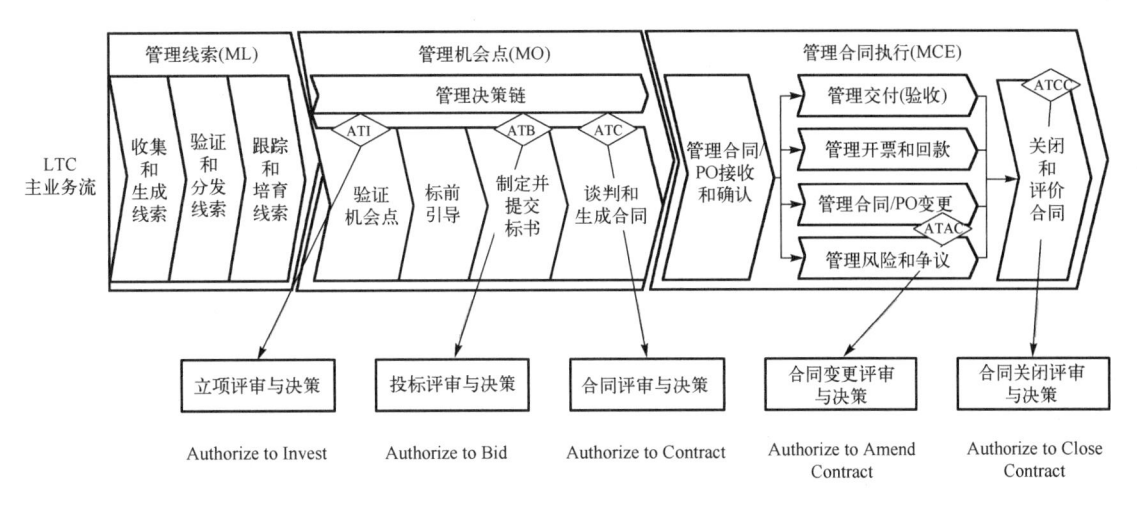

图 7-36 LTC 流程的评审与决策

(2) 投标评审与决策：保证策略、总体方案及投标书满足客户需求以及经济性、可交付的要求，包含需求和策略评审、总体方案评审、投标书评审。

(3) 合同评审与决策：确保合同要素、商务、条款等及时、完整、有效地评审，生成高质量的合同。

(4) 合同变更评审与决策：确保合同变更方案及时、完整、有效地评审。

(5) 合同关闭评审与决策：安全、合规关闭合同，确保业务顺利运行。

落实决策责任，建立起集团公司、运营商 BG、地区部/全球大型电信运营商、代表处四级销售决策团队，并基于"合同盈利性、现金流(含信用)、风险、价位"四个要素的授权规则，自上而下授权。为提升决策效率，加大一线授权，实现决策层级前移，使听得见炮声的人指挥战斗。

华为如何签订一个高质量合同？华为公司的合同定义了 17 个评审要素(见图 7-37)，每个要素都需要在 LTC 流程中进行评审，这些评审的角色来自各个职能部门，同时每个职能部门都被 LTC 串联起来，这样不但确保了合同质量，同时职能部门的"部门墙"也被推倒了，逐步建立起流程型组织。

4．产品配置打通

产品配置打通是指打通从客户到销售再到生产的 BOM 转换关系，从而减少过程中的错误并提升效率。面向客户提供的产品解决方案从网络规划设计最终要落实到物理产品及辅料的详细配置，以支撑客户界面的商务报价、PO 制作、生产供应及工程交付验收，由于电信设备的复杂性以及差异化的客户需求，在业务上一直存在的痛点是研发(IPD)出来的产品配置(Engineering BOM，EBOM)与销售产品配置(Sale BOM，SBOM)、生产制造(BBOM)以及工程站点配置模型之间难以全流程贯通,其中在销售中有的客户还有自己的采购产品编码,这就需要建立客户产品编码(C-Part)与供应商销售产品编码(S-Part)的对应和转换。通过产品配置打通,实现 IPD 产生的产品目标和编码、典型配置到 LTC 客户界面可销售性、可供应性、可交付性的高效贯通,减少产品编码的手工转换,特别是客户产品编码到华为销售产品编码之间(C-Part>S-Part)的人为对应和转换,极大提升配置报价、PO 制作、订单履行和安装验收的作业效率。

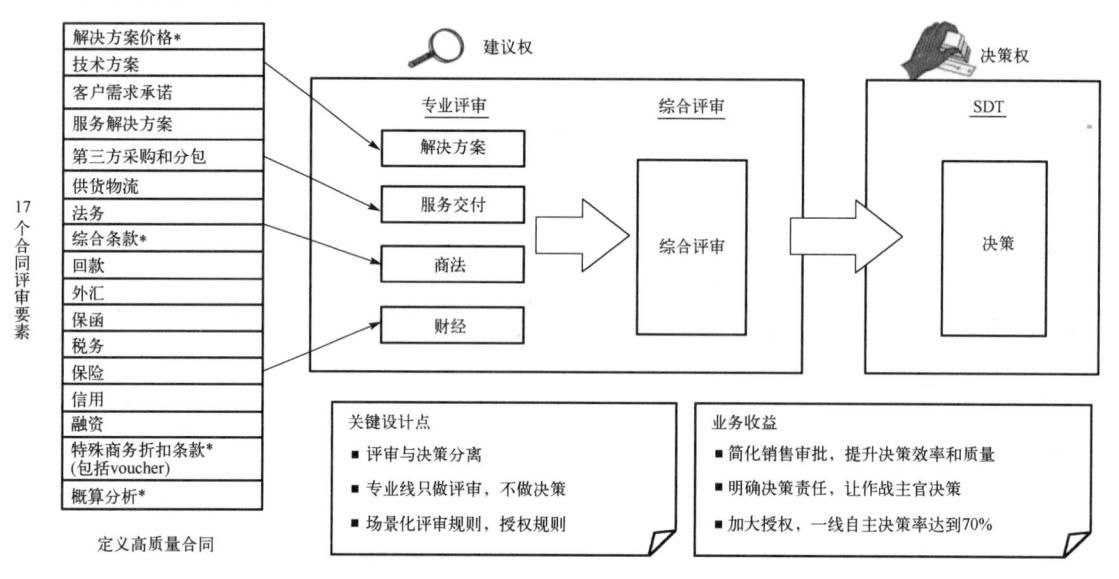

```
17个合同评审要素:
解决方案价格*
技术方案
客户需求承诺
服务解决方案
第三方采购和分包
供货物流
法务
综合条款*
回款
外汇
保函
税务
保险
信用
融资
特殊商务折扣条款*(包括voucher)
概算分析*

定义高质量合同

建议权：专业评审（解决方案、服务交付、商法、财经）→ 综合评审
决策权：SDT → 决策

关键设计点：
■ 评审与决策分离
■ 专业线只做评审,不做决策
■ 场景化评审规则,授权规则

业务收益：
■ 简化销售审批,提升决策效率和质量
■ 明确决策责任,让作战主官决策
■ 加大授权,一线自主决策率达到70%
```

图 7-37　华为公司的合同定义的 17 个高质量合同要素

5．运营管理

LTC 是公司端到端运营流程,也是由一线落地执行的核心业务流程,其运作好坏决定了从一线代表处到地区部和公司的经营结果。"没有度量,就没有管理"(哈佛大学管理学教授、平衡计分卡发明者卡普兰)。业务运营支撑经营,为给各级经营单位提供经营"仪表板",同时通过度量指标(Metrics)支撑和衡量 LTC 变革的成效,LTC 变革项目从端到端视角,专门开发、设计、建立了一套度量指标模型和运营管理机制(见图 7-38、图 7-39),帮助各级经营单位"定期体检",持续改进业务,支撑经营目标和业务战略实现。具体方法就是将 LTC 顶层经营指标(如订货、收入、回款、利润、客户满意度等)按关键成功因素和业务驱动因素进行层层分解,从而建立 L1—L4 过程度量指标树。经营单位可以将战略绩效分解到流程绩效,例行度量分析,并驱动流程运作改进。

相应地建立各级质量运营组织,代表处总经理办公室(GMO)负责 LTC E2E 度量指标运营管理,组建有专职运营管理工程师、销售管理、合同管理、交付、供应、财经等跨部门的运营团队，例行开展"一报一表一会"，实现经营与运营"握手"。

① 解读战略 → ② 识别关键成功要素和KPI → ③ 分析KPI关键动因及对应的Metrics → ④ 建立指标模型 → ⑤ 建立能力基线 → ⑥ 制定运营方案，持续运营

- 理解战略意图和业务设计、战略举措及关键任务
- 根据战略，识别关键成功要素，以及对应的KPI
- 按平衡计分卡进行整理
- 明确KPI与LTC对应关系
- 用鱼骨图工具分析各KPI的关键驱动因素
- 有关键驱动因素识别相关的业务流程与Metrics
- 根据关键驱动因素的相互作用关系，建立流程Metrics的关联关系
- 收集指标历史数据，或进行指标度量，建立Metrics初始能力基线
- 收集业界信息，建立Metrics benchmark(可选)
- 明确Metrics的运作管理机制——一报一表一会
- 选择关键Metrics开展度量、分析和改进，逐步实现卓越运营

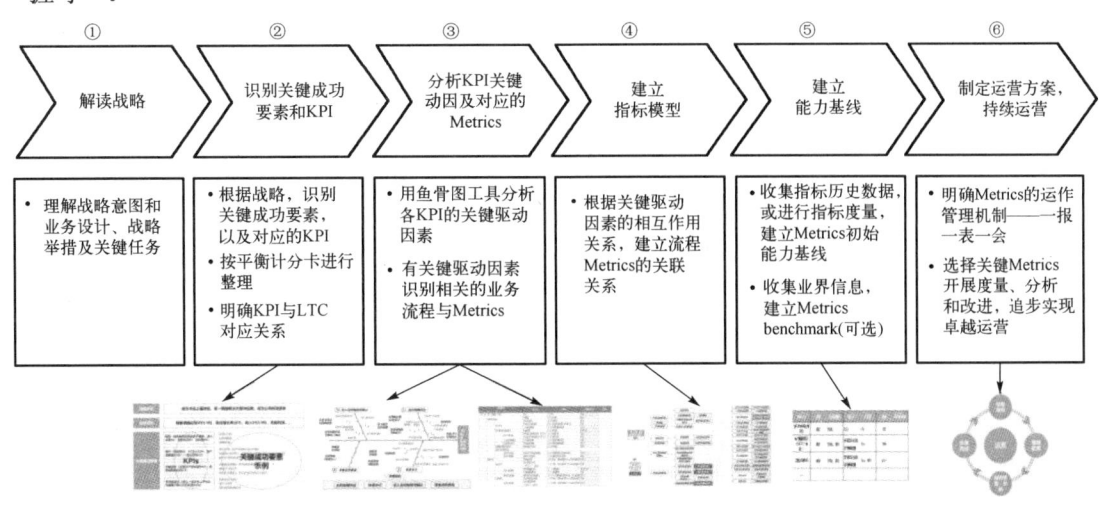

图 7-38　LTC 度量指标运营管理机制

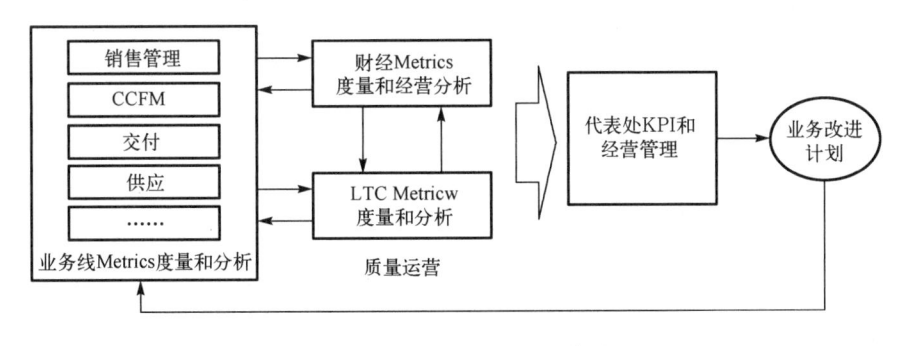

图 7-39　LTC 度量指标运营管理

6. IT平台建设(iSales)

数字化时代，业务变革离不开 IT 的使能支撑。LTC 变革投入巨大的人力和资金建设面向销售团队的集成作战平台，实现营销业务数字化，这就是华为 iSales。iSales 平台的定位是使能 LTC 业务变革，对外提升销售作战能力，对内提升运作效率和管理能力。

iSales 面向 4 类用户，即客户、合作伙伴、一线业务人员(CC3、合同、商务、投标、销管等)和各级管理者，包括客户管理、营销、线索/机会点管理、投标、CPQ、评审决策、合同/PO 管理、销售项目运作管理、运营管理等核心功能模块，实现客户旅程(客户购买习惯)关键触点连接数字化，销售流程在线运作，固化流程执行和管控，销售项目管理在线协同，项目进展及经营运营可视化，跨平台集成，业务高效贯通。

iSale 作为 LTC 流程固化的软件平台。华为公司在 2009 年左右选择了第三方 S 公司的 CRM 产品，运行了一段时间后，发现 S 公司的产品不能够满足华为公司很

多场景下的需求,达不到 LTC 当初设定的目标,因此决定从零开始自己开发一套系统来固化 LTC 流程,承载销售业务,这也是华为 LTC 变革走过的一段弯路。同时在后续广义的 LTC 变革过程中,版本不断地迭代开发,逐步完成了与其他流程的对接和集成,真正地做到了端到端的业务可视化管理,为后续数字化转型打下了坚实的基础,iSales 与周边 IT 系统的集成关系如图 7-40 所示。

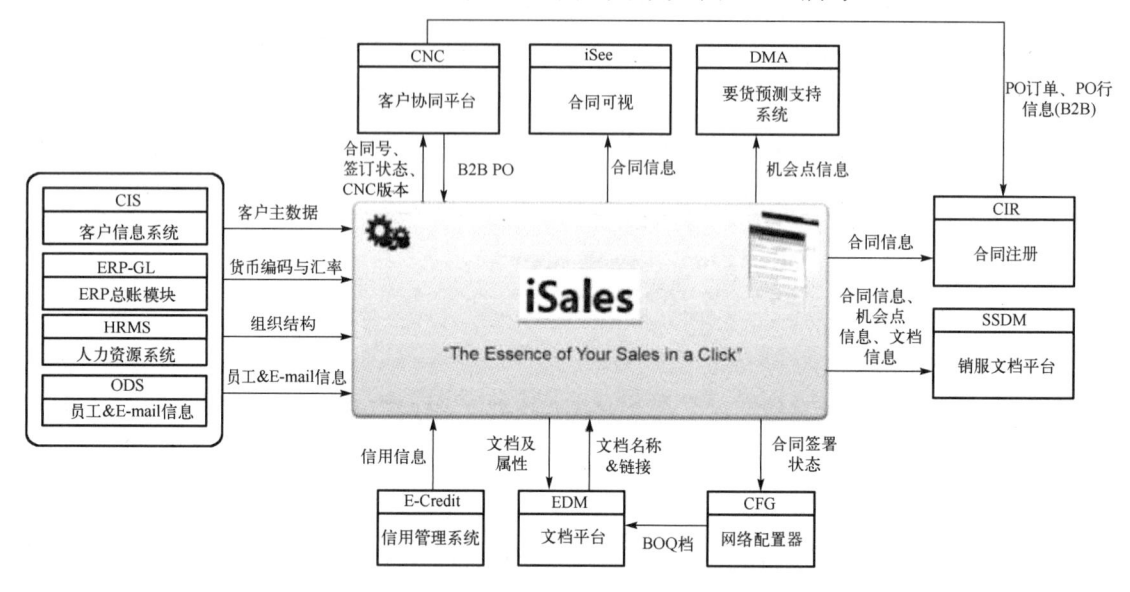

图 7-40 iSales 与周边 IT 系统的集成关系

7.5.3 广义 LTC

广义 LTC,指华为 LTC 变革的第二阶段,进入变革的深水区,持续优化,主要变革内容是与其他主流程集成的过程(销售、交付、财经和供应链)。广义 LTC 变革分别引入了多个 LTC 变革子项目,具体如下。

1. 合同生命周期管理

LTC 流程要产生高质量的合同,首先要明确"好"合同长什么样,其次合同作为交易契约应如何生成、如何管好。为此 LTC 变革成立"合同生命周期管理"子项目。对于"好"合同的要求是"合理的利润、正的现金流、风险可控、客户满意",并通过"4 率"[贡献毛利率、运营资产效率(存贷周转率/应收账款周转天数)、风险金占毛利比率、关键要素缺陷率]来衡量。以"4 率"为牵引,基于"6421"标准生成高质量合同,其中 6 是合同中客户解决方案、交易定价、交付、验收、回款、法务 6 个关键要素,建立合同要素分类标准;4 是销售单元、交付单元、付款单元、验收单元,建立要素关联关系匹配标准,是销售对准验收、验收对准开票;2 是网络配置树和计划结构树,建立结构化数据同源标准；1是统一的风险管理，通过6要素分类和量化评估建立风险管理标准。在标准之外，建立合理授权、规范行权、持续改进的管控机制。

2．交付上ERP

华为公司在没有推行"交付上ERP"变革项目之前，一线的交付项目常常超界面交付，造成了利润和现金流的损失。公司逐步意识到契约化交付的重要性（按照合同定义的交付界面交付），因此就启动了"交付上ERP"变革项目，该项目实现了售前配置与售后交付的打通及交付与供应链和财经业务流的集成。业务方案的关键点如下：

(1) 避免超界面交付：通过项目实施WBS（项目管理重要过程）定义了结构化的服务交付范围和内容，实现交付项目的可控性和准确性；
(2) 计划集成：实现了基于项目的计划集成，以项目计划为基准动态调整设备的到货安排和服务交付，提升项目计划的准确性，同时以WBS里程碑触发开票和收入，实现与财经业务流的集成；
(3) 集成交付与采购：根据项目交付计划制订服务采购计划，为服务采购提供源头，服务采购计划与交付计划集成；降低内控风险；
(4) 项目管理精细化：为项目预算控制、预测和项目KPI考核提供了数据支撑，使项目精细化管理成为可能。

3．"五个1"

华为在2014年立项了"五个1"项目，目的是：对标业界标杆，构筑起交付履行周期上的相对竞争优势，以实现客户满意；增强核心能力，提升运营资产效率，在成本与效率上实现卓越运营。"五个1"是LTC流程从接收客户合同/PO到交付验收过程中关键的作业周期绩效衡量指标，"五个1"为：

(1) 合同/PO前处理1天；
(2) 从订单到发货准备成品1天、站点设备1周；
(3) 从订单到客户指定站点1个月；
(4) 软件从订单到下载准备1分钟；
(5) 站点交付验收1个月。

"五个1"的改进实施涉及多个功能领域，涉及客户界面对接与条款优化、产品配置简化和免转换、供应物料预测和计划、供应网络布局优化，以及流程集成，把事情一次做对，提升效率。通过过程作业质量与效率改进，以提升运营资产占用率、区域ITO、超长期存货、交付成本率四个关键运营指标的绩效。

4．账实相符

账实相符是华为财经服务流程（IFS）变革子项目，是为了解决IT系统上的数据要真实反映实物现状的问题。华为提供给客户的网络部署工程交付，特别是无线网络都是在户外甚至偏远的地点，加上存货业务场景复杂，因此华为开展业务二十多年后还存在存货相关的 ERP 系统账与实物账不完全一致的问题和风险。为彻底解决这一问题，华为专门成立账实相符变革项目，目标就是实现 ERP 系统中财务明细账的各业务节点的业务台账与实物（对应存货编码）数量、位置和状态等信息的完全一致，达成财报内控的目标要求。

账实相符的解决方案可以概括为"三横三纵两拉通"，三横是从现场作业、业务管理和资产管理三个层面同步改进，三纵是对仓库发、站点收、完工验三个点进行控制，两拉通是横向拉通中心仓到站点初验的业务流程，纵向拉通交付现场管理到财务结果的工具与系统。

(1) 现场作业活动有末端工具（手持设备、移动应用、开站工具等）支撑实物明细记录、核对。

(2) 业务管理有系统业务台账对仓库入/发、站点收、完工验进行严控，按产品配置进行闭环，落实责任，并通过业务活动周期进行管控和超期验证。

(3) 资产管理通过存货进 ERP，对收入确认进行把关。

总体上看，华为公司从 2007 年开始立项启动狭义 LTC 变革，到 2013 年启动广义 LTC 变革，通过流程架构及主流程的设计，明确 LTC 流程与各领域的业务关系与边界，打通及统一销售业务主干流程，集成了营销、财经、交付、采购、供应链流程。通过不断优化以客户为中心的运作和管理，提升销售项目运作效率和整体经营指标（财务指标、客户满意度指标、运营绩效指标），初步实现卓越运营（见图 7-41）。

7.5.4　LTC 推行

LTC 流程和 IT 平台开发出来之后，后续工作就是怎么把这些流程和标准化的动作落地到一线代表处、地区部和机关各个职能部门，我们把这个过程称之为变革推行，推行过程中避免流程"一张皮"和业务"一张皮"，要做到两者合一。

LTC 是华为公司跨领域的运营流程，与其他主流程集成，形成端到端的业务协同运作（见图 7-41），变革范围广，包含的子项目和模块解决方案多，加上华为业务全球化，有接近 200 个一线代表处、办事处，各地的业务环境、法律法规还不一样，因此变革落地推行难度极大。为保障变革推行质量和落地成功，华为制定了变革方案集成部署策略，按照一个国家、一个组织、一个计划、一套方案，构建以地区部、代表处为核心的推行组，开发了"三阶十六步"过程方法（见图 7-42），并通过推行里程碑关键点评估检查以及度量指标衡量变革是否成功。

第 7 章 营销科学篇之流程 235

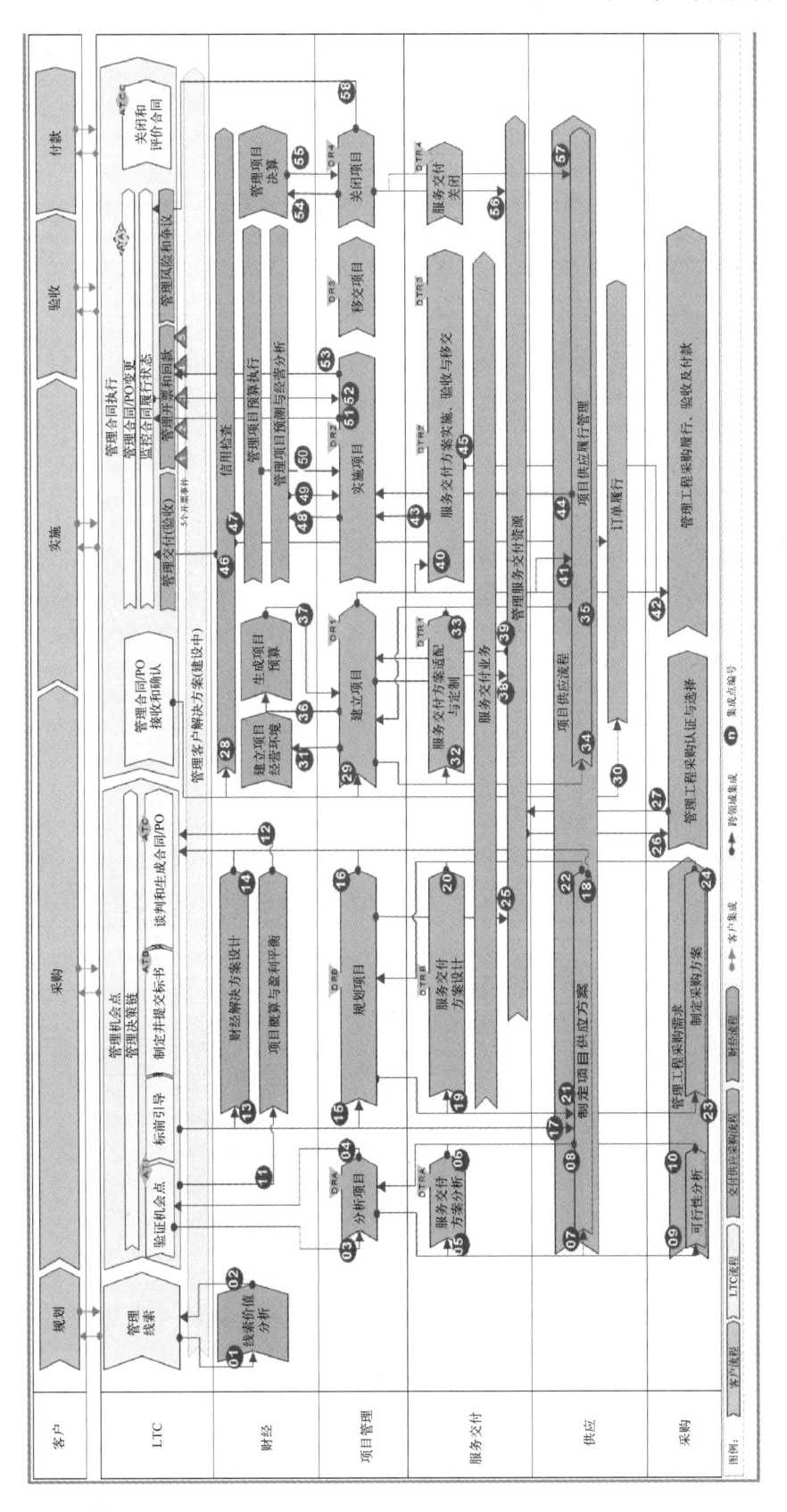

图 7-41 销售流程 (LTC) 与其他主流程集成，形成端到端的业务协同运作

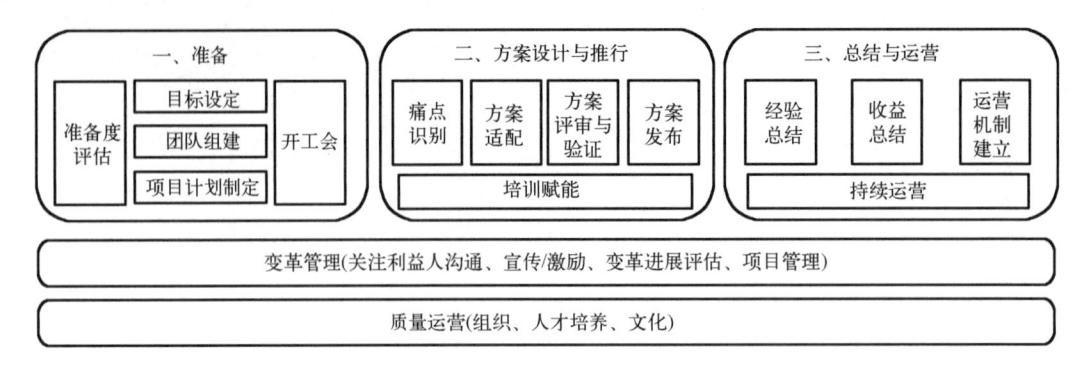

图 7-42 销售流程(LTC)推行方法论：三阶十六步

(1) 代表处作为执行主体，负责对准业务痛点和价值按照"三阶十六步"进行方案集成部署，深度卷入系统部，落实 LTC 度量指标运营机制。

(2) 地区部作为管理主体，负责代表处变革评估及区域变革落地管理。机关作为能力中心，输出变革集成方案包，开展一线金种子培训和现场赋能及支持。

7.5.5 LTC 带来的收益

经过近 10 年的 LTC 变革，华为建设了一套可复制、可持续改进的集成运营管理体系，在营销体系、高质量合同生成、可视化交付、数字化作战平台等方面都逐一完善，具体表现如图 7-43 所示。

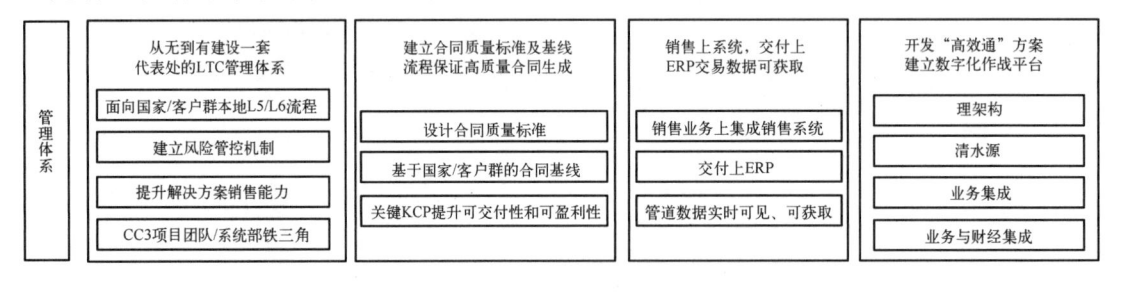

图 7-43 可复制、可持续改进的销售流程(LTC)集成运营管理体系

(1) 项目三角协同，售前售后贯通：铁三角作为 LTC 流程的发动机，与项目支撑角色、项目扩展角色协同配合，实现了 4U 拉通(销售单元、交付单元、验收单元和付款单元)。

(2) 合同盈赢并重，质量风险可控：定义了高质量合同的 17 个评审要素。

(3) 提升运作效率，实现卓越运营。

(4) 交付、其他。

LTC 变革的初期定下的目标是客户更满意、财务更健康、运作更高效，经过十多年的变革，终于在 2017 年年中关闭了销售流程(LTC)变革项目，进入运营和维护阶段，初步达成了当初设定的目标。

1. 客户满意

(1) 客户满意度；

(2) 交付质量。

2. 财务健康

(1) 应收账款周转天数(DSO)；

(2) 存货周转率(ITO)；

(3) 销售成本、交付成本。

3. 运作高效

(1) 到货时间；

(2) 人均收入、人均利润；

(3) 销售质量和订单履行质量。

下面以 A 项目为例说明 LTC 变革带来的效率、效益、质量、风险等方面的收益和改善(见图 7-44)：

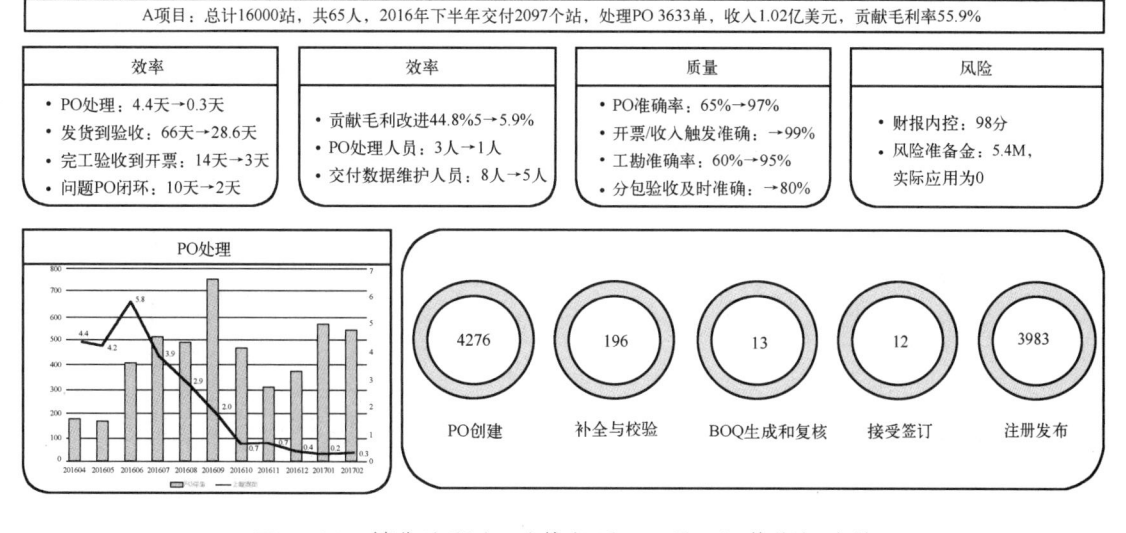

A项目：总计16000站，共65人，2016年下半年交付2097个站，处理PO 3633单，收入1.02亿美元，贡献毛利率55.9%

效率
- PO处理：4.4天→0.3天
- 发货到验收：66天→28.6天
- 完工验收到开票：14天→3天
- 问题PO闭环：10天→2天

效率
- 贡献毛利改进44.8%5→5.9%
- PO处理人员：3人→1人
- 交付数据维护人员：8人→5人

质量
- PO准确率：65%→97%
- 开票/收入触发准确：→99%
- 工勘准确率：60%→95%
- 分包验收及时准确：→80%

风险
- 财报内控：98分
- 风险准备金：5.4M，实际应用为0

PO创建 4276　补全与校验 196　BOQ生成和复核 13　接受签订 12　注册发布 3983

图 7-44　销售流程(LTC)推行后，A 项目经营指标改善

总体上讲，华为付出了巨大的人力、物力、财力，花费了近十年的时间，进行了狭义和广义的 LTC 变革，端到端地拉通了华为公司的整个业务，从客户的需求中来，到高质量完成并交付给客户，提升了客户满意度，承载了华为公司几千亿的业务，提高了效率，保障了项目质量及公司安全。

7.5.6 对其他企业的启示

企业家一定要理解 LTC 变革不只是简单的销售流程本身的变革，而是一个端到端业务打通的体系变革，涉及公司各个部门的变革，除销售部门，还包括服务部门、财经部门、采购部门、供应链部门等，对其他企业有如下启示。

(1) 一把手要有变革的决心和毅力。

(2) 企业上下要达成共识。

(3) 一定要适配企业规模，不能完全照抄华为的 LTC 变革，尽量简化流程，注重营销能力的建设。

(4) 要识别并规划好狭义 LTC 和广义 LTC，分步骤、分节奏实施，要短期见效与长期收益相结合。

总之，LTC 变革是企业从"游击队"向"集团军"升级的必经之路，打造销售团队职业化标准，建立公司营销可复制体系。

想了解更多的关于 LTC 流程的知识点，请参考"从线索到回款流程 (LTC)变革"课程大纲。

注意：

- ❖ 华为公司内部没有狭义和广义 LTC 一说，本书的定义主要便于读者理解。
- ❖ 代表处，是指华为一线分公司，如北京代表处即华为北京分公司，尼日利亚代表处即华为尼日利亚分公司。
- ❖ 办事处，是指达不到代表处规模的国家设置的销服组织，比如牙买加办事处即华为公司服务牙买加这个国家的销服组织，隶属于华为公司巴拿马代表处。
- ❖ 系统部，是指针对重大客户成立的销售及服务组织，比如中国移动系统部即华为公司对接中国移动业务的销售与服务组织，比如法电系统部即华为公司对接法国电信业务的销售与服务组织。

7.6 管理客户关系(MCR)流程及立体式客户关系建设

在 2B 业务中，公司与客户连接的介质是客户关系(也称客情关系)，2B 的品牌传播是点对点的，即通过一线业务的某几个人把产品的优点、与竞品的比较、带来的收益传递给客户的关键决策人即可，因为只有关键决策人是决定项目走向的，我们把关键决策人的关系称为关键客户关系。

在 2C 业务中，公司与用户连接的介质是产品(比如手机的营销)，中国有 14 亿人是华为手机的潜在用户，公司不可能去对接 14 亿人的用户关系，只要把产品做好了，把公司的品牌传播做好了，提升普通民众对华为手机品牌的认可即可。宣传、传播是 2C 市场拓展的关键武器，华为公司在做手机前，基本上不做广告也是这个原因。自从华为进入手机市场，我们可以看见全球各大机场、各大商超的最显著的位置都有华为手机的广告，这就是 2C 业务的规则（见图 7-45）。

客户关系是 2B 项目成功的最关键要素之一，是业务开展的前提条件，由华为营销四要素演变的华为 2B 业务销售成功公式如下：

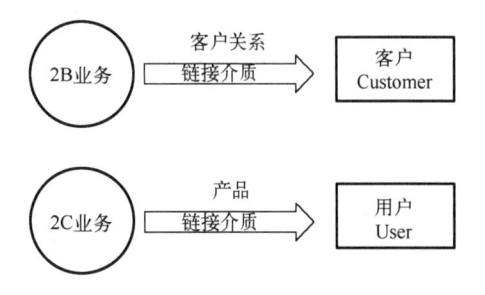

图 7-45　2B 和 2C 业务的规则

销售成功 = 客户关系好 + 解决方案竞争力 + 商务竞争力 + 交付高质量

销售成功公式中，客户关系是首要要素，华为信奉"客户关系是第一生产力"，营销就是比谁更懂客户，没有客户关系支撑的业务都是不稳定的，很难持续，因此一线业务人员首要的素质是客户关系建设的能力。

客户关系是指企业为达成其经营目标，实现商业成功，主动与客户建立起各种联系，这种联系可能是单纯的交易关系，也可能是为双方利益而形成的某种联盟关系。从管理学上来讲，客户关系的定义和一般的接触关系相比，客户关系有如下特点：

(1) 客户关系是有目的的，它不像同学、朋友或者亲属关系，这些关系是没有太多目的性的；
(2) 客户关系是有成本的。我们所说的 2C 也好、2B 也好，都是有成本的。这里更多地是讲 2B，我们要去把方案呈现给客户，拜访也好，应酬也好，一定是有成本的，这是跟其他关系完全不一样的。
(3) 客户关系是相对的，没有最好也没有最差，只有更好或更差。客户关系做到什么时候是最好的，其实没有明确的定义。说得难听一点，能赢得项目就是因为你比对手好一点点。
(4) 客户关系是变化的，客户这个时候跟你关系好，等到了下一个项目招标的时候，客户对我们的态度有所转变，或者他已经形成了跟你的对手的某种联系，因为每个人在不同阶段的诉求是不相同的，是变化的。

1. 客户关系管理概述

客户关系建设在华为内部是有流程支撑的，这个流程叫做管理客户关系

(Manage Client Relationships，MCR）流程（见图7-46）。前面提到的华为公司所有的业务基本上是流程化的。也就是我们所说的一个运作良好的企业需要做到业务流程化、动作标准化，最终达到"无为而治"的境界。

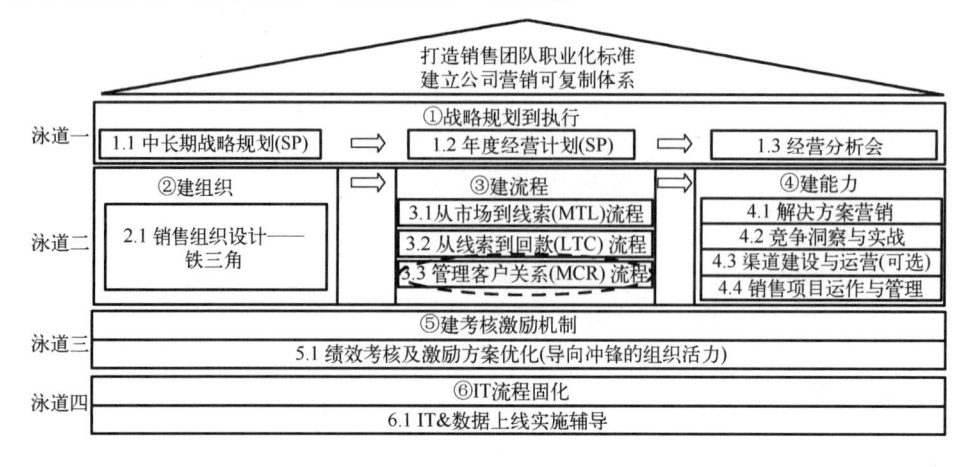

```
                    打造销售团队职业化标准
                    建立公司营销可复制体系

泳道一    ①战略规划到执行
          1.1 中长期战略规划(SP)  ⇒  1.2 年度经营计划(SP)  ⇒  1.3 经营分析会

泳道二    ②建组织              ③建流程                    ④建能力
          2.1 销售组织设计——    3.1 从市场到线索(MTL)流程   4.1 解决方案营销
              铁三角            3.2 从线索到回款(LTC)流程   4.2 竞争洞察与实战
                                3.3 管理客户关系(MCR)流程   4.3 渠道建设与运营(可选)
                                                          4.4 销售项目运作与管理

泳道三    ⑤建考核激励机制
          5.1 绩效考核及激励方案优化(导向冲锋的组织活力)

泳道四    ⑥IT流程固化
          6.1 IT&数据上线实施辅导
```

图7-46　管理客户关系流程在华为2B营销体系能力构架中的位置

2. 客户关系管理典型问题

在很多企业，客户关系的管理是件非常头痛的事情，我们总结出客户关系管理过程中的典型问题——"两多三少四无"（见图7-47）。

典型问题：两多、三少、四无

两多：
1. 过多地依赖销售精英
2. 多头对接大客户，各销售主体各自为战

三少：
1. 缺少有效的客户分类模型，缺乏定义真正的价值客户的能力
2. 缺少有效的客户关系过程管理
3. 缺少有效的客户关系界面的员工利益共享机制

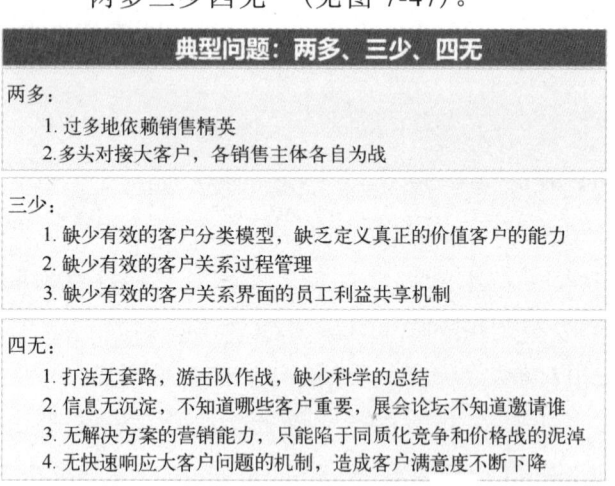

四无：
1. 打法无套路，游击队作战，缺少科学的总结
2. 信息无沉淀，不知道哪些客户重要，展会论坛不知道邀请谁
3. 无解决方案的营销能力，只能陷于同质化竞争和价格战的泥淖
4. 无快速响应大客户问题的机制，造成客户满意度不断下降

图7-47　企业里客户关系典型问题

（1）过多依赖销售精英。销售精英的客户关系更多的是在个人手上，并没有形成组织型的客户关系，这种客户关系的风险就是一旦销售精英本身出现变动（调岗或离职等），因为他跟客户有深度捆绑，就会影响到公司与客户业务的连续性和稳定性。比如一旦该销售精英离职或调岗，客户界面的工作就

会受到很大影响，有时也可以作为绑架公司的理由。

(2) 第二个典型问题就是感觉业务上每个人都很勤奋，每个人都去客户界面"抛头露面"，多头对接客户，各销售主体各自为政。简单来说，一个企业有多个事业部（产品线），每个事业部都想把各自的产品卖给这个客户，今天第一事业部来拜访一下，明天第二事业部来交流一下，后天第三事业部又请客，这种情况在大型企业尤其是实行事业部制的大型企业尤为严重。比如某某重工集团，共有 15 个事业部，如果这么多的事业部同时对接客户，客户就不知道到底听谁的，到底谁代表公司。如果企业销售组织在客户界面没有一个单一的接口，而是多重接口，那么在客户界面上是极其混乱的。

(3) 缺少有效的客户分类模型。企业需要具备定义真正有价值的客户的能力，而不是没有重点，撒胡椒面一样地对待所有客户，雨露均沾。我们就拿华为公司的客户接待用车来举例：不同级别的客户来访，华为公司会准备不同级别的接待用车。跨国大电信运营商的董事长或者 CEO，华为通常匹配奔驰 S 级高级商务车，如果是子网或部门主管参访，一般会匹配奥迪 A6。因为企业的资源永远是有限的，好的客户配置好的资源，一般的客户配置一般的资源，所以客户一定要分级分类管理，根据分级来匹配投入不同的资源。

(4) 缺少有效的客户关系的过程管理。我们讲过程管理，就是项目过程中每一个阶段的标准动作有没有做到位，如果没有到位，怎么补救。比如说，我们以前说的三板斧——立项、项目例会、样品测试有没有管理起来，这个管理就称为过程管理。有效的客户关系过程管理就是年初制订了一个重要客户的关系提升计划，在过程中需要不断地检视、判断、补救。比如说一季度末来审视客户关系有没有提升，二季度末看客户关系是不是跟一季度相比又有提升了。

(5) 缺少有效的客户关系界面的员工利益共享机制。很多中小企业采用销售提成制，还是只让销售精英一个人吃饱喝足，周边职能部门的员工没有这种利益分享的机制，导致只有销售精英有积极性，而周边的支撑人员没有积极性和配合度。例如一个项目需要投标，对于商务等支撑部门来说，销售要求晚上十二点加班投标，但商务人员是拿固定工资的，今天晚上处理投标和明天早上再处理投标对他们没有什么实质影响，也没有任何积极性和动力，这就是没有建立利益分享制，整个组织没有被激活，没有一套标准打法，形成不了合力，组织能力没有提升。

(6) 信息无沉淀。不知道哪个客户重要，展会论坛不知道邀请谁，有时候真的是展会一来好像永远就邀请那么几个客户，今年邀请了，明年又重复邀请。很多企业每次组织展会的人会发生变动，但是客户仍然是比较固定的，礼物可能每一年变化也不太大。今年客户收到一个充电宝，明年他又收到充电宝，这给客户的感受是非常不好的，客户一定会认为这个公司管理混乱。所以说企业内部一定要把销售业务的基本信息管理起来，企业要利用好 IT 平台进行管理。客户参访公司也好，到企业的展厅也好，安排公司的哪位领导接待，哪些领导陪餐，谁来做技术交流，准备什么礼物等一系列信息要沉淀在企业的 CRM 系统里面。这些细节看似很简单，但其实体现在企业对细微事务的管理上，是公司的管理能力综合性的提升。这些事情看似很简单，但能把一些常识性的事情做到极致，就是管理能力的极大提升。不要认为这些事情是一些鸡毛蒜皮不太重要的小事，在 2B 客户里面，就是因为这些细微的事情很容易就打动了客户。

(7) 无解决方案营销。缺少解决方案的营销，企业就只能陷入同质化的竞争和价格战的泥潭里。我们要包装解决方案，一定要讲故事，好的故事讲一千遍一万遍都不为多。企业的销售人员要把这些故事讲得活灵活现，不要上来就只能想到吃饭喝酒，好的解决方案才能体现公司的独特价值。

(8) 无快速响应机制，客户满意度下降。针对备件、运维、售后，企业是否有一套保障机制，要站在客户的角度换位思考，为客户解决问题。换位思考非常重要，这样才可以从客户的思路来反推企业内部要怎么做，一定要以价值为导向。

3. 华为立体式客户关系

华为立体式客户关系一般分为三个维度：关键客户关系、普遍客户关系和组织客户关系（见图 7-48）。

(1) 关键客户关系是点状的，因为一个项目的关键客户识别出来就是几个人，这些人是项目成功的关键。销售经理与这几个人客户关系好，可能一两个项目就搞定了。所以我们定位关键客户关系的建设是根本，项目能不能拿下来就取决于这几个关键的人员能不能搞定。项目成功的关键对战略性、格局性的项目影响巨大，企业必须做好关键客户关系。

(2) 普遍客户关系是底座，体现在企业业务人员跟客户之间要多点接触。区别于关键客户关系，普遍客户关系是由点到面。别人都说你好，就很少有人敢说你不好。普遍客户关系建设是建立良好市场拓展氛围的基础，可以影响组织客户关系和关键客户关系，是一个企业活得好不好的关键，是树立口碑的过程。

(3) 组织客户关系是屋顶，它决定企业和客户两个组织间的黏性和势头，是两个企业之间长期合作的保障。组织客户关系是指两个组织之间的连接关系，不是个体，也不是部门。就是说这两个组织之间达成了某种战略匹配、价值认可。这是一种比较牢固的，不会因为个人的离职、升迁或一些负面事件影响到两个组织之间的合作关系。举个例子，华为和中国电信两个组织之间的这种契合度、战略匹配度已经形成了持续稳定的合作势头，华为这么多年也换了很多 CEO，中国电信也换了很多董事长，两个组织间不会因为短期的个人失误、离职或一些恶性事件而影响到长期的合作发展。所以，组织客户关系的建设是市场长远发展的发动机。

立体式客户关系是销售人员心中的教堂

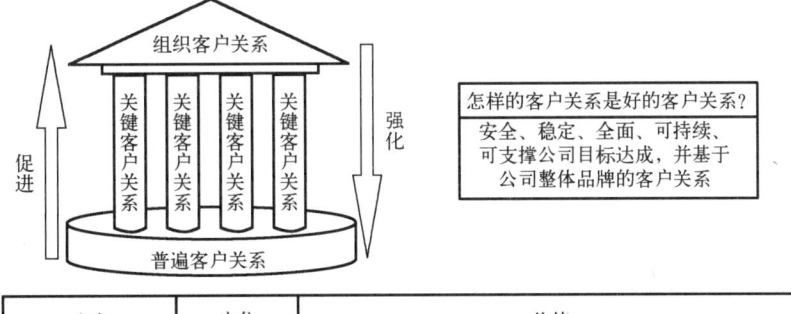

分类	定位	价值
关键客户关系	点、根本	• 项目成功的关键，对战略性、格局性项目影响巨大
普遍客户关系	面、支撑	• 是口碑，是建立良好的市场拓展氛围的基础，可以影响组织客户关系和关键客户关系，是企业活得好不好的关键
组织客户关系	势、氛围	• 是企业长期发展生存的基础，是牵引市场长远发展的发动机

图 7-48　华为立体式客户关系架构

7.6.1　管理客户关系(MCR)流程

管理客户关系流程在华为公司 2B 的 17 个流程中排第六位，是一个使能流程（见图 7-49）。一般流程分为 6 层，L1—L3 层是主流程、子流程，L4—L6 通常是业务的任务、动作、模板等。每个流程都需要具备完善的流程文件定义，什么时候对什么人做什么事情、做到什么程度，有哪些工具模板可以使用，最后还需要哪些衡量指标来评估。我们常说"销售=70%科学+30%艺术"，MCR 流程就是销售的科学部分。

244 华为，战略驱动营销

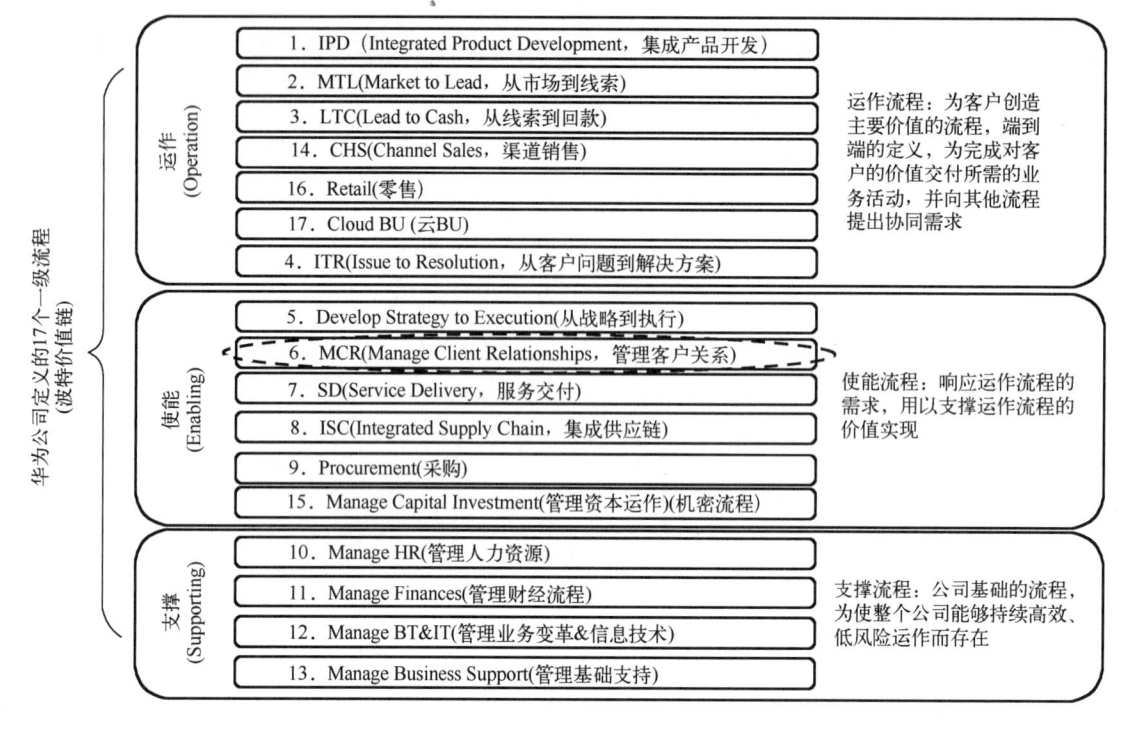

```
                    ┌─ 1. IPD（Integrated Product Development，集成产品开发）
                    │  2. MTL(Market to Lead，从市场到线索)
            运作    │  3. LTC(Lead to Cash，从线索到回款)              运作流程：为客户创造
          (Operation)│ 14. CHS(Channel Sales，渠道销售)                 主要价值的流程，端到
                    │ 16. Retail(零售)                                  端的定义，为完成对客
                    │ 17. Cloud BU (云BU)                              户的价值交付所需的业
                    └─ 4. ITR(Issue to Resolution，从客户问题到解决方案) 务活动，并向其他流程
                                                                        提出协同需求

华为公司定义的17个一级流程
（波特价值链）
                    ┌─ 5. Develop Strategy to Execution(从战略到执行)
                    │  6. MCR(Manage Client Relationships，管理客户关系)  使能流程：响应运作流程的
            使能    │  7. SD(Service Delivery，服务交付)                 需求，用以支撑运作流程的
          (Enabling)│  8. ISC(Integrated Supply Chain，集成供应链)       价值实现
                    │  9. Procurement(采购)
                    └─ 15. Manage Capital Investment(管理资本运作)(机密流程)

                    ┌─ 10. Manage HR(管理人力资源)
            支撑    │ 11. Manage Finances(管理财经流程)                  支撑流程：公司基础的流程，
         (Supporting)│ 12. Manage BT&IT(管理业务变革&信息技术)            为使整个公司能够持续高效、
                    └─ 13. Manage Business Support(管理基础支持)         低风险运作而存在
```

图 7-49　MCR 流程在华为流程体系中的位置

华为 MCR 流程变革始于 2008 年，经过理念形成阶段、流程建设和推行阶段、运营与优化阶段、卓越运营阶段，运行至今。MCR 流程变革是华为 CRM 项目群的子项目(子项目还有 LTC、ITR、MTL)，历时近 10 年(见图 7-50)。MCR 的 IT 平台是 iSales(华为 CRM 的 IT 平台名称)的一个子模块，与 LTC 数据打通，形成了统一的客户 CRM 系统。

华为MCR流程建设发展历程

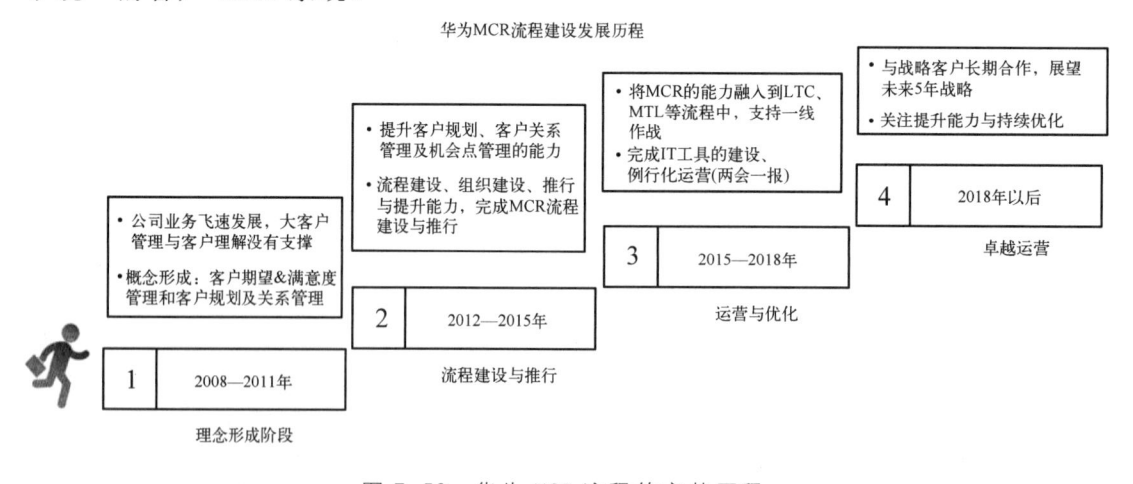

```
                                                                    · 与战略客户长期合作，展望
                                                                      未来5年战略
                                          · 将MCR的能力融入到LTC、    · 关注提升能力与持续优化
                                            MTL等流程中，支持一线
                    · 提升客户规划、客户关系    作战
                      管理及机会点管理的能力  · 完成IT工具的建设、
                    · 流程建设、组织建设、推行   例行化运营(两会一报)    ┌─────┐
                      与提升能力，完成MCR流程                          │  4  │ 2018年以后
· 公司业务飞速发展，大客户 建设与推行        ┌─────┐                    └─────┘
  管理与客户理解没有支撑                     │  3  │ 2015—2018年         卓越运营
· 概念形成：客户期望&满意度                  └─────┘
  管理和客户规划及关系管理 ┌─────┐            运营与优化
                          │  2  │ 2012—2015年
  ┌─────┐                └─────┘
  │  1  │ 2008—2011年     流程建设与推行
  └─────┘
  理念形成阶段
```

图 7-50　华为 MCR 流程的变革历程

MCR 流程作为华为公司的一级流程，下面有 6 个二级流程，以及若干个三级流

程，其中二级流程具体如图 7-51 所示：

(1) 管理客户的政策；

(2) 制定与管理系统部的 ASP 和 ABP；

(3) 制订与管理客户关系计划；

(4) 管理客户接触与沟通；

(5) 管理客户满意度；

(6) 管理客户信息。

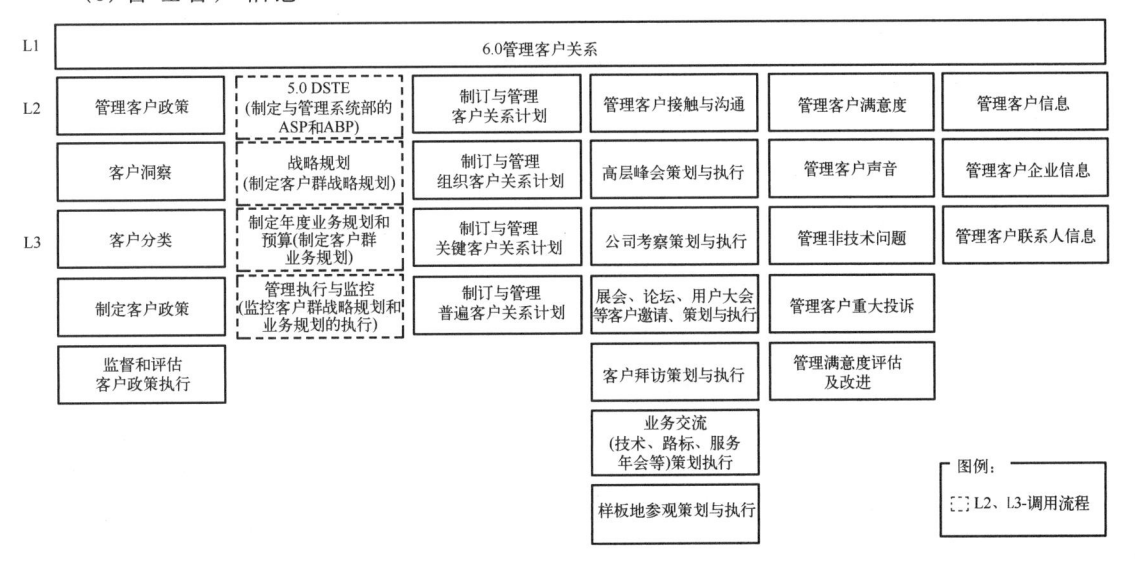

图 7-51　华为管理客户关系 MCR 流程视图

7.6.2　关键客户关系

关键客户关系是指在客户项目和业务交往中，能够起到关键作用的客户的关系。比如董事长、总裁、采购总监、技术总监等，关键客户关系是项目拓展的核心对象，这些客户都是项目的关键决策人。如何定义和识别关键客户，通常从 4 个维度来判断（见图 7-52）：

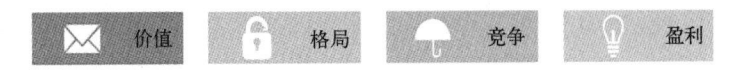

图 7-52　判断关键客户的 4 个维度

(1) 价值：价值很好理解，是指这个关键客户搞定了以后，能给企业带来多少订单、多少利润；

(2) 格局：做好关键客户关系能够给我们在特定领域的格局带来大幅的提升；

(3) 竞争：如果这个关键客户可以帮助企业把恶性竞争对手或者战略竞争对手挤出去，这就是我们需要核心突破的客户关系；

(4) 盈利：比如中标、关键谈判、大的合同等关键事件能够提供支持，确保公司相关盈利业务、竞争目标达成。

综合以上这4个维度，我们就可以判断和识别这个人是不是关键客户。

关键客户关系管理的基础是对客户组织结构和项目关键决策链的详细分析。通过分析决策链识别关键客户，并处理好与这些关键客户的客户关系，提供有价值的方案和产品，最终取得销售项目的成功。关键客户关系管理的前提是先识别谁是关键客户，没有目标都是空谈。关键客户关系管理要责任到人，要制订行动计划，最后还要定期复盘回顾。华为公司通过权力地图来识别、管理关键客户，具体如图7-53所示。

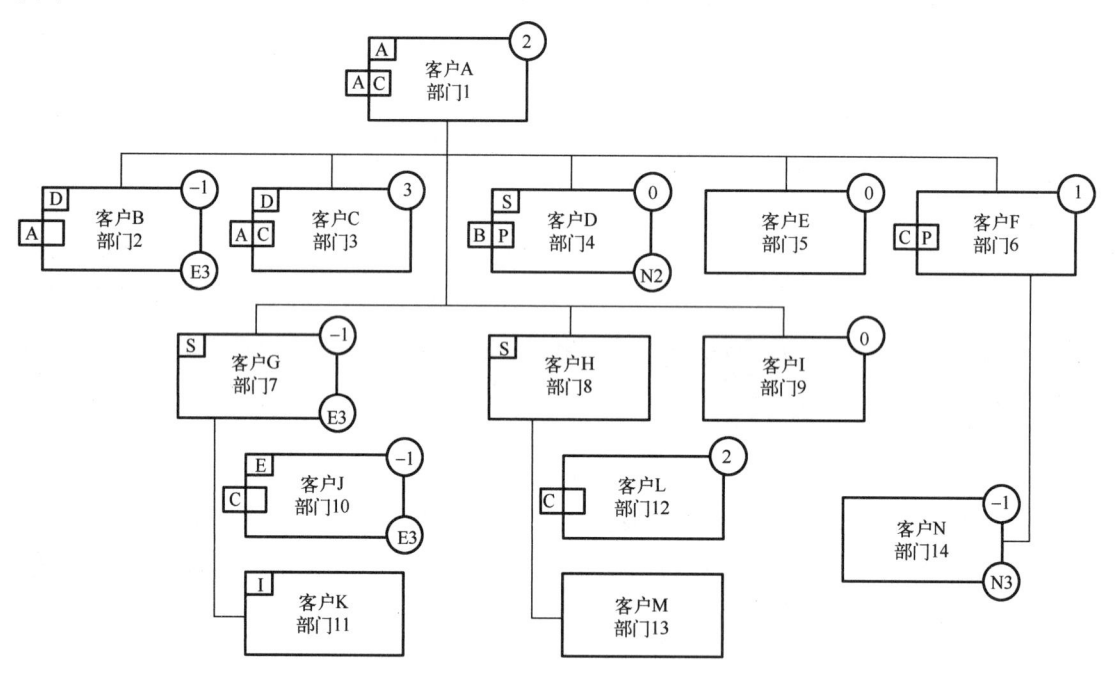

图7-53 组织权力地图的使用

(1) 左上角色块和字母代表客户的决策角色：A：Approver，D：Decision Maker，E：Evaluator，S：Decision Make Supporter，I：Influencer；

(2) 客户图例右下侧的圆圈代表该客户与友商的关系，右上为该人与华为的关系；

(3) 竞争对手名称位于圆圈中，如E代表爱立信、N代表诺基亚等友商；

(4) 左侧中间的长方形方块，左边代表客户关系的责任人，右边代表客户关系的Sponsor（资助者）。

备注：在分析客户最高层组织结构时，不需要标出客户的决策角色；当用于分析客户某一具体部门组织权力时，需要标出客户的决策角色。

对于关键客户关系评价标准，华为通过6个维度、5个层级（分别为-1、0、+1、+2、+3），来具体量化打分，从而实现关键客户关系的量化管理（见图7-54）。

从6个维度出发，设定具体标准：
1. 竞争态度
2. 决策支撑度（关键事件）
3. 信息传递（竞争、项目、日常运作）
4. 指导（项目及日常业务）
5. 客户接触活动参与度
6. 对公司的接受认可度

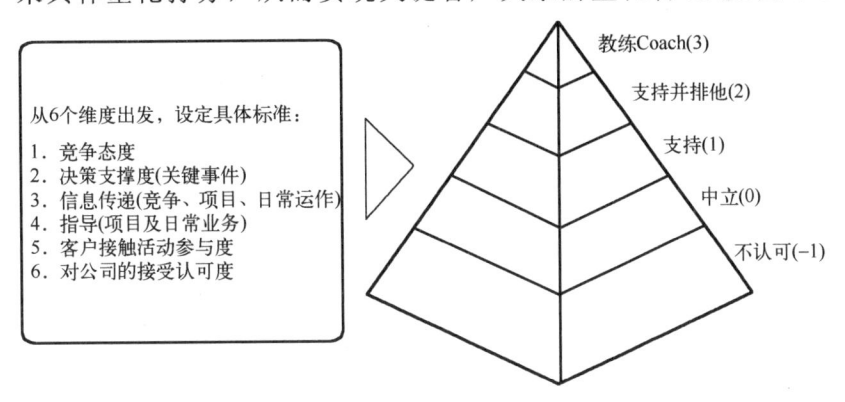

教练Coach(3)
支持并排他(2)
支持(1)
中立(0)
不认可(-1)

图7-54　关键客户关系评价标准：6个维度、5个层级

从6个维度出发，设定具体标准：
(1) 竞争态度；
(2) 决策支撑度（关键事件）；
(3) 信息传递（竞争、项目、日常运作）；
(4) 指导（项目及日常业务）；
(5) 客户接触活动参与度；
(6) 对公司的接受认可度。

关键客户的拓展，按照客户关系的拓展阶段可以定义为4个阶段，分别为知己知彼、建立连接、积累信任、施加影响。关键客户关系的拓展方法有其科学的部分，更重要的是艺术部分，因为每个人是个性化的，性格、背景、学识、价值观都不一样，因此处理好关键客户关系是一件艺术性很强的工作，很具有挑战性（见图7-55）。

关键客户关系拓展的四个步骤

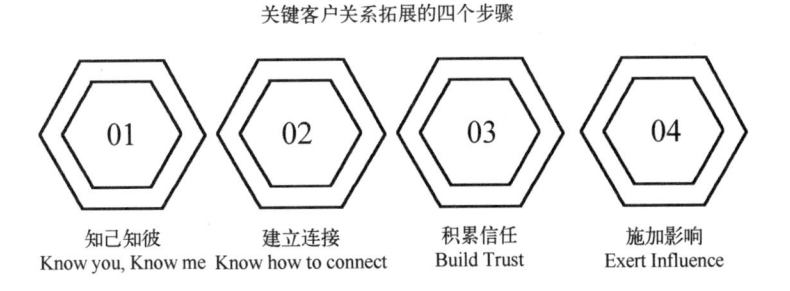

01 知己知彼 Know you, Know me
02 建立连接 Know how to connect
03 积累信任 Build Trust
04 施加影响 Exert Influence

图7-55　关键客户关系拓展的步骤

1. 知己知彼

一线销售团队的核心能力之一就是要挖掘关键客户的需求。通常，我们定义关键客户的需求包含两个维度：组织和个人。

(1) 组织需求：我们要深度解读客户组织的 KPI、岗位职责、内部发展等综合因素，思考如何帮助客户，帮助客户就是帮助企业自己，利他即利己。需要对组织进行画像，华为称之为"客户公司画像"（见图 7-56）。

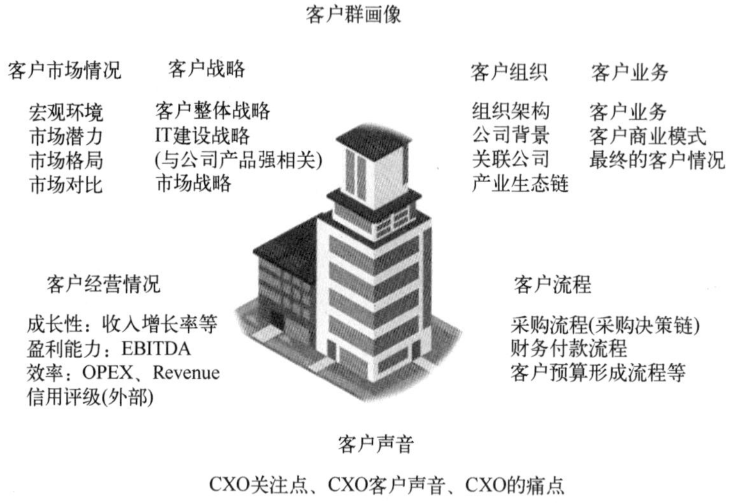

客户群画像

客户市场情况
宏观环境
市场潜力
市场格局
市场对比

客户战略
客户整体战略
IT建设战略
（与公司产品强相关）
市场战略

客户组织
组织架构
公司背景
关联公司
产业生态链

客户业务
客户业务
客户商业模式
最终的客户情况

客户经营情况
成长性：收入增长率等
盈利能力：EBITDA
效率：OPEX、Revenue
信用评级(外部)

客户流程
采购流程(采购决策链)
财务付款流程
客户预算形成流程等

客户声音
CXO关注点、CXO客户声音、CXO的痛点

图 7-56 建立客户公司画像

(2) 个人需求：我们可以使用业界通用的马斯洛需求金字塔来进行分析和行动计划的制订，然后进行有针对性的客户关系拓展。对个人进行画像，华为称之为"客户画像"（见图 7-57）。

个人情况
兴趣爱好、性格特点、生日、纪念日、
个人痛点、禁忌、教育背景、工作过往、
工作风格、行业观点、宗教信仰、
政治观点……

工作情况
KPI、业务痛点、职业规划诉求、
上下游及周边同事关系、当前
工作业绩及评价、职业潜力、
荣誉、潜在风险……

家庭情况
婚姻情况、配偶情况(工作、健康、
生日、纪念日、兴趣爱好等)、子女信息
(教育、生日、纪念日、兴趣爱好等)、
家庭痛点、禁忌……

圈子情况
工作圈子(内部同事、合作方、行业、
政府、一把手圈子等)、生活圈子(老乡、
同学、家族、朋友圈等)……

图 7-57 建立客户画像

华为在关键客户关系拓展过程中，对不同的客户风格总结归纳了四种类型——控制型(自信甚至自负)、倡导型(热情)、分析型(善于倾听和思考)、亲切型(热情)。

针对每个客户的风格匹配不同的销售团队或营销策略,因地制宜,因人而异,如图 7-58 所示。

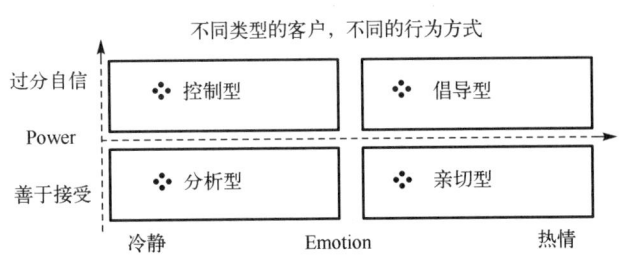

图 7-58 分析客户的社交风格,采取对应的交往方式

2. 建立连接

有了清晰的客户公司画像和客户个人画像,就相当于对客户做了体检,对客户的个性、品性、痛点有了一定的了解,因此就可以通过这些认知,找到与客户建立连接的路径。比如客户是某个行业协会的成员,这样就可以与该行业协会接触,客户是喜欢运动的,那就可以对运动活动、运动圈子等多研究,找到与客户的交集。1000 个客户有 1000 种与客户建立连接的办法,这就是艺术(见图 7-59)。

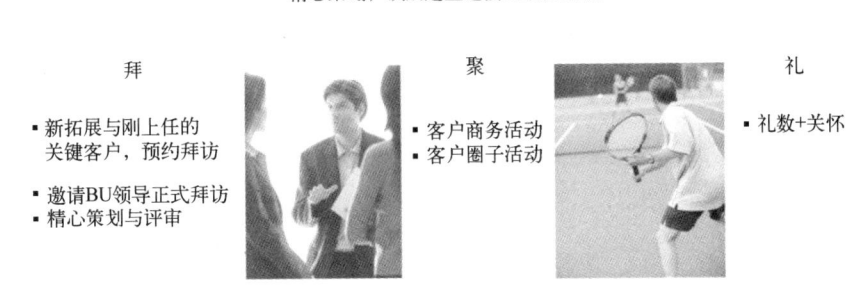

图 7-59 建立与客户的连接

与客户建立连接,要思考好你有什么内部和外部资源可以借用,要发动你周边的人和资源,比如领导的、公司的、同学的、圈子的链接,找到突破口。

要珍惜每次拜访客户的机会,因为每次机会都来之不易。拜访客户之前,要做好充分的准备,拜访时要从容、自信,要想清楚客户跟你交往的理由。常见的拜访客户问题有拜访前准备不足,忽略客户的期望值,拜访中有效沟通能力差,拜访后跟进闭环不足。下列场景是拜访客户时最常见的问题,要尽量避免:

(1)急于灌输材料和议题,调动不起客户兴趣;
(2)客户提出挑战或难题,丢掉目的,场面失控;
(3)纠结于细节或者分歧,忘了此行的主要目的;

(4) 急于表现，针对客户不同意见急于证明；

(5) 缺乏准备，现场抢话题，相互之间意见冲突；

(6) 过分依赖团队，无法正确阐述客户期望的价值内容；

(7) 没准备，不担当，只做传声筒；

(8) 谈笑风生，过于放松，没有任何价值呈现。

3. 积累信任

客户对我们的个人信任通常是从工作信任中循序渐进而来，因此帮助客户解决工作中的问题和疑难杂症，是积累信任的第一步，有了工作上的信任，就可以逐渐与客户成为很好的个人朋友，信任感可以逐渐提升。占有客户的"时间"才有机会占有客户的"灵魂"，因此与客户增加接触是铁律，在交往中增加了解，在交往中增强信任，在交往中增加机会（见图7-60）。

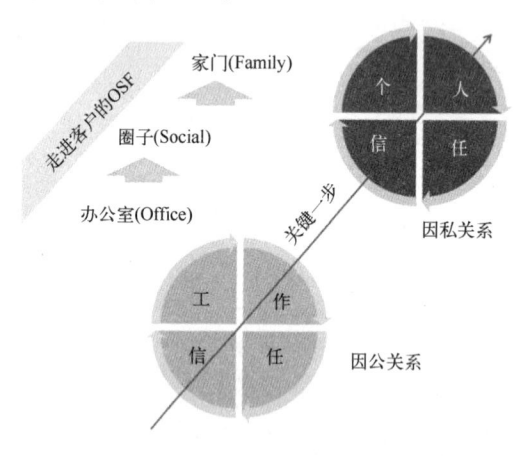

图7-60 信任关系从因公到因私的突破

大量的接触活动是产生信任的基础，在与客户交往的过程中，让客户愿意与你交往，要把握以下尺度：

(1) 角色定位要清晰；

(2) 对于双方关系的把握；

(3) 要把握拓展节奏，循序渐进；

(4) 必要时帮客户找台阶。

每一次质的飞跃都需要一个切入的机会和一次愉快的接触，在与客户交往过程中，让客户感觉舒服，也要把握边界：

(1) 别越界，让客户觉得舒适与安全，而不是戒备和防范；

(2) 保持尊重，态度要不卑不亢；

(3) 用合理的方法去试探、验证。

4. 施加影响

在持续接触中积累信任，客户关系的根本在于信任，没有信任是难以施加影响的，影响客户的程度在于客户信任的深度。作为一个以商业成功为目的的现代企业，客户关系的使用是为商业成功服务的，这毋庸置疑，这也是检验客户关系好坏的唯一标准。

客户关系如信用卡，持续使用，及时还款，这样信用等级才会越来越高。特别是对高层客户，不要轻易使用他们的客户关系，一定要用在刀刃上。

关键客户关系拓展需要注意以下事项：

(1) 因人而异，采用合适的方法；
(2) 谋定而后动，珍惜每次出手机会；
(3) 电梯里、走廊上、车窗边，总有那么3分钟是你的；
(4) 建立感情账户，礼尚往来；
(5) 注重细节，认真把事情做对，用心把事情做好；
(6) 循序渐进，把握尺度。

关键客户关系拓展还要注意以下事项：

(1) 不要长期只做客户的司机、保姆、球童、饭票；
(2) 不要在客户面前忘乎所以，不修边幅，称兄道弟，机智过人；
(3) 不要让客户的同事知道你们之间的关系；
(4) 不要总捡"软柿子捏"；
(5) 不要忘记角落里的人，要注意"隐形人"；
(6) 不要违反法律法规，这是红线。

7.6.3 普遍客户关系

普遍客户关系的定义：为提高业务顺畅度和客户满意度，与客户相关业务部门建立的联系，其目的和价值为：

(1) 信息渠道畅通、及时、有效；
(2) 业务流程顺畅；
(3) 负面事件不扩散；
(4) 提升品牌忠诚度和口碑、满意度。

与关键客户关系比，拓展普遍客户关系要增加覆盖范围，当然不是没有方向和不聚焦地工作，要与业务部门有关联，比如项目的辅助、支撑部门等。与底层的、周边的、非核心的部门建立连接，这些团体都是普遍客户关系的对象。普遍客户关系的拓展不是客户经理和解决方案经理哪一个人的工作,应该潜移默化地把这个拓展的理念深植在每个人的心里。只要能接触的、能对业务拓展和项目成功产生影响的客户都要接触,全面开花,哪怕是秘书、门卫,看似不起眼的角色,也可能是项目成功的重要因素。

普遍客户关系的良好建立可以方便企业更容易和高效地获取信息,比如竞争对手最近是否有来访,客户内部的组织或战略调整、人事变动等,或多或少都会对项目成功起到正向的作用。同时,良好的普遍客户关系水平会大大提高业务的顺畅度,搞定关键客户的同时搞定普遍客户,会让企业在项目实施执行的过程中如鱼得水。普遍客户关系也可以帮助企业防止负面事件扩散,我们的目标就是大事化小,小事化了(见图7-61)。

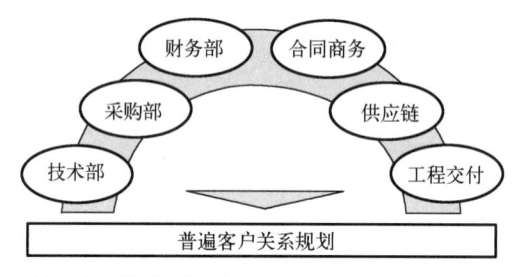

图 7-61　普遍客户关系规划

对于普遍客户关系的拓展方法,通常可以从两方面入手(见图7-62)。

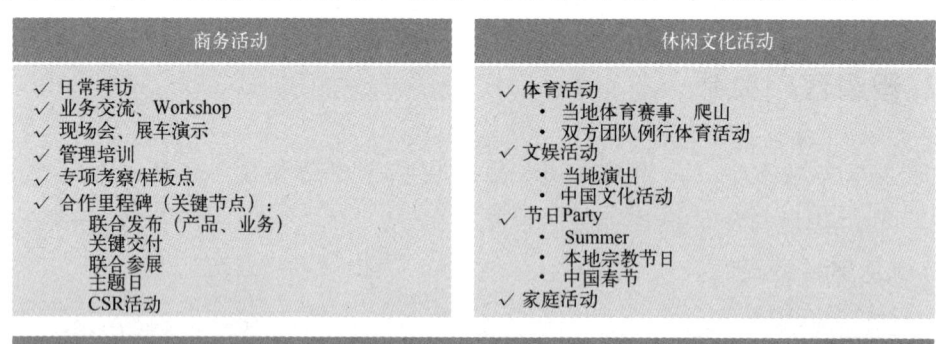

图 7-62　普遍客户关系的拓展方法

(1) 从销售项目入手，根据项目运作和管理的不同阶段采取不同的方法来拓展普遍客户关系；

(2) 基于客户交往活动入手，包括但不限于技术交流、公司参访、样板点参观、专项活动、联谊运动、共同发布等。普遍客户关系好坏的量化评估，相对于关键客户关系来说涉及的面更广，难度也更大。

通常情况下，普遍客户关系的量化可以通过过程评估（双方活动的参与度和质量）以及对关键项目或事件的支持度或态度来进行评估。华为的普遍客户关系量化评估从信息获取、负面事件不扩散、关键事件支撑、业务沟通顺畅度、部门活动（频度和意愿度）这五个方面来衡量，可以根据不同的维度打分，要有量化管理（见表 7-6）。

表 7-6 普遍客户关系量化打分

	信息获取	负面事件不扩散	关键事件支撑	业务沟通顺畅度	部门活动（频度和意愿度）
优 (86—100)	信息源较多，信息获取准确、及时、全面	大事化无	合作并积极指导，支撑意愿强烈	• 随时响应公司沟通需求，积极探讨业务、听取建议并给予有效指导 • 业务强相关部门例会（每两周）	意愿非常高，有主官参加，客户参与组织策划，频度>6次/年
良 (76—85)	能准确及时获取部分信息	大事化小，小事化无	意愿合作，有一定支撑意愿	• 时间允许时愿意和公司沟通，可参与业务讨论、听取建议 • 业务强相关部例会（每月）	意愿度较高，频度>4次/年
中 (60—75)	能获取个别信息，准确性、及时性差	公事公办	推动下能合作	• 被动参与沟通，业务讨论不积极，较难听取建议 • 业务强相关产品例会（每季度）	偶尔参与，频度>2次/年
差 (60以下)	无信息，或无用、虚假信息	小事变大，无事生非	不合作，阻碍	• 拒绝沟通，或在沟通中设置障碍 • 无部门例会	不愿参与

7.6.4 组织客户关系

组织客户关系定义：为实现长期可持续的互利合作，公司与客户组织发生的各种联系，其目的及价值如下：

(1) 建立双方战略匹配，支撑业务持续增长；

(2) 营造双方良好的合作氛围，提升关键客户和业务部门的合作意愿度；

(3) 减少双方的合作关系受到单点个人客户关系更换带来的负面影响。

组织客户关系建设的目的是使两个组织建立最深层次的战略匹配，从而支撑业务达到持续增长的目标；同时组织的匹配可以营造积极向上的合作氛围，提升客户满意度；降低两个组织因单点或单事件对双方合作所造成的不良影响。组织客户关系建立和管理的主要原则方法是沟通、匹配、联合、认同。沟通通常指双方商业活动上的正式沟通,一般通过举办高层峰会、专题会议、发布会、渠道大会等形式呈现;匹配则是两个组织间的三层匹配:战略匹配、组织匹配和流程匹配;联合则强调通过技术、产品、商业模式的合作创新,开展联合行动,形成两个组织间的强强联合,大大地增加合作黏性;认同是两个组织间最高层次的连接,彼此认同对方的文化、理念等(见图 7-63)。

组织客户关系拓展的4方面动作

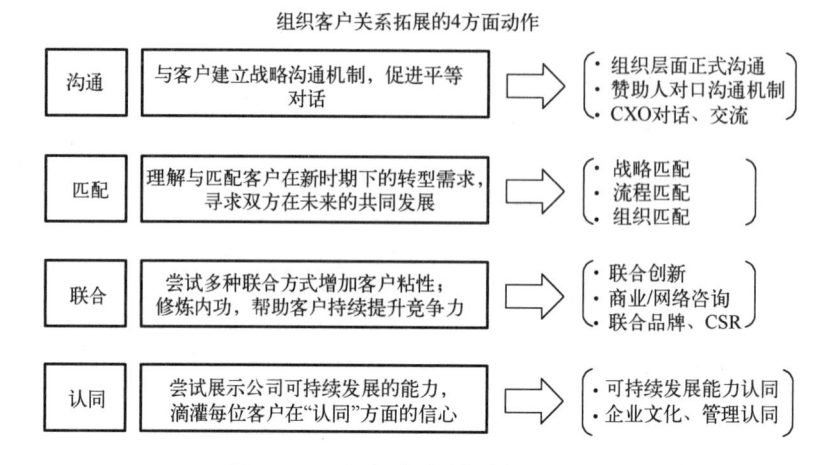

沟通	与客户建立战略沟通机制,促进平等对话	⇒	组织层面正式沟通 赞助人对口沟通机制 CXO对话、交流
匹配	理解与匹配客户在新时期下的转型需求,寻求双方未来的共同发展	⇒	战略匹配 流程匹配 组织匹配
联合	尝试多种联合方式增加客户粘性;修炼内功,帮助客户持续提升竞争力	⇒	联合创新 商业/网络咨询 联合品牌、CSR
认同	尝试展示公司可持续发展的能力,滴灌每位客户在"认同"方面的信心	⇒	可持续发展能力认同 企业文化、管理认同

图 7-63 组织客户关系拓展方法

组织客户关系应该分级分层管理,要制订组织客户关系提升计划,要在客户群主管的年度经营计划中体现出具体策略及举措,举例说明如下。

对于战略供应商:

- 合作程度(核心定位、价值区域);
- 双方战略合作协议;
- 高级管理团队的年度会议;
- 管理者研讨会。

对于关键供应商:

- 高级 CXO 之间的互访;
- 高级商业研讨会(路标、交付、研讨会);
- 关键产品准入;
- 多产品准入;
- 框架合约、高级别互访、高级别谈话。

对于供应商:

- 完成市场及产品准入;
- 在价格是首要考虑因素的前提下,有可能进入备选名单;

对于参与者:

➢ 偶有机会参与客户招标和邀标。

组织客户关系量化评估要从沟通、匹配、联合、认同(文化/管理/人才)这四个方面来衡量,可以根据不同的维度来打分,要有量化管理(见表7-7)。

组织客户关系的建立相比于关键客户和普遍客户,需要一个更加漫长的过程,需要动用企业更大的资源投入,要有长期主义精神。但组织客户关系的建立和管理对于一个企业长远做强做大是必不可少的,要建立起不依赖人的组织客户关系,凸显公司品牌的价值,客户认可公司不是因为公司特定的人,而是公司的整体品牌力、公信力。组织客户关系拓展常见问题:

(1) 战略解码及战略匹配:对客户业务发展策略、决策流程等不了解或是没有清晰地认识;解决方案和客户的业务发展策略不匹配;
(2) 高层互访、高层管理团队定期年会机制:没有或是较难落实高层互访机制、高层管理团队定期年会机制,高层层次不匹配等;
(3) CXO 层面的沟通顺畅度、频度及认可度:和决策层的沟通渠道不顺畅、言之无物,CXO 认可度不高等;

表 7-7　组织客户关系量化管理

层级	沟通	匹配	联合	认同(文化、管理人才)
A (81—100)	①双方高层管理团队能够每年定期举行战略峰会(或技术、服务峰会) ②双方高层能够定期互访 ③双方高层有良好的私人沟通	①相互理解并能全方位匹配彼此战略:业务演进、规模扩张、业务经营等 ②多方面给予对方优先权:竞争、新机会点、资源等 ③业务流程相互匹配,双方合作顺畅、高效	①双方在新技术、新产品、新业务、新商业模式上能够联合创新、风险共担 ②多领域开展联合行动(商业咨询、技术标准、品牌发布等)	①彼此认同文化价值观、企业管理理念和人才,相信对方可持续健康发展 ②公开肯定和认可(内外部刊物、商务场合)、颁奖等
B (60—80)	①双方最高层管理团队能够每年定期举行技术、服务峰会 ②双方高层能够定期互访、沟通顺畅	①相互理解并能部分匹配彼此战略 ②部分方面给予对方优先权:竞争、新机会点、资源等	①双方在新技术新产品能够联合创新 ②部分领域开展联合行动	公开肯定和认可(内外部刊物、商务场合)、颁奖等
C (60以下)	①不定期技术峰会或用户服务沟通会 ②双方高层、赞助人能够开展互访,有一定的沟通	相互理解并能部分匹配彼此战略	部分领域开展联合行动	

(4) 高层 Sponsor 制度下的各专业工作组定期例会(如路标研讨等):较难落实各专业工作组定期例会、Sponsor 经常更换等;
(5) 实质性合作战略协议:没有实质性合作战略协议,协议内容落实困难等。

因此,组织客户关系拓展需要流程化、制度化、例行化,要与客户高层达成共识,对共建组织客户关系进行日历化管理。

小结

总体上讲，检验客户关系好与坏的唯一标准是商业是否成功，即是否促进企业拿到更多项目、更多收益。客户关系如何使能具体项目？可参考表7-8所示的内容。

表7-8 客户关系如何使能具体项目

序号	现象	可能的问题和使能方法
1	有关系，就是挖掘不到项目	对客户的业务理解不深，加强"营"，做好洞察
2	高层关系好且有指示，但项目还只是参与，难以进入核心系统	组织客户关系：高层带队对标、战略合作协议
3	存量市场，客户一直维系较好，但是高层领导更换	关键客户关系突破：圈子文化、高层拜访
4	盐碱地市场，有个别中基层客户沟通渠道，产品试用中，没有形成规模突破	关键客户关系：公司参观和样板点参观
5	政府项目，项目做完了，很难回款	普遍客户关系：梳理决策链环节，熟悉客户流程

管理客户关系MCR定义了客户关系的规则及标准动作，是销售的科学部分，具体到特定客户的客户关系，需要业务人员发挥自己的主观能动性，是销售的艺术部分，唯有把握客户关系的艺术，才能进入客户拓展的蓝海，找到成功之道。

想了解更多的客户关系拓展知识点，请参考"立体式客户关系建设及流程运营"课程大纲。

7.7 "业务流程化、动作标准化"在一线销售的应用

华为公司一线销售人员在拜访客户的时候，工作包里一般都会放三样东西：
(1) 邀请函，因为华为公司每年、每月都会有大量的营销活动，这些活动有些是自己主办的，也有些是社会主办的，比如本人经历过的北京奥运会、上海世博会、上海F1赛车、巴塞罗那电信展、华为全连接展HCC等；
(2) 解决方案彩页，华为公司是ICT解决方案的供应商，为千行百业提供ICT解决方案，比如传统的电信解决方案，现在的各军团解决方案(煤炭、港口、交通等)；
(3) 与对手比拼的材料(HOW TO BEAT)，华为公司是一个商业组织，要在激烈的市场竞争中脱颖而出，首选要看清楚对手，如何找到对手的弱点，在比拼中淘汰对手，从而赢得商业订单。

这看似三份平平淡淡的资料，是华为一线销售人员的标准配置，是关键客户拓展和项目运作的三件武器。

7.7.1 一线销售人员看似简单的动作，体现背后强大的流程体系

华为销售人员的工作包里放的这三样东西，用途可以解释为：第一，为了做好关键客户关系，遇见关键客户就会递交一份早已准备好的邀请函，邀请关键客户到华为总部、各大展会活动，创造与关键客户独处的机会，从而实现关键客户关系的突破；第二，为了呈现华为解决方案亮点，在遇到友好客户的时候，从包里拿出解决方案彩页，一一呈现公司的方案亮点。为了在竞争中获胜，也要具备淘汰对手的一些举措，最终达成商业成功，毫不隐晦地说，商业竞争无处不在，有时候还会特别激烈，这都是正常的商业行为。

华为公司一线的作战团队是销售铁三角，是一个分工合作的利益共同体，客户经理负责客户关系，解决方案经理负责解决方案，交付经理负责交付，每个角色的职责定义清晰，动作标准化程度高，有统一的工作模板和表格，因此销售铁三角拓展任何一个客户，都有一套一致性的打法，即统一的动作和工具模板，这就是我们常说的销售是可以被管理的。华为公司在2B的业务里，大约有一万多名销售人员（客户经理+解决方案经理），一万多人统一做一套动作，这就是组织合力的形成。

华为公司在线索到回款的销售流程（LTC）中，清晰地定义了一线的销售铁三角组织、运作机制、动作、工具、表格模板等，这就是统一语言、统一动作、统一工具，这就是销售流程的力量，其目的就是打造销售团队职业化标准，建立公司营销可复制体系。

7.7.2 业务流程化，动作标准化，把能力建在组织上

华为公司从1998年开始大规模开展企业管理变革，虚心向西方学习，让西方两百多年的现代管理科学落地华为。华为花费了近20年的时间，逐步把公司各领域的业务都流程化了，近20万员工的日常动作都是比较标准化的动作，即有规章制度可遵循。小到员工家属申请伙食补助，大到研发人员开发5G、汽车产品，都有一套完善的电子流支撑，因此安排谁来做这些工作，都是可预期的结果。这就是任正非经常讲的："用内部规则的确定性来应对外部环境的不确定性。"即建立一套不依赖于人的管理体系，把能力建在组织上，将逐步达成"无为而治"的目标。这样，企业领导人和核心管理者有更多的时间去思考公司的战略、企业文化层面的事情，日常的工作就交给流程完成，完成了从人治到机制的跃迁。

当然"业务流程化，动作标准化"也有其弊端，就是把员工划定在比较窄的工作领域，日复一日、年复一年地重复某项工作，限定了员工的发展空间。因此，华为公司要求人员(特别是干部)要横向、纵向流动(即轮岗)，积累全流程经验，防止员工和干部的板结。

小结

2012 年，任正非在华为的一次务虚会上表示："我们留给华为公司的财富只有这两样：一是管理架构、流程与 IT 支撑的管理体系，二是对人的管理和激励机制。人会走的，不走也会死的，而机制是没有生命的，这种无生命的管理体系，是未来百年千年的巨大财富。这个管理体系经过管理者的不断优化，你们说值多少钱？只要我们不崩溃，这个平台就会不断发挥作用。"

企业管理的目标是流程化的组织建设，即建立起一套不依赖于人的管理机制，把能力建在组织上，把业务建在流程上。

想了解企业流程化组织更多知识点，请参考"企业流程化组织建设"课程大纲。

第三篇 Part 3 / 营销能力篇

第 8 章

解决方案营销，做什么

8.1 华为解决方案营销之"五环十四招"

传统的销售方式是产品导向型，即卖产品、卖服务，销售人员通常需要了解客户的需求和问题所在并针对性地进行推销；解决方案营销，顾名思义就是提供解决方案销售模式，是指一系列的技术、产品和服务的组合，通常包含多个不同的部件产品和服务之间的销售、集成和交付，其目的是帮助客户解决面对的问题，以实现对客户业务的全面支持和提高效率、效益。与传统的单一产品和服务相比，解决方案可以更好地满足客户的需求，提供更加完整的解决方案，为客户创造显性、量化的价值，在客户关系建设以及项目投标中能更好地得到客户认可，提升客户满意度。

> 通过对客户需求的分析，提出解决方案，以这些解决方案引导开发出低成本、高增值的产品。盲目地在技术上引导创新世界新潮流，是要成为"先烈"的。
>
> ——任正非

从"卖产品"到"卖解决方案"，华为经历了长达十几年的"痛苦"摸索和转型，从 1998 年开始的"销售 151 工程"变革，到 2005 年借鉴科特勒 4Ps 营销理论，创造性地开发了"五环十四招"解决方案方法论，再到 2012 年引入美国 SPI 公司的 PPVVC 方法论，直到今天形成了一套完善的解决方案方法论，解决了解决方案经理 What to Do（做什么）和 How to Do（怎么做）的两大问题，成为解决方案经理的日常工作指南，形成了统一的方法论（见图 8-1）。

2005 年前后，华为产品行销部全球约有几千名员工，是华为的一级部门，即 SR 解决方案经理的娘家，也是华为全球解决方案的能力中心。当时华为公司在设计全球产品行销部的方法论，充分学习了西方营销学理论，吸取了科特勒的 4Ps 理论主要思想，摒弃了 4Ps 理论中 2C 业务的方法论内容，再结合华为 2B 业务的特征，创造性地增加了一个 P（即 Plan，市场规划），形成了 2B 行业的产品行销 5P 理论（后来称为解决方案营销），形象化地绘制成了 5 个环，并把每个环配置了标准的动作，形成 SR（解决方案经理）流程化、标准化的日常工作规范，这就是"五环十四招"的来历，且一直沿用到今天（见图 8-2）。

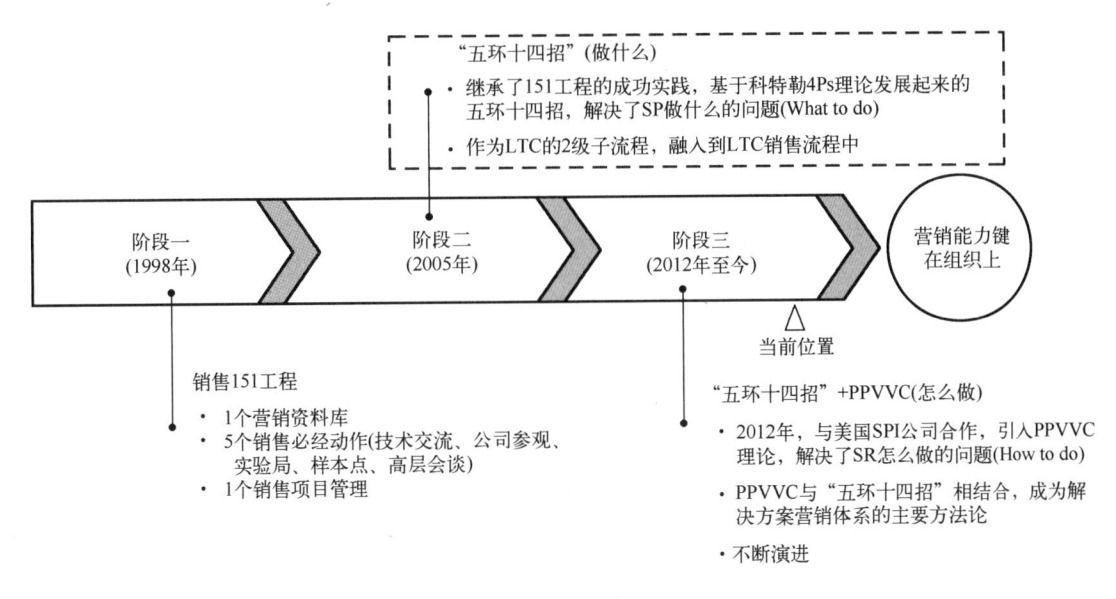

图 8-1 华为解决方案营销方法论发展历程

阶段一（1998年）

销售151工程
- 1个营销资料库
- 5个销售必经动作（技术交流、公司参观、实验局、样本点、高层会谈）
- 1个销售项目管理

阶段二（2005年）

"五环十四招"（做什么）
- 继承了151工程的成功实践，基于科特勒4Ps理论发展起来的五环十四招，解决了SP做什么的问题（What to do）
- 作为LTC的2级子流程，融入到LTC销售流程中

阶段三（2012年至今） ← 当前位置

"五环十四招"+PPVVC（怎么做）
- 2012年，与美国SPI公司合作，引入PPVVC理论，解决了SR怎么做的问题（How to do）
- PPVVC与"五环十四招"相结合，成为解决方案营销体系的主要方法论
- 不断演进

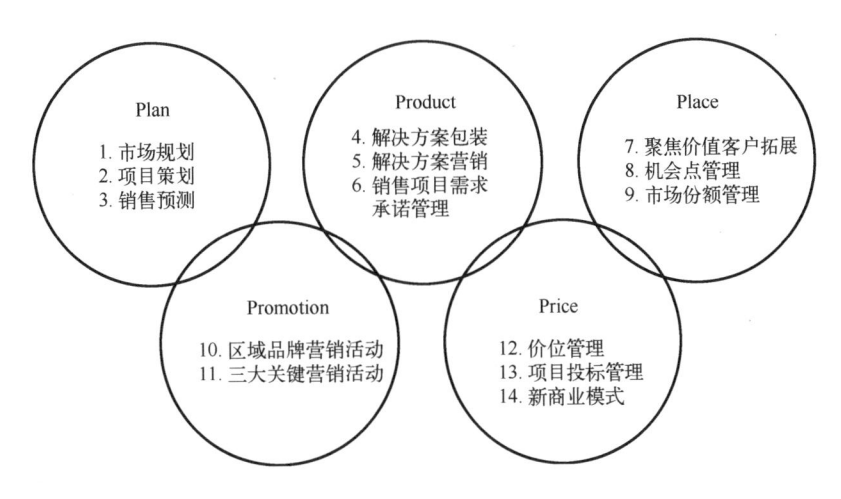

营销能力键在组织上

图 8-2 华为解决方案营销"五环十四招"

Plan
1. 市场规划
2. 项目策划
3. 销售预测

Product
4. 解决方案包装
5. 解决方案营销
6. 销售项目需求承诺管理

Place
7. 聚焦价值客户拓展
8. 机会点管理
9. 市场份额管理

Promotion
10. 区域品牌营销活动
11. 三大关键营销活动

Price
12. 价位管理
13. 项目投标管理
14. 新商业模式

华为全球产品行销部是一个庞大的一级部门，人员数量也非常多（不同时期3000~5000人），其中机关人员约占20%，一线人员约占80%，这也体现了华为以客户为中心的理念，即一线作战团队要离客户近，与客户共处的时间长。华为全球产品行销部的具体组织结构如图8-3所示。

华为全球产品行销部的职责如下：

(1) 使命：负责从客户需求、网络发展和市场竞争等角度挖掘全球电信市场的机会，提出产品市场策略，并牵头组织落实，从产品行销角度促进全球市场的高质量增长。

(2) 目标：对所负责产品领域的全球战略机会点目标、产品布局目标、销售目标、盈利目标负责，推动品牌建设。组织、监控和管理各部门行销活动的实施，推动各部门业务目标的实现。

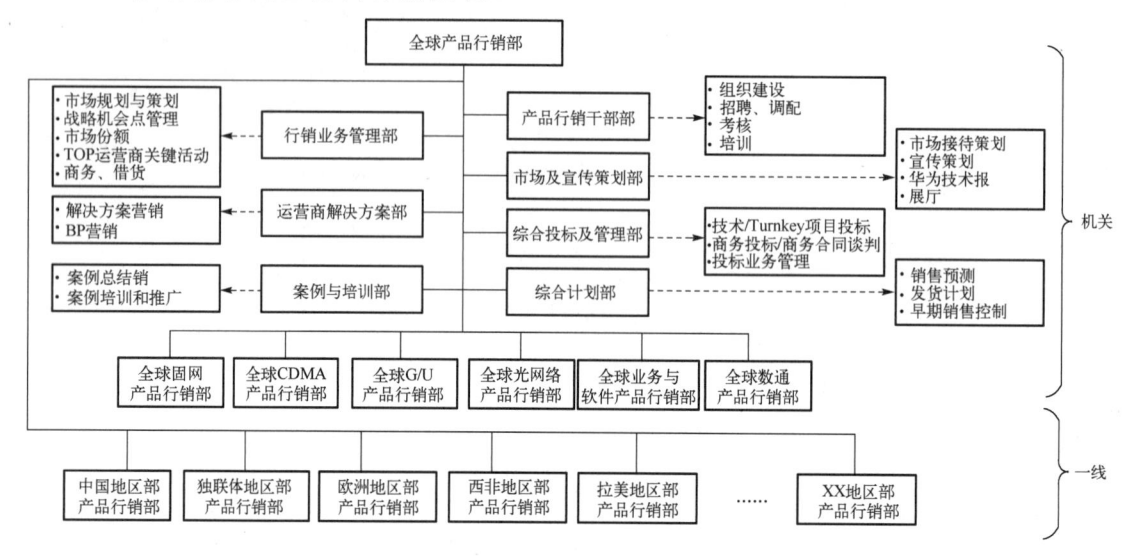

图 8-3　华为全球产品行销部组织结构

(3) 机会点管理：负责全球产品机会点管理，组织协调资源，推动战略机会点目标达成，组织、监控各产品的重点客户突破目标，对重点产品在价值运营商的布局质量负责。

(4) 解决方案营销：产品销售的承接；通过对运营商网络现状、发展趋势、客户需求及竞争的研究和分析，协调 Marketing 部，共同制定满足客户需求、有竞争力的产品解决方案，推动 Marketing 部、各产品线及公司资源，实现产品解决方案在客户端的落地。

(5) 品牌：负责样板点建设、维护和宣传推广，促进产品销售。

(6) 商务管理：负责组织产品商务授权，进行产品商务管理及借贷管理，合同更改损失管理等，对产品的盈利目标负责。

(7) 组织建设：负责全球产品行销系统的组织建设及干部队伍建设，推动各部门的绩效改进和管理优化，提升组织执行能力，培养职业化的产品行销队伍。

(8) 流程变革：负责公司重大变革项目在产品行销系统的推行，通过产品行销系统、业务流程的优化与改进，提升产品行销体系的运作效率与人均效率。

(9) 信息安全：组织部门员工信息安全知识案例的学习，落实公司及全球产品行销信息安全政策，营造部门信息安全氛围，增强员工信息安全意识，监督信息安全现场行为，及时发现、消除信息安全隐患。

8.1.1 第一环：Plan/整体业务规划

1. 第一招：市场规划

市场规划的意义在于"做正确的事"。市场规划要做的第一件事是市场分析。市场分析的对象是行业环境、客户需求与偏好、自身的竞争能力。华为采用五看（看趋势、看客户、看自己、看竞争、看机会）来做市场分析，可以从产业价值链展开，涵盖上游的供应商、中游的公司和竞争对手利益相关者的合作伙伴，直至下游的客户。

(1) 市场分析的目的是识别战略机会，然后制定市场策略，主要内容包括：

> 分析所处的宏观环境和行业环境，包括国家的政治、经济、政策、法律等方面的因素，以及行业的市场容量、竞争格局、技术发展情况等。这些分析可以帮助了解整个市场的背景和未来趋势，以便更好地制定相应的市场策略。

> 所有的商业机会都是客户给予的，因此需要深入了解客户的需求、偏好和行为，以便为客户提供更好的产品和服务。通过看网讲网、高层拜访、网络规划、商业咨询、高层峰会、数据分析等方式，了解客户的需求和期望，并不断优化产品和服务，提高客户满意度和忠诚度。

> 竞争分析，对竞争对手的产品、市场占有率、技术实力、战略等方面进行深入地分析，与竞争对手建立差异化的比较优势，否则即使看到了商业机会也难以抓住。

分析竞争对手的目的，在于明确形势和预见机会，是为了在市场规划中采取有针对性的措施。一定要识别谁是我们的竞争对手，谁不是我们的竞争对手，谁是我们的直接竞争对手，谁是我们的间接竞争对手，谁是我们潜在的竞争对手。

竞争对手分析的"三不""三要"：

"三不"指不能只是简单的信息收集，不能仅关注竞争对手的表面现象，不能仅看到竞争对手已发生的行为。

"三要"指要深入分析可能的变化，提出应对策略、措施，要从解决方案、产品策略、人力策略发现问题，提出应对策略，要通过相关经验、数据积累、分析看到竞争对手未来可能采取的措施。

> 对企业自己的实际情况进行分析，只有深入了解自己的产品、品牌、营销策略等方面的优势和劣势，才能更好地制定和执行市场策略。通过内部讨论、周例会、自我批判、SWOT 分析等方式，了解自己的实际情况，

从而更好地制定市场策略。

市场规划的核心不是数据分析,而是把握战略机会,包括机会点的规模、机会点的相对增长率、获利潜力以及对公司的战略价值(见图8-4)。

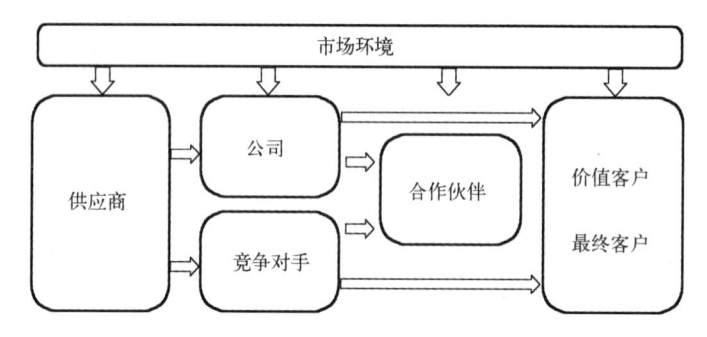

图 8-4 市场分析需要考虑的主要领域

(2) 市场规划的第二步是市场评估(机会评估):

通过市场分析,我们可以找到市场机会点,找到机会点之后,我们需要对机会点进行评估。那么,如何评估机会点呢?

- 一是评估市场空间(市场机会的规模),如果空间很大,机会前景很好,这样的机会就很好吗?肯定不是。
- 二是市场增长率,市场增长率的高低,可以一定程度评估出机会的阶段。如果增长率高,这个机会点就可以进入了吗?
- 三是获利能力,获利能力是由公司的业务侧重点以及业务所具备的竞争优势所决定的。
- 四是战略价值,房地产在十多年前是机会点,不少企业都进入了,华为就没有选择,主要的原因是战略价值不大,华为讲究聚焦主航道业务,凡是和主航道不相关的业务,即使很诱人,也要舍弃。

(3) 有了市场分析和市场评估之后,就对市场有了比较充分地了解,市场规划就需要制定市场业务计划与策略,包括下面内容:

- 客户选择和价值定位:前面进行了机会分析,机会的背后是很多客户,我们应该选择什么样的客户机会?放弃什么样的客户机会?什么是高价值客户?针对高价值客户,能够提供什么独特的价值?和竞争对手又有什么差异?
- 价值获取和盈利模式:如何为客户创造价值?到底是卖产品,还是卖解决方案?是 EPC 还是 BOT、BT、Pay as Grow?如何获取其中一部分作为公司的利润,采用什么样的利润模式?

- 业务范围：业务范围如何选择？华为的做法是要求实施针尖战略、压强原则聚焦主航道，业务范围要聚焦。从价值链的角度进行分析。华为现在在强调向上捅破天、向下扎到根，是产品，还是产品+服务，还是解决方案，需要哪些关键价值链活动，哪些活动自己来做？哪些活动通过合作来实现？
- 战略控制：即要找到公司如何保持持续的竞争力，如何找到持续的差异化来源，寻找导向持续成功的关键要素，如何保护公司的利润？
- 组织架构：需要哪些关键的业务技能，衡量成功的关键标准及保证成功的管理体系是什么，基于技能寻找合适的人，基于流程形成合适的组织，基于业务成功形成关键标准和牵引动力。

2．第二招：项目策划

项目策划是解决方案经理的核心能力之一，通过精心的项目策划，确保项目的商业成功。项目策划的主要内容如图 8-5 所示：

图 8-5　项目策划的主要内容

(1) 解决方案策划：销售项目策划首先要关注解决方案本身。这包括产品种类、性能、价格、独特卖点以及如何满足不同客户需求等。针对客户需求，对解决方案进行持续优化和改进。此外，密切关注行业发展趋势，提前布局未来市场，确保产品和解决方案在市场上具有竞争力，并能满足客户的不同需求。
(2) 营销活动策划：制定有效的营销策略是销售项目成功的关键。这包括市场定位、目标客户群、营销三板斧等。充分利用品牌影响力，制定有针对性的营销活动策略，以提高解决方案的知名度和认可度。
(3) 交付和服务策划：优质的交付服务能有效提高客户满意度和忠诚度。提供全方位的客户服务，包括售前咨询、售中支持、售后服务等，以满足客户需求，提高客户满意度。

(4) 客户关系和商务策划：建立和客户的立体式战略合作伙伴关系是策划的主要目标。每个客户都有其独特的需求，因此需要深入了解客户的需求，包括个人需求和职业需求，从客户的角度出发，提供满足客户需求的解决方案。

通过与客户的深度合作，能够实现与客户的共同发展，同时也能更好地了解客户的行业和市场，为未来的业务发展打下基础。根据客户的意见和建议不断改进和优化服务。这种持续改进的态度，使得华为能够不断提高服务质量和客户满意度，从而实现与客户长期稳定的合作关系，与客户建立战略伙伴关系是实现长期业务合作的关键。

在这个过程中，项目分析会是项目运作、策划过程中的重要一环，其目的如下：

(1) 统一思想认识（管理方式、工作方式、沟通计划）。

(2) 项目组成员的初步交流、拉通信息，加深对项目目标的理解。

(3) 明确各成员的责权利、评价方法与标准。

(4) 进行项目分析、策划、行动计划、资源协调等。

通过深入分析客户需求，提供个性化的解决方案，与客户建立战略伙伴关系，促进项目的商业成功，为公司的长远发展奠定坚实的基础。

3. 第三招：销售预测

销售预测是对未来最可能的销售水平的客观判断，预测的准确性体现了销售团队的综合水平：客户关系不到位，预测肯定不准确；解决方案不清晰，预测肯定不准确；商务价格含含糊糊，预测肯定不准确。

代表处铁三角的客户经理、解决方案经理和交付经理是预测的神经末梢，销售预测与要货计划的责任部门是综合计划部。

销售预测工作要做好，主要需关注以下几个方面：

(1) 基于市场趋势和销售数据：销售预测应基于对市场趋势的深入理解和销售数据的分析。这些数据可能包括历史销售数据、当前市场趋势、竞品分析等，以便更好地预测未来的销售表现。

(2) 与客户的交流和反馈：解决方案经理积极与现有和潜在客户进行交流和沟通，了解他们的需求和期望。这些信息可以用来对销售预测进行修正和优化，以更好地满足客户需求和市场变化。

(3) 区域需求分析：针对不同区域和市场的需求进行分析和预测，更好地了解不同市场的销售潜力，为销售预测提供依据。

8.1.2 第二环：Product/产品（解决方案）

1. 第四招：解决方案包装

产品解决方案包装是提升产品解决方案品牌、加强市场竞争力、促进销售的重要手段，由机关解决方案销售负责，分公司解决方案经理要结合本地情况进行客户化。产品解决方案包装的输出件主要有：

(1) 产品（解决方案）主打胶片；
(2) 产品规格书；
(3) 宣传资料；
(4) 市场指导书；
(5) "一指禅"；
(6) 竞品分析材料；
(7) 应用案例等。

2. 第五招：解决方案营销

解决方案营销是根据客户所处的环境、投资的计划、面临的挑战、存在的问题提出的一系列相应的解决方案，包括战略规划、业务规划、网络规划、投资收益分析等。在瞄准客户痛点进行解决方案营销时，主要通过以下三个步骤实现。

(1) 看网讲网，深入理解客户需求：深入到客户的业务和运营中，了解客户的痛点。通过和客户的深入交流和调查，识别出客户的真实需求和潜在需求，把握住客户的痛点和问题的本质。

(2) 拉通研发，提供定制化解决方案：基于对客户需求的深入理解，解决方案团队根据客户的需求，提供定制化的解决方案。这些解决方案会考虑到客户的业务、技术和管理的实际情况，确保方案的有效性和可实施性。

(3) 拉通服务，持续优化和改进：解决方案不是一次性提供的，而是持续优化和改进的。密切关注客户的反馈和意见，根据反馈进行不断地优化和改进，确保解决方案能够满足客户的需求并解决客户的痛点。

3. 第六招：销售项目需求承诺管理

"销售项目"指所有投标项目和一切需要提供技术建议书、技术方案的其他销售项目，包括没有标书的项目。

"客户需求"指客户对产品解决方案的技术功能方面提出的需求，不包括商务、工程服务方面的需求（见图 8-6）。

会哭的孩子有奶吃，这样需求承诺带来的问题……

0% —— 有分析、有规划、有计划地满足客户需求 —— 100% —— 无底线承诺客户需求

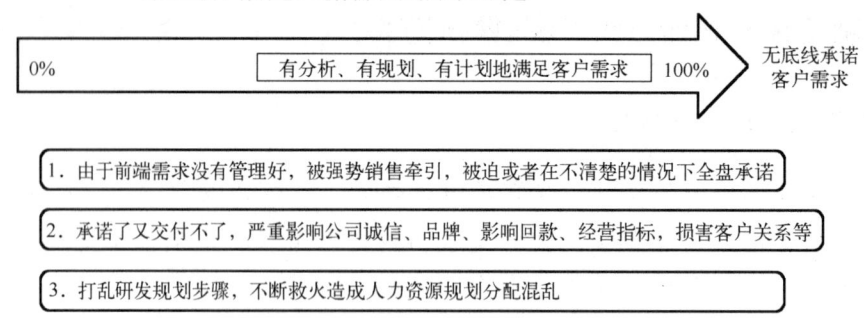

1. 由于前端需求没有管理好，被强势销售牵引，被迫或者在不清楚的情况下全盘承诺
2. 承诺了又交付不了，严重影响公司诚信、品牌、影响回款、经营指标，损害客户关系等
3. 打乱研发规划步骤，不断救火造成人力资源规划分配混乱

图 8-6　如何承诺客户需求

通过以下步骤来进行需求承诺管理：

(1) 对客户进行需求分析：解决方案经理通过对客户的需求进行深入了解和分析，明确客户的需求和期望。每次客户的需求，都应纳入需求管理流程，由需求管理团队统一评审处理。

(2) 制订承诺计划：基于对客户需求的深入理解，制订一份承诺计划，包括具体的承诺内容、时间表和责任人。

(3) 落实承诺计划：按照承诺计划，积极落实各项承诺，确保能够按时、按质地满足客户需求。

(4) 监控和评估：对承诺计划的执行情况进行监控和评估，及时发现和解决问题，确保承诺计划的顺利实施。

以客户为中心，并不是客户要什么就答应什么，无底线承诺客户需求会带来以下后果。

> 损害诚信度：如果无底线地承诺客户需求，但最终却无法兑现承诺，这会损害公司的诚信度和声誉，导致客户对公司的信任度下降，甚至失去客户。

> 损害公司利益：如果为了成交而开出各种"空头支票"，最终却无法兑现，这不仅会搬石头砸自己的脚，而且可能会损失一个甚至一群客户，给公司带来损失。

> 损害品质与道德：如果无底线地承诺客户需求，但最终却无法兑现承诺，这不仅是一个信誉问题，更是一个品质和道德问题，这将会使公司的品质和道德受到质疑。

所以，销售项目需求承诺管理一定要真正把握客户需求，一开始就做正确的事，纳入公司需求管理流程。

8.1.3 第三环：Place/客户

1. 第七招：聚焦价值客户拓展

大部分企业都符合"二八原则"，即20%的客户贡献了企业80%的销售收入，通过分类分级区分客户价值，高效合理配置资源，提升价值客户黏性，防止客户流失，为公司提供持续的销售收入保障。可通过以下步骤聚焦价值客户，把资源用在战略客户上，不在非战略客户上浪费战略资源。

(1) 客户价值评估：对客户进行全面的价值评估，以了解客户的购买力、需求、业务规模、行业地位等关键要素。通过这样的评估，识别出哪些客户是有战略价值的，以及他们在公司业务中所占据的地位。

(2) 资源分配规划：在客户价值评估的基础上，制定相应的资源分配规划。根据不同客户的战略价值和业务需求，将更多的资源分配给战略客户，以确保他们的需求得到满足，进而提高客户的满意度和忠诚度。

(3) 集中力量突破：将主要资源集中在战略客户上，以超过主要竞争对手的强度——范佛里特弹药量，配置资源，实现重点突破。在这个过程中，明确主要目标，制定清晰的发展战略，并采取一系列创新举措来提升自身竞争力。

(4) 持续跟踪与服务：持续跟踪战略客户的业务发展情况，并提供全方位的服务支持。通过与客户的紧密合作，及时发现并解决客户面临的问题，提高客户的满意度和忠诚度。

(5) 优化资源配置：在聚焦价值客户的过程中，不断优化资源配置，以满足客户需求并提高效率。这包括合理调整内部组织架构、优化流程设计、加强人员培训等举措，以确保资源得到充分利用。

客户的分级分类就是根据客户对于企业的贡献率等指标进行多角度衡量与分级，最终按一定的比例进行加权，一般考虑如下因素。

➤ 客户的信用状况：企业统计客户最近一年的付款情况是否及时。

➤ 客户的下单金额：统计企业近一年或两年的客户下单金额，然后，按照其下单量从大到小进行排列。

➤ 客户的发展前景：这主要针对新客户，企业通过考察、了解等手段，挖掘客户的潜在价值，然后人为地判断其重要性。

➤ 客户对企业利润的贡献率：这种方法，不但从客户下单的金额考虑，还涉及其购买产品的成本与利润问题。

➤ 综合加权：综合考量、平衡处理。

2. 第八招：机会点管理

机会点是指能够为公司带来潜在收益或有助于公司发展的销售项目，战略机会点是战略产品落实在价值客户所形成的机会点，对公司产品格局改善、市场份额显著提升、盈利提升有重大影响的项目。机会点管理是对战略项目进行管理，价值产品运用在价值客户上，就是战略项目。

每年根据市场计划，下达战略机会点任务令，向各产品解决方案部、各地区部、系统部下达战略机会点任务令，明确战略机会点目标；分层分级监控完成各个项目组任命，明确项目责任人，可根据项目所处阶段进行合理设置；网络营销等五大关键营销活动要向战略机会点项目资源倾斜，保质保量；涉及大T、跨国大客户的项目，与大客户部一起加强对总部及所属国家的目标下达、管理；尖刀连、专家团要在战略机会点项目中历练、成长。

具体来说，在机会点管理方面采用以下方法。

(1) 跟踪市场趋势：密切关注市场趋势，及时发现潜在的机会，并根据市场需求调整自身策略。

(2) 加强与客户合作：通过与客户的紧密合作，共同研发和推广新产品或解决方案，从而抓住更多的机会点。

(3) 优化内部流程：通过不断优化内部流程和管理体系，提高工作效率，降低成本，从而增强自身的竞争优势并抓住更多的机会点。

(4) 创新研发：注重技术创新和研发，通过不断推出新技术和新产品，满足市场需求并开拓新的机会点。

(5) 资源整合：通过资源整合，将内部资源与外部资源结合起来，以实现更高效地运营和更多的收益。

机会点管理，需要理清市场目标和销售目标的定义，并且这两个目标都需要落实到一线组织的KPI考核中去，具体的内容为：

> 市场目标强调市场里程碑影响，比如产品首次突破、赠送使用、实验局完成、样板点建设、替换竞品、压制对手市场份额等。

> 销售目标用销售金额、利润大小来衡量。

对于产品机会点管理，华为梳理出了"三阶段、五要素"管理：重点产品在价值客户的应用，分为三个阶段，即准入、突破、上规模。在准入阶段重点进行目标运营商的覆盖率管理，在突破阶段主要进行市场份额管理，最后进入上规模阶段。三个阶段锁定的客户群体是有区别的，准入阶段锁定的是目标客户，播种子大于抢占市场份额，争取让客户试用，建立样板点，然后进入第二阶段，取得市场份额的突破，具体内容如图8-7所示。

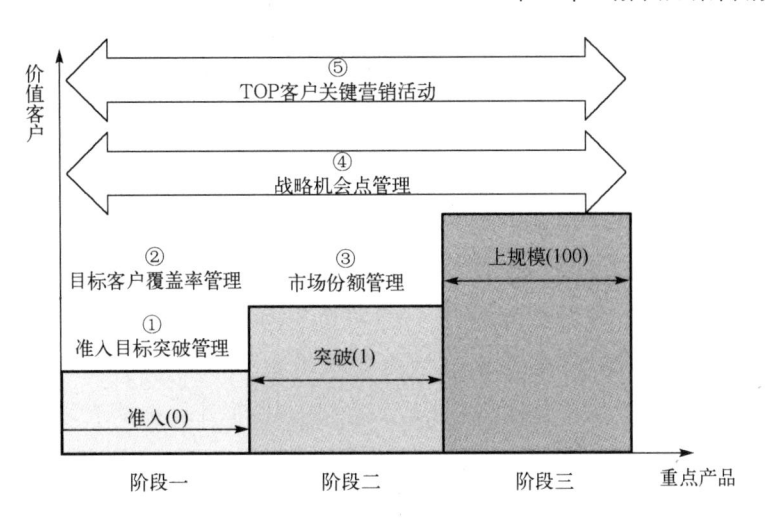

图 8-7　三阶段、五要素机会点管理

3．第九招：市场份额管理

市场份额是企业竞争能力的核心衡量指标。市场份额反映了公司在市场中的地位和竞争实力。通过管理市场份额，企业能够了解自身的竞争情况，并制定相应的策略以提高市场占有率。

(1) 市场份额提升有助于提高公司的收益水平：一般来说，公司所占市场份额越大，其销售额和收益水平也会相应提高。因此，通过管理市场份额，可以获得更多的销售机会，提高公司的收益水平。

(2) 市场份额提升有助于加强公司的品牌影响力：品牌影响力是公司长期发展的关键因素之一。通过管理市场份额，可以扩大品牌知名度和影响力，进而提高公司在市场中的竞争力。

(3) 市场份额提升有助于公司拓展更多业务机会：随着市场份额的提高，企业可以获得更多的业务机会和合作机会，进而拓展自身的业务领域和市场范围。

> 市场份额定义：一年内，公司在某客户设备采购总额中所占的比例。
> 市场份额计算公式：市场份额=当年华为销售/当年设备采购总额

市场份额管理的步骤如下：

(1) 市场份额数据收集与分析：市场部门定期收集和分析市场份额数据，包括客户数量、销售额、市场占有率等信息，以了解公司在市场中的地位和竞争情况。

(2) 制定市场份额提升策略：基于对市场份额数据的分析，制定相应的市场份额提升策略。这些策略包括产品优化、市场拓展、销售策略调整等多种方法，以帮助企业提高市场占有率。

(3)落实市场份额提升计划：根据提升策略制订具体的实施计划，包括具体的执行步骤、时间安排、人员分工等，以确保计划的顺利实施。

(4)监控与评估：对市场份额提升计划的实施情况进行监控和评估，及时发现并解决问题，确保计划能够达到预期的效果。

(5)持续改进：根据监控和评估结果，对市场份额提升计划进行持续改进和优化，以不断提高市场份额并实现公司的业务目标。

市场份额的管理本质就是竞争的管理，通过市场份额的管理可以看清华为、友商、客户三者之间的关系，为我们的战略和工作方向提供指引，具体表现如图8-8所示。

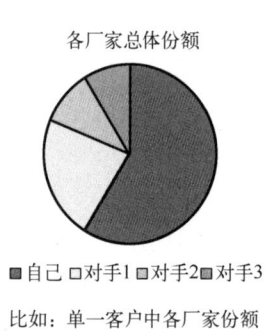

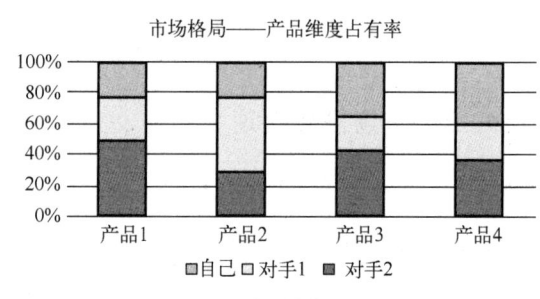

图 8-8 市场份额管理

- 是否是供应商平衡；
- 年度市场份额目标设定；
- 与公司战略互锁；
- 进攻对象；
- 中长期战略；
- 存量市场策略；
- 突破产品目标市场；
- 利润产品目标；
- 非盈利产品应对；
- 产品维度的攻击点。

8.1.4 第四环：Promotion/品牌

1. 第十招：品牌营销活动

围绕战略机会点进行品牌营销活动的统一规划与管理，落实到日常工作就是营销三板斧。通过加强行为规范、方法指导、流程制度建设，提升高层客户交流、研讨会、现场会、样板点、宣传资料等系列关键营销活动的策划和实施质量。

开展区域品牌营销活动应重点关注以下内容。

(1) 制定品牌营销策略：在明确战略机会点后，根据不同市场的特点，制定相应的品牌营销策略。

(2) 加强区域品牌建设：通过系统规划、经验总结、活动创新等方式，加强品牌在区域内的知名度和影响力。

(3) 落实品牌营销活动：围绕品牌营销策略，落实各项品牌营销活动。建立与高端客户例行沟通和交流的机制，如建立专家组、定期开展研讨会等活动；组织客户参加公司级大型营销活动；完善宣传资料的规划和评审机制，加强对高端客户的宣传资料策划和制作；利用公司技术专题杂志等传播通道，加强与 VIP 客户的交流互动平台建设。

(4) 重视数字化营销：通过数字化营销，更精准地定位目标客户，提高营销效率，同时更好地跟踪和分析营销效果。

(5) 加强合作伙伴关系：积极与合作伙伴建立良好的合作关系，共同开展品牌营销活动。这有助于扩大品牌影响力和市场份额，同时也有利于提高合作伙伴的满意度和忠诚度。

2. 第十一招：五大关键营销活动

五大关键营销活动包括：公司考察、高层拜访、样板点/现场会/研讨会/展览、技术交流会、网络营销。这些活动旨在向客户传递公司的软能力和硬能力，从而提升产品解决方案的品牌形象，具体内容如下。

(1) 公司考察：客户可以通过参观公司的办公环境、研发实验室、制造工厂等场所，了解公司的企业文化和实力，以便建立起信任和合作关系。

(2) 高层拜访：通过与公司高层领导进行交流，客户可以了解公司的战略方向、发展目标和价值观等信息，以便更好地理解公司的企业文化和理念。

(3) 样板点/现场会/研讨会/展览：这些活动可以让客户亲临现场，了解公司的产品和解决方案在实际应用中的表现和应用场景，同时也可以展示公司的技术实力和市场前瞻性。

(4) 技术交流会：通过技术交流会，客户可以了解公司的技术创新和发展趋势，同时也可以对公司的产品和解决方案进行深入了解和探讨，以提高技术方面的认知度和信任度。

(5) 网络营销：通过网络营销手段，公司可以向更广泛的客户群体传递品牌价值、推广新产品和解决方案，同时也可以提高品牌的知名度和影响力。

在市场拓展过程中，华为公司给上述五大关键营销活动取了一个响亮的名字——营销三板斧，成为市场一线拿来就能用的作战武器（见图8-9）。

营销三板斧：华为开拓市场、突破新客户的秘密高能武器

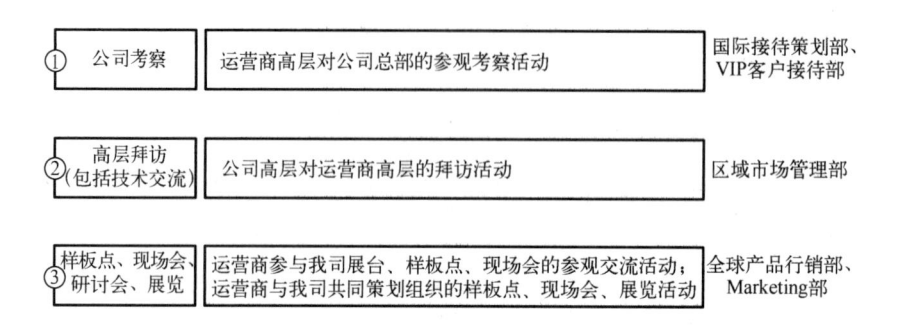

① 公司考察	运营商高层对公司总部的参观考察活动	国际接待策划部、VIP客户接待部
② 高层拜访（包括技术交流）	公司高层对运营商高层的拜访活动	区域市场管理部
③ 样板点、现场会、研讨会、展览	运营商参与我司展台、样板点、现场会的参观交流活动；运营商与我司共同策划组织的样板点、现场会、展览活动	全球产品行销部、Marketing部

图 8-9　营销三板斧

在这些活动中，注重传递公司的软能力和硬能力。软能力主要包括企业文化、价值观、品牌理念等，这些能力可以让客户更好地理解公司的核心理念和品牌价值。硬能力主要包括技术实力、产品创新、解决方案的应用场景等，这些能力可以让客户更好地了解公司的技术水平和市场竞争力。

8.1.5　第五环：Price/价格

1. 第十二招：价位管理

价格是项目成功的关键要素之一，随着竞争的加剧，价格逐年下滑，影响公司的综合盈利，价格和价位的管理显得日益重要。在项目运作过程中，通过以下方法进行价格和价位管理。

(1) 模拟对手报价：筑牢客户关系，并随时关注竞争对手的报价、项目交付成本、人员成本等信息。这些信息的收集和分析，有助于判断项目的价格水平和趋势。有了模拟对手价格能力，我们就可以采用竞争报价的策略，否则只能采取成本报价。

(2) 价格策略制定：基于客户需求和竞争制定相应的价格策略，充分利用报价的7种武器，突出自身的优势和特点。

(3) 报价评审：在制定好价格策略后，进行项目测算以及报价评审，以确保报价的合理性和竞争力。

(4) 复盘总结：在项目完成后，对项目进行监控和评估，以了解项目的实际收益

和成本情况。这有助于总结经验教训，为其他区域以及以后的投标和项目管理提供参考。

2. **第十三招：项目投标管理**

项目投标管理需要管理两个方面的解决方案。第一，综合技术解决方案：是一个融合网络规划、电信网络、工程服务及 TK 项目管理、TK 工程在内的综合解决方案；第二，综合商务解决方案：是一个包括国际税务、物流、外汇、保险、财务、质量等在内的综合解决方案。

综合技术方案的内容包含以下主要部分。

(1) 技术和组网配置方案：根据客户需求和项目要求，提供相应的技术解决方案，包括设备选型、系统设计、技术实现等方面。

(2) 技术和交付服务支持：提供全面的技术支持，包括技术咨询、方案设计、安装调试、售后维护等方面。

(3) 技术培训：根据客户需求提供相应的技术培训，包括操作培训、维护培训、技能提升等方面。

综合商务方案的内容包含以下主要部分。

(1) 商务条款：根据项目需求和客户需求，制定相应的商务条款，包括合同金额、付款方式、交货周期、质量保证等方面。

(2) 商务模式：根据项目实际情况和客户需求，选择合适的商务模式，包括合作模式、租赁模式等方面。

(3) 商务风险：全面考虑商务风险，包括市场风险、财务风险、技术风险等，并制定相应的风险应对措施。

3. **第十四招：新商业模式**

商业模式即交易模式、收费模式。在销售项目过程中，可根据客户需求以及竞争形式，采用多种交易模式，主要包括以下几种。

(1) 直接销售模式：通过与客户的直接交流和沟通，了解客户需求，提供相应的产品或解决方案，并直接与客户签订销售合同。

(2) 代理商销售模式：与代理商建立合作关系，通过代理商向客户销售产品或解决方案。

(3) 联合销售模式：与合作伙伴共同合作，共同推广和销售产品或解决方案。这种模式适用于需要与合作伙伴共同完成销售任务的客户，可以为客户提供更加全面的解决方案和服务。

(4) 收入分成(Revenue Sharing)以及按增长支付(Pay as you grow)等新商业模

式：通过向客户提供灵活的付款模式，提高客户的满意度和忠诚度，从而促进销售。这种模式适用于需要提供个性化服务的客户，新的探索型的产品解决方案，可以帮助客户低成本启动业务，解决客户难题。

8.2 华为的"五环十四招"与科特勒 4Ps 营销理论的关系

菲利普·科特勒（Philip Kotler，1931 年—），生于美国，经济学教授，是现代营销集大成者，被誉为"现代营销学之父"，任美国西北大学凯洛格管理学院终身教授，是美国西北大学凯洛格管理学院国际市场学 S·C·强生荣誉教授，美国管理科学联合市场营销学会主席，美国市场营销协会理事。

4Ps 营销理论（The Marketing Theory of 4Ps），产生于 20 世纪 60 年代的美国，伴随着营销组合理论的提出而出现。1953 年，尼尔·博登（Neil Borden）在美国市场营销学会的就职演说中创造了"市场营销组合"（Marketing Mix）这一术语，其意是指市场需求或多或少地在某种程度上受到所谓"营销变量"或"营销要素"的影响。

1960 年，美国密歇根州立大学的杰罗姆·麦卡锡教授在其《基础营销》一书中将这些要素概括为 4 类，即产品（Product）、价格（Price）、渠道（Place）、推广（Promotion），如图 8-10 所示。

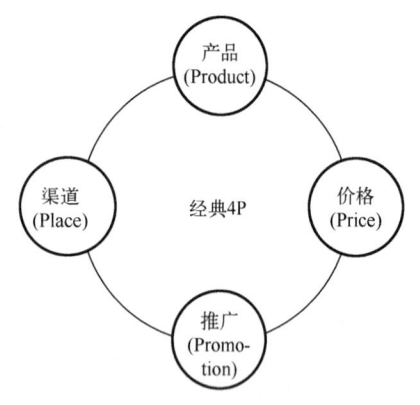

图 8-10 传统的营销 4P 理论

1967 年，菲利普·科特勒在其畅销书《营销管理：分析、规划与控制》一书中进一步确认了以 4Ps 为核心的营销组合方法，即：

(1) 产品（Product）：注重开发的功能，要求产品有独特的卖点，把产品的功能诉求放在第一位。

(2) 价格（Price）：根据不同的市场定位，制定不同的价格策略，产品的定价依据是企业的品牌战略，注重品牌的含金量。

(3) 渠道（Place）：企业并不直接面对消费者，而是注重经销商的培育和销售网络的建立，企业与消费者的联系是通过分销商来进行的。

(4) 推广（Promotion）：很多人将 Promotion 狭义地理解为"促销"，其实是很片面的。Promotion 应当是包括品牌宣传（广告）、公关、促销等一系列的营销行为。

华为的五环十四招就是借鉴了科特勒的 4Ps 理论，创造性地开发出适合 2B 行业的解决方案行销方法论，两者方法论的底层逻辑是一致的，都具有 4Ps 框架。

小结

很多企业从产品营销向解决方案营销转型，但是进展并不理想。成功的解决方案营销需要公司层面加强战略洞察、监督管理以及活动执行三个方面的能力提升。在运作上要拉通销售、市场、研发、供应、服务等部门形成解决方案团队；在文化上需要建立以客户为中心的意识；在组织激励上应向解决方案团队倾斜；在能力上要加强对解决方案经理的赋能，提升解决方案经理一线的实战能力，与客户经理紧密配合，形成铁三角重要的一角。

华为产品行销部三大关键 KPI：销售目标、市场目标、盈利目标，因此全球产品行销部成为华为的利润控制中心。

衡量解决方案营销是否成功的标志是：是否针对客户痛点输出了解决方案，为客户创造了价值，并促成了项目成功！

想了解"解决方案营销，做什么"的更多知识点，请参考"解决方案营销之五环十四招"课程大纲。

第 9 章

解决方案营销，怎么做

9.1 华为解决方案营销之 PPVVC

从 1998 年开始的"销售 151 工程"变革，到 2005 年借鉴科特勒 4Ps 营销理论，华为开发了"五环十四招"解决方案方法论，再到 2012 年引入美国 SPI 公司的 PPVVC 解决方案营销方法，华为形成了一套完善的解决方案营销方法论。"五环十四招"解决了解决方案经理做什么（What to Do）的问题，PPVVC 解决了解决方案经理怎么做（How to Do）的问题，这两个方法论成为华为解决方案经理的日常工作指南，形成了解决方案经理统一的方法论，做到了方法、工具、模板的统一，能力逐步建立在组织上。所以华为的解决方案经理就可以在全球范围内任意轮岗，不影响业务的拓展，基本摆脱了对人的依赖（见图 9-1）。

"五环十四招"（做什么）
- 继承了151工程的成功实践，据于科特勒4Ps理论发展起来的"五环十四招"，解决了SP做什么的问题（What to do）
- 作为LTC的2级子流程，融入到LTC销售流程中

阶段一（1998年） → 阶段二（2005年） → 阶段三（2012年至今） → 营销能力键在组织上

当前位置

销售151工程
- 1个营销资料库
- 5个销售必经动作（技术交流、公司参观、实验局、样本点、高层会谈）
- 1个销售项目管理

"五环十四招"+PPVVC（怎么做）
- 2012年，与美国SPI公司合作，引入PPVVC理论，解决了SR怎么做的问题（How to do）
- PPVVC与"五环十四招"相结合，成为解决方案营销体系的主要方法论
- 不断演进

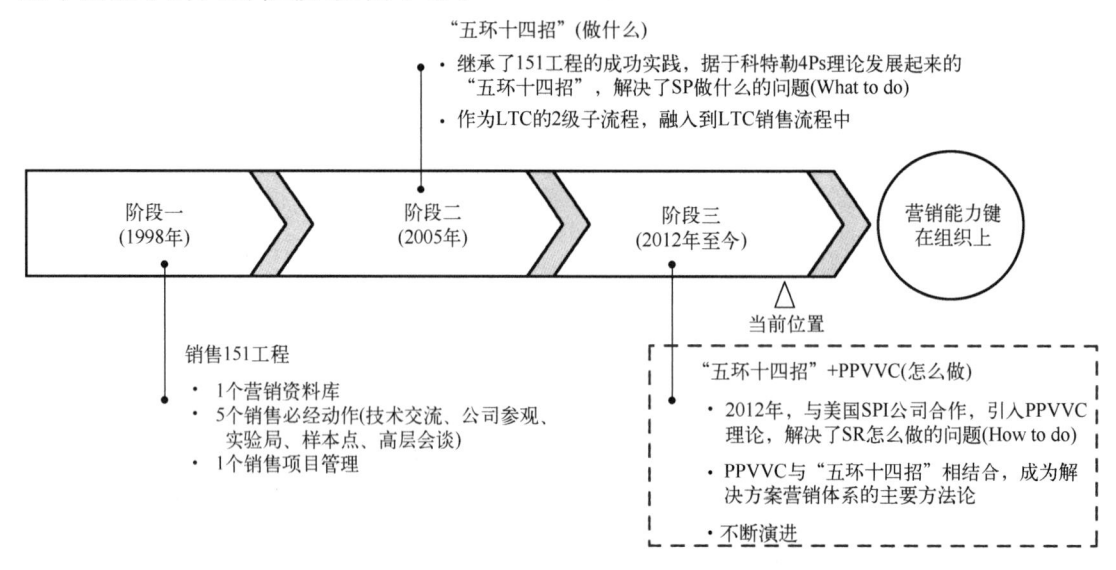

图 9-1 华为公司解决方案营销方法论发展历程

美国 SPI 公司成立于 1988 年，SPI 公司是解决方案营销（Solution Selling®）方法

(PPVVC方法论)的知识产权所有者,是一家全球性的销售绩效咨询和培训公司,专门帮助世界领先的公司提升销售能力,实现可衡量的持续收入增长并提高经营效率。2019年SPI公司与顾问式销售方法论发明者Richardson公司(Consultative Selling®)合并,两家公司合并后的名称为Richardson公司。

经过上述西方科学方法论的导入,华为公司的技术销售思路逐渐从原来的卖单一产品转向卖解决方案,从产品思维转向解决方案思维,从强调产品的卖点转向强调如何满足客户的痛点。当然这样的转变对解决方案经理的素质要求更高了,对团队协同的要求也更高了,也更容易理解客户的痛点,满足客户的需求,组织能力得到了大幅提升,一线的战斗力更加强大;同时提高了竞争的维度,实现"升维竞争,降维打击"(见图9-2)。

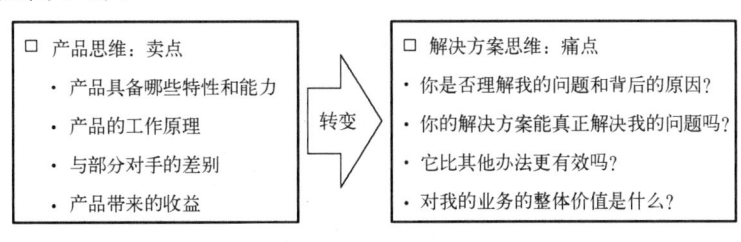

```
┌─────────────────────┐         ┌─────────────────────────┐
│ □ 产品思维:卖点     │         │ □ 解决方案思维:痛点     │
│ ・产品具备哪些特性和能力│  转变  │ ・你是否理解我的问题和背后的原因?│
│ ・产品的工作原理     │   ⇒    │ ・你的解决方案能真正解决我的问题吗?│
│ ・与部分对手的差别   │         │ ・它比其他办法更有效吗? │
│ ・产品带来的收益     │         │ ・对我的业务的整体价值是什么?│
└─────────────────────┘         └─────────────────────────┘
```

图 9-2　从"卖点"到"痛点"的转变

SPI公司提出的PPVVC模型,从客户的痛点出发,分析客户决策链上的权力分布,做好关键决策人的客户关系,通过给客户提供有针对性的方案,解决客户的业务痛点,并且给客户呈现量化的价值,通过严谨的项目运作与过程管理,获得客户的认可,从而赢得客户的订单。PPVVC模型定义的解决方案销售公式如下:

解决方案销售 = 痛苦(Pain)×权力(Power)×构想(Vision)×价值(Value)×控制(Control)

华为公司引入PPVVC方法论后,对"痛苦、权力、构想、价值、控制"这五个要素进行了动作分解,列出了每个要素的一系列标准化动作,形成了"业务流程化、动作标准化"的一套标准打法,从而达成营销变革的要求,即"打造销售团队职业化标准、建立公司营销可复制体系"(见图9-3)。

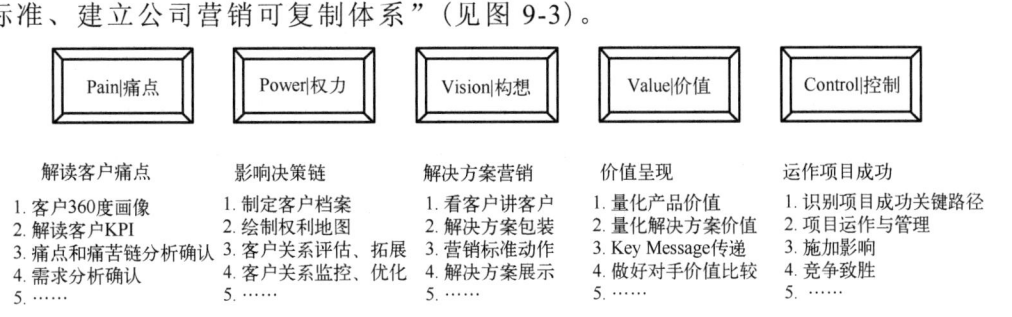

Pain|痛点	Power|权力	Vision|构想	Value|价值	Control|控制
解读客户痛点	影响决策链	解决方案营销	价值呈现	运作项目成功
1. 客户360度画像	1. 制定客户档案	1. 看客户讲客户	1. 量化产品价值	1. 识别项目成功关键路径
2. 解读客户KPI	2. 绘制权利地图	2. 解决方案包装	2. 量化解决方案价值	2. 项目运作与管理
3. 痛点和痛苦链分析确认	3. 客户关系评估、拓展	3. 营销标准动作	3. Key Message传递	3. 施加影响
4. 需求分析确认	4. 客户关系监控、优化	4. 解决方案展示	4. 做好对手价值比较	4. 竞争致胜
5. ……	5. ……	5. ……	5. ……	5. ……

图 9-3　PPVVC的动作分解

类似 PPVVC 方法论，还有 SPIN（顾问式销售）和 FABE 销售法，SPIN 方法论是由美国 Huthwaite 公司的销售咨询专家尼尔·雷克汉姆等在 1988 年正式对外发布的，FABE 销售法是由美国奥克拉荷大学企业管理博士、台湾中兴大学商学院院长郭昆漠总结发布的，上述方法均得到广泛推广，并收到良好的市场反馈。

SPIN 销售法是一种提问式的销售方法和技巧，它是挖掘客户潜在需求，并将客户的潜在需求转变为明确需求的技巧，SPIN 销售法由以下四类问题组成：

（1）背景（Situation），提出表面问题；

（2）难点（Problem），指出问题的根本原因；

（3）暗示（Implication），指明问题带来的害处；

（4）示益（Need-Payoff），提出解决问题的方案并引导客户买单。

FABE 销售法是非常典型的利益推销法，而且是非常具体、有高度、可操作性强的利益推销法。它的四个要素分别为：

（1）Features（特点），即产品的特质、特性等基本功能；

（2）Advantages（优势），即与同类产品的比较优势；

（3）Benefits（好处），即产品的优势带给顾客的好处；

（4）Evidence（证据），即客户为什么要买该产品的证据，包括技术报告、顾客来信、报刊文章、照片、示范等，通过现场演示、相关证明文件、品牌效应来印证自己的一系列介绍。所有作为"证据"的材料都应该具有足够的客观性、权威性、可靠性和可见证性。

不管是 PPVVC，还是 SPIN 和 FABE 销售法，它们都是一套科学的销售逻辑，其实这些方法论并不复杂，与东方商人的思考逻辑也很相似。大概在 2012 年前后，华为全球解决方案行销部流传着一段调侃 PPVVC 的段子，即"郎中卖药"的故事。

在看病过程中，郎中不断地引导需求、放大痛点、挑起兴趣、制造悬念，最后成功交易，这样一来就达成郎中的诉求（见图 9-4）。

9.1.1 痛点

先找到潜在客户，对客户进行洞察，与客户交朋友，了解客户的痛点（Pain），有痛点就会有需求。只有客户有了痛点，客户才愿意做出改变，并愿意为改变付费。英语中有句谚语叫"No Pain, No Change"，与中国人讲的"痛定思变"是一个道理。

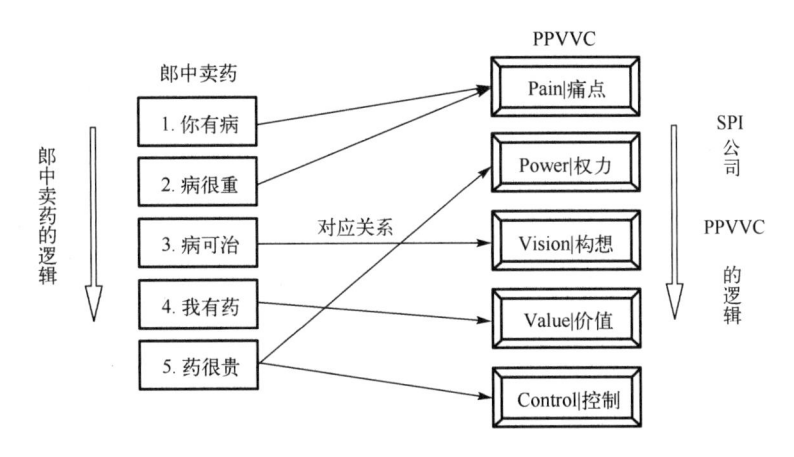

图 9-4 郎中卖药和 PPVVC 的逻辑对比

所谓客户痛点,一定是要经客户确认的痛点,未经客户确认的痛点都不是真正的痛点,都无法转化成真正的需求。客户是否向你袒露了某些高优先级的痛苦?他们不解决这些问题的代价是什么?很多销售人员往往会自我设想客户的痛点,自以为是,没有真正与客户确认,导致的结果就是业务迟迟没有进展。

痛点(Pain)要素,主要的目标是解读并确认客户痛点,进一步发现客户的真实需求,找到突破客户的抓手,具体可以分解为如下动作。

1. 客户 360 度画像

关键客户的画像应该包括个人情况、工作情况、家庭情况、圈子情况等,通过客户画像,对客户基本情况有了解,就容易找到突破客户的点。

2. 解读客户 KPI

解读客户的 KPI 是华为一线客户经理和解决方案经理的一个标准化动作,通过这个动作,可以找到什么指标对客户最重要,客户的领导是怎么考核他的。清楚了客户的 KPI,就会有痛点,于是就可以对症下药。

3. 痛点和痛苦链分析确认

通过主动解读客户的 KPI,了解到客户的痛点后,应与客户直接确认痛点,并通过交叉验证与客户的周边人员进行确认,这样才能做到你认为的痛点就是客户真正的痛点。这一步的重点是关注那些与我们能力相关的、对客户而言优先级高的"痛"。

痛点在客户不同岗位的表现形式是不一样的,要关注客户背后的痛点链条,痛苦链背后是不同职位的业务关系。"痛苦链"举例说明如图 9-5 所示。

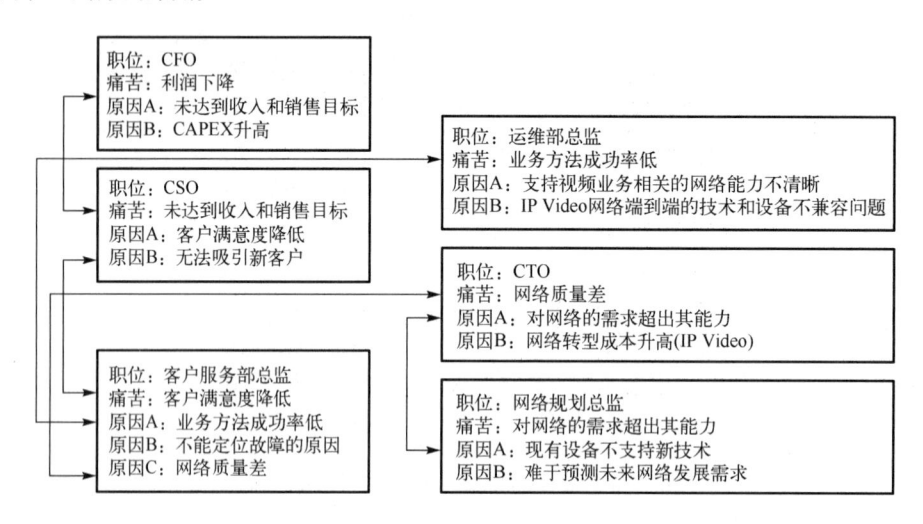

```
┌─────────────────────┐
│ 职位：CFO           │
│ 痛苦：利润下降      │
│ 原因A：未达到收入和销售目标 │──┐
│ 原因B：CAPEX升高    │  │
└─────────────────────┘  │   ┌─────────────────────────┐
                         ├──▶│ 职位：运维部总监         │
┌─────────────────────┐  │   │ 痛苦：业务方法成功率低    │
│ 职位：CSO           │──┤   │ 原因A：支持视频业务相关的网络能力不清晰 │
│ 痛苦：未达到收入和销售目标 │   │ 原因B：IP Video网络端到端的技术和设备不兼容问题 │
│ 原因A：客户满意度降低│   └─────────────────────────┘
│ 原因B：无法吸引新客户│──┐
└─────────────────────┘  │   ┌─────────────────────────┐
                         ├──▶│ 职位：CTO                │
                         │   │ 痛苦：网络质量差         │
                         │   │ 原因A：对网络的需求超出其能力 │
                         │   │ 原因B：网络转型成本升高(IP Video) │
┌─────────────────────┐  │   └─────────────────────────┘
│ 职位：客户服务部总监│──┤
│ 痛苦：客户满意度降低│   ┌─────────────────────────┐
│ 原因A：业务方法成功率低│──▶│ 职位：网络规划总监       │
│ 原因B：不能定位故障的原因│  │ 痛苦：对网络的需求超出其能力 │
│ 原因C：网络质量差   │   │ 原因A：现有设备不支持新技术│
└─────────────────────┘   │ 原因B：难于预测未来网络发展需求 │
                          └─────────────────────────┘
```

图 9-5 决策链背后的业务关系——痛苦链

4．需求分析确认

有痛点，就有需求，接下来要思考客户的需求是什么，是不是真实的需求。

同时还要分析主要痛点、次要痛点、假痛点，是真实需求还是假需求，也可能是对手引导的需求，这就是假需求。

9.1.2 权力

权力(Power)即对客户的采购有决策权的人，通过客户关系的拓展，了解到客户的组织分布及权力分布，找到客户真正的购买决策人(有些大企业是集体决策，有企业自身的决策链条)。你无法销售给没有决策权的人，因此要对决策链上的决策人、支持人、影响者等进行详细分析(如图 9-6 所示)。

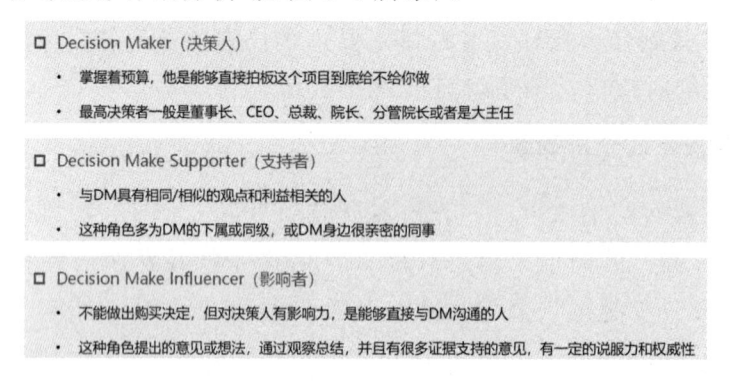

```
☐ Decision Maker（决策人）
  • 掌握着预算，他是能够直接拍板这个项目到底给不给你做
  • 最高决策者一般是董事长、CEO、总裁、院长、分管院长或者是大主任

☐ Decision Make Supporter（支持者）
  • 与DM具有相同/相似的观点和利益相关的人
  • 这种角色多为DM的下属或同级，或DM身边很亲密的同事

☐ Decision Make Influencer（影响者）
  • 不能做出购买决定，但对决策人有影响力，是能够直接与DM沟通的人
  • 这种角色提出的意见或想法，通过观察总结，并且有很多证据支持的意见，有一定的说服力和权威性
```

图 9-6 客户关键角色

权力要素，主要的目标是如何影响决策链，为我们的项目和长期合作服务，具体可以分解为如下动作。

1. 制定客户档案

客户档案应该包括客户市场情况、客户战略、客户组织、客户业务、客户经营情况、客户流程、客户声音等，通过制定客户档案，可以对客户背景做详细的调研。

2. 绘制组织权力地图和交易权力地图

通过绘制权力地图，对客户的权力分布及决策脉络有了深入了解，有助于项目运作过程中的动作正确，过程合理。

3. 客户关系的现状评估、目标规划

参考短期项目和与客户的长期合作这两个要素，设定客户关系公共目标。例如，Top5 重点客户，制定实施措施和方案，进行客户关系关键动作策划，如展会邀请、公司参观、样板点参观、高层峰会等，建立客户关系责任矩阵；对客户关系做出现状调研和拓展规划，包括关键客户关系、普遍客户关系和组织客户关系。

4. 客户关系监控执行、评估优化

监控执行是指定期进行执行情况的监察，根据项目进展及时更新项目计划，对延迟的计划进行预警。评估优化是指进行年度或半年度客户关系述职，自评完成情况，以便下一步改进。

另外，比如政府涉及的项目，就要处理好企业与政府的关系，客户有融资需求，就要拓展好金融关系。

9.1.3 构想

构想（Vision），即解决客户痛点的可能方案，先诊断后开方。通过引导客户标书或需求，预埋利好华为的技术指标及要求。与对手相比，提出差异化、独特性、先进性的方案，并与客户进行沟通，取得客户的认可。

构想主要的动作是提出解决方案并营销出去，即通过包装解决方案，满足客户需求，展示华为的品牌和实力，在项目运作和日常拓展过程中，具体可以分解为如下动作。

1. 看客户讲客户

看客户讲客户是源自华为的解决方案经理"看网讲网"，是通过分析客户背景、投资、业务、需求等，发现华为机会，分析竞争态势，并提出华为实现商业成功的方案。

2. 解决方案包装

产品解决方案包装是提升产品品牌、加强市场竞争力、促进产品销售的重要手段，由解决方案经理负责，包括产品（解决方案）PPT、产品规格书、宣传资料、市场指导书、"一纸禅"、竞品分析材料、社交媒体包装、应用案例等。

3. 营销标准动作

通过市场拓展的标准化动作，比如公司考察、高层拜访、样板点/现场会/研讨会/展览，展示公司实力，建立高层链接，强化与客户的关系，让现有客户为潜在的客户背书，为一线市场人员提供更多的营销武器。

4. 解决方案展示

解决方案是针对客户需求的，必须等同于购买构想。通过与客户技术交流、答标、澄清，展示华为解决方案的优势和品牌，提升华为在客户心目中的位置，为客户决策选择华为提供加权。

其他动作还包括关键技术人员客户关系的拓展、竞争对抗等。

具体如图 9-7 所示。

```
               解决方案经理看网讲网模板
第一部分  客户介绍
第二部分  不同层级客户的痛点（主要关注高、中层客户）
第三部分  业务分析（网格现状、构架、规模、性能、成本、收益、演进、效率等）
第四部分  建设空间和可参与空间
第五部分  项目机会清单
第六部分  华为的方案、亮点、客户收益
第七部分  对手的方案及我司对策
第八部分  其他（组织权力地图和交易权力地图、政府关系、融资方案等）
```

图 9-7　看网讲网模板

9.1.4　价值

价值（Value）即提出的解决方案中，是否有明确能够满足客户需求，是否有与对手差异化的价值，是否能真正取得客户购买决策人的认可和共鸣。帮助客户成功是生意的根本，客户只会为价值买单，销售提出的解决方案没有获得客户决策者或决策团队的价值认可，销售就不可能成功。

价值（Value），主要的动作是对客户做好价值呈现，即通过差异化、可衡量价值的解决方案，影响客户偏向华为的决策，具体可以分解为如下动作。

1. 量化产品价值

如果是单一产品的销售,就要把产品价值数字化,比如产品性能、价格、技术参数等。

2. 量化解决方案价值

如果给客户的是解决方案,就要呈现给客户采购价值、生命周期内的价值。

3. Key Message 传递

通过友好客户和教练,传递利于华为的关键信息,比如关键优势、品牌实力、关键应用、友商劣势等,并推动在客户内部传播,特别要准确地传递给决策链的成员。

4. 做好对手价值比较

要特别重视与对手的比拼,做好竞争管理。通过在不同维度、领域中的对比,体现华为产品或解决方案的优势,采用措施弥补华为不足的地方,同时把对手的弱点放大。

其他,比如提供第三方测试证书、现有客户的背书。

9.1.5 控制

控制(Control)是指销售有能力对整个销售过程进行有效控制。怎样有效把控客户的购买流程?销售项目尤其是大客户的销售项目周期会比较长,要做好项目的运作与管理,尽早立项,组建项目团队来运作项目,尽早识别项目的风险,对项目的过程进行有效管理。

控制主要做好项目运作正确、过程可控、团队协同,最后淘汰竞争对手,华为达成项目的成功,具体可以分解为如下动作。

1. 识别项目成功的关键路径

只有深入了解客户和项目,才能真正识别项目成功的关键路径,客户关系是第一生产力,关键客户关系是项目成功的根本,是核心。

成功关键路径可以从营销的"4+n"要素中去思考。

2. 项目运作与管理

项目运作是做正确的事,是项目过程中策划出来的一系列策略、举措、动作合集,项目管理是把策划好的事情做正确,是对项目的过程进行严谨的管理,该做的动作有没有做到位,效果如何。

3．竞争致胜

对不同对手采取不同的竞争策略，利用好竞争工具箱和竞争策略，做好竞争管理。具体可以参考"竞争洞察与实战"课程大纲。

4．施加影响

最好的施加影响的方法是与客户一同设计评估计划，提前引导好评估条款；通过拓展解决方案客户、高层决策层的客户、周边相关客户的客户关系，影响客户的决策倒向华为的方案，最终获得项目成功。

其他，比如风险的管理，竞争对手的恶性反扑。

小结

应用解决方案销售 PPVVC 方法论到日常销售工作中，销售人员可以很好地识别客户的痛点，引导客户诊断问题的原因、探究问题的影响，提出针对性强的解决方案，形成客户对购买产品或服务的构想，通过有效管控客户决策链，最终让客户做出购买决策。PPVVC 能帮助销售人员遵循规范化的销售流程，真正做到以客户为中心的顾问式销售，统一了营销过程的逻辑，统一了工具模板，实现了差异化的解决方案营销模式，有助于在竞争中脱颖而出。

想了解"解决方案营销，怎么做"的更多知识点，请参考"解决方案销售之 PPVVC"课程大纲。

9.2　解决方案经理如何用好营销三板斧

为了让一线作战人员与客户更方便、更高效地建立起牢固、可信的关键客户关系，华为公司投入巨大的人力、物力、财力，把客户邀请到全球重要的展会，参观全球最显著的样板点，安排华为公司高层去客户办公室拜访，这些看似花钱多又不算特别高明的动作，恰恰很好地解决了一线客户关系难做的问题，给一线作战人员提供了另外一个舞台、另外一种高度来做客户关系，所获得的效果自然也不会差。比如华为的客户经理陪同客户 CEO 飞跃万里，共同在飞机上度过十多个小时，来到巴塞罗那参观华为的展台，这十多个小时的独处时间，是改善关键客户关系的绝佳机会。到达展会现场后，华为公司为客户提供最高规格的接待，让客户真正感受到自己是"上帝"。从心底里打动客户，改变客户的想法，还有搞不定的客户、拿不下的订单吗？

华为的解决方案营销团队，把华为的领先技术和强大的销售能力相结合，对外为客户提供价值，对内主导研发的方向，仅华为运营商 BG，解决方案营销团队就有 6000 多人，是客户经理的 4 倍之多。解决方案经理们奋战在客户一线，对客户的网络和业务非常熟悉，敏锐捕捉客户需求，甚至先于客户捕捉到他们的需求，成就客户的同时也成就了自己！

相较于客户经理，解决方案经理更擅长搞技术，在客户关系处理上有一定劣势。华为是如何让这些曾经在实验室里画板子、编代码的秀才们快速成长为在市场上叱咤风云的钢铁战士呢？在他们有机会深入洞察客户、为客户痛点制定解决方案前，华为提供了"营销三板斧"，让这些市场的愣头青们快速地打开局面，有机会发挥自己的优势。

9.2.1 公司考察

1998 年起，华为创始人任正非顶着现金流和内部的压力，开始在深圳关外建设坂田基地，这座占地面积 150 万平方米（约 2250 亩）的基地，如同一个绿树成荫的科技花园，整个总部有 70% 以上的面积被绿植所覆盖，形成了一片郁郁葱葱的景象，很多植物是任总在世界各地出差时亲自挑选的。坂田基地分为培训中心、研发中心、行政中心、生产中心、员工宿舍（百草园）等。如今的东莞松山湖华为新基地更上一层楼，宛若一座欧洲小镇。

在坂田基地，每天都有一批批的客户前来参观、洽谈。对于海外客户，华为会安排客户分别到北京、深圳、香港访问，首先要让客户看到中国翻天覆地的变化。中国拥有五千年灿烂的文明（北京故宫、长城），有现代化的大城市（深圳），有国际大都市（香港），让客户认可中国，相信中国也有能力研发高科技产品。如今国家实力越来越强，中国的海外形象也越来越好，华为海外拓展的先驱们是目击者，更是亲历者，有他们一份汗水和功劳！

请客户来到基地后，华为通过专业大气的客户接待全面展示公司实力，主要分为三大类，即产品技术类、软能力、管理运作类向客户介绍。其中产品技术类，主要包括展厅、实验室、样板点、专题技术交流，管理运作类主要包括数据、物流、生产、可靠性试验等，而软能力主要指 ICT 发展趋势与华为创新思路为客户创造价值等。华为公司认为客户接待是华为营销重要的竞争力，客户的专属接待部门（客户工程部）专业、极致地接待发挥了不可替代的作用（见图 9-8）。

接待不同的客户，讲解的内容也不一样，华为采用货架式接待流程，针对基于决策链角色的定制化讲解。当客户们看到华为巨大的库房中没有人影，取而代之的是一部部机器手和传送带在井然有序工作时，震撼之情溢于言表（见图 9-9）。

软能力
- 技术趋势及华为创新战略
- 商业咨询为客户创造价值
- ICT规划及客户解决方案
- 全球化服务解决客户之忧

产品技术类
- 展厅
- 实验室
- 样板点
- 专题技术交流

品牌提升
1
2
3

管理运作类
- 数据
- 物流
- 生产
- 可靠性实验室

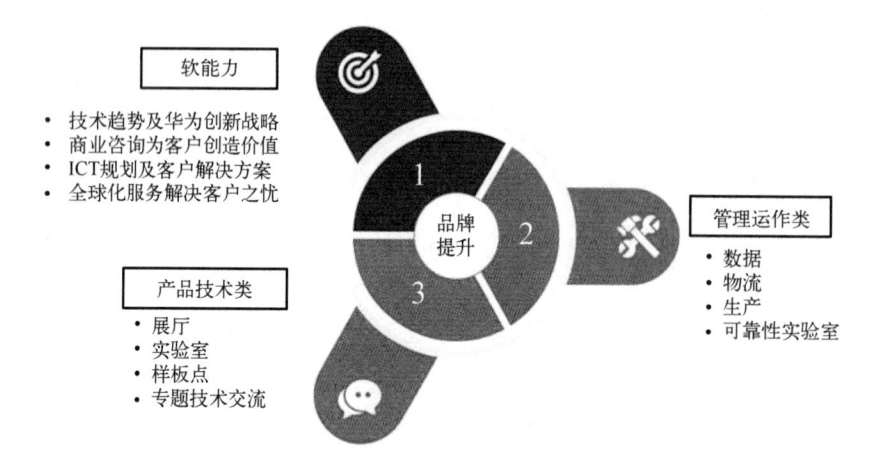

图 9-8　华为三大接待类型

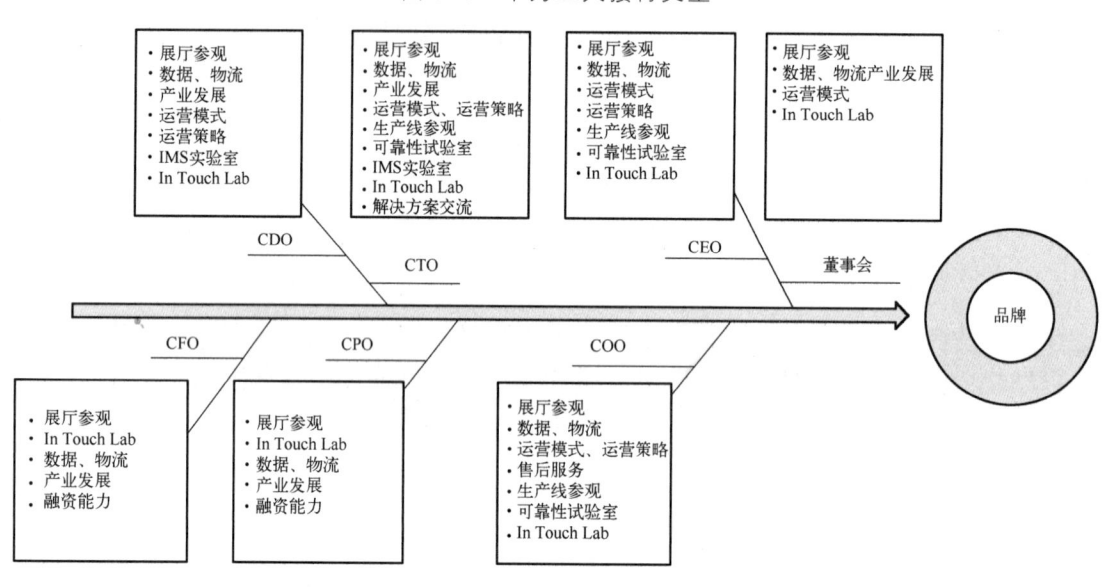

CDO
- 展厅参观
- 数据、物流
- 产业发展
- 运营模式
- 运营策略
- IMS实验室
- In Touch Lab

CTO
- 展厅参观
- 数据、物流
- 产业发展
- 运营模式、运营策略
- 生产线参观
- 可靠性试验室
- IMS实验室
- In Touch Lab
- 解决方案交流

CEO
- 展厅参观
- 数据、物流
- 运营策略
- 生产线参观
- 可靠性试验室
- In Touch Lab

董事会
- 展厅参观
- 数据、物流产业发展
- 运营模式
- In Touch Lab

CFO
- 展厅参观
- In Touch Lab
- 数据、物流
- 产业发展
- 融资能力

CPO
- 展厅参观
- In Touch Lab
- 数据、物流
- 产业发展
- 融资能力

COO
- 展厅参观
- 数据、物流
- 运营模式、运营策略
- 售后服务
- 生产线参观
- 可靠性试验室
- In Touch Lab

品牌

图 9-9　华为货架式接待流程

华为的展厅是经公司市场部统一策划、各产品线精心设计出来的，而且每年都要根据当年的战略做出调整。解决方案经理已与总部的解决方案专家们做好精心策划，针对客户的需求和角色进行专题技术交流。此时客户心无旁骛，在优雅安静的环境中，敞开心扉，真心探讨自己面临的业务痛点和解决方案需求，高管们一方面听取华为解决方案优势，一方面会安排后续的全面技术交流。

此后，解决方案经理们就可以充分发挥特长，通过解决客户一个又一个业务痛点，实现客户与公司的双赢！

9.2.2 高层拜访

与公司参观不同，高层拜访是客户不来我过去，主动贴近客户。华为公司以客户为中心的公司文化，体现在以创始人任正非为首的各部门高管，每年有大量时间走访客户或合作伙伴，亲自了解客户需要，确保公司与客户关系的亲密程度和业务信用的增强。解决方案经理争相抓住与客户业务最相关的高管，优先安排到访自己的客户。

高层拜访是企业与客户之间建立和维护合作关系的重要方式之一。高层拜访与销售活动的不同之处在于，高层具有比销售更高维度的视角，更能够契合客户高层的关注点，因此非常重要。通过高层拜访，企业可以探究客户和客户领导在想什么，从而调整自身的经营战略，更好地满足客户需求，提高客户忠诚度。此外，在高层互动中建立高层友谊，可以为中基层业务拓展减少阻力，加快合作进程。高层拜访体现了对客户的重视程度，体现了企业对合作关系的重视程度。在华为看来，面对一个战略客户的项目，如果未与客户高层建立互动，那么该项目丢失的概率高于60%。

另外，高层拜访还可以洞察解决方案人员工作的优缺点，并提出表扬或改进建议。这不仅有利于业务的展开，也有利于解决方案经理个人能力和职业的发展。有的人不敢与公司高层领导接触，怕被批评，这样的人进步就很慢。

通过高层互动，企业可以洞察客户需求、了解客户期望，更好地提供服务，在竞争激烈的市场中占据优势地位，建立良好的合作关系。同时，高层拜访也是企业重视客户和关注客户的重要表现之一，对企业长远发展具有十分重要的意义。高层拜访前的充分准备是确保拜访成功的关键，解决方案经理需要注意以下几点。

(1) 在进行高层拜访之前，需要找一个为客户利益着想的拜访理由，这将有助于推动对话和商业合作。

(2) 了解客户经营状况、战略方向、决策依据等基本面，并跳出自身需求，深度了解客户的痛点和需求，在拜访中更好地满足客户需求。

(3) 在高层拜访准备中，重点了解客户领导的个人特点、经营思路、精彩过往等，这有利于促进双方之间的相互理解和信任。

(4) 提前与客户领导进行高品质连接，为公司高管准备好书籍、文化产品等礼物，在加强关系的同时彰显自身的诚意。

(5) 向客户对接人和客户领导恰当传达本公司领导的商业能力和特点，让对方更加信任和认可自己,有助于推动合作进展。

(6) 解决方案经理要精准表达难点问题,并预先思考解决方案,以便在高层拜访时得到更多的赞同。

总之,解决方案经理必须在高层拜访前认真做功课,认真做好铺垫,才能避免硬着陆,避免拜访流于形式。提前制定拜访方案,并有计划地进行资源分配,以保证拜访的顺利进行,确保双方之间的互信和良好的沟通,促进业务合作的推进。

解决方案经理要为公司高管与客户高层充分沟通,向客户领导展示高管拥有的资源和能够链接的资源,特别是与服务相关的资源,这将有助于客户进一步了解华为的优势和能力,提高客户的认知度。拜访中要与客户共同制定目标,并为双方中基层之间深度交流提供实质性推动,增进合作共赢关系。要准备好邀请函,邀请客户回访公司,充分发挥"公司考察"的威力!

总之,高层拜访时需要仔细考虑谈话内容和关注焦点,从客户的角度出发,积极倾听客户的需求和期望,为客户提供更好的服务和支持,以建立更加稳固的合作关系。同时,要留意为中基层后续沟通助力,明确合作目标,有效推动合作事项的落实。

高层拜访后,解决方案经理一定要做好跟进,确保双方合作关系稳固发展。

(1) 拜访结束当天,通过邮件、微信、Facebook 等方式向客户领导致谢。这表明对客户的重视和感激之情,更能彰显自身的诚意和品质。

(2) 不定期向客户领导报告双方合作情况和事务推进情况。这有助于增强彼此间的信任和沟通,以便更好地推动合作事项的进展。

(3) 大约半年到一年后再次邀请同一高管回访,或让高管正式致信客户,感谢客户这一年来的合作支持,并送上祝福。这有助于双方建立更为稳固的商业关系。

(4) 在重要节点或重大事件时及时向客户领导汇报,以保持信息的畅通并及时得到解决问题的反馈。

(5) 重要节日或客户重要纪念日提醒公司高管进行问候,这将为高管与客户之间的关系构筑更加深厚的情感纽带。

最后需要强调的是,解决方案经理要真正把高层拜访当作核心资源,充分利用和发挥其作用;高层要真正为客户带来价值,解决客户困难,不虚假造作,不流于惯常形式,让合作更有意义和价值。

总之,跟进是确保高层拜访的推动和合作关系发展的关键步骤。有效的跟进方法能够促进双方之间的沟通和信任,推动商业联系和关系的长久发展。

9.2.3 样板点、展会

样板点是指华为公司针对特定市场和客户群体，在典型客户场所建立具有代表性解决方案的展示中心。这些样板点通常展示客户利用华为的产品和技术，所取得的业务进步和创新成果。华为虽是 2B 业务起家，但深谙客户好评的分量，参观样板点对于有效推进销售业务和促进企业发展具有重要意义。

怎样才能建立样板点呢？打造第一个样板点没有捷径。做世界级的企业，就需要世界级的标杆样板点。每一个样板点在华为公司都是研发产品线和公司一线的人，全部是精兵强将去强攻，用的是范弗里特弹药量，华为当年 3G 第一个阿联酋样板点建立者，现在全是华为公司大领导。以下是客户参观样板点给企业带来的利益。

(1) 眼见为实，看实物一眼胜过销售的万语千言，参观样板点有助于客户更直观地了解公司的产品、服务以及技术实力和经营实力，加深客户对公司的认知和信任。
(2) 参观样板点对于提升项目成功率有很大帮助。充分了解客户关心的问题、痛点和需求，使解决方案经理能够更好地把握客户的要求，为客户提供更符合需求的解决方案，从而有效地提高项目的成功率。
(3) 老客户的好评对准客户有更大的说服力。老客户已经与公司有过合作，并且给出了高度评价，那么这将对其他潜在客户的决策产生很大的影响，相关的口碑效应将会极大地推动企业的发展。
(4) 参观样板点能洞察客户的兴趣点和真实需求。通过参观样板点、和客户的互动交流，了解客户更多的需求和兴趣点，从而更有针对性地推出产品和服务。
(5) 客户走进公司样板点，你和他的关系会发生微妙变化，更像朋友，更容易沟通。参观样板点后，客户和解决方案经理之间的关系不再只是单纯的商业合作关系，更像是朋友，在这种更加轻松和自然的情况下，更容易进行双方的沟通和交流。

为了确保成功举行样板点参观，事前的准备工作极为重要。

(1) 选择与客户行业及需求相匹配的成功样板点。只有将与客户需求相关的样板点精心挑选出来，才能真正引起客户的兴趣和关注。
(2) 确认客户参观人员，以匹配陪同人员。根据客户代表的职位、行业背景等信息，安排相应水平的陪同人员，确保客户能更加深入地了解公司和样板点的各个方面。
(3) 了解客户最关注什么、最想看到什么，以重点设计展现内容和讲解内容。了解客户的需求和关注点，重点设计展现内容和讲解内容，从而让客户获得更大的展示效果和价值。

(4) 根据客户的关注点，与样板点方讲解人员共同设计展现内容和讲解内容，并提前演练。提前与样板点方讲解人员对展示内容和讲解内容进行协商和设计，并提前演练展示过程，确保展示顺畅有效。

(5) 详细安排参观环节及安全事项，越细越能彰显企业的专业和责任。在安排参观环节和安全事项方面，要做到事无巨细，全面贴心，避免任何安全隐患。

(6) 与客户方内部的教练对细节进行深度沟通。在参观前，需要与客户方内部的教练沟通，了解客户的参观规划和期望，以最大化地实现客户期望。

(7) 尽量把样板点参观与观光旅游融为一体。在参观过程中，可以适当安排相关旅游景点和文化体验，进一步提升客户的参观体验和感受。

(8) 发出正式的样板点参观邀请函。在准备充分的情况下，向客户发出正式的样板点参观邀请函，以便客户能够更好地安排自己的时间和行程。

样板点参观完成后，与高层拜访一样，跟进工作也同样重要。

(1) 一定要记得以样板点为背景给客户拍照，这是植入心智的一种方式。拍摄并分享参观现场的照片，能够让客户感受到公司对于参观的重视，同时也能给客户留下深刻而长久的印象。

(2) 做满意度问卷调查，用问卷再次深挖客户需求和想法。在样板点参观后，要做一个满意度问卷，深挖客户对于参观的想法和需求，从而做好后续的跟进工作。

(3) 一周内对参观的中基层进行回访，了解认可程度及存在的疑问点。在样板点参观后，要及时回访参观的中基层，了解他们对于参观的认可程度以及存在的疑问点，从而进一步做好后续的跟进工作。

(4) 向客户领导汇报本次样板点参观的情况。在完成样板点参观后，要及时向客户领导汇报本次参观的情况，充分表达公司的诚意和专业性。

(5) 根据客户的参观和反馈，针对性地改善技术方案。在样板点参观的过程中，要认真倾听客户的反馈意见，根据客户反馈的意见和建议，针对性地改善技术方案，以进一步满足客户的需求和要求。

总之，样板点参观后的跟进工作同样重要，在跟进工作中要注意及时沟通和了解客户反馈，从而做出有针对性地应对和改善方案。通过这样的跟进工作，能够更好地提升客户对于公司的认可度和忠诚度。

下面讲述一个 2005 年华为无线 3G 产品开拓马来西亚市场的故事，看华为如何运用"营销三板斧"成功赢得项目。

背景信息：马来西亚电信（Telekom Malaysia）是马来西亚第一大运营商，拥有全业务运营牌照，在东南亚电信运营市场拥有很高的地位，是东南亚最早获得 3G 牌照的跨国运营商。2005 年，华为在 3G 领域品牌落后于诺基亚、爱立信和西门子，华为在马来西亚的 3G 应用只在偏远地方有一点点业务，没有真正规模化地使用，华为品牌在客户心中是第二梯队品牌；且该项目被友商事前进行了引导，客户透露，此项目供应商必须提供 10 个以上的 3G 商用案例来证明自己有足够能力建设稳定先进的 3G 网络，这明显针对刚刚开始进入 3G 市场的华为，欲把华为 3G 产品扼杀在摇篮中。

解决方案经理们使出了"三板斧"，应用中根据现场情况，出招顺序有调整。

1. 第一板斧，安排无线产品线高层拜访客户。在拜访之前，解决方案经理为高管们做了充分的准备工作，收集了马来西亚电信公司的丰富信息和需求，并制订了详细的拜访计划。华为公司的高管们专业而自信地展示了华为公司的技术实力和服务优势，以及华为公司在其他客户项目中的成功经验和卓越表现。在此基础上，华为公司的高管们重点介绍了公司在 3G 网络领域的长期研发投入，取得了世界领先的技术和解决方案成果，这得到了马来西亚电信公司高层的高度关注，但他们仍是将信将疑，还需要下面二板斧的助力！

在拜访过程中，华为公司的高管们认真聆听了马来西亚电信公司高层对 3G 网络建设的具体需求和要求，积极提出了解决方案，并深入讨论了相关技术问题和具体计划。通过这次拜访，华为公司的高管们成功地说服了马来西亚电信公司高管到华为的新加坡样板点参观，并诚挚邀请他们日后到华为总部参观。

2. 第二板斧，在高层成功拜访的带动下，客户的 CTO 及技术团队到华为的新加坡样板点参观，在东南亚，新加坡代表了这个区域的最高标准。当时华为在新加坡的样板点已经部署了华为领先对手的先进的技术。同时，在新加坡另两个网络中，用的都是竞争对手诺基亚、爱立信的网络。华为安排客户团队自己到这三张网络做对比测试。这还不算，之后华为邀请他们自己去和新加坡的客户进行闭门研讨，华为人员不参加，客户私下谈，那才是真正有效果的，客户一句胜过华为一万句。由于实际测试华为的优势非常明显，客户对华为赞不绝口。经过这一轮的参观样板点之后，客户对华为的印象一下子就反转了。

3. 第三板斧，此时客户觉得要重视华为，于是答应去华为的总部参观。在华为的总部，他们不仅看到了华为展厅内各种领先的解决方案、行业应用，更重要

> 的是在华为的深圳坂田基地，亲身感受到比欧洲公司更大、更漂亮的研发园区，更朝气蓬勃的年轻的研发队伍，更加先进的生产设备，他们立马知道这是一个可以长期信赖的、有前途的公司。在这批来访华为客户的帮助下，华为为该运营商做了实验测试，在标书截止日期前，用这个实验局给出了一个完美的报告，在中间安排一波波客户自己的客服人员甚至媒体人员去参观。

项目结果如前文所述，在网络建设过程中，华为解决方案经理针对马来西亚国内城区环境特点，采用增强型覆盖解决方案，经过详细的网络规划和优化，利用宏蜂窝、小基站等多种解决方案满足复杂城区覆盖的需求。经过一年多的运行，充分证明了华为系列化3G基站良好的产品性能，华为客户化的解决方案有效地保证了无线网络的覆盖质量。

经过重量级样本点参考、产品比拼测试、技术交流、公司考察、高层拜访等一系列营销工作，马来西亚电信终于与华为正式签约建设3G网络，并于2006年2月与华为正式签署了3G扩容合同，后续华为3G产品在马来西亚作为典范并被规模商用，华为成为马来西亚电信主要的3G设备供应商。

小结

华为东莞松山湖欧洲小镇，华为深圳坂田基地，华为北京、上海、西安、成都等各大研究所，建设得像花园一样，甚至堪称奢华。华为这样大手笔的投入，并不是为了取悦于社会和员工，而是为了征服客户，客户通过参观、考察，与华为高管交流，让客户真正地感受到被尊重和华为的用心及实力，这是华为以客户为中心的具体表现。

接待即营销，华为公司认为客户接待是华为营销重要的竞争力，在使用营销三板斧的过程中，客户的专属接待部门（客户工程部）专业、极致的接待发挥了不可替代的作用。营销三板斧是华为市场开拓、新客户突破的"秘密"武器。

对于企业高层管理者，特别是创始人和CEO，需要静静地思考一下，你是否为你的一线部队提供了下列高能武器：

（1）公司接待、展厅及相应流程；

（2）高规格、高实战性样板点；

（3）高规格、专业的展会；

（4）高管作为共享资源，是否可以被一线人员调用，深入客户现场拜访客户；

（5）机关能力中心建设是否建成，随时听从一线人员的呼唤。

想了解营销三板斧更多知识点，请参考"解决方案营销之五环十四招"课程大纲。

第 10 章

华为销售项目运作与管理

PMP（Project Management Professional）指项目管理专业人士资格认证，在中国民营企业中，华为也是国内拥有 PMP 认证人士最多的企业，获得 PMP 证书已经成为华为对员工基本的要求。华为不仅仅要求项目经理考 PMP，还会要求管理岗拿 PMP 证书。

PMP 是通用的项目管理理论，在华为，PMP 在研发项目中主要以 IPD 为核心，开发出符合客户需求的产品，在销售项目领域以 LTC 为核心，签订高质量的合同。华为已经建立起完善的 2B 营销体系能力构架，在这一框架中有一个重要的模块，就是销售项目运作与管理（见图 10-1）：

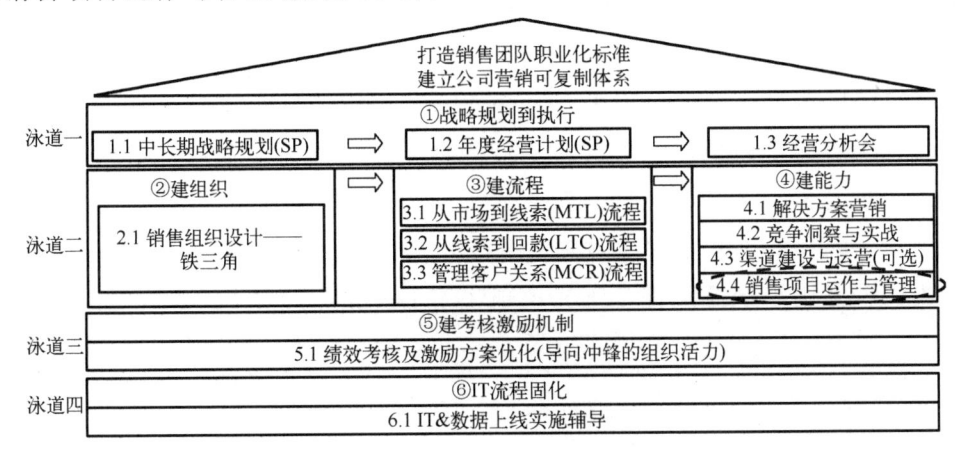

	打造销售团队职业化标准 建立公司营销可复制体系		
泳道一	①战略规划到执行		
	1.1 中长期战略规划(SP) ⇒ 1.2 年度经营计划(SP) ⇒ 1.3 经营分析会		
泳道二	②建组织	③建流程	④建能力
	2.1 销售组织设计——铁三角	3.1 从市场到线索(MTL)流程 3.2 从线索到回款(LTC)流程 3.3 管理客户关系(MCR)流程	4.1 解决方案营销 4.2 竞争洞察与实战 4.3 渠道建设与运营(可选) 4.4 销售项目运作与管理
泳道三	⑤建考核激励机制		
	5.1 绩效考核及激励方案优化(导向冲锋的组织活力)		
泳道四	⑥IT流程固化		
	6.1 IT&数据上线实施辅导		

图 10-1 销售项目运作与管理在华为 2B 营销体系能力构架中的位置

销售是一项"看结果、管过程"的工作，结果是不可以管理的，结果只能用来考核，只有过程可以被管控。

在华为，销售项目通常指的是针对特定客户或市场而开展的有策划、有组织、有步骤的销售活动或销售计划。销售项目在华为 LTC 销售流程中，也被称为"机会点"，针对机会点展开的各种市场营销活动，以项目的方式进行管理。华为的项目管理最早就在销售和研发两大体系做得最好,都是基于 PMP 项目管理理论。在华为的早期发展阶段,就逐步形成了一套华为特色的销售项目运作与管理体系。销售项目运作与管理的重要意义在于以下几方面。

(1) 拓展市场和业务机会:通过销售项目的实施,可以针对目标市场和客户群体进行深入分析,了解他们的需求和痛点,进而拓展新的业务机会和市场份额。

(2) 提高客户满意度:销售项目通常需要与客户进行直接沟通、演示和谈判,通过了解客户的需求并为客户提供定制化的解决方案,可以增强客户对华为的信任和满意度。

(3) 提升销售额和利润:销售项目是为了实现华为的产品或服务的销售目标而开展的,通过对项目的有效管理和执行,可以实现销售额和利润的增长。

(4) 建立稳定的客户关系:通过销售项目的成功实施,可以建立与客户的长期合作关系,并逐步深化客户关系,为华为带来更多的商机和合作机会。

(5) 提升品牌形象和知名度:通过成功的销售项目,可以展示华为的产品和服务优势,提升品牌形象和知名度,进而促进更多的商业合作和增长。

10.1 销售项目运作与销售项目管理的关系

现有的优质客户,一个原本囊中之物的项目,到最后却被对手拿走了或者亏钱拿下项目,为什么会出现与预期截然不同的结果?这是很多企业在销售项目中普遍会出现的一种现象,主管往往抱怨销售人员能力不行、客户太难搞、价格太低做不了、对手不守规矩等,真的是这样吗?举例来说:一线销售人员发现一个千万级别项目线索,但是由于运作过程不当,出现了下面一系列问题(见图 10-2):

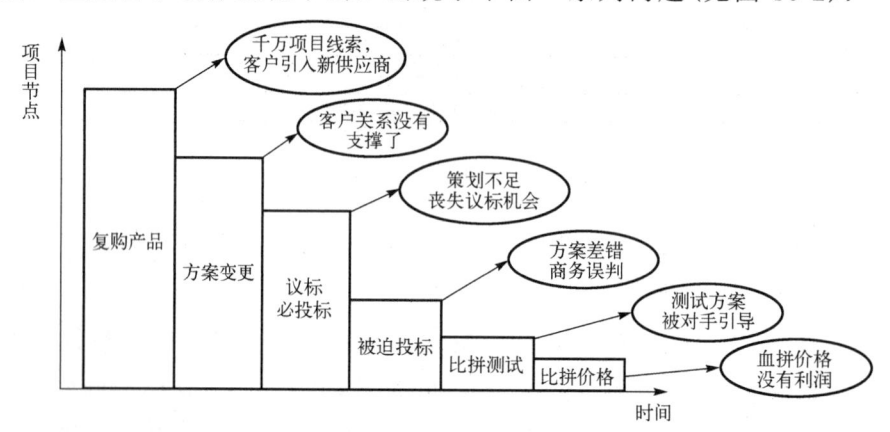

图 10-2 销售项目中的普遍问题

(1) 由于客户关系被对手突破，客户有意引入新供应商；

(2) 客观关系没了，对手引导了有利于对手的方案，华为方向需要变更；

(3) 原本复购的议标项目，现在改成了公开招标；

(4) 由于被对手引导，华为技术评分不占优势；

(5) 比拼测试，华为方案不占优势；

(6) 商务比拼，血拼价格。

最后的结果有两种情况：要不就让给对手中标，要不就华为亏本拿下项目。项目结束再来复盘，就发现每个项目节点都出了问题，在供应商准入、客户关系夯实、方案引导、比拼测试、情报获取等环节都出了问题，对以往的项目经验过分自信，没有充分认识到对手的危险性，疏忽了每个项目节点的运作，导致丢掉项目的结果。

从上面的案例出发，我们把销售项目按照时间和客户的关注程度打开来分析，项目的不同阶段，我们的进攻重点是不一样的，不同阶段我们要做的工作也是不一样的（见图10-3）。

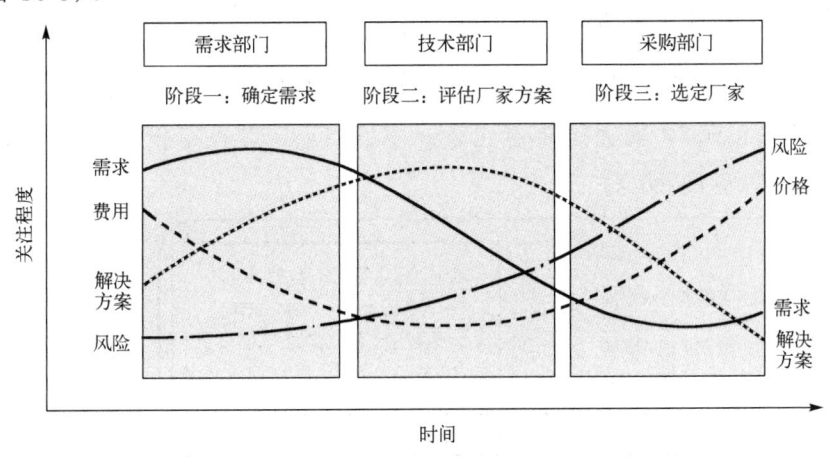

图 10-3　销售项目不同阶段的客户关注度

阶段一：客户会调研供应商是否能够满足自己的需求，客户对需求和项目预算最为关注。为了确保能够进入短名单，企业需要树立品牌，证明自己的解决方案性价比高，因此需要一线销售人员做的工作有公司参观、高层拜访、样本点参观等。一线销售人员要想尽一切办法确保华为能够进入被邀请参标的短名单。

阶段二：该阶段是招标后的技术评定阶段，客户关注公司的解决方案对客户需求满足的程度，同时也逐渐提高对风险的评估。该阶段厂商需要展示自己的技术实力，争取更高的技术评分，具体可以做比拼测试、样本点参观、出示权威报告、让现有客户现身说法，并要加强技术层的客户关系公关，确保对整个技术评定过程是了然于胸的。同时可以邀请技术专家来客户界面协助拓展技术层客户关系,进行技术引导和解惑。

阶段三:该阶段是最后出结果的时间,客户最关注价格和风险。因此厂商需要尽可能摸清楚客户的预算和对手的可能价位,有的放矢。如果能够摸清对手底牌,就可以采用竞争报价,如果对对手价格一无所知,那只能采用成本报价,这是最糟糕的情况,说明前期工作没有做到位。

在三个阶段中,客户关系始终贯穿项目过程,没有客户关系的支撑,项目整个过程只能被动被客户推着走,有了好的客户关系,就有了项目运作的主动性,项目的成功率也会高,总之2B项目中,客户关系是第一生产力。

1. 什么是销售项目运作?

销售项目运作是指在深思熟虑基础上持续地策划和执行,确保围绕项目目标做正确的事情,所以重点是"做正确的事"。其关键要素包含:客户关系、解决方案、服务交付以及商务价格等。

2. 什么是销售项目管理?

销售项目管理是指项目过程的管理,确保把已经策划好的事情做正确,所以重点是"把事情做正确"。其关键要素包含:项目立项、授权审批、沟通机制、奖惩机制、流程工具等(见图10-4)。

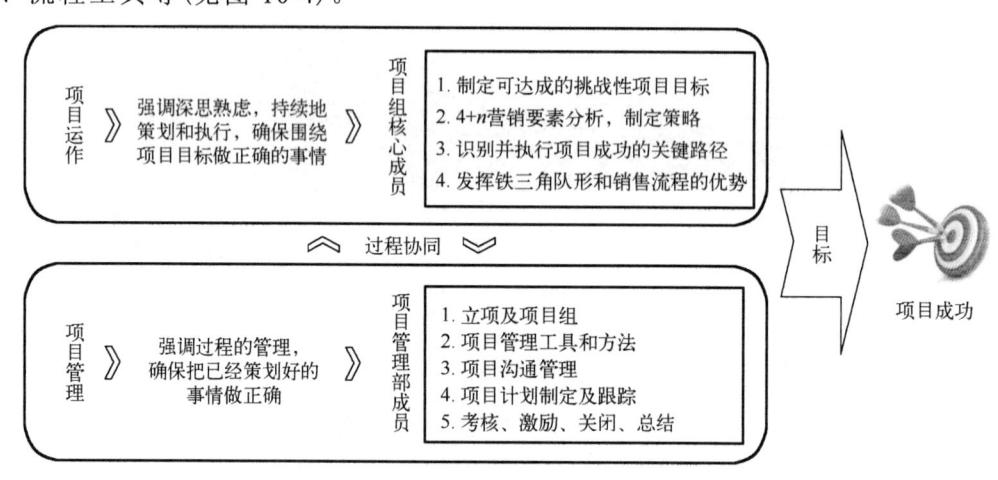

图10-4 销售项目运作与管理之间的关系

以上两者的关系可以比喻为:项目运作是火车头,项目管理是铁路警察。项目运作从项目管理中分离,同步进行,互相促进,目标一致。简言之,无运作,不销售,无管理,皆成空。

10.2 销售项目运作

2B 项目销售，尤其是金额高、决策链复杂的项目，项目周期比较长，牵涉采购链条人员复杂，对整体项目的把控，需要进行精心的策划和认真执行，正确的策略比具体方法、动作更加重要。销售项目运作为火车头，华为销售项目管理包括四个方面的内容，分别为：

(1) 制定可达成的挑战性项目目标。
(2) 4+n 营销要素分析，制定策略。
(3) 识别并执行项目成功的关键路径。
(4) 发挥铁三角队形和销售流程的优势。

1. 制定可达成的挑战性项目目标

销售项目目标是公司 SP 和 BP 的落地，是公司战略意图的实体化，重大山头格局可能是在几年前随着战略规划就确定下来了。华为销售项目的目标是从公司的战略导出的。华为每年 4 月份开始做公司战略，这些战略在公司的不同层面得到细化和落实，经过战略解码，形成了销售部门的市场目标和销售目标。销售项目目标的制定，是对当年机会点方向的整体把握，反映公司对地区部、系统部、产品部的要求，在组织 KPI 和个人 PBC 中都会体现（见图 10-5）。

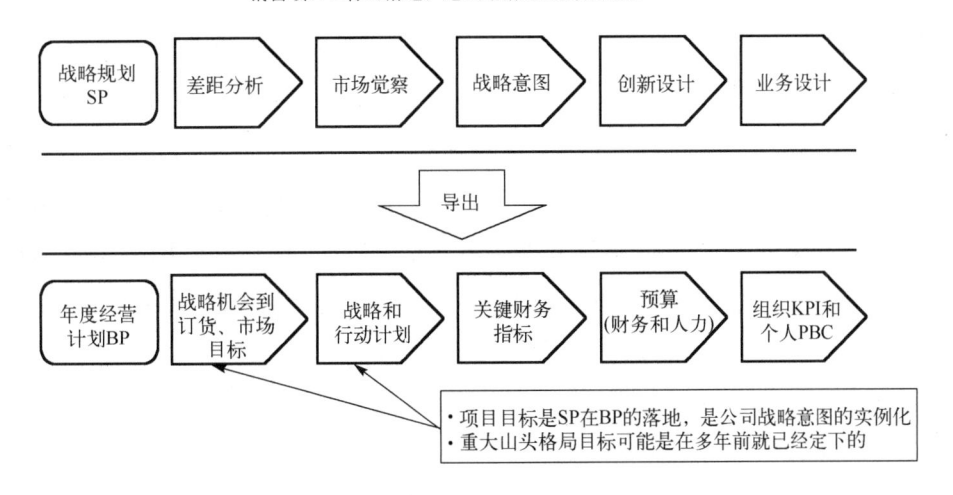

图 10-5　销售项目目标的落地，是战略落地的具体表现

其中，最重要的是山头目标，该目标是战略诉求形成支撑的机会点，分为公司 A 级、公司 B 级、地区部级、代表处。山头目标一般表现为两个方面。

(1) 市场突破：加强对空白价值市场、未来格局产品的抢点布局。

(2)份额提升：注重存量市场份额的提升及价值区域的进入。

把销售项目的目标管理体系比喻为眼镜蛇：头部可以灵活转动，一旦发现觅食或进攻对象，整个身体的行动十分敏捷，可以前后左右甚至垂直窜起发起攻击，而发达的骨骼系统则环环相扣，转动灵活，确保在发起进攻时能为头部提供强大的支撑。蛇头对准目标的严肃性和蛇身协调跟进的灵活性相结合起来，眼镜蛇的头部就像我们一线的销售铁三角，而其灵活运转、为捕捉机会提供支撑的骨骼系统，则正如我们的重装旅、大平台等支撑体系，这就是华为销售体系的基本架构。组织KPI、项目策略、资源匹配等像蛇身一样协调跟进（见图10-6）。

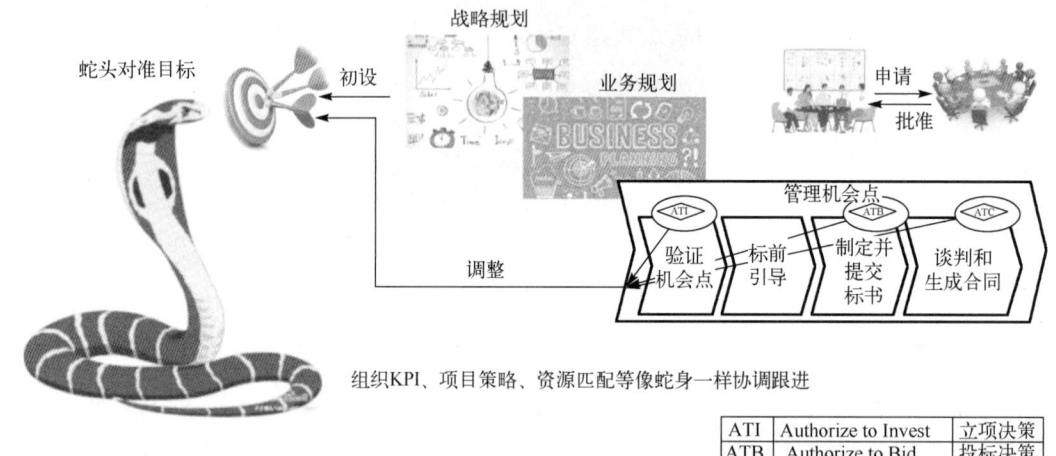

图10-6　蛇头对准目标的严肃性和蛇身协调跟进的灵活性

当销售项目的目标发生变更时，需要进行有效的变更管理，变更管理主要包括以下几个步骤。

(1)目标修正：项目组客观评估项目的情况以及目标的可行性，坚决反对"捂盖子"，避免问题失控；坚决反对先打靶，再画圈！要有明确的追责机制。

(2)汇报和决策：向上级办公会议汇报，获得相应级别变更审核和批准。

(3)执行新的目标：按新目标执行和监控。

华为公司销售项目目标管理职责和项目执行职责是适度分离的，管理层要对目标合理性、资源投入是否匹配项目目标负责，项目组要对项目目标达成负责，对达成目标的策划、资源规划、执行质量负责。

2．营销要素4+n分析，制定策略

在销售项目运作中，我们通过营销要素"4+n"分析，来制定项目策略："4"：即客户关系、解决方案、交付、商务方案。

"n": 即扩展要素，包括销售融资、竞争管理、政府关系等。

客户关系、解决方案、交付、商务方案 4 项是所有项目中都必备的，销售融资、竞争管理、政府关系等则视项目情况而定，并非都涉及。客户关系是第一生产力，关键客户关系的突破始终是项目成功的第一要素。没有客户关系的支撑，再好的产品也卖不出去。华为用一个公式来表达销售项目成功：

销售成功 = 客户关系好 + 解决方案有竞争力 + 商务有竞争力 + 交付质量高

华为针对销售项目通常会进行客户关系、解决方案、服务交付以及商务价格四个要素分析。这些分析旨在深入了解项目的商业环境、客户需求和竞争态势，进而制定相应的销售策略，以下是这四个要素的具体分析内容及制定策略的方法。

(1) 客户关系分析。

要理清项目决策流程，摸准各节点负责人，识别项目流程异常及客户关系风险点，分析目标客户的需求、偏好、业务关系以及购买行为，了解客户的关键决策人、影响力人士及可能存在的风险因素。根据分析结果，制定与客户的沟通策略，包括与客户的联系时机、方式、沟通内容等，同时构建与客户的信任和合作关系。华为的客户关系策略主要包括以下几个方面：

① 客户细分：华为将客户分级分类进行管理，对于不同类型的客户，华为采取不同的市场定位和营销策略。

② 重视客户需求：华为始终将客户需求放在首位，通过市场调查和分析，深入了解客户需求，并为客户提供个性化的解决方案。

③ 建立信任关系：华为通过长期、稳定、诚信的服务，在各种关键事件中，与客户建立长期的信任关系。

④ 建设立体式客户关系：立体式客户关系指的是与客户建立多层次、全方位的联系，包括技术交流、业务合作、人员互动等多个方面。细分为关键客户关系、普遍客户关系、组织客户关系。

(2) 解决方案分析。

分析友商的产品和解决方案，了解竞品的优势和劣势，并结合客户需求分析产品或解决方案的独特卖点，要注意针对不同层面的客户提供客户化的解决方案。根据分析结果，制定差异化销售策略，如推广华为特有的技术优势、强调产品的性能和成本效益等。华为在销售项目拓展中的解决策略主要包括以下几个方面：

① 技术创新：华为注重技术创新，通过不断地技术研发和创新，提供更加优质、高效、智能的产品和服务，满足客户不断变化的需求。

② 联合开发：华为与客户进行联合开发，通过与客户的合作，了解客户的具体

需求，为客户提供定制化的解决方案，并帮助客户实现业务目标。

③ 看网讲网：华为的解决方案策略注重方案的整体设计和方案的实施，通过对客户的业务和网络进行深入分析，制定个性化的解决方案，并对方案的实施进行全面的管理和控制，以促进客户的业务发展。

④ 解决方案包装：华为针对客户不同领域、不同层级的领导或骨干，提供不同的解决方案。

(3) 服务交付分析。

分析客户对服务交付的需求，包括安装、调试、培训、售后等方面。根据分析结果，制定服务交付策略，确定服务内容和标准，并制定相应的实施计划。此外，还需要评估服务交付过程中的风险因素，要识别前方路上的大坑，识别己方的真优势，并制定应对措施。为了促进销售项目的成功，华为常常采用的服务交付策略有：

① 优化服务流程：华为通过不断优化服务流程，提高服务质量和效率，包括售前咨询、售中实施和售后服务等，为客户提供全方位的服务体验，增强客户对华为的信任和忠诚度。

② 定制化服务方案：华为根据客户的具体需求和业务目标，提供定制化的服务方案，包括服务内容、服务流程、服务时间等方面，确保客户利益得到最大程度的保障。

③ 培训和咨询：华为提供培训和咨询服务，帮助客户了解和使用华为的产品和服务，提高客户业务水平，增强客户对华为的信任和依赖。

④ 快速响应：华为提供快速响应服务，及时解决客户的突发问题和技术难题，确保客户的业务连续性和稳定性，提高客户对华为的信任和满意度。

⑤ 定期回访与巡检：华为定期回访客户，了解客户需求和意见，及时改进服务内容和质量，同时进行设备巡检和维护，确保客户利益得到长期保障。

⑥ 个性化服务：华为根据客户需求提供个性化服务，例如针对不同行业、不同应用场景提供专门的解决方案和技术支持，满足客户的个性化需求。

(4) 商务价格分析。

要分析项目的竞争态势，模拟友商的报价。根据分析结果，制定合理的商务价格策略，包括降价策略、折扣策略、免费试用策略等。此外，还需要考虑与客户谈判的策略，最大限度地保护公司的利益。在制定商务策略和谈判时，应识别可能导致长期受损的商务模式条款，比如：

(1) 埋葬未来收益的条款；

(2) 非常规商业模式条款；

(3) 无法闭合的风险条款。

通过上述四个要素的分析，华为可以制定具体的销售策略，包括针对不同客户的需求制定差异化的产品方案、提供专业的服务交付并确保价格合理等。这些策略有助于提高销售项目的成功率并实现公司的商业目标。

另外，华为通常会把竞争纳入项目要素分析中，不将其作为独立要素。如果在销售项目中涉及战略竞争，就要制定独立的竞争策略。华为对于竞争也非常重视，建立了成熟的竞争管理体系和方法。华为竞争管理有三个阶段，分别是收集阶段、分析阶段、实施阶段。很多企业抱怨竞争情报获取困难，没有方法。其实竞争信息的获取方法是简单的，关键是有没有人做，分别谁去做。通过内部交流、信息共享，几乎能获取到所有可能获得的 80%~90%的竞争情报，但关键是要有组织承接。我们要瞄准 TOP 竞争对手，去分析、评估、推演对手在该要素上的表现以及双方的优劣势。常用的销售项目成功要素分析法有决策链及权力地图、鱼骨图、客户关系支持度评估、SWOT 分析等。

在实际运作过程中，要始终对准项目目标，先考虑成功，再考虑投入成本。项目成功以后都会有回旋的空间，而项目失败就完全没有机会。

3．识别并执行项目成功的关键路径

华为通过销售流程，精准识别和有效执行销售项目成功的关键路径，实现项目目标。在销售过程中，注重对客户需求的深入理解和精准把握。通过深入研究市场趋势、目标客户及竞争对手，能够快速识别出潜在的销售机会。同时，还会对销售项目进行风险评估，预测并应对可能出现的挑战，从而确保项目的顺利推进。在执行销售项目成功的关键路径时，充分发挥团队协作的力量。各部门会紧密协作，确保资源共享、信息畅通。同时，华为倡导的"狼性文化"也会在销售过程中发挥积极作用，团队成员会全力以赴，共同追求项目的成功（见图 10-7）。

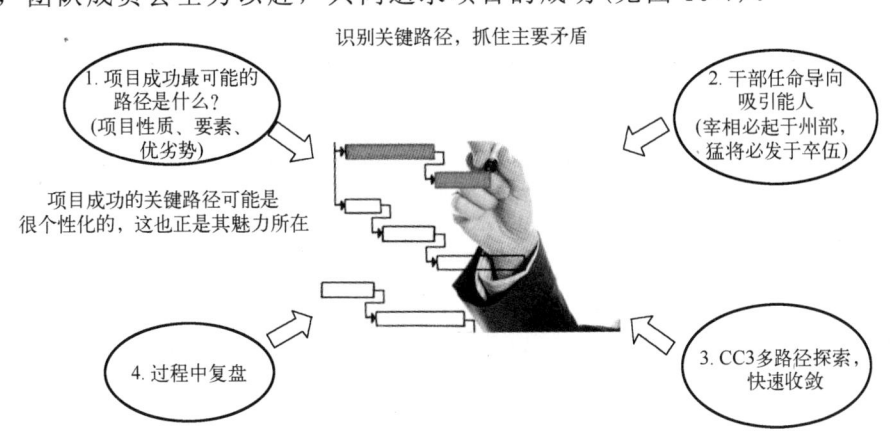

图 10-7　识别关键路径，抓住主要矛盾

有的客户为强大的产品性能买单，有的客户为良好的品牌形象买单，有的客户为极高的性价比买单，有的客户为无微不至的服务买单。不同的项目，对应不同的客户需求以及不同的客户决策模式，并没有千篇一律的关键路径。但是，有一些标准动作会在所有的项目中贯彻，比如看网讲网、营销三板斧等。

在持续的项目拓展和交流过程中，企业会逐步获取客户的潜在需求，从而收敛并拟定针对性的解决方案。所以，项目团队需要始终关注市场变化和客户需求变化，及时调整销售策略和方案。这意味着需要建立一个长期、稳定的市场研究和分析机制，包括建设客户档案以及竞争对手档案，以便实时掌握市场动态并做出相应反应。

4. 发挥铁三角队形和销售流程的优势

华为的销售项目运作组织采用了铁三角的项目队形，但项目操盘手仍然是项目成败的关键因素。所以要求项目操盘手(项目PD)要有大局观和成功实战项目经验，一般由客户线来承担。

在运作机制上，铁三角团队会根据LTC不同阶段的需求和目标进行动态调整。例如，在管理线索阶段，客户经理需要拓展客户关系来培育、启动运作项目；而在管理机会点阶段，解决方案经理需要制定解决方案、引导方案以及投标方案，在管理合同执行阶段，交付经理则会发挥更大的作用(见图10-8)。

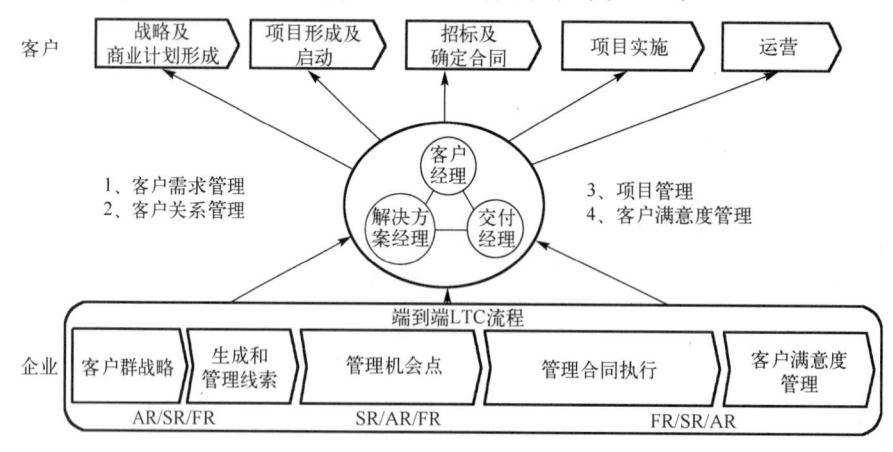

图 10-8 铁三角是项目运作的发动机

要无死角覆盖客户的各个相关部门，帮客户打破其内部信息墙。不少情况下，客户内部部门间的协调一致，是在我们发起的拜访、研讨、协调会上达成的。组织项目组成员扩大客户关系广度，做厚客户界面，一切为了项目成功。为了胜利，一切内部资源都可以被调用。董事长或CEO要担任山头项目的支持者，不仅仅是挂个名，也不仅仅是听听汇报、指导一下。

华为铁三角是围绕特定的客户群组建的专门团队，将以往复杂多样的客户接口协调统一，建构出一个面对面主动对接客户、聚焦项目、能够快速反馈和响应的一线基本作战单元。在铁三角团队中，每个角色都有其特定的职责和作用。

(1) 客户经理作为团队的 Leader、项目经理，负责整个项目的规划和管理。他们需要统筹规划项目整体，建设客户平台，实现经营指标，达成客户需求与优化体验，并对市场竞争的成败负有直接和第一责任。

(2) 解决方案经理针对客户、项目(群)进行整体产品品牌的设计打造，并为客户提供全方位一体化的解决方案，帮助客户创造价值、获得成功。

(3) 交付经理则负责项目的具体实施和交付，确保项目能够按时、按质量完成。

铁三角通过紧密合作，形成了一个高效、协调一致的团队，有助于更深入精准地理解和把握客户需求，同时更有效地帮助客户创造商业价值。

10.3　销售项目管理

销售项目管理好比铁路警察，就是把项目的过程管理起来，使得销售行为规范化，做到可管理、可回溯，理想的情况是用 IT 系统管理起来，使得销售业务可视化。华为销售项目管理包括六个方面的内容，分别为：

(1) 立项及成立项目组；
(2) 项目管理工具和方法；
(3) 项目沟通管理；
(4) 项目计划制定及跟踪；
(5) 考核和激励；
(6) 项目关闭及总结。

1. 立项并成立项目组

销售项目立项有两个目的，第一是把资源拉进来，第二是项目职责分工明确。一般要早立项，尽早把资源拉进项目组，且明确项目组成员职责，提高效率和降低风险，在立项时需要注意抓住公司领导资源，同时需要注意项目目标、市场特点和客户需求、资源评估、风险评估、团队分工、计划制定和竞争态势等方面的要点。销售项目管理，就是沿着流程打确定性战争，用流程的确定性来管理项目发展的不确定性。项目成功率管理的量化，体现在订货预测的准确性上。要建立项目把握度评价机制，对成功率进行量化。也要建立系统的销售管道管理系统，让项目可视化，行为规范化，这样才能让销售项目便于被监控(见图 10-9)。

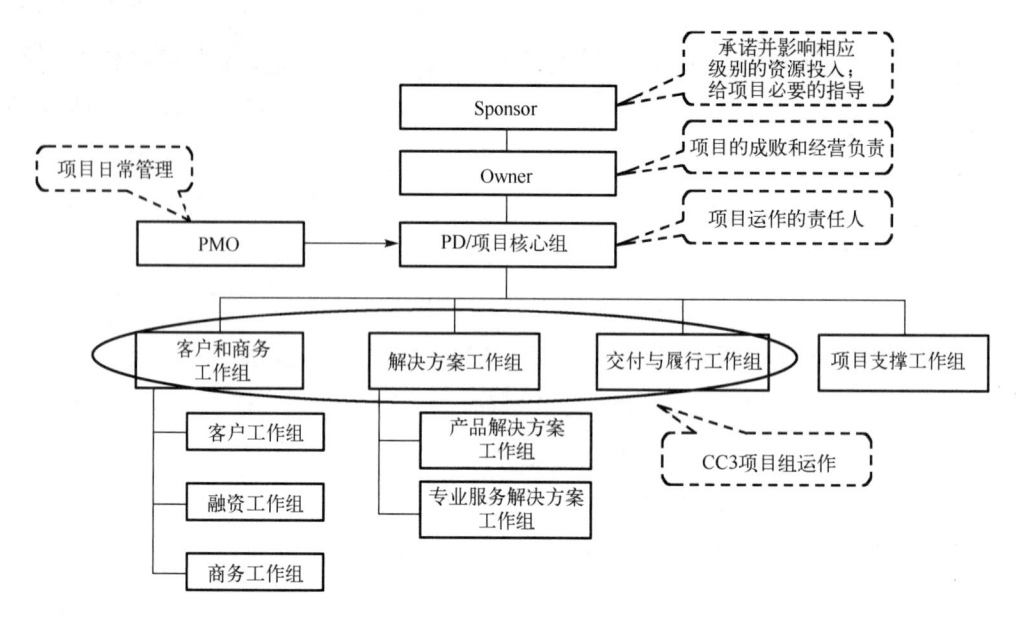

图 10-9　立项拉队伍，明确铁三角战斗队形

通过立项，可以明确销售项目的目标和战略，进而制定相应的市场拓展计划，立项可以协调和整合华为内部的各种资源，包括研发资源、财务资源、技术资源等，确保项目的顺利实施，进而提高销售效率和成功率。

项目经理需要组织项目组识别项目成功关键路径、组织讨论并制定项目全方位策略，把控出牌节奏，其主要工作内容如下。

(1) 客户沟通：与客户建立良好的沟通渠道，了解他们的需求和期望，及时反馈项目进展，确保双方对项目有共识。

(2) 资源分配：合理分配内部资源，包括人力资源、时间、物资等，以优化项目进度和提高效率。

(3) 风险管理：预测和识别潜在风险，制定应对措施以减轻风险影响，确保项目顺利进行。

(4) 团队协作：建立高效、协作的团队环境，鼓励团队成员发挥各自的专业优势，共同推动项目的实施。

(5) 质量管理：制定严格的质量管理计划，确保项目成果符合客户的质量标准。

(6) 财务管理：负责项目的预算和成本控制，确保项目经济效益的实现。

(7) 技术支持：与技术团队紧密合作，确保项目的技术实现和交付符合客户需求。

(8) 客户关系管理：维护与客户的良好关系，及时解决客户问题，提高客户满意度。

(9) 持续改进：总结项目经验教训，优化项目管理流程，提高项目管理能力。

(10)合规性：确保项目活动符合相关法律法规和商业道德规范。

销售项目组立项时，应注意以下几点。

(1)目标明确：立项时应当明确项目的目标和战略，避免目标模糊或过于笼统，以确保项目实施过程中的方向正确。

(2)市场洞察：在立项前，需要对市场进行深入的调研和分析，了解客户需求和竞争对手情况，为项目提供科学依据。

(3)资源评估：在立项时，需要对内部资源进行全面评估和整合，确保资源的可用性和有效性，避免资源浪费或不足。

(4)风险评估：在立项时，需要对项目进行全面的风险评估和管理，识别潜在风险并制定相应的应对措施，避免风险对项目实施造成不良影响。

(5)团队合作：在立项时，需要组建铁三角团队，明确团队成员的职责和角色，并建立有效的沟通机制和协作方式，以确保团队的合作效率和项目的顺利实施。

(6)计划制定：在立项时，需要制定详细的项目计划和时间表，明确各项任务和目标的具体实现方式和时间节点，以确保项目实施的进度和质量。

(7)客户需求：在立项时，需要充分考虑客户需求和反馈，建立与客户的良好沟通和合作关系，以确保项目实施过程中能够满足客户需求，提高客户满意度。

在项目启动阶段，需要输出如下三方面的内容。

(1)项目立项申请书，销售项目立项申请书的主要内容包括以下部分。

① 项目概述：简要介绍项目的背景、目的和意义，明确项目的主要内容、目标和预期成果。

② 市场分析：对目标市场进行深入研究和分析，包括市场需求、竞争对手、客户群体等方面，以制定有针对性的销售策略。

③ 产品优势：详细阐述所销售产品的特点、优势和差异化竞争优势，以及产品对目标市场的吸引力和适用性。

④ 销售计划：明确项目的销售策略、销售渠道、销售目标、销售周期和销售预算等，以确保项目的可实施性和可达成性。

⑤ 资源需求：列出项目所需的人力、物力、时间等资源，包括设备、人员、场地、培训等，并说明每项资源的来源和分配情况。

⑥ 风险管理：识别项目中可能存在的风险和问题，并针对每项风险制定相应的应对措施和预案，以确保项目的顺利进行。

⑦ 团队介绍：介绍项目团队的成员及他们的专业背景和经验，特别强调团队成员在本项目中的角色和贡献。

⑧ 预期收益：对项目的经济效益进行预测和分析，包括销售额、利润、投资回报率等指标，以证明项目的商业价值和可行性。

⑨ 支持材料：提供与项目相关的其他附件材料，例如市场调研报告、竞争对手档案、客户档案等，以供评审和立项审核。

(2) 项目策划报告：销售项目策划报告的主要内容应全面、详细、清晰地表述项目的各个方面，为项目的实施提供有力的支持和依据，报告的主要内容包括以下部分。

① 项目背景与目标：介绍项目的背景信息，包括客户的背景、项目的目的和意义，以及项目的总体目标、市场占有率目标、销售成本目标和利润目标等。

② 市场分析：对目标市场进行深入地研究和分析，包括市场需求、竞争对手、消费者需求等方面，以制定有针对性的销售策略。

③ 产品策略：详细阐述所销售产品的特点、优势和差异化竞争优势，以及产品在目标市场的定位和适用性。

④ 销售策略：明确项目的销售策略、销售渠道、销售周期和销售预算等，以确保项目的可实施性和可达成性。

⑤ 营销策略：制定针对目标市场的营销策略，包括品牌推广、宣传渠道、营销三板斧活动等。

⑥ 资源需求：列出项目所需的人力、物力、时间等资源，包括设备、人员、场地、培训等，并说明每项资源的来源和分配情况。

⑦ 风险管理：识别项目中可能存在的风险和问题，并针对每项风险制定相应的应对措施和预案，以确保项目的顺利进行。

⑧ 实施计划：明确项目的实施计划，包括前期准备、执行阶段和后期跟进等阶段，以确保项目的顺利实施和完成。

(3) 项目组任命文件：销售项目任命文件，对于公司级重大项目，一般包含如下内容。

① 项目 Sponsor：由公司领导担任，负责高层支持，项目监控。

② 项目 Owner：由地区部领导包括总裁、副总裁、营销管理部部长、产品行销部部长等担任，承担项目管理责任，对项目成功率负责。

③ 项目组 PD：组长、副组长对项目成功负责。组长可由地区部领导、代表处代表、地区部专项产品部主管及优秀的客户经理、解决方案经理担任。根据项目组运作需要，设置一些工作组，分工协作，工作组内可以根据业务需要划分支持小组。

④ 专项工作组：包括客户和商务工作组、解决方案工作组以及合同履行工作组等。

2．项目管理工具和方法

在销售项目管理过程中，需要建立系统的销售管道管理体系，让销售项目可视化，销售行为规范化。可以通过以下三个方面来建立系统的销售管道管理体系。

(1) 建立项目把握度评价机制：
- 把握度 A　　$A \geqslant 80\%$
  - ✓ 扩容项目、中标项目、基本不会丢单的项目
  - ✓ 只需要关注项目的签单时间
- 把握度 B　　$60\% \leqslant B < 80\%$
  - ✓ 有客户关系支撑，项目把握度大
  - ✓ 项目中还存在一些问题，需要推动解决
- 把握度 C　　$40\% \leqslant C < 60\%$
  - ✓ 项目把握度不清楚，与主要对手势均力敌
- 把握度 D　　$20\% \leqslant D < 40\%$
  - ✓ 项目把握度小，属于对手占优项目
- 把握度 E　　$E < 20\%$
  - ✓ 基本没有希望，可以说是属于对手的项目

(2) 对销售项目关键要素进行管理：

华为通过营销要素"$4+n$"分析，制定销售项目策略，包括客户关系、解决方案、交付、商务方案以及扩展要素如销售融资、竞争管理等。

(3) 对销售项目的流程遵从进行管理：

通过销售项目流程的各评审环节，包括立项评审、投标评审、合同评审等阶段，确保销售项目的运作质量。

3．项目沟通管理

沟通是销售项目顺利推进的润滑剂，是销售项目中不可或缺的环节，及时有效的沟通能够避免信息误解或传递不及时导致项目延误或失败。沟通包括三个方面：

(1) 项目组内部的沟通；
(2) 公司内项目利益关系人沟通；
(3) 客户界面的沟通。

通过有效的沟通，铁三角与客户、团队成员之间可以建立良好的人际关系，改善彼此之间的信任和合作，有利于项目的顺利推进。通过有效的沟通，铁三角可以

更好地理解客户的需求和期望，从而提供更加贴合客户需求的产品或服务，提高客户满意度。通过有效的沟通，铁三角可以更好地了解市场动态和竞争对手情况，及时调整销售策略，提高销售效率和成功率。

销售项目沟通可以采取日碰头会、周例会以及专项项目分析会形式开展。沟通时，建议采取以下措施。

(1) 明确沟通目标：在沟通前，销售人员应明确沟通的目的和目标，确保沟通的针对性和有效性。

(2) 了解沟通对象：在沟通前，销售人员应了解沟通对象的需求、兴趣和背景，以便选择合适的沟通方式。

(3) 准备沟通材料：在沟通前，销售人员应准备好所需的资料和信息，包括产品或服务介绍、竞争对手情况、市场动态等。

(4) 选择合适的沟通方式：根据实际情况和沟通对象的需求，选择合适的沟通方式，如面谈、电话、邮件、会议等。

(5) 保持积极态度：在沟通过程中，销售人员应保持积极的态度，尊重对方的意见和观点，及时回应和解决对方的问题和疑虑。

(6) 及时反馈：在沟通过程中，销售人员应及时反馈信息、解答问题、调整策略，以确保信息的及时传递和项目的顺利推进。

4．项目计划的制订及跟踪

销售项目计划及跟踪的目的在于提高项目效率、确保项目质量、提升客户满意度以及增强项目经理的决策能力。

在项目开始前，项目经理 PD 应根据项目的需求和资源情况，制定详细的项目计划。这个计划可以按 5W2H 方法，明确每个任务的具体内容、负责人、时间安排、资源费用等，以保证项目有序进行（见图 10-10）。

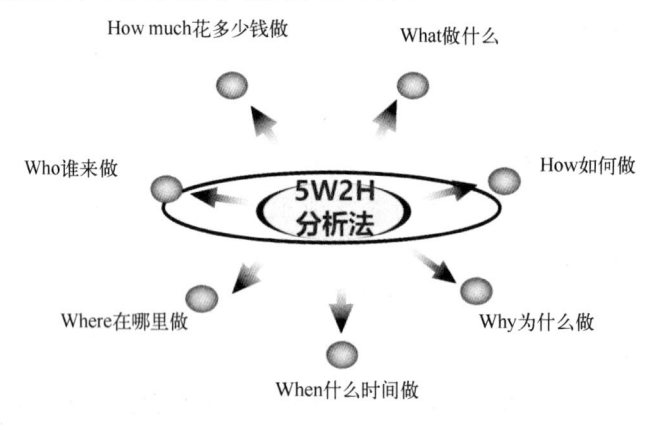

图 10-10　项目经理 PD 的重要职责：制订项目计划

每一个销售项目，需要完成包含客户关系、解决方案、商务、工程交付，以及项目管理等方面的工作，具体工作内容可以参考下面的销售项目任务大厦（见表 10-1）。

表 10-1 构建项目任务大厦，落实关键节点的管理

	客户关系	解决方案	商务	工程服务	项目管理
销售项目工程管理：关键节点的管理					项目总结报告
	客户群档案和客户档案				项目总结会议
	决策关键点信息获取	获取对手标书			项目评估
	针对性汇报	商务模型分析			商务方案评审
	反对者的转换、孤立	技术澄清	商务评标分析		融资方案评审
	政府关系建立	研发调研、版本确认	银行、信保关系建立	分包、外协资源协调	产品方案评审
	信息源建立	对手产品、技术分析	融资手段分析、引导	培训方案设立	项目简报
	评标小组关系建立	用户报告、咨询报告	商业计划分析	PM 设立及介入	项目分析会
	合作伙伴选择	产品测试	融资、付款风险分析	测试小组公关	开工会
	公司高层拜访	样板点考察、展会邀请	法律条款、贸易风险分析	对手网上问题收集	项目主计划管理
	高层关系公关	标书引导、陷阱设置	客户投资计划分析	技术服务巡检	项目策划报告
	公司参观、展会邀请	技术特性引导交流	对手历史投标价值分析	网上问题解决通报	项目组织建
	决策链分析	产品卖点一指禅	周边投标价格变化分析	网上设备问题调查	立项

如果项目组中有多个成员，可能会出现任务完成早晚不同的情况。此时，项目经理需要进行工作的调整，合理利用资源，以确保项目顺利进行。

通过跟踪项目进展情况，项目经理可以了解每个成员的工作状态，协助他们更好地制定个人工作计划，并形成一种分层分级的计划，即计划展现出的层次结构（项目计划、阶段计划和个人计划）。

5．考核和激励

对一线销售人员的考核和激励措施不仅要关注销售业绩，还要重视个人成长、团队协作等方面。通过平衡计分卡模式、项目奖励、高薪激励、员工持股激励以及培训和发展机会等措施，激发销售人员的积极性和创造力。

华为采用平衡计分卡模式对一线销售人员进行考核，主要考核指标包括关键财务指标、关键举措、团队合作和个人学习与成长。这种模式不仅关注销售额等财务指标，还强调了销售人员的个人成长、团队协作等方面的考量。针对不同的项目制定不同的奖励政策，以鼓励销售人员更好地完成任务并提高销售业绩。这些奖励政策包括项目完成后的奖金、特别奖励（嘉奖令、金牌奖）等。

6. 项目关闭及总结

(1) 项目关闭时，项目风险、假设等需要向相关的上下游部门同步交接，主要是因为以下几点原因。

- 信息透明度：通过向上下游部门交接项目风险和假设，可以让相关部门了解项目的具体情况和潜在风险，提高信息的透明度。这有助于避免信息不对称导致后续问题，同时也可以提高整个组织的协同效率。
- 风险控制：上下游部门在项目的后续执行和运营中扮演着重要角色。如果项目中存在一些未解决的问题或者潜在风险，这些信息需要在项目关闭时向上下游部门进行交接，以便在后续工作中及时发现并解决问题，避免引起不必要的麻烦和损失。
- 知识传递：项目风险和假设的交接过程也是知识传递的过程。通过分享项目的经验教训，可以为组织积累宝贵的经验，提高未来项目的成功率。
- 组织协同：向上下游部门交接项目风险和假设也有助于提高组织的协同效率。相关部门可以更好地了解项目的整体情况，更好地协调资源和人力，共同推动组织的整体发展。

(2) 销售项目收尾阶段要完成和合同的握手对接，主要任务包括如下内容。

- 合同谈判签订：需要关注合同质量，包括但不限于合同标的的数量与质量、双方权利义务、交付的数额和方式、违约责任、争议解决条款等。在签订合同之前，对客户的信用进行评估，可以避免后续的收款风险。合同中可能涉及诸多法律条款，需要对这些条款进行仔细审阅，以确保公司的利益得到保障。在谈判过程中，要充分了解并控制可能出现的风险，如资金风险、市场风险、技术风险等。
- 销售项目总结会议：销售项目总结会议的主要目的是对整个销售项目进行回顾和总结，从中吸取经验教训，为今后类似销售项目的顺利进行提供参考。具体来说，项目总结会议的主要内容包括对项目目标的达成情况进行评估、对项目过程中遇到的问题和挑战进行分析、对项目团队的工作进行评价以及对项目的成果进行总结。在会议中，项目成员可以充分发表自己的看法和建议，以达到共同学习和进步的目的。通过项目总结会议，销售团队可以更好地了解自己在项目中的表现和不足之处，从而不断优化和提高自己的销售能力和业绩。
- 成立交付项目组：需要考虑如何确保合同的有效执行，如任务的分配、进度的安排、监督和反馈机制等。

> 信息归档交接：项目信息进行归档，并和相关部门进行交接，确保后期项目的执行跟进。

(3) 收尾阶段的主要输出有：
> 项目总结报告；
> 文件归档表；
> 交付项目组任命。

华为非常重视知识收割，因为知识收割能够帮助销售团队更好地沉淀和传承项目经验，避免重复犯错，提高工作效率和业绩。同时，通过知识收割，销售团队可以更好地共享和交流经验，形成团队文化，提高团队的凝聚力和战斗力。

(1) 一方面，将项目经验总结成案例，可以是文字、图片、视频等形式，方便团队成员之间共享和交流。

(2) 另一方面，建立销售体系知识库，将项目经验和案例整合成知识库，方便团队成员随时查询和学习，提高工作效率和业绩。

通过组织培训和分享等形式，将项目经验和案例传授给其他团队成员，迅速复制，形成全球的战斗力。

小结

华为的销售项目运作与管理是 PMP 理论在销售领域的具体落地，其核心理念是：

(1) 销售项目运作是做正确的事，深思熟虑地策划是关键。

(2) 销售项目管理是把事情做正确，严谨的过程管理是关键。

想了解销售项目的更多知识点，请参考"销售项目运作与管理"课程大纲。

第 11 章

竞争管理

11.1 从迈克尔·波特的竞争战略看华为的竞争管理

迈克尔·波特(Michael E. Porter，1947 年—)，哈佛商学院教授。迈克尔·波特在世界管理思想界可谓是"活着的传奇"，他是当今全球第一战略权威，是商业管理界公认的"竞争战略之父"。在 20 世纪 70 年代初，他写作的《竞争战略》一书认为行业中存在着决定竞争规模和程度的五种力量，这五种力量综合起来影响着产业的吸引力以及现有企业的竞争战略决策：

(1) 同行业竞争者
(2) 潜在进入者威胁
(3) 替代品的替代能力威胁
(4) 供应商的议价能力
(5) 购买者的议价能力

波特竞争五力模型将大量不同的因素汇集在一个简便的模型中，该模型是企业制定竞争战略时经常利用的战略分析工具，以此分析一个行业的基本竞争态势（见图 11-1）。

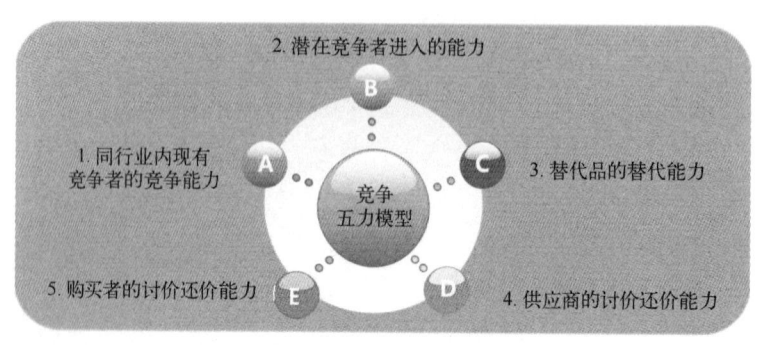

图 11-1 波特竞争五力模型

有句话说得非常好：你打败不了对手，是因为你不了解对手！商业活动中，竞争无处不在，提升自身的竞争能力将决定自己的生死存亡。接下来结合波特竞争五力模型，从五个竞争要素对华为公司的竞争管理做详细解读，阐述华为公司是如何应用《竞争战略》理论到具体的业务中的。

11.1.1 同行业竞争者

1995年以前，国内通信行业一直由国际巨头垄断，直至"巨大中华"的出现，才在县、地级市一级地区拿下一定的份额。由于自身实力弱，主流市场被国外巨头控制，国内厂商只能找机会生长，在偏、远、穷地区开拓根据地，与国内其他厂商一样，这个时候华为的竞争策略是先生存下来，不主动惊扰西方厂商，避免被"扼杀"，同时该时段也是中国厂商"野蛮生长期"。

到1998年，华为公司超越上海贝尔成为国内第一电信供应商，这个时期，国内厂商的竞争日益激烈，华为公司也引入了西方先进的管理机制，开始大范围管理变革。例如，从IBM引入IPD变革，从美世公司引入战略方法论VDBD等，开始在研发、市场等部门执行"五看三定"的方针，其中有一看就是看"竞争"。在研发、产品行销部、采购、市场一线等都有全职或兼职的组织对竞争对手进行情报收集、分析、竞争策略制定以及具体打击。这个阶段，在与国内厂商竞争的过程中，华为主要采取好的产品特性、更好的客户关系的策略，逐个压制，在战略机会点的争夺上，寸土不让，逐步拉开了与国内其他竞争对手的差距。在与西方厂商的竞争过程中，华为公司竞争战略非常清晰，"尽快做到全球第一"，主要采取解决方案性价比更优、高压竞争策略、竞合关系的应用、逐步产品特性的领先等举措，比如与阿尔卡特的固定网络纠缠近10年，最后大约在2010年前后在总成本、规模、性价比、技术等多方面超越了阿尔卡特成为全球固定网络第一品牌；与爱立信、诺基亚在无线通信领域竞争，先学后超；在2G时代跟随、3G时代挑战、4G时代同步、5G时代全面引领，逐步蚕食西方厂商无线网络的份额，2013年终于登顶全球电信供应商第一的宝座，逐步进入无人区。

进入无人区以后，特别是中美关系恶化之后，华为公司的竞争管理进入常态化，即融入了公司日常工作，同时与行业的关系更多地考虑生态、双赢、客户价值创造。

11.1.2 潜在进入者威胁

对于行业的潜在进入者，华为公司一直采取高度谨慎的态度，对于试图闯入自己的产粮区、利润区、价值区的新厂家，都会采取果断的举措，对一线和研发相关部门进行快、准、狠压制措施，以结果为导向的考核方式，确保自身的核心利益不会受到侵犯。其实西方厂商对华为公司的竞争态度是类似的，比如 2003 年思科对华为进行打击并提起诉讼；2010 年摩托罗拉对华为的诉讼等，这些都是波特竞争五力模型在行业中的具体表现。

通信行业的门槛一直非常高，是高技术、高投入、高附加值、长周期的产业，特别是今天，全球通信市场的"玩家"已经不多（4～5 家）。一个想进入通信市场的投资者，如果不准备百亿以上的资金，根本不可能成为搅局者，更谈不上成为真正的"玩家"，而且全球电信市场的规模基本稳定，天花板已经非常明显，也不能容纳更多的"玩家"，因此现有的"玩家"都纷纷拓展电信以外的市场，比如云计算、IoT、汽车等，反而不常见想进入该行业的玩家。

11.1.3　替代品的替代能力威胁

在华为公司成长的历史上，数字程控交换机、窄/宽接入网、光传输设备、无线通信网络（3G/4G/5G）等，都是华为公司的金牛产品，利润好、市场份额高，是华为公司不可以失去的市场。从 2000 年至今，一路上华为遇到了像港湾的宽带接入网和光传输、韩国三星和日本厂商的无线通信、美欧国家主导 5G 技术（Open RAN 技术）等替代竞争产品，华为公司设有专职组织来分析这些技术和产品，逐个形成对应的策略击破华为采取务实、开放的态度与各国电信运营商企业进行合作交流，把他们引导到符合自身战略利益的轨道上。

由于高门槛性，现在的竞争主要集中在 4～5 家厂商中，他们对彼此的了解也非常深入，因此竞争是一种较稳定的博弈，甚至可以说各厂商之间相互都有诉求，是一种较和谐的生态，各厂商分析对手的替代品也非常知根知底，基本上处于斗而不破的格局。

11.1.4　供应商的议价能力

现在能够成为华为公司的供应商，是一件非常幸福且难度很高的事情，因为华为公司对供应商特别苛刻，具体表现在认证手续烦琐、门槛高，而且华为公司对采购部门每年都有减成本要求，因此压力就会传递到供应商身上。但是华为公司对物品的采购量非常大，俗话说薄利多销，因此供应商还是削尖脑袋往里挤，同时华为公司的供应商选项至少 2 家，形成供应商之间的竞争与平衡。华为对供应商主要考察如下要素：

（1）进货差别（价格、周期、质量等）；

(2) 行业内公司与供应商转移成本；

(3) 替代货源的出现；

(4) 供应商的集中度；

(5) 采购量对供应商的重要性；

(6) 行业内与整体采购相关成本；

(7) 进货成本差异的影响；

(8) 行业内前向和后向整合的威胁。

同时由于中美关系的变化，供应商的平衡和优化也存在于国家与国家之间，从而确保供应的连续性及业务连续性。

11.1.5　购买者的议价能力

早期华为与西方竞争的策略是做到性价比优于西方厂商，甚至有些产品不行服务来补，逐步建立起在客户心目中优选的位置。在与国内厂商比拼过程中，华为的产品特性、性能、客户关系等往往是最优的，因此客户在选供应商的时候，如果有一个中国厂商，那一定是华为。购买者的议价能力主要通过如下要素进行分析：

(1) 客户集中度和供应商集中度；

(2) 客户的购买量；

(3) 与供应商转移成本相关的转移成本；

(4) 向后整合的能力；

(5) 替代产品；

(6) 客户拉动；

(7) 价格敏感度；

(8) 价格、整体采购；

(9) 产品差异；

(10) 品牌的认同；

(11) 对质量性能的影响；

(12) 客户利益；

(13) 决定决策者的动机。

现在华为作为全球第一大电信设备供应商，有很强的议价权，特别是在5G、光通信、接入网等领域，因此在电信行业，华为第一供应商的地位将维持很长一段时间，直至下一个未知时代的来临……

小结

营销=满足需求 + "淘汰对手","淘汰对手"具体工作就是如何做好竞争管理,在与对手比拼中胜出。竞争管理在华为公司是一项极其重要的工作,有组织、流程、人员支撑。竞争管理可以分为3个阶段,分别为收集阶段、分析阶段、实施阶段(见图11-2):

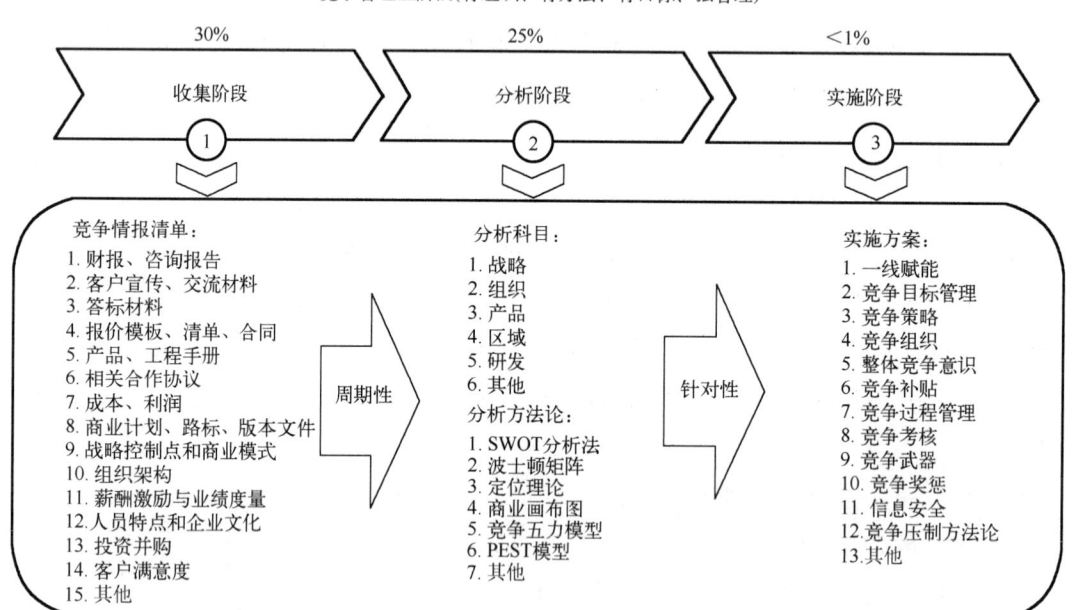

竞争管理三阶段(有组织、有方法、有目标、强管理)

```
    30%              25%             <1%
  收集阶段         分析阶段         实施阶段
     1                2                3
```

竞争情报清单:
1. 财报、咨询报告
2. 客户宣传、交流材料
3. 答标材料
4. 报价模板、清单、合同
5. 产品、工程手册
6. 相关合作协议
7. 成本、利润
8. 商业计划、路标、版本文件
9. 战略控制点和商业模式
10. 组织架构
11. 薪酬激励与业绩度量
12. 人员特点和企业文化
13. 投资并购
14. 客户满意度
15. 其他

周期性 →

分析科目:
1. 战略
2. 组织
3. 产品
4. 区域
5. 研发
6. 其他

分析方法论:
1. SWOT分析法
2. 波士顿矩阵
3. 定位理论
4. 商业画布图
5. 竞争五力模型
6. PEST模型
7. 其他

针对性 →

实施方案:
1. 一线赋能
2. 竞争目标管理
3. 竞争策略
4. 竞争组织
5. 整体竞争意识
6. 竞争补贴
7. 竞争过程管理
8. 竞争考核
9. 竞争武器
10. 竞争奖惩
11. 信息安全
12. 竞争压制方法论
13. 其他

图 11-2 竞争管理三阶段

根据统计,国内大约有30%的企业能够做到前两个阶段,但能做到第三阶段的少之又少,这就造成了企业竞争管理能力的天壤之别。在战略制定中,"五看三定"[①]作为市场洞察的理论有其优秀的一面,但在具体落地竞争过程中,缺乏战术方面的打法,即如何反击对手、使用什么武器、采取何种竞争策略等。于是很多企业战略制定得很漂亮,但是在与友商对抗方面表现得不具有"杀伤力",一线销售人员没有"武器"可用,"战斗力"上不来,就是因为企业没有重视或者没有意识到竞争管理的重要性,企业的中后台部门没有把竞争能力建设起来并向一线赋能竞争打法,这是绝大多数中国企业需要提升的地方。

波特竞争五力模型是竞争管理的核心理论,华为公司很好地学习、吸收并成功地落地到日常业务中,即"西方管理理论中国化",采用"实用主义的态度,

---

① 五看三定:看行业、看市场、看客户、看竞争、看自己,定目标、定策略、定战略控制点。

拿来主义的方法",向一切先进学习,华为公司把一次次向西方学习的重大过程称之为变革。

想了解竞争领域的更多知识点,请参考"竞争洞察与实战"课程大纲。

11.2 论红蓝军对抗在企业中的应用:练时多流汗,战时少流血

红蓝军对抗最早起源于古罗马军队的沙盘模拟战斗中,采用敌我模拟对抗演练。在我国现存最早的一部兵书《孙子兵法》中,也可追溯到红蓝军对抗思想,比如"知己知彼,百战不殆""不战而屈人之兵""上兵伐谋,其次伐交,其次伐兵,其下攻城"。

20 世纪 60 年代开始,美军在日常的演习中采用红蓝军对抗模式,逐步成为美军常用的演习方式,演习中通常分为红军、蓝军,其中蓝军通常是指在模拟对抗演习专门扮演假想敌的部队,与红军(代表我方正面部队)进行针对性的训练。

在国内企业中,华为公司是最早把红蓝军对抗引入到企业竞争中的企业之一,华为公司市场一线的战斗力有目共睹,这样的能力是怎样炼成的?其中的一个做法特别值得学习,就是红蓝军对抗演练。

企业在市场获胜,具体表现主要看销售规模、利润及利润率、市场占有率等几个关键指标,销售能力是一个企业市场表现好与坏的关键因素之一。如何识别一个企业的销售能力强与弱?我们把销售动作解剖分析,可以分解成"满足需求"和"淘汰对手"两个动作,把这两个动作一一解开,如图 11-3 所示。

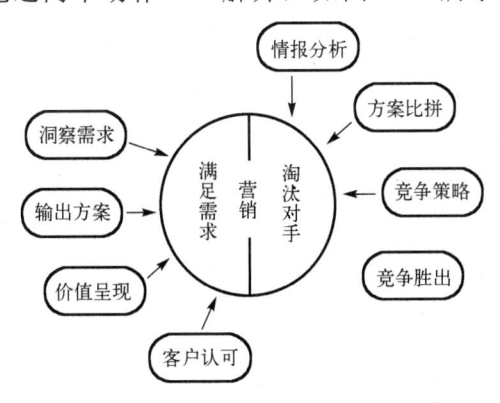

图 11-3 销售=满足需求+淘汰对手

企业举行红蓝军对抗演练,就是为了模拟一线发生的真实战斗,具有真实性、实战性,在具体的对抗中,对对手了解得多就会占据主导地位,一般围绕下面两个维度来展开:

(1) 提升组织蓝军意识；

(2) 锻造团队对抗能力。

11.2.1 提升组织蓝军意识

成功的企业和企业家往往都有非常强烈的危机意识，不管是国内还是国外企业，在这方面有很多成功的案例：

(1) 比尔·盖茨有一句名言：微软离破产只有 18 个月；

(2) 可口可乐公司的"末日管理"；

(3) 海尔张瑞敏：永远战战兢兢，永远如履薄冰；

(4) 三星电子：永远抱有危机意识经营；

(5) 华为海思芯片的备胎计划等。

> 早在 2001 年，在任正非发表的著名文章《华为的冬天》，以及《北国之春》之中，他说："什么是成功？是要像日本的松下、丰田那些企业一样，历经九死一生还能好好地活着，这才是真正的成功。因此，华为并没有成功，只是在成长。为此，华为将'活下去'定为最低目标和最高目标。"这就是任正非的危机意识。

企业最大的外部危机之一就是竞争对手，尤其是相同行业的对手，其利益是相互冲突的，因此在发展过程中需要对对手有充分的了解，知己知彼，百战不殆，只有对对手有一个清晰的认识才能对自身的发展有一个更好的定位，将企业自身的优势充分发挥出来。对他人的成功经验总结，取人之长、补己之短是推动企业进步的最好方式，因此企业需要总结并运用对手的经验以完善自身的发展，在竞争中成长、壮大，不断锤炼自身的能力和意志。

要站在对手的位置思考，思考自己是如何被竞争对手打败的，组织、个体要时时刻刻采用蓝军思维去思考，同时也要换位思考对手在客户心目中的位置，因此企业需要在内部有一股批判的思维和力量，这就是蓝军。

为了提升组织蓝军意识，让团队时时刻刻具有竞争思维，华为在 2006 年专门成立了公司的蓝军部(组织结构如下图)，蓝军成员不多(少于 10 人，都是资深的老员工)，蓝军主要的职责是站在公司的对立面，采取批判性思维，发现公司的问题和短板，并提出批判性的意见和建设性的措施，如图 11-4 所示。

既然想要"蓝军"解决最为棘手、最为挑战的问题，就需要拿出足够的诚意与魄力，给予"蓝军"部门充分的信任与授权，而不是装装架子。

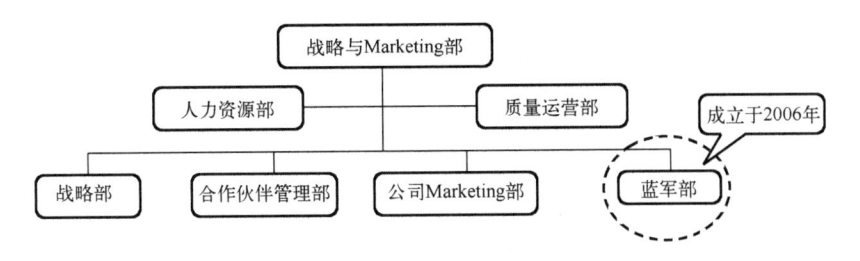

图 11-4　华为蓝军组织

> 任正非："要想升官，先到蓝军去，不把红军打败就不要升司令。红军的司令如果没有蓝军经历，也不要再提拔了。你都不知道如何打败华为，说明你已到天花板了。"

华为今天取得的成就与创始人任正非的危机意识、红蓝军思维不无关系，值得企业家们参考学习。

没有"蓝军思维"的企业可能成为温水里的青蛙，企业如何防止成为温水里的青蛙？应用"鲶鱼效应"就是举措之一，所谓"鲶鱼效应"，是指一般被捕捞的沙丁鱼一出水就会在回到码头之前死掉，但在鱼槽里放几条鲶鱼，因为生存的本能刺激，鲶鱼就会逼迫沙丁鱼拼命向四处游动，从而沙丁鱼就更易存活下来。

很多企业正是缺少这种"鲶鱼"的刺激，也可以说是没有蓝军机制，安逸得太久，公司整体运营沉寂的如同死水一般，表面上大家都觉得企业没问题，多一事不如少一事。相反，那些认为公司有问题的人却被当作负面打压，长此以往，企业内部再无人说真话，剩下的员工以及被提拔的高管，往往都是善于拍马屁的"聪明人"，这样企业就走在衰败和灭亡的道路上。

11.2.2　锻造团队竞争能力

企业要在一线与对手比拼中胜出，不但要满足客户的需求，而且要把对手淘汰，两者缺一不可，其中淘汰对手必须有强悍的竞争对抗能力。

1. 竞争对抗能力包括哪些能力

华为公司根据科特勒的营销 4Ps 理论及自身实践，创造性地提出了销售成功的营销 4+n 要素，即销售成功公式 $Y = F(X_1, X_2, \cdots, X_n)$，项目要想获得成功，必须在 X_1, $X_2, \cdots, X_n$ 领域提高竞争能力，这些 X 是指客户关系、解决方案、商务方案、交付、销售融资、政府关系等，这些要素往往与职能部门一一对应，因此每个职能部门要有负责竞争对抗能力提升的成员，比如解决方案部门，一定要有竞争分析和竞争打击的职能团队（专职或者兼职），商务部门要有分析竞争对手商务的职能团队等（见图 11-5）。

销售成功=客户关系好+解决方案有竞争力+商务有竞争力+交付高质量+扩展n

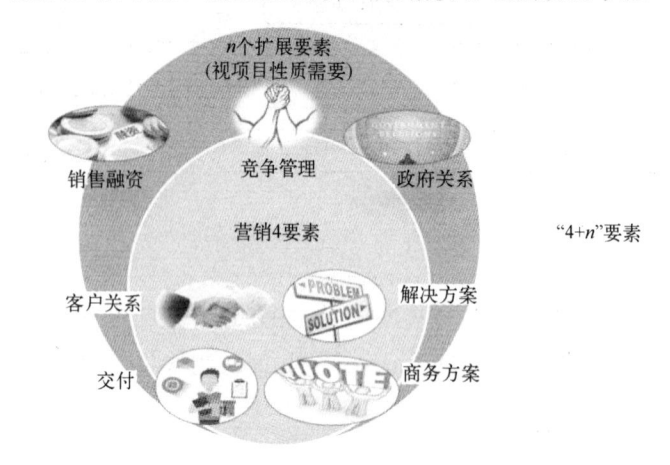

图 11-5　销售成功公式 $Y = F$(客户关系，解决方案，商务，交付，…，n)

同时这些职能部门要输出一线团队拿来就能用的"武器"，方便一线随时呼唤"炮火"，让一线兄弟姐妹随时有几个"高能武器"可以扔出去，这些"武器"包括但不限于：

(1) 竞争政策支撑。

(2) 对手档案。

(3) 产品竞争力(功能、规格、特性、成本、路标、平台等)。

(4) 商务竞争方案。

(5) 竞争工具包(How to Beat、负面案例、"一纸禅")。

(6) 动态竞争周期性报告(双周、月)。

总部机关职能部门(中、后台)负责制造"武器"，一线作战部门(前台)负责使用"武器"并完成竞争致胜，分别定位为能力中心和作战中心，其共同的目标是"一切为了一线，一切为了胜利"。

2．如何提升团队、个人的竞争能力？

要提升团队及个人的竞争对抗能力，除了在日常工作中的培训、赋能，在企业内部举行"红蓝军对抗演练"是行之有效的方法之一，让办公室里充满"硝烟味"，"练时多流汗，战时少流血"，参考国内许多标杆企业举行"红蓝军对抗"的经验，基于实战、服务实战，基本流程如下。

(1) 客户选择：典型行业场景。

(2) 角色分配：

> 红军 3~5 人；
> 蓝军 3~5 人；

- 客户 3~5 人；
- 辅导老师 2 人；
- 评委 4~6 人；
- 引导员 1 人。

(3) 演练过程：
- 中长期(3 个月以上)项目；
- 2-3 轮对抗；
- 评委解读对抗过程。

(4) 演练输出：
- 每个成员的心得体会、改进点；
- 评选出最佳红军将士、最佳蓝军将士、最佳 idea 贡献、最佳团队奖等；
- 如何应用到日常工作。

在红蓝对抗中，红军一方紧贴实战，密切配合，合理运用战术为客户提供合理、高价值方案和服务，试图在竞争对抗中胜出，蓝军也精心筹备，设置针对性脚本，采用不打招呼、不事先模拟的方式，制造多个矛盾点，考验红军团队的应急处置能力和现场处置能力。

举例来说，国内两家头部企业：华为和阿里蚂蚁金服，以实战环境为背景(真实项目模拟)，组织"红蓝对抗"，攻守双方势均力敌，以蓝军为假想敌，由一线作战部门来扮演红蓝军，职能部门扮演客户和评委，在训练中模拟实战，战况十分激烈，让战斗提前在办公室打响，赢得战斗的主动权(见图 11-6 和图 11-7)。

图 11-6 华为红蓝军演练评定奖项　　图 11-7 蚂蚁金服红蓝军演练现场

企业周期性地组织红蓝军对抗演练，坚持"实兵、实情、实景、实装"原则，覆盖一线作战团队和中后台职能部门，每场对抗结束后，团队针对模拟现场处置中发现的问题现场进行点评，对实操中暴露出的问题、潜在的风险、薄弱环节进行交流和解答，做到既发现问题又提出解决问题的方法，不但达到了提升组织竞争意识的目的，同时也锻造了团队的竞争能力(见图 11-8)。

图 11-8 简世咨询杨老师点评企业红蓝军演练

小结

总之，企业学习红、蓝军战略竞争思维，提升团队、个人竞争对抗能力，通过红蓝军对抗演练，达到学以致用，在日常工作中运用红蓝军思维不断提升组织的作战能力。

建立红蓝军机制，其实就是建立一种真正自我批判、鼓励冲锋的企业文化。希望越来越多的企业家认识到红蓝军思维的精神，建立一个富有危机感、战斗力的一流企业，同时让团队每个人相信：

> 打败不了对手，是因为你不了解对手！
> 不管多强，相信看得见的都能被"干掉"！

想了解红蓝军演练更多知识点，请参考"红蓝军对抗和演练"课程大纲。

第四篇 Part 4 / 营销激励篇

第 12 章

激发组织活力的营销激励设计

企业经营的本质是什么？不同的人给出了不同的诠释（见图 12-1）：

图 12-1　管理大师和企业家诠释企业经营

(1) 企业管理大师德鲁克曾说企业经营的目的是创造顾客，德鲁克是从企业为什么存在的价值角度讲出了企业经营的本质；

(2) 从企业保持基业长青的角度来看企业经营的本质，通用电气前总裁定义企业经营的本质就是经营团队；

(3) 日本经营之神稻盛和夫提出企业经营的本质就是人心，他特别强调经营哲学和企业文化内化于心，基于这个理念，稻盛和夫先生还特别撰写了《活法》和《干法》。企业家只有理解了做人如何做得正确，理解了经营哲学《活法》，才能用好他的《干法》；

(4) 华为创始人任正非认为企业经营的本质其实是利益分配，他认为要想让企业活得久一点，企业必须打破利益的平衡，创造利益差，只有这样才能让组织充满活力，他认为企业最难的工作就是如何分钱，钱分好了，一大半的企业管理问题就解决了。

关于华为的利益分配（价值分配），遵从价值链管理逻辑，即价值创造——价值评价——价值分配，形成内、外两个良性循环（见图 12-2）：

外循环：价值创造是价值分配的基础，蛋糕做大了，自然就可以多分；价值分配是否合理，可以改进、优化价值评价机制；价值评价是价值创造的牵引，评价导向合理了，才能引导员工创造更大的价值。

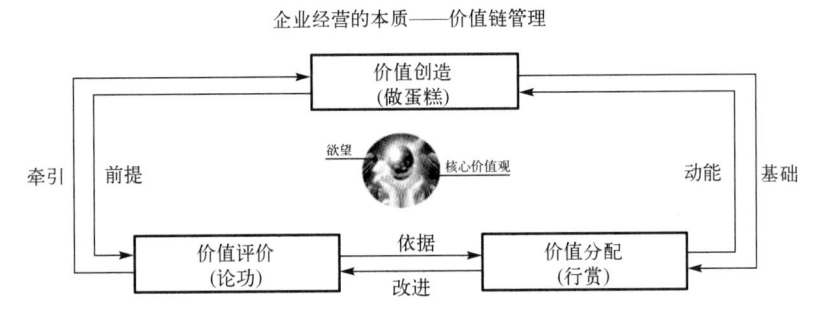

图 12-2　全力创造价值、科学评价价值、合理分配价值

内循环：价值评价的前提是价值创造，只有创造了价值，才会有绩效，才有资格被评价；价值分配的依据是价值评价，合理评价才可以合理分配；价值创造的动力是价值分配，分配多了，就能驱动员工把蛋糕做大。

总的来讲，华为公司价值链管理的逻辑是：以客户为中心的价值创造、以结果为导向的价值评价、以奋斗者为本的价值分配。华为通过这样的价值链管理体制，促进了价值链的正向循环，促进了企业的不断发展。

12.1　华为为什么不搞销售提成制

业绩提成的确是目前大部分企业采用的主要销售激励方式，对于销售组织来说，业绩提成是不可或缺的激励方式。一段时间以来，企业发展的机会比较多，大部分企业的业务发展均处于上行通道，业绩提成在这种环境下的确能够起到比较好的效果。但是在经济大环境不景气或者企业发展趋缓、业绩下滑的情况下，市场竞争依然激烈，大部分企业业务增长停滞，甚至下滑，此情此景提成机制非但不能挽救企业，反而会带来很多负面的影响。从我们的视角总结下来，业绩提成制的主要问题如下：提成制导致团队氛围差、士气低落；提成制容易造成销售团队懈怠，不愿意拓展新客户、新市场；个人英雄主义，客户资源私有化，客户关系拓展能力没有建立在组织上；提成制导致组织流动性差，新员工成长缓慢，老员工无法做到能上能下；提成制导致"富了和尚穷了庙"（销售成本增加，但公司业绩并没有有效增长）。

总之，销售提成机制会导致诸多问题，企业老板成为"恶人"，骨干员工无法流动，新员工成长缓慢，新市场无法突破，客户结构恶化，陷入价格战的泥潭等。当然，我们不否认提成制有它适用的场景，但企业不能过度依赖提成制，要扬长避短，销售激励的设计需要结合不同元素使用才能产生最好的效果。

12.2　华为分钱的基本原则

1. 让组织充满活力

随着社会经济、科技、人文的不断发展，未来企业面对的不确定性因素越来越多。企业如何能够在不确定的环境下生存下来，如何找到应对不确定性中的确定性，以确定性应对不确定变成了重中之重。华为的做法是，以内部规则的确定性、过程的确定性来应对结果的不确定性；以过去和当下的确定性来应对未来的不确定性；以组织的活力来应对战略的混沌。在应对不确定性中，企业能够把握的最大的确定即是让组织充满活力。在方向大致正确的前提下，充满活力的组织不断取得一个个"战役"的成功，最终就能实现企业的战略和经营目标，即使过程中方向完全南辕北辙，一个充满组织活力的团队也能及时地发现和纠偏，不至于让企业走向无法挽救的深渊。

2. 让个人充满动力

让组织中的个人充满动力，就是要让激励的各种措施与个人的行为动机进行强耦合，一定要把动机、动力、动作有效地串联起来。要去掌握不同层级、不同岗位甚至不同年代的员工，他们的行为动机是什么。基于这个动机，把各种激励措施进行有效耦合，让员工自然而然地产生动力。

华为公司倡导高层要有使命感、中层要有危机感、基层要有饥饿感的组织文化：

高层：不以物质利益为驱动力，必须有强烈的事业心、使命感；

中层：完不成任务、凝聚不了团队、斗志衰退、自私自利将被挪窝、被降职；

基层：对奖金的渴望、对股票的渴望、对晋级的渴望以及对成功的渴望。

华为公司将员工按动机和自身的深层次需求进行分类，分别匹配不同的激励方式组合，这实际就是对人性底层的动机深刻洞察，最大化地调动个人主观能动性，激发工作热情。

3. 多维度拓展激励资源

经常有企业家朋友抱怨说自己公司不像华为那么有钱，华为公司可以分配的利益很多。小企业给不了员工那么多钱，那激励该如何做呢？其实企业家们需要把思路打开，企业内能分的资源不仅仅是钱，还可以分权和分名。钱是资源，权利也是资源，荣誉也是资源。我们需要多维度拓展激励资源，而不是仅仅盯在物质激励上，如果只关注物质利益，那公司整体的价值观也会导向一切向钱看。我们要明确地认识到激励资源在企业里永远是稀缺和宝贵的（见图12-3）。

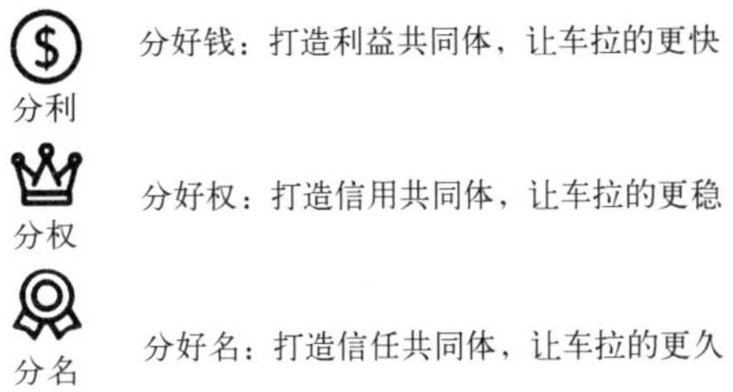

$ 分利　分好钱：打造利益共同体，让车拉的更快

分权　分好权：打造信用共同体，让车拉的更稳

分名　分好名：打造信任共同体，让车拉的更久

图 12-3　多维度拓展激励资源

4．导向要正确

一些企业在价值分配的过程中会慢慢走向另一个极端——过分依赖物质激励。如果企业与员工只是建立在物质利益的关系上，员工就不可能具有使命感和责任感。从表层来看，员工有狼性有冲劲，但实际上每个人都仅仅关注自己的个人利益，员工只是劳务雇佣，不可能与企业的文化和价值深层次匹配。当企业遇到问题走下坡路，这些员工也很容易"树倒猢狲散"，同时，当外部有更大利益吸引时，这样的员工同样可能不惜牺牲企业利益去满足个人的私欲。所以我们说企业在价值分配过程中要树立正确的价值分配导向，切忌只导向物质利益的分配。在华为，进行价值分配的过程中通常树立三个核心的导向。

(1) 导向战略：导向战略的核心是要导向增长和成长，导向战略就是构筑公司持续的盈利能力和竞争能力，能让企业活得更久一些。

(2) 导向奋斗者：企业的价值分配要导向奋斗者，而不是劳动者，以奋斗者为本，华为将奖金、股票、晋升等机会优先向奋斗者倾斜。

(3) 导向内在激励：通过多元化激励措施激发使命感和责任感，通过核心价值观来感召，通过目标来牵引，通过成就来认可，通过成长来驱动。

12.3　华为奖金设计的逻辑

科学的价值分配方法包含工资和奖金、股权等。奖金的发放更有弹性，也更能达到精准激励的效果。华为的奖金是基于部门的经营结果和团队、个人贡献来定义的，对于华为很大部分员工而言，奖金的数额通常会大大超过年度工资数额。这样的奖金激励设计极大地激发了华为员工的工作积极性。

对于很多企业来说，奖金往往变成了刚性福利，不管公司今年的盈利状况好不好，年底都还要给员工发双薪或三薪。而在华为，奖金的分配需要基于经营结果及贡献进行匹配。员工的收入与公司的发展强绑定，从而推动员工付出更多的努力。

华为的奖金设计有两个基本机制，一是获取分享制，另一个则是评价分配制，两个机制在某种意义上也是互相对立却又互相补充的。比如，对于比较成熟、稳定的业务，实行获取分享制，按照每个不同组织给公司创造的利润贡献，执行多劳多得原则，以奖金的形式进行价值分配，这就是获取分享制的定义：即各组织部门为公司创造了多少利益，公司则按照一定的规则与比例与这些组织部门进行分享。但是，获取分享制也存在部门局限，因为获取分享制通常无法解决向不产生经济效益或者暂时无法评价其贡献程度进行价值分配的业务场景，比如新业务、新区域的拓展或者企业中后台部门等间接与利润贡献相关的部门。

12.3.1 激励设计要体现差异化、针对性

为了充分调动员工的积极性，同时保证相对公平和激励效率，华为在设计奖金的时候通常会从业务/组织、人、激励要素和国家/区域四个维度保证激励的差异化和针对性。

业务/组织：不同的业务类型、组织规模或业务所处的阶段都是在设计激励政策时需要重点考虑的因素。通常，一个企业中会有研发组织、销售组织、中后台支撑组织等，同时，不同的业务部门可能在某一市场处于不同的阶段，如开拓阶段、成长阶段或成熟阶段。针对不同的组织类型和不同的业务阶段，我们都要差异化和针对性地设计不同的激励政策。

人：华为针对高层、中层和基层员工，结合不同的需求层级分别制定了有针对性的激励政策。除了不同层级的因素，企业在设计激励政策时还需要参考不同的岗位或专业领域因素。华为的双通道晋升体系（管理者通道和专家通道）就充分考虑了不同领域的区别和专业性。

激励要素：我们讲过激励要素要多维度拓展，物质激励、非物质激励双轮驱动。抓住、抓准不同员工的动机和需求，综合使用不同维度的激励要素，充分激发员工积极性和组织的活力。

国家/区域：类似于业务/组织，不同的国家和区域处于不同的业务发展阶段，有着不同的组织成熟度，要结合当地的业务和未来发展战略，制定不同的激励政策（见图12-4）。

12.3.2 激励设计要与战略、绩效管理联动

华为薪酬激励体系与战略、绩效管理体系的联动对于企业的发展至关重要。通过明确的目标牵引、绩效评估和激励机制，华为能够有效地激活组织、奖励员工、吸引和培养人才，提高企业综合竞争力。

激励设计体现差异化、针对性

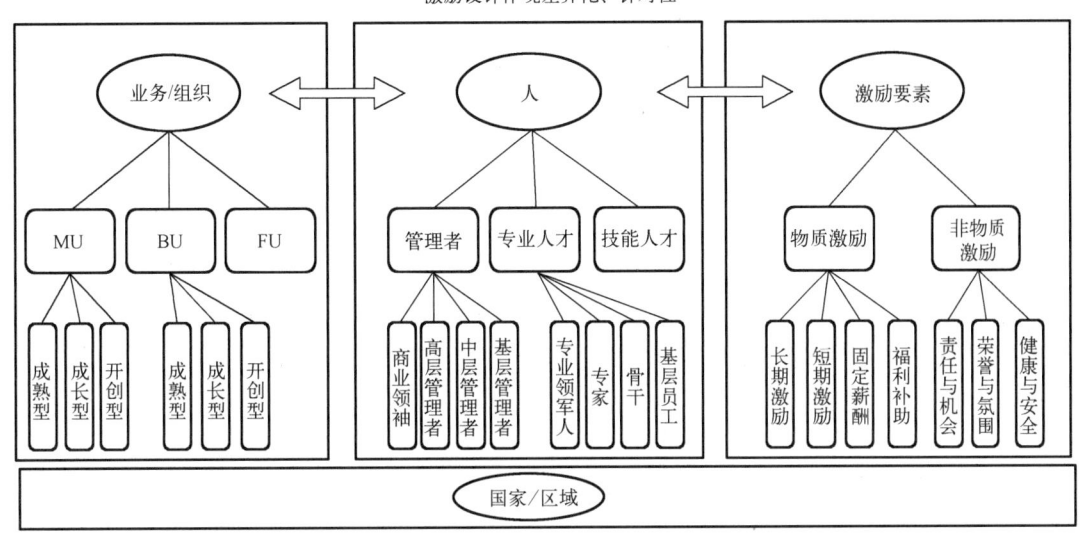

图 12-4　激励设计体现差异化、针对性

华为通过战略制定与解码，设定明确的组织和个人绩效目标，建立完善、科学的评估标准和评估周期，对员工进行全面的绩效评估。根据绩效评估结果，华为采用不同的激励方式激励员工取得更好的成绩。

12.3.3　奖金包要与经营指标挂钩

华为从 2004 年开始，逐渐将激励总包的生成与公司整体的经营指标进行挂钩关联。这一举措的核心内容是将薪酬激励总包与公司主要经营财务指标挂钩，形成对人力成本的弹性管控，实现各个业务部门内部约束、内部激励的管理原则。一个管理者需要"管人管事管平台"，但管不了工资和奖金，这样的管理者是无法指挥团队作战、激发组织活力的。因此有了薪酬激励总包的概念，就能实现这种匹配，管理者才会有意识地带领团队做到内部约束、自主管理。

12.3.4　组织奖金包的设计逻辑

短期贡献与长期贡献：奖金激励来自当期业绩，但当期业绩与过去的持续投入及当期的进取努力都相关，奖金既要激励当期贡献，也要牵引对未来的投入，不仅让"多打粮食"的工作得到当期回报，也要让"增加土地肥力"的努力获得合理收益。

成长业务、成熟业务与战略业务：奖金激励要考虑不同业务性质、不同业务发展阶段的激励需求。成熟业务导向精细化经营；成长期业务导向积极扩大规模、构建格局；战略业务导向战略落地、布局未来。

作战团队与支撑团队：作战团队奖金激励与作战结果挂钩，要考虑经营与作战场景不同的难度。支撑团队基于服务作战团队的贡献来分享奖金，原则上平均奖金水平应低于作战团队。职能组织间的奖金水平应相对均衡，保持一定的差异。其中代表处支撑平台的奖金水平应高于区域支撑平台，区域支撑平台的奖金水平应高于机关支撑平台。

组织协作：基于考核报表、周边评价、一线评价支撑团队等评价手段，做好参与作战的协同组织的奖金分享，各部门的奖金获取与分享要体现对别人的贡献以及借助别人贡献更好发展等协作要素的回报。

12.3.5　个人奖金包的设计逻辑

导向冲锋：对为组织与团队成功真正付出努力、做出贡献的绩优员工倾斜；对安于现状、不求进取者、存在水涨船高的过度激励要及时纠正。

(1) 全营"一杆枪"：根据业务特点做好集体奋斗与个人英雄场景激励，真正向做出不可替代的突出贡献者大力倾斜，大胆拉开差距；同时掌握好集体主义场景下的"妥协与灰度"，管理好"拉开差距"和"稳定平衡"的关系。

(2) 结果与过程：对于尚在艰苦扭亏的业务、积极探索的员工，应在取得里程碑进展时给予合理激励；对因过往因素造成持续经营困难的组织成员，可以基于经营改进来设计奖金激励方案；对于创新性与拓展型业务，其责任结果就是创新和拓展的阶段性进展，应以此为激励要素，合理评价相应的员工，鼓励进取探索。

(3) 差异化：抓住不同场景下员工有效激励要点，设计有针对性的策略和方案；针对不同人群制定差异化的方案，让奖金激励更精准、更有效，牵引主管聚焦胜利、业务专家聚集解决问题，强化运营人员高质执行、操作类员工精益改进。

12.4　对其他企业的借鉴意义

对于其他企业来说，无论是大中小型企业，华为的这套激励机制都有着很大的借鉴意义的：

(1) 华为的激励机制始终践行以绩效考核结果为导向，通过激发组织活力和个人的主观能动性，从而实现员工和公司双赢。这种激励所体现的导向和设计的逻辑在任何企业中都十分重要。通过这样相对公平、效率优先的激励机制，能够最大化地激发员工的热情和参与度，最终推动企业的可持续发展。

(2) 华为的激励设计充分关注员工的内驱性培养和综合性的职业发展晋升通道，让员工感受到自己的作用和价值，充分导向内在的激励和成长。这种措施在任何企业中都能发挥很好的作用。

华为的激励政策在华为内部已经得到了相对成功的验证，但我们还是要再次强调，并不是任何企业都适合照搬、照抄华为的这套激励方案。不同的企业拥有不同的企业文化、愿景使命价值观、战略意图等，对于激励政策的需求也不尽相同，所以企业在借鉴华为的激励设计原则时，需要充分结合自身的发展阶段和未来路径进行裁剪和创新。

总而言之，企业应该考虑的是在学习借鉴华为的激励政策的同时自我变革、自我创新，通过融合创新，找到适合自己企业的一条科学、合理的激励政策之路，最终达到激活组织、激发员工的终极目的，以保证企业的可持续发展，打造基业长青。

小结

任正非多年前在《一江春水向东流》中这样写道："我创建了华为公司，当时在中国叫个体户，这么一个弱小的个体户，想组织起千军万马，是有些狂妄，不合时宜，是有些想吃天鹅肉的梦幻。我希望通过利益分享，团结起员工，那时我还不懂期权制度，更不知道西方在这方面很发达，有多种形式的激励机制。仅凭自己过去的人生挫折，感悟到与员工分担责任，分享利益。"

在我们看来华为激励制度确实有其很科学、很有竞争力的地方，用最精炼的说法就是合理，包括科学的方法、对人性理解等。华为的整个分配制度一直以追求比较合理为理念，演化出来的具体分配制度便是在这种思想指导下的具体操作方法。

想了解华为销售激励的更多知识点，请参考"激发组织活力的销售激励设计"课程大纲。

第五篇 Part 5 / 营销艺术篇

第 13 章

你是个好销售吗？

13.1 好销售：胆大、心细、脸皮厚

优秀的公司销售能力往往也非常强，因为销售是公司的发动机、火车头，没有前端的强力拉扯、战略突破，公司就不可能有好的市场表现和持续的营收，没有持续的营收，公司就不可能持续发展。以华为为例，华为是"研发、市场双轮驱动"，也就是说，华为研发能力很强，同时销售能力也很彪悍。国内大多数企业还谈不上"研发、市场双轮驱动"。这些企业要活得好、可持续，销售能力必须非常强，如果能把销售能力提升为公司的战略控制点，那就可以与竞争对手拉开差距，逐渐形成自己的溢价能力，就像华为在创业初期的"产品不好服务来补"，即通过前端销售人员的良好客户关系以及周到的服务来弥补产品的不稳定等问题。

因此，如何提高企业的销售能力是每个企业从普通走向优秀、从优秀走向卓越、从卓越走向伟大都要面临的挑战。作为一个老销售，笔者总结自己近 20 年的一线实践经验，提炼出"胆大、心细、脸皮厚"七个字，这的确是一个优秀销售人员攻城拔寨的"利器"，也是平庸销售人员与优秀销售人员的分水岭。"销售=70%科学+30%艺术"，销售是可以被管理的，本章主要谈论销售艺术。

13.1.1 胆大

胆大，不是指无所畏惧，而是在深思熟虑后勇敢地突破自我，就是对自己有信心，对认准的目标有乐观、积极的态度，尽自己最大的努力，怀着必胜的信心。关于胆大，可以从对内和对外两个维度来诠释。

对内：要敢于呼唤资源，这里说的资源也就是华为公司经常说的"炮火"。在华为公司内部有一句非常通俗又很实用的话——会哭的娃有奶喝，就是说要敢于呼唤

内部的资源，特别是高层资源、战略资源、高端资源。

为了胜利，一切内部资源都可以被调用，公司董事长、CEO是资源整合与建设的主导者，有义务为一线及时输送有效炮弹。很多公司内部协调资源非常痛苦，搞定公司资源比搞定客户还难，这就是官僚主义、"部门墙"厚的具体表现。公司一定要形成"一切为了一线、一切为了胜利"的文化导向，让每位销售人员都可以简洁、高效地呼唤到炮火，让一线销售人员能够有更多的时间与客户在一起，更好地"作战"。

对外：要敢于亮剑。首先销售人员要想清楚公司的武器库里有哪些"武器"，有没有"核武器"，有几个，什么时候用，用的节奏是什么等。

这里所说的"武器"和"核武器"是指那些能够帮助你拓展市场的资源，比如公司高层领导、独门技术、研发大拿、项目样本点、高层关系支撑，甚至是可以接触到的院士、专家、医生等，要大胆地想，竭尽全力挖掘可以触及的资源，要发动你身边的同事，特别是领导，要敢于、善于呼唤"炮火"。有了这些"高能武器"和"核武器"之后，有节制地投入这些高能武器，出手无虚招，最后才可以一击即中。

一个优秀的销售人员，绝对不是一个人孤军奋战，而是发动公司各个部门、整合公司最优秀的资源投入"战斗"，比如华为公司常说的"营销三板斧"（公司考察/高层拜访/样板点、展会）就是举公司之力来帮助一线拓展市场的。一线销售人员接触的客户决策层往往与自己地位不对等、资源不对等、能力不对等，那么，如何来破局呢（见图13-1）？

图13-1 如何破局一线销售人员与客户地位、资源、能力不对等

解决了与客户地位、资源、能力不对等问题，销售人员手上就有了更多的武器，市场拓展的思路和客户关系的公关更得心应手了。举例来说，华为有很多刚刚毕业的大学生，他们经过半年左右的一营、二营培训，进入到市场一线，就可以拜访、邀请电信公司董事长、通信部长，甚至是国家总理、国家总统来访问华为深圳总部，

考察首都北京。能做到这些，不只是一线销售人员市场运作水平高，更重要的是他们背后有一个强大的华为和一个强大的中国，通过借力很好地撬动了高层客户关系，这种案例在华为公司比比皆是（见图13-2）。

图13-2　2023年4月巴西总统访问华为上海研究所

设定了目标，如果不主动策划，不敢于展开攻势，整天忙忙碌碌不面对挑战，是自欺欺人的表现，最后只能落得自怨自艾的结局。在开拓业务过程中，你不主动去寻找客户，不主动去与客户沟通，天上不可能掉下馅饼，你就无法早于别人发现线索，就丢失了业务运作的主动权，很可能最后只是"陪太子读书"（陪标或垫背的）。胆大就是要从容、自信，微笑着主动去与人握手、交往。作为一个业务人员，怎样才能使自己胆大？

(1) 对自己有信心。对自己有信心的前提是自己的知识面广、善于学习、善于接受新事物。

(2) 善于沟通，包括与客户的沟通和公司内部沟通。沟通能力是一个优秀销售人员必备的基本能力。

(3) 对公司、对产品了如指掌，充分了解公司和产品的亮点，并能够自信、简短地表述出来，让每个人都看到你是诚恳的、是这方面的专家。

13.1.2　心细

心细的人善于观察和发现机会，有强于他人的捕捉机会的能力。同样是平平淡淡的交往，有的人就非常擅长捕捉机会，并不是这个人有多聪明，只是他比一般人更细致、更勤快，是在用心做事，而不是用力做事。

心细表现在工作的方方面面：在拜访客户之前做充足的准备工作，对拜访过程中的突发事件有备案；思考你在客户心中的位置和对手在客户心中的位置，清楚了解客户最关心的是什么，客户最担心的是什么，客户最满意的是什么，客户最忌讳的是什么。这就要求我们善于观察，只有你在与客户的交往中捕捉到这些，你的谈话、你的举动才能有的放矢，你的服务才能事半功倍，否则就像无头苍蝇一样，毫无章法、瞎折腾。我们常常讲：把常识性的事情做到极致，你就超越了95%的人！

客户关系拓展都要从日常的点点滴滴做起，要从小处着手，细处着眼。"细节决定成败"，过于大大咧咧总是会错过一些细节，甚至导致满盘皆输。

> 把常识性的事情做到极致，你就超越了95%的人！

凡是参观过华为公司的人对华为的接待都有非常深刻的印象：接待前期的精心策划、接待人员细心入微的服务、司机的标准化动作，甚至点菜、安排领导陪餐、专家技术交流等，无一不是做到极致的。任正非认为，接待也是生产力，也是营销武器。因此华为的接待部门名称为"客户工程部"，华为把普通的接待工作作为一项工程来对待，由此可见这不仅仅是一项接待任务。而且华为客户工程部的人放出豪言："只要把客户带回来，其他的就交给我们。"在一次接待非洲总统的活动中，该总统对华为的接待活动非常满意，于是就向在一旁陪同的华为总裁任正非说："你能不能安排你们的接待人员把我们总统府的服务人员也培训一下，把我们的接待服务做得跟你们一样好……"

举一个华为公司把一件普通的事（接待活动策划）做到极致入微的例子：华为公司每年都会邀请海外高端客户到中国参加展会、技术峰会、行业论坛等，为了让这些尊贵的外国客户获得极致的服务体验，华为公司的客户接待部门（客户工程部）真是绞尽脑汁、别出心裁。比如在2010年冬天，笔者邀请了几位菲律宾客户高层参加

（视频）巴塞罗那移动通信大会华为客工部接待人员入场

华为在北京举办的IP论坛，华为公司客户工程部安排了几位来自河北的著名民间艺人（非物质文化遗产继承人：剪纸的、捏泥人的）给来宾现场剪客户头像和捏客户头像，在客户走过展会的走廊时，陪同人员会安排客户坐在民间艺人前，大约15分钟后，一张逼真的头像剪纸就完成了。每位客户都会被华为公司这样细致入微的接待安排打动，如果你是这位客户，你将会多么感动啊！这就是关键客户关系拓展出奇制胜的武器（见图13-3）。

那么，作为销售人员，心怎样才会"细"呢？其实有非常多的方法，也有非常多的要求，比如爱学习，在学习中进步。只有具有广博的知识，你才会有对事物有细致入微的分析和应对的举措。再如，在会谈中要注意对方举止、表情和需求背后的需求，要善于提炼出客户的弦外之音，要学会倾听。

古人说得好："不积跬步，无以至千里；不积小流，无以成江海。"这也是告诫我们客户的事没有大小之分，只有重要和不重要之分，在客户界面任何微小的事情都是重要的，因此细心为客户服务是我们做好销售的基本要求。

图 13-3　河北民间艺人现场为菲律宾客户剪纸个人头像

13.1.3　脸皮厚

(视频)雷军：Are You OK?

雷军"Are You OK"的视频发生在几年前小米手机印度发布会现场，可能很多人把它当作娱乐片，但是从商业运作的视角来看，雷军为了小米的业务开拓做了一件非常有价值的事情。作为公司创始人，雷军为小米在印度市场站台，虽然说着一口非主流中式英语，让现场观众比较错愕，特别是视频播出后受到很多中国观众的嘲讽，但是他为了市场成功出点"洋相"也在所不惜。此举足以证明小米对印度市场的重视，雷军的这种表现就是我们所说的脸皮厚，我们崇尚这种厚脸皮的精神。

我们看动物世界里面狼捕猎时的场景，知道狼是猎食高手，不达目的不罢休。人们都说华为的销售像一匹匹狼，两者确实有很多相似的特质。2020年3月24日，华为创始人任正非接受香港《南华早报》采访时，对华为的狼性文化做了全面的诠释（见图13-4）：

1. 敏锐的嗅觉
   - 善于抓住任何机会，有强烈的目标导向，瞬间出击
2. 不屈不挠、奋不顾身、永不疲倦的执着精神
   - 想尽一切办法、不达目的不罢休的精神
3. 群体奋斗的狼狈合作精神
   - 群体奋斗意识，每个部门都要有一个"狼狈组织计划"，既要有进攻性的狼，又要有精于算计的狈

图 13-4　任正非对华为狼性的 3 点诠释

脸皮厚不是指不要脸，更不是做事没有底线，而是遇到困难不断地想办法，目标明确，不屈不挠，这才是脸皮厚的正确态度。华为每年都校招近1万名优秀大学毕业生，这些毕业生往往有很好的教育背景，顶着学霸的光环，但是学霸往往也是脸皮薄的书生，如何把一个个秀才、学霸锻造成一个个钢铁战士？如何通过企业这个大熔炉，让新员工有脱胎换骨的质变，这是每个企业都会面临的挑战。企业要生存、要发展，必须有一批勇于担责的人，凡是勇于担责的人，他的脸皮一般都比较厚。笔者见过很多创业成功的企业家，都是非常有人格魅力的，其中一点就是不太在乎个人的面子。好面子的人往往会丧失掉很多机会，面子换不来票子，也就是我们俗话说的"面子不能当饭吃"。

脸皮厚的人够自信、敢打敢拼，不给自己提前设上限。脸皮薄的人缺乏自信心，总是担心自己能力不够，就算机会摆在他们面前，也不敢大胆地迎上去。脸皮厚的人敢于面对失败，相信自己的能力，这也是他们拥有自信心的基础。人一旦自信了，会感觉很多事情都可以做，胆子自然就变大了。

> 脸皮厚的人够洒脱，不会在意别人看法
> 脸皮厚的人目标明确、专注，执行力超强

我们提倡脸皮厚，但鄙视那些"不要脸"的行为，只有经历过的人才会懂。当遇到困难时，正确的态度是换着办法来、不屈不挠。当然，脸皮厚也往往容易被客户拒绝，因此一定要有平衡的心态，脸皮厚不是为了获得客户的恩赐，而是为客户更好地服务、为客户创造价值。

厉害的人，无论别人说什么，内心都是波澜不惊的。任正非常说："我要的是成功，面子是虚的，不能当饭吃，面子是给狗吃的。"

想了解更多的客户关系拓展知识点，请参考"立体式客户关系建设及流程运营"课程大纲。

13.2　把常识性的事情做到极致，你就超越了95%的人

很多企业在学习华为，企业家也绞尽脑汁地解读华为，期望找到那些不为人知的华为成功的秘密，他们开始的时候信心满满，希望学到精华的几招为自己企业所用，但往往效果不好。从结果来看，中国企业界学习华为成功的案例不多，导致很多企业半途而废，或者说跟着华为也没学会。

华为的创始人任正非也说过："华为没有密码！很多企业学华为，只看到了华为表面的成功，却没有看到华为坚守事物的常识，尊重人性、尊重常识、敬畏规律，

这就是他们学习华为不成功的根本原因。"以客户为中心,就是把常识做到了极致,这就是华为成功的秘密。

什么是常识?即对同一事物的普遍共识。比如人是具有天然的自我保护意识的,打动客户的方法是占领客户的心智,马斯洛的五级需求理论(生理、安全、社交需要、尊重、自我实现)、大自然的优胜劣汰是常识,技术的迭代是常识,人性的欲望是常识。每个行业也有自己的行业常识,充分认识这些常识的特征,敬畏常识,坚守常识,把这些常识的事情做到极致,你就与众不同,超越了95%的人。正如任正非讲过:"小公司不要有太多方法论,认认真真地把豆腐磨好就有人买。"

下面通过几个案例(华为的客户接待、华为客户拜访、胖东来超商极致服务)来诠释优秀的企业是如何把常识的事情做到极致,赢得客户认可的。

13.2.1 极致客户体验的华为接待

华为公司认为:接待即营销。华为的客户接待部门被称为客户工程部,作为中后台的服务部门,一直秉持"一切为了一线,一切为了胜利"。一个战略级的接待往往是公司软实力的综合体现,华为的客户工程部是一个准作战部门,华为客户接待的价值定位如下。

(1)市场营销过程中的重要前驱抓手;
(2)市场销售人员的黄埔军校训战基地;
(3)公司品牌及文化宣传的重要平台;
(4)公司系统的产品实力展示的重要窗口;
(5)市场一线与公司总部专业客户资源对接补给的重要阵地。

华为有一句话:"接待也是生产力!"能来到公司被接待的客户,公司往往已经付出了巨大的成本。客户来华为接触的第一个人是接待人员,而不是任正非或者副总裁,客户第一眼见到的,一定要给客户留下深刻印象,因此接待人员的一举一动,都会影响客户对华为的第一印象,他们对客户的每个微笑都要体现华为的真诚。华为在接待这项普通的服务工作上不惜代价。华为的接待人员都是从国内各大航空学校空乘专业招聘过来的,真可谓用心良苦。到华为参观过的人都说华为的接待细节让人惊叹,如云南来的客户用普洱茶接待,福建来的客户用大红袍接待,浙江来的客户用绿茶接待,开会时什么时候上茶、什么时候续茶、茶的温度等都有讲究;还有华为的接待司机必须穿西装、戴白手套等,整套的服务流程都有非常严格的要求(见图13-5)。

再举一个体现接待细节的例子:客户来华为参访,第一站都会参观华为的展厅。按照华为的接待流程,首先会安排客户与华为的接待领导一起合影留念,展厅参观时长大概 40—60 分钟;之后客户就会被带到展厅二楼的会议室做公司交流或技术交流。一进门,客户会惊讶地发现每个座位的桌面都会摆放一个刚才合影的相片,且已装好相框,让客户顿时对华为的接待肃然起敬。华为接待服务到这个程度,客户从心里感到被重视以及华为的真诚服务。为了客户关系的一点点提升,华为可谓绞尽脑汁,这也是华为做好立体式客户关系的一环。这种极致的接待服务,甚至使一些国家的元首都想邀请华为的接待团队去给他们总统府的服务人员培训(见图 13-6)。

华为司机　　水的摆放　　服务员的走位

图 13-5　接待服务细节的打磨

总统都想要带走的接待员

图 13-6　总统都想带走的接待员

客户接待能力是 2B 企业面向客户的一个关键组织能力,因此华为的接待策划工作做得非常细致(见图 13-7)。好的用户体验是设计出来的,华为的客户工程部就承担了客户接待的设计工作,把客户接待作为一项工程来做,而不是简单的行政服务。市场体系的新员工都必须在客户工程部实习、接待客户,接受体系化的培养,这也是他们接触客户的第一课,他们都要学会如何做好接待策划工作,培养客户至上的潜意识。

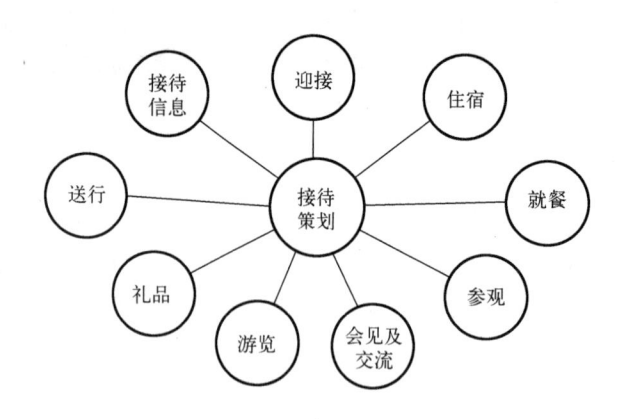

图 13-7 接待策划的细节

正如华为客户工程部总结的：什么是好的接待？

> 表层：让客户感受你想让他感受的
> 中层：让客户获得超出预期的感受
> 深层：让客户感动并留下深刻印象

13.2.2 在华为，细致入微的客户拜访准备

在华为，作为市场一线人员，客户拜访是再正常不过的日常动作，但是普通的销售员和优秀的销售员的客户拜访结果可能有天壤之别，除外在客观因素外，主要的内在因素取决于几点：

(1) 拜访的准备程度。
(2) 组织和一线团队的能力。

拜访客户之前，需要做哪些准备呢？

首选要做好客户的画像，即客户的背景调查(见图13-8)：

个人情况
兴趣爱好、性格特点、生日/纪念日、个人痛点/禁忌、教育背景、工作过往、工作风格、行业观点、宗教信仰、政治观点……

工作情况
KPI/业务痛点、职业规划诉求、上下游/周边同事关系、当前工作业绩及评价、职业潜力、荣誉/潜在风险……

家庭情况
婚姻情况、配偶情况(工作、健康、生日/纪念日、爱好等)、子女信息(教育、生日/纪念日、兴趣爱好等)、家庭痛点/禁忌……

圈子情况
工作圈子(内部同事、合作方、行业、政府、一把手圈子等)、生活圈子(老乡、同学、家庭、朋友圈等)……

图 13-8 建立客户360度画像

有了客户画像之后，就对客户信息有了基本的了解，再去思考如何帮助客户。比如在工作上，分析客户工作 KPI，提供有价值的方案来帮助客户改善他的 KPI；在生活上：如果客户是外地人，帮助客户寻找本地的教育和医疗资源等。利他就是投资！普通的销售人员是产品推销，优秀的销售是价值推销，如果能够提供超出客户期望的服务，那就是从心底里打动客户，这就是占领客户的心智。

(1) 在拜访客户之前，要思考好能够打动客户的几种可能方案，并与团队一块讨论并达成共识。一定要认识到拜访客户(特别是高层客户)的机会是来之不易的，可能是半年甚至是一年才有一次的机会，因此要非常珍惜。要在与客户见面的前 5~8 分钟，挑起客户的兴趣，确保一击即中，否则这场拜访很可能就失败了，因为客户没有耐心听他不感兴趣的内容。因此对客户痛点的充分分析并确认，并提出解决客户痛点的可行性方案是拜访成功的核心要素。

(2) 要思考好拜访客户时可能出现的几种意外，并做好备份方案。比如说发生观点上的争执、客户当面杀低价、客户当面投诉重大事故等；再比如，在和客户沟通了 5~8 分钟之后，如果没有挑起客户的兴趣，那就要赶快做出调整，调用备用主题，要对这些可能的意外情况做好准备，比如书面打印材料、测试报告、澄清信、"一指禅"等。

(3) 要注意拜访过程中的一些常识性商务礼仪，不要让这些细节拖了你的后腿，比如如何介绍领导、如何安排座位、如何确认会议时间地点人物等。

(4) 在每次重要的拜访之前，与会的领导都会来提前评审拜访材料和准备程度，确保领导要传递的信息和预期的效果能够达成。

销售员的个人能力也是拜访成功的要素之一，举例来说，华为铁三角之一的客户经理的画像如下：

(1) 综合素质强(待人、接物、管理能力等)。
(2) 市场感好、狼性足、抗压性强，很强的人际理解力。
(3) 具有较强的领导力。

因此我们要做好一个成功的客户拜访，首先要选定合适的人，再把拜访的细节做到极致，这样就可以确保你的拜访效果超越 95%的人。

13.2.3 胖东来，极致的商超用户体验

一提到极致的服务，很多人会条件反射想到海底捞，可在国内有这么一家企业，被人称为"零售业的海底捞"，它的出现不仅让周边同行闻风丧胆，更是让商界大佬

频频竖大拇指。它就是中国河南本土商超"胖东来"!

"胖东来"被誉为中国零售最好的商店,马云称赞"胖东来"引发中国零售商的新思考,是中国企业的一面旗帜;2017年,小米CEO雷军专程到许昌胖东来参观学习,参观完后,雷军感慨:"胖东来在中国零售业,是神一般的存在。"(见图13-9、图13-10)

图13-9 雷军:胖东来在中国零售业是神一样的存在! 图13-10 胖东来商超创始人于东来

胖东来是河南零售连锁行业的一匹黑马,也是同类型企业的"克星"。只要"胖东来"的门店开业,门店辐射范围几公里内,其他的零售业态很难和"胖东来"正面竞争。我们熟知的世界超市巨头沃尔玛、家乐福也纷纷败给"胖东来",沃尔玛、家乐福的门店在河南许昌陆续闭店停业。是什么原因造成了"胖东来"现象?归咎原因是多方面的、复杂的,包括胖东来的爱与自由的企业文化、极致客户体验的服务、科学化和人性化的管理等。同时胖东来被外部贴了许多标签,比如"一家不内卷的商店""中国零售业一面旗帜"……,接下来就从极致的用户体验来诠释"胖东来"现象。

人人都爱,胖东来到底做对了什么?胖东来的服务战略是以顾客为中心,提供极致的服务体验,并且关心和激励员工,建立公平、自由、快乐、博爱的企业文化。整理出胖东来的35个极致服务,这些都是非常常见的服务,但又非常实用,是胖东来的核心竞争力。胖东来商超提供这些服务,自然会提高运作成本,当然也换来了客户的满意和幸福的体验,从胖东来经营的结果来看,客户是可以为商品的价格稍高买单的。胖东来把极致的服务渗透到门店的每个角落、每个环节。企业学习胖东来并不一定要照抄,但一定要领悟胖东来打造门店竞争力的思路和逻辑(见图13-11)。

胖东来的35个极致服务

1. 商品的友情提示：说明产品介绍、吃法、口感	10. 服装部免费熨烫修	19. 电器阳光服务：安装维修保养	28. 免费报刊阅览栏
2. 体验式消费	11. 免费存车、捆绑、提供修车工具	20. 免费玉石鉴定	29. 免费煎中药
3. 蔬果折价区	12. 婴儿哺乳室	21. 免费公共电话	30. 大小存包柜
4. 不满意就退货	13. 儿童卫生间	22. 免费医疗急救箱	31. 商品货架上的放大镜
5. 顾客投诉建议渠道	14. 多功能卫生间	23. 爱心轮椅	32. 拿放生鲜商品的一次性手套
6. 500元服务投诉奖	15. 中西方文化墙	24. 儿童推车	33. 顾客取冰处
7. 客诉展板	16. 各类商品发展史	25. 免费充电宝	34. 消防知识展板
8. 顾客留言簿	17. 相机博物馆	26. 免费雨伞	35. 餐饮操作间和菜品制作流程的展现
9. 电梯等待屏	18. 手机博物馆	27. 免费打包台、撕拉袋	

图 13-11　胖东来 35 个极致服务

购物前：当顾客进入商超购物时，还没进入超市大门，胖东来的服务就开始了，比如放置电瓶车的遮阳棚、宠物寄存柜、老年人轮椅、适合各类人群的购物车等（见图 13-12 和图 13-13。

图 13-12　胖东来适合各类人群的购物车　　图 13-13　胖东来商超入口的宠物寄养柜

（笔者 2022 年摄于新乡胖东来店）

购物中：在胖东来商超购物，会让顾客觉得在那里购物是一种享受，因为所到之处的细节都让你感到暖心、幸福。随处可见的温馨提示（见图 13-14）、各种定制化的服务、商品的细致描述指标、服务员热情的微笑和真诚的服务等，你没有想到的方方面面胖东来都一一为你想到了，让你买得舒心、用得放心、吃得安心……

购物后：在胖东来，如果顾客对买到的东西不满意，它会无条件给顾客全额退款。各种售后服务应有尽有，为顾客解决了购物的后顾之忧（见图 13-15）。同时胖东来为了改善服务质量，给顾客提供了非常便利的投诉渠道，并展示出来投诉的办理进展。

图 13-14　胖东来商超的温馨提示　　　图 13-15　胖东来商超的售后提示

胖东来用极致服务让客户获得幸福的体验，从而占领消费者心智，与华为的极致客户接待感动客户并留下深刻印象是一样的逻辑，都获得了客户的高度认可，从而达成了各自的商业成功。

对一件事情，爱到极致，喜欢到极致，你的才能会慢慢被挖掘出来。把常识性的事情做到极致，你就超越了 95%的人，这就是华为内部经常讲的"死磕精神"，每个优秀的企业和企业家都应该具备这种特征！

想了解本文更多知识点，请参考"立体式客户关系建设及流程运营"课程大纲。

13.3　从华为云陈盈霖与罗振宇的故事看大客户营销

（视频）华为云陈盈霖与罗振宇的故事

这是一段 2020 年年底非常火爆的短视频，讲述了华为云客户经理是如何策划、运作内外部资源，历经挫折得到公司企业云业务，与得到董事长罗振宇售前互动的一段故事。后来陈盈霖来简世咨询办公室交流，复述了上述视频中发生的故事。当时他拓展得到这个客户很久，一直没有大的进展，后来在极其苦恼的状态下，一天清晨 5 点钟起床写了那封"打动罗胖"的邮件，终于有了后面戏剧性的翻转。没有谁可以随随便便成功，任何项目的成功都是如履薄冰后争取到的（见图 13-16）。

图 13-16　陈盈霖来访简世咨询深圳办公室

该视频之所以火爆可能有炒作的成分，今天的分享不去谈论事情的结果以及该视频段子戏剧性的一面，更多的是从华为团队如何从事大客户营销的角度，来阐述华为的销售铁三角团队合作、立体式客户关系建设、解决方案营销、竞争管理、销售项目运作与管理、高层资源的调用等方面。

13.3.1　销售铁三角团队合作

视频中项目运作看似只有华为云客户经理一个人陈盈霖，但是事实是华为任何一个重大项目的背后都有一个强大的铁三角团队在支撑，华为的重大项目运作特别强调团队的力量，群策群力，发挥组织合力，同时也善于发挥铁三角个人的专长，比如客户经理的客户关系拓展能力，解决方案经理的策划和运作能力，铁三角扩展团队的专业能力，特别是客户经理的狼性在这个案例中表现得淋漓尽致，主要表现在三方面。

(1) 敏锐的嗅觉：善于抓住任何机会，强烈的目标导向，瞬间出击；
(2) 不屈不挠、奋不顾身、永不疲倦的执着精神：想尽一切办法、不达目的不罢休的精神；
(3) 群体奋斗的狼狈合作精神：群体奋斗意识，每个部门都要有一个"狼狈组织计划"，既要有进攻性的狼，又要有精于算计的狈。

陈盈霖作为该项目的主导者，对竞争对手阿里云的分析、输出搬迁方案、项目的策划甚至是话术，背后都有一个强大的项目团队，他们是紧紧抱在一起生死与共、聚焦客户需求的共同作战单元，而不是一个三权分立的制约体系，销售铁三角就是要做厚客户界面，以项目运作为抓手，以项目成功为导向，胜则举杯相庆，败则拼死相救。

13.3.2 立体式客户关系建设

从视频中看得出陈盈霖并不是刚刚认识罗振宇,而是有了一定的了解,只是陈盈霖久攻不下得到这个"难啃的骨头",但是他一直没有放弃,华为公司倡导与战略大客户建立立体式客户关系,即关键客户关系、普遍客户关系、组织客户关系(见图 13-17 和表 13-1):

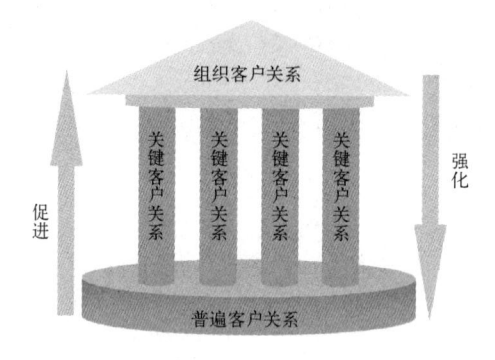

图 13-17 立体式客户关系结构

表 13-1 立体式客户关系的分类、定位、价值

客户关系分类	定位	价值
关键客户关系	点、根本	● 项目成功的关键,对战略性、格局性项目影响巨大
普通客户关系	面、支撑	● 是口碑,是建立良好的市场拓展氛围的基础,可以影响组织和关键客户关系,是活得好不好的关键
组织客户关系	势、氛围	● 是企业长期发展生存的基础,是牵引市场长远发展的发动机

关键客户关系在客户拓展阶段尤为关键,关键客户就是指在项目决策过程中具有影响力和决定权的人物,因此陈盈霖作为关键客户关系的第一责任人,千方百计地为公关 CXO(首席、高层)级别的客户竭尽全力。华为公司定义谁是关键客户,主要通过 4 方面的要素:

(1)价值,即客户给华为带来多大利益,包括市场地位、品牌等;

(2)格局,即对改变市场格局的意义;

(3)竞争,与友商竞争,是否意义重大;

(4)盈利,与该客户做生意是否挣钱。

很明显得到这个客户,不管从价值、格局、竞争盈利来看,罗振宇是该项目的关键客户。

普遍客户关系为提高业务顺畅度和客户满意度,与客户相关业务部门建立的联系，华为项目团队成员会积极地去对接得到相关部门的客户关系，比如IT维护人员、财经人员、解决方案人员，甚至得到高管的秘书，这就是建立普遍客户关系的过程，其目的和价值为：

(1) 信息渠道畅通、及时、有效；

(2) 业务流程顺畅；

(3) 负面事件不扩散；

(4) 提升品牌忠诚度和口碑、满意度。

看得出来，华为团队对得到的业务这么了解、对现供应商了如指掌，印证了华为的普遍客户关系非常不错，为双方合作营造了良好的氛围，为关键客户关系的拓展提供了帮助。

组织客户关系是为实现长期可持续的互利合作，公司与客户组织发生的各种联系，其目的和价值：

(1) 建立双方战略匹配，支撑业务持续增长；

(2) 营造双方良好的合作氛围，提升关键客户和业务部门的合作意愿度；

(3) 减少双方的合作关系受到单点个人客户关系更换带来的负面影响。

由于此阶段得到公司的产品和解决方案被华为的竞争对手占据，得到还不是华为的大客户，因此组织客户关系还没有形成，需要后续不断拓展和逐步建立。

13.3.3 解决方案营销

视频中提到用华为云搬迁阿里云，这不是一项简单的工程，需要摸透客户的需求并进行周密的前期验证工作，才能提出可行性方案，因此在陈盈霖向罗振宇提出搬迁方案时，说明华为云的技术团队已经做了充分的研究和验证工作。同时铁三角的解决方案经理需要对接客户的技术层客户关系，没有客户技术层的支持，这些方案的验证是不可能做到的，因此陈盈霖背后有个很优秀的SR作为他的副手，提供了强有力的技术支持。华为对解决方案经理有清晰的素质模型(华为称之为角色认知)，即BE-DOOR模型：

```
B 品牌塑造者(Brand)
E 中高层解决方案战略对话特使(Envoy)
D 客户解决方案需求代言人(Demand)
O 机会挖掘者(Opportunity)
O 市场策划及售前项目策划者(Operation)
R 资源协调整合者(Resource)
```

因此可以看得出来 SR 角色要求技术全面，不但要宣传好自己的解决方案，同时对对手的方案也要充分了解，而且不只是掌握一套产品解决方案，事实上很多华为的 SR 都是研发出身，同时 SR 具备很好的协调能力，善于妥协和灰度管理，SR 的性格与 AR 往往都有互补性，SR 也是该项目幕后的英雄。

13.3.4 竞争管理

得到公司的该项目，其实是阿里云与华为云实力的竞争，阿里云占据先机优势，此次比拼不只是产品和技术，更多的是综合实力，其中客户关系又是重中之重。云技术的应用与客户的黏性很强，一旦采用，搬迁的难度很高。华为公司对战略竞争对手参与的项目极其重视，通过快、准、狠的打击策略，对一线作战团队采取结果导向考核方式，因此，你可以从视频中感受到华为团队温馨、高超的销售技巧的背后透露着狼性十足的进攻，这就是华为竞争管理的强大力量，遇到战略竞争对手参与的项目，每个华为一线的销售人员会打起十二分的精神，没有谁敢怠慢。总结华为的竞争管理，可以分为 3 个阶段，分别为收集阶段、分析阶段、实施阶段（见图 13-18）。

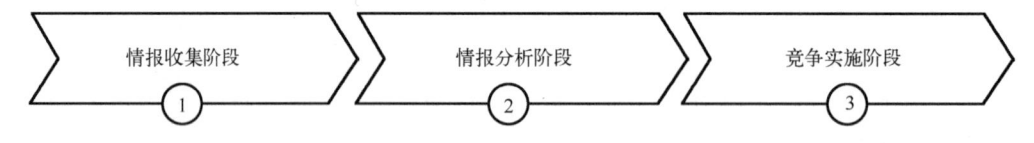

情报收集阶段 ① → 情报分析阶段 ② → 竞争实施阶段 ③

图 13-18　竞争管理三阶段

13.3.5 销售项目运作与管理

视频中呈现的项目运作可以说非常精彩、金句连连、奇招频出，如用了《金刚川》题材、借力华为高层资源、换位思考为客户创造价值等。销售项目运作强调在深思熟虑的基础上持续地策划和执行，确保围绕项目目标做正确的事情，华为公司把项目运作分为如下阶段：

(1) 制定可达成的挑战性项目目标，可以看得出来华为对此项目的目标是突破，份额是其次的，具有里程碑的意义；

(2) 4+n 营销要素分析，制定策略，4 表示传统的营销四要素，即客户关系、解决方案、商务、交付，这个项目的 n 代表竞争；

(3) 识别并执行项目成功的关键路径，关键路径为搞定关键客户关系，缩短项目决策过程；

(4) 发挥铁三角队形和销售流程的优势，团队群策群力，形成强大的组织合力。

视频中呈现的更多的是销售项目的运作，由于只是十几分钟的视频，对于项目的过程管理基本没有涉及，采用科学的项目管理工具和方法进行项目可视化、流程化管理同样重要，包括：

(1) 立项及项目组；
(2) 项目沟通管理；
(3) 项目计划制订及跟踪；
(4) 项目关闭及总结。

销售项目运作是火车头，项目管理是铁路警察，两者同步进行，互相促进，目标一致。

13.3.6 其他要素

本视频呈现了大量的策略和内部资源的调用，用真诚的态度打动了客户，为客户决策清除各种障碍和顾虑等。

(1) 策略是穷尽一切办法，可以实现目标的方案集合；
(2) 为了胜利，一切内部资源都可以被调用，公司董事长、CEO 是资源整合与建设的主导者，有义务为一线及时输送有效炮弹；
(3) 换位思考，为客户创造价值等。

总之，该案例是一个非常好的案例教学素材，企业可以安排员工共同学习该视频，内部讨论并输出学习心得或写篇论文，这就是统一员工思想的过程，寻找你们公司的"陈盈霖"。

想了解销售项目的更多知识点，请参考"销售项目运作与管理"课程大纲。

13.4 作为一线销售人员，怎么快速地触达客户决策层

销售是门艺术，需要处理好人与人、人与事的关系。销售人员作为销售动作的执行人，怎么让客户愿意跟你交往，怎么让客户在交往中感到舒服，感到安全，感到有价值，这些都是销售的艺术。

2B 业务中，不管是大企业还是中小企业的项目，都绕不开关键人物的客户关系，它是项目成败的决定性因素，对战略性、格局性项目影响巨大。如果不能接触到并说服客户购买决策人，即有权力决定是否合作的人，找不到关键决策人基本等于低效或无效沟通，我们的销售不可能成功。

在华为，关键客户关系一般用两种工具来管理：鱼骨图和交易权力地图。两种工具分别有其适合的场景，鱼骨图简洁、直观，但是储存的信息量有限，适合决策快速、简洁的场景。交易权力地图较复杂，有客户、对手、合作伙伴等信息，储存信息量大，适合决策复杂、周期较长的场景。

鱼骨图，顾名思义长得像鱼的骨架，头尾间用粗线连接，有如脊椎骨一样。鱼骨图是由日本管理大师石川馨先生在 1960 年代发明出来的一种发现问题"根本原因"的方法，也被称之为因果分析图或石川图，它具有简洁实用、深入直观的特点。鱼骨图是一个非定量的工具，可以帮助我们快速找出引起问题潜在的根本原因。用于 2B 项目的决策链分析，就是项目成功的根因，如图 13-19 所示。

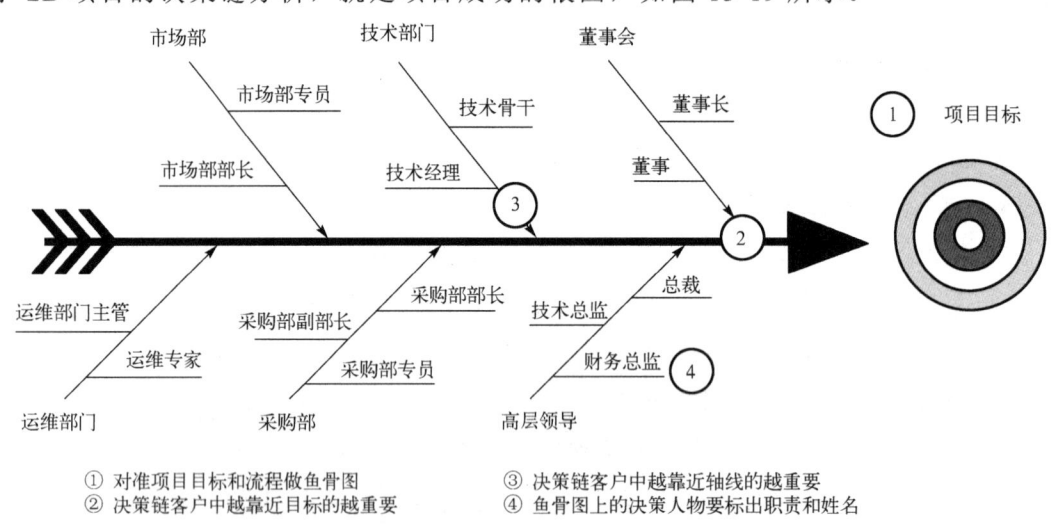

① 对准项目目标和流程做鱼骨图　③ 决策链客户中越靠近轴线的越重要
② 决策链客户中越靠近目标的越重要　④ 鱼骨图上的决策人物要标出职责和姓名

图 13-19　鱼骨图描述项目决策

交易权力地图是基于组织权力地图，瞄准特定项目，需要把竞争对手的信息进行对比，动态、全面地指导项目运作（见图 13-20）：

(1)项目的决策流程，及关键客户在决策中发挥的作用；

(2)从项目竞争的需求（信息源、支持者）看我们在各层级是否有充分的客户关系支撑，并制定项目拓展策略；

(3)竞争对手及其支持者给我们造成的潜在威胁有哪些，如何应对？

(4)运用客户间关系扩大我们影响力的策略是什么，如何向我们的支持者提出帮助，同时避免客户间负面关系给我们造成的伤害；

(5)与第三方配合的策略，隐性影响着分析和策略。

当我们面对的是有一定规模的公司，对平庸的销售人员来讲，找到关键决策人就像大海捞针一样，没有方法和思路。一线销售人员如何突破关键客户关系，如何快速地触达到最高决策层？手中有何"武器"，采用何节奏，采用何步骤？优秀的销售人员需要经过深入研究客户画像，解读客户需求，一步一步筛选、试探、验证，才能让目标浮出水面，找到了关键决策人，就离订单更近一步。面对新客户，要形成一套行之有效的拓展方法。并整理出一套规范，让每个员工都照做，这就可以减少员工探索阶段的试错时间，提高组织效率。接下来从"手中有武器、眼中有路径、心中有节奏"3个维度来诠释突破高层客户关系的方法。

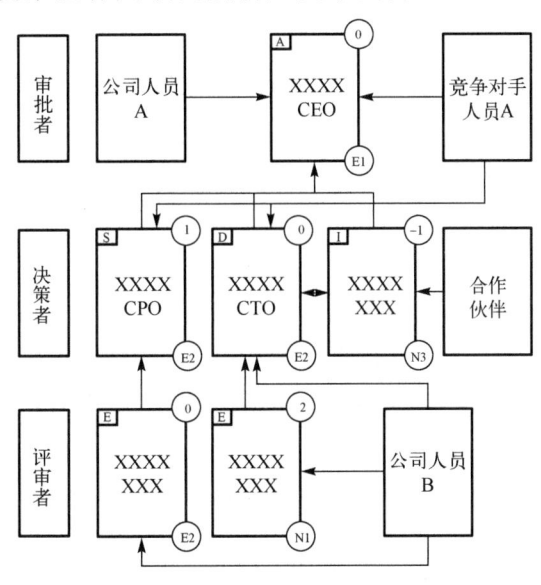

图 13-20 交易权力地图

13.4.1 有武器

能够打赢一场"战争"，"武器"是关键要素之一。作为销售人员要想清楚公司的"武器库里有哪些武器"，并逐一梳理出来，合适的场合使用合适的武器。所谓的"武器"，就是指公司能够为客户服务的资源，特别是高端和稀缺资源，为客户带来便利，创造价值。

销售人员对公司内部情况要非常了解，比如公司组织结构、公司资源情况、资源的申请流程、资源申请的可行性、如何求助等。不能像无头苍蝇一样到处求助，自己没有思路。聪明的人总是善于借力，协调并调动资源的能力是一线销售人员的一项基本能力。下面列举一般公司常用的资源。

1. 展厅

作为企业形象展示的窗口，可以通过展示产品、技术和成果来展现企业的实力和专业性。当客户或潜在合作伙伴参观展厅时，他们能够直接感受到企业的价值和核心竞争力，从而提升品牌的知名度和认知度。

(1) 树立形象：企业展厅的主要受众是顾客。企业展厅必须能够起到品牌宣传、营销推广、公关协助、客户开发等作用。作为营销载体和阵地，起到树立企业和品牌形象的作用。

(2) 由一线销售负责邀请客户，提出具体的接待、交流需求。

(3) 产品、解决方案、服务的宣传：通过展示内容安排，直击客户痛点，满足客户需求，建立信任，促进销售转化的目的。

(4) 交流平台：企业展厅的交流功能体现在展厅与观众的互动以及与外部群体的互动上。

2．展览会

邀请客户参观，目的是展示实力，强化与客户的关系，为一线市场人员提供"武器"。

(1) 客户到位：由一线销售负责邀请客户，提出具体的接待、交流需求。

(2) 内容到位：由产品行销部负责，研发支持，公共活动和为每个客户定制的活动内容。

(3) 后勤到位：由客户工程部负责客服食宿行。

3．公司高层

以客户为中心的公司，公司高层通过自己亲力亲为和对公司的影响力，有义务为一线提供支持服务。

(1) 周期性拜访战略客户的高层，协助一线拓展关键客户关系。

(2) 战略项目的支持，包括协调人员、资源、资金等。

(3) 其他客户公关活动，比如陪餐、参与高层交流、高峰会等。

4．公司高层的人脉、资源

高层领导比一般员工拥有更多的人脉和社会资源，销售人员要善于求助，要与领导多交流、多探讨、多挖掘可用资源。

(1) 高层的圈子、同窗、同乡、亲属、社群团队等资源。

(2) 高层的教育、医疗、专业协会等资源。

(3) 其他。

5．公司技术专家、技术交流会

传递核心技术和解决方案，建立高层连接，为一线市场人员提供"武器"。

(1) 客户经理"搭台"，解决方案经理"唱戏"。

(2)在新产品推广及进入新客户中是非常重要的活动。

(3)客户经理搞定关系,解决方案经理给出客户购买的理由,"狼狈"配合。

6. 样板点

眼见为实,强化与客户的关系,为一线市场人员提供"武器",让现有客户为潜在的客户"背书"。

(1)样板点可以分业务、分场景细化,材料和接待工作要齐整。

(2)样板点主要解决单个客户参观的问题,眼见为实。

7. 公司参加的社会团体

通过参加各种行业协会、商会、私董会等,认识高端的社会资源,连接人脉为己所用。

(1)连接上述组织的高层人脉,发现新商机,有助于高层客户关系拓展。

(2)如果上述组织太多,可以设置类似于华为、三一重工的轮值董事长、轮值CEO等方法,确保头衔对等,多参与这些活动。

8. 政府资源

每个公司一般都会有政府对口帮扶的接口人或接口部门,要善于借助政府的力量,与政府工作人员多交流,了解政府能够提供哪些服务和支持。

(1)通过政府的认证,获得各类证书,可作为宣传的重要素材,提升公司的品牌,比如工信部颁发的"专精特新""小巨人"证书。

(2)政府提供资金、土地、人才、住房、外籍雇员、科研院所专家资源等支持。

9. 其他

比如员工的高端人脉资源、高价值案例。

不管是中小企业,还是大中型企业,上述资源或多或少都存在,作为一线销售人员,首先要知道家里有哪些"炮火",要敢于呼唤"炮火"、善于呼唤"炮火",我们经常讲"会哭的娃有奶喝"就是这个道理。当然敢于呼唤"炮火"不是蛮横无理、不计代价,公司的资源是有限的,特别是战略性资源,好钢用在刀刃上,一定是战略资源服务战略客户的原则。一线销售人员要发挥自己的主观能动性,要在尽可能的范围内,调动一切所能调动的资源,为你的客户、项目服务,努力到无能为力,拼搏到感动自己。

华为公司的"营销三板斧"是一线销售人员最常调用的资源,这些都是很通用的一些市场打法,如果能够把这些"常规武器"用到极致,它就会变成"核武器"。安排客户拜访、接待、参会参观,一定要注重细节,客户界面无小事,每件事情都要追求完美，要从心底里打动客户，让客户认可你的为人、你的服务、你的用心。

13.4.2 有路径

一件事情成功，可能有很多条路径，方法在于我们怎么能够准确选择那条又快又好的路径。换位思考到一线销售人员的高层客户关系突破上，也是同样的逻辑，需要找到一条合理、可行、快速的路径（见图13-21）。

首先我们要画出客户的组织权力地图或者决策链鱼骨图，并做好客户360度画像，找到突破口，之后梳理出拓展路径。突破口是多维度的，优秀的销售人员善于挖掘客户痛点，找到解决方案满足客户需求。下面列举一些常见的突破口：

图13-21 高层客户关系突破的路径

(1) 最常用的突破口，是解读客户KPI，了解哪些KPI指标对客户重要，并提供改善这些KPI的解决方案。举例来说，客户今年的主要工作目标是降成本，如果你能够提供一个降本30%以上的方案，并且能够提出几个真实的案例证明这种方案是可行的，这样的方案基本上很容易引起客户的兴趣，不会被拒绝。之后就可以安排讲解方案，带客户参观真实案例的样板点，如果能够让案例的甲方出面现身说法，那就更好了。

(2) 通过360度客户画像，这些画像包括个人情况/工作情况、家庭情况、圈子情况及其他，有了这些详细信息后，优秀的销售人员容易找到突破线索。例如，通过画像了解到客户是从外地调来的，需要解决小孩入学问题，如果你通过公司资源或者自身资源，协助客户解决小孩学籍问题，这个帮助将大大拉近你与客户的距离。类似的突破口还有医疗资源、供应商资源等。

(3) 通过与决策层的下属沟通，也是建立起与关键决策层的接触路径之一，对于位阶不高的下属，最简单的方法就是直接询问对方决策层的关注重点、业务痛点，可以求助下属传递关键信息，或者找到机会让他引荐，之后可以顺藤摸瓜地接触到决策层。

(4) 其他方法，比如通过给陌生的决策高层发邮件，直接到办公室前堵客户，通过周边人引荐等。没有最好的方法，只要是能够促进高层客户关系开发，并有利于目标达成的方法都可以尝试（见表13-2）。

表 13-2 思考项目成功的关键路径

1. 是从高往低做、还是从低往高做客户关系？有何困难？
2. 产品准入的切入点在哪里？
3. 竞争对手的破绽在哪里？
4. 我们有没有什么好武器，可以撕开一个口子？
5. 有什么资源可以饱和攻击？
6. 其他路径，比如圈子、客户兴趣点、高端资源等

找到了突破口后，团队就要策划如何高效拓展高层客户关系，这需要有清晰的路径。比如安排研发团队与客户技术高层技术交流，安排公司领导拜访客户关键高层，协调社会资源解决客户的非工作痛点，这些都是销售工作的艺术部分，需要大胆地想，细心地做，确保达成预期，甚至超出客户预期。

13.4.3 有节奏

重大、战略客户的关键客户关系，不是一蹴而就的，需要有耐心和战略投入。关于耐心和战略投入举两个华为公司的例子：

(1) 华为公司海外市场的扩展，起步于1998年前后，2000年底规模投入，华为把国内的精兵强将派到海外重点国家拓展市场,把海外的重要国家的重要大客户梳理出来，前期主要是人口众多的第三世界国家，比如印尼、巴西、巴基斯坦、尼日利亚、印度等这些人口大国的战略运营商大客户。直到2005年，华为公司海外项目才逐步盈利，如果企业家没有耐心和战略定力，不可能一直坚持七八年海外规模投入，到了2006年以后，基本上海外的收入远大于国内的情况，最高的时候接近70%：30%。

(2) 另外一个案例是华为巴西分公司，华为规模投入巴西是2000年以后，大规模派驻中方骨干员工去拓展,由于巴西营商环境的特殊性,华为直到 2015 年左右才开始盈利。可想而知,在这 15 年的拓展过程中,每年几百名员工的开支,一直在消耗公司的资源,如果不看好巴西这个人口过亿、南美第一大经济体,华为公司不可能持续投入这么久,这也从企业家的战略选择一面印证了耐心和战略定力的重要性。

分析了客户的决策链后,要有节奏地制定拓展方案,是由低往高还是直接攻最高点、由外到内还是发掘内部突破口,要分析研究,不要武断,一切的决定应源自深思熟虑和因果推导,不能拍脑袋:

(1) 在选择突破口的时候,由低往高还是直接攻最高点,完全取决于你能够触达的资源,当然直接攻最高点是最高效的,也是最应该去做的,但是如果在没有能够触达最高层的资源时,就应该想别的办法来曲线救国,比如说从认识秘书、司机开始,寻找机会建立起与最高层周边人的连接,要一步一步有节奏地拓展。

(2) 在选择是从外到内拓展还是发掘内部突破口时,也要精准分析。很多情况下内部突破口没有,只能寻找机会,或者从外部资源来着手,比如客户的同学、老乡、圈子等。

在完全梳理出手中有哪些"武器"后,不要一次把"武器"打光,特别是稀缺的"武器",要针对客户的需求和项目节奏,有节奏、有目标地使用有效"武器",每次都要充分准备,每次都要有亮点:

(1) 在拓展客户时,常常会安排公司高层拜访客户,这种拜访应该是对等的,不能一开始安排最高层领导拜访客户不对等的岗位,否则你一次把"武器"用到了尽头,把自己的路给堵住了;

(2) 在拓展客户的时候,往往要给客户展示我们的重要应用案例或者样本点信息,如果有非常重要客户的案例,一定要想方设法把这些信息传递到客户的最高层,引起客户的兴趣,创造拜访的机会。

一旦拜访最高层的机会生成了,需要充分准备后约拜访,要做好价值呈现,要有现场多种突发场景的预案,要有完全的准备,确保一击即中。高层拜访的机会非常难得,一旦拜访失败将前功尽弃,无法弥补,又要下一年甚至更长的时间才可能有下一次机会。高层关系的突破如图 13-22 所示。

小结

上述讲的方法是针对战略大客户的做法,要遵从 20/80 原则,把战略资源投入到战略大客户中去，有了大客户的突破，公司就有了压舱石，公司的业绩稳定性就有了保障，才可以支撑公司的可持续发展，资本市场就会看重，因此优秀的公司往往在制定公司战略的时候，突破战略大客户是优先选择。

本文中讲到的方法和技巧，更多的是销售艺术部分，没有绝对的对与错，其实这些方法没有特别的奇招、怪招，都是销售人员日常能够做到的事情，销售人员要经常反问自己："为什么自己没有想到，还是想到了自己没有去做，是自己思考不够，还是勤奋不够。"没有触及灵魂的反问，你就不会有深刻的感触，你就不会进步！

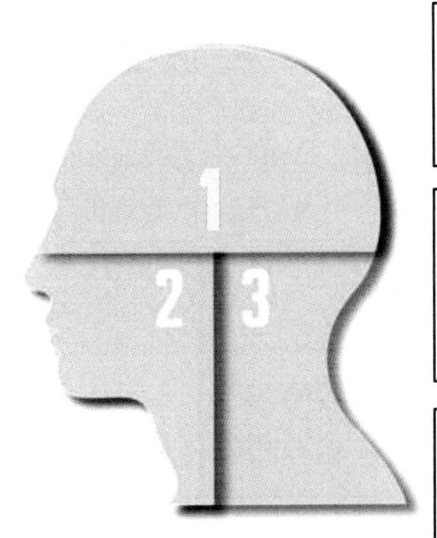

1. 有武器
- 想清楚自己库里有哪些武器，要调用全公司的武器资源，特别是高端资源，比如营销三板斧、周边力量等
- 不同场景选择不同武器，何时用、怎么用、用的效果如何

2. 有路径
- 做好关键人物的360调查，找到突破路径，并制定拓展方案
- 第一次接触是拉通信息、了解痛点，并创造下次交流的机会
- 不能急于求成，通过拜访、访谈、洞察逐步摸清楚客户组织结构和决策链，做好交叉验证

3. 有节奏
- 清楚了关键决策链后，安排公司领导拜访客户，由低往高，不要一次把武器打光，每次都要充分准备和展示亮点
- 准备完全充分后约拜访董事长，做好价值呈现，确保一击即中

一击即中

图 13-22　高层关系的突破

值得注意的是，企业的成功不是为了走得快，而是为了走得远，市场行为一定要坚持合法合规，否则企业走不远，企业家们要有强烈的风险意识。

想了解更多的客户关系拓展知识点，请参考"立体式客户关系建设及流程运营"课程大纲。

第 14 章

作者自述：从英语老师到管理顾问的心路历程

本文沿着时间前后顺序，通过叙述的方式，把笔者四年多的工作、创业的经历做个分享，致敬正在奋斗中的你和我，与大家共勉，仅供阅读。

1997 年北京航空航天大学毕业至今，我的职业生涯可以分为四段，其中前两段职业经历的结束与美国比较相关，今天主要分享第三、四段经历，回头看本人这两段经历，有其共同的个人特征：脸皮厚、胆子大、心细，个人的一点点心路历程分享，仅供阅读（见图 14-1）。

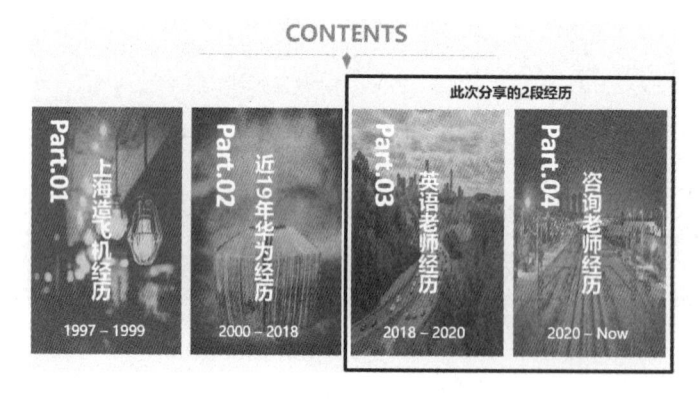

图 14-1 我的四段职业生涯

14.1 离开华为后，开始英语老师的生涯

2018 年 8 月，天时地利人和之下，43 岁的我从工作了近 19 年的华为公司内部退休，开始了我的第三段职业生涯：创业成为一名英语老师，更准确地讲是英语机构运营人和外教培训师，创立了加州英语培训机构。很快我就把中英文网站（www.cali-english.com）、公众号、商标注册等都迅速建立起来（网站现在也是可以访问的），我们主要的业务是全外教英语培训（非应试）及英语外教中介业务（见图 14-2）。

图 14-2　加州英语网站

经过调研，发现国内对外教的需求是卖方市场，外教是稀缺资源，有多少就可以消化多少，而且国内的外教一大半都是非法的(无正规工作签证、非英语母语)，因此我很快就决定到海外母语为英语的国家去招聘外教，把外教安排到中国的培训机构、大学、中学、小学、幼儿园来教英语(非应试，英语能力教育)。

根据中华人民共和国外国专家管理局的官方定义，全球只有 41 个国家和地区的本科及以上学历的外籍人士可以来中国从事英语教育工作，除这些国家之外的外国人来中国教英语，都是非法的，比如俄罗斯、乌克兰、塞尔维亚、新加坡、菲律宾等，如图 14-3 所示。

图 14-3　全球 41 个母语为英语的国家及地区(源自国家外专局网站)

万事开头难，总要迈出第一步的，于是我大概花费了 2 个多月的时间把美国 4000 多所大学、英国 150 多所大学、南非 30 多所大学、牙买加 15 多所大学、澳大利亚 20 多所大学都研究了一遍，做了详细的记录，寻找招聘外教的突破口。这两个月的工作没日没夜，大胆地打电话、发邮件寻求海外大学合作、网上注册大学的招聘活动等。功夫不负有心人，很快地业务就有了较大进展，已经建立起与美国一些大学的联系，和他们有了初步的合作计划，制定了大致的工作方向，第一站就选择了美国大学作为招聘外教的源头。

14.2 一年半，拜访了100多所美国大学

14.2.1 美国市场拓展，周密计划是出行关键

吃、住、行、访是出差美国的关键几步，在去美国之前，我在深圳基本上把近2个月的美国行程安排好了，细致到小时级别。在深圳做好充分出行安排是出差成败的关键，除了吃住行等安排，还有宣传彩页、易拉宝等。每次出差，携带大量行李是个大挑战，特别是彩页，又重又多，为了节省托运成本，基本是手拎上飞机的，纯粹是个体力活，像个民工一样穿梭在机场，最尴尬的时候是在登机口被机组人员拦下，因为手提的行李太多，被迫转托运（见图14-4）。

图14-4 每次出差近百公斤重的行囊

经过大约12~14小时的飞行，落地美国之后，其实就是按照我在深圳设定的日程走一遍，纯粹是个体力活，什么地方租车还车、什么地方住宿、什么地方吃饭、什么时候拜访大学、摆台和项目Presentation等，都是提前规划好了的，其实这也是拓展过程中最重要、最难的一环，计划做好了，一趟下来2个月左右就比较有收获。当然，制定日程的能力也是在一次次过程中优化、提高。

到达美国之后（以美国南部举例，感恩节前是美国大学毕业生找工作的季节），租好车，就开始了酒店—大学—在途有规律的拜访活动，就像一架机器一样，平均1天拜访1~2所大学，召集学生听我的项目（English Teacher in China Wanted），商谈长期就业合作等。南部的路线：得克萨斯州—路易斯安那州—密西西比州—田纳西州—阿肯色州—俄克拉荷马州—得克萨斯州，这一个行程下来，大概1.5万公里，历时2个月，拜访了40~50所大学。之所以选择美国中南部大学为重点拓展市场，是因为美国东西岸是经济非常发达的区域，经济实力强，这些地方的人出国找工作的可能性比较小。美国中南部是经济最落后的几个州，比如阿拉巴马、密西西比、路易斯安那等，而且美国中南部的黑人比例较高，这个区域的人出国找工作的可能性较高。经过东西岸实地拓展和深入分析之后，就把重点画在了美国中南部。

每年5月份是美国大学毕业季，招生的时间很短，我也会安排美国中部自驾，拜访大学和组织学生宣讲我的项目，基本是飞到田纳西首府纳什维尔市，开始中部的自驾行程，会访问田纳西州、阿肯色州、密苏里州，一般为2周的时间，大概拜访15所大学。

由于前期准备工作做得非常充分，过程中也比较小心(驾驶、住宿、旅游等)，每次出差业务上都比较有收获，也历练了自己独立拓展甚至是求生的能力(见图 14-5)。

图 14-5　拜访了很多大学、认识无数的美国年轻人

14.2.2　自驾在美国拓展市场，工作之外各种考验随之而来

美国是车轮上的国家，美国大城市中有地铁的城市少之又少，因此没有汽车寸步难行。由于我需要穿梭在各所大学、各大州之间，需要长时间驾驶汽车，熟练的驾驶技巧和很强的适应能力也是非常必要的，当然也包括语言能力和人际交往能力，在华为十几年的海外历练和经验，对我拓展美国市场帮助很大。在自驾过程中，也会出现一些小插曲，比如超速被警察拦下罚款、不懂停车规则被罚款、高速公路上车速太慢被警告等，随着自驾旅程越来越多，经验也越来越丰富，出现的一些小问题都逐一化解(见图 14-6 和图 14-7)。

图 14-6　给我开罚单的人最后成了我的朋友　　图 14-7　人生第一次换轮胎

由于长时间驾车，孤独、疲劳、无聊等在所难免，吃饭问题是旅途生活品质的重要一环，经过前几次的自驾经验，通过寻找中国超市和住 Airbnb 等组合，终于解决了日常吃饭问题，包括在途吃饭(通过车载饭盒搞定)(见图 14-8)。

图 14-8　Airbnb 酒店加工灌汤包及路途车载饭盒午餐

14.2.3　飞跃万里，就是为了与学生、老师见面的 30 分钟

每次出发，都是重重的行囊，在全球各地转机飞跃千山万水，经历千辛万苦，就是为了见到学生和老师并宣传我的项目。在从深圳出发之前，我都会与学校提前约好宣讲项目的时间，每次大概交流 30 分钟，学校的对接部门会安排学生来听我的宣讲，有时候学校还会专门安排助理（一般是大一、大二的学生）来协助我，把这 30 分钟交付好了，前期的一切付出都是值得的。

（视频）给美国的大学生宣讲我的项目
English Teacher Wanted in China

我还与不少的大学谈成了长期合作计划，每年在固定时间到学校来招人，这样一来，双方的合作就进一步深入了，日常的对接就频繁了。同时美国的大部分大学对我的到来还是非常欢迎的，一来我可以解决他们部分毕业生就业问题，二来这是一个不错的文化交流项目。采用在华为拓展电信大客户的技能来拓展美国大学客户，是一种别样的体验，但成就感是一样的（见图 14-9）。

我每次自驾都会走访公立大学和私立大学，后来发现了一个规律，公立大学容易招到人，私立大学难度更大，后来才知道私立大学的学生分数高、学费贵，学生的家庭条件较好，而公立大学则相反（图 14-10）。

图 14-9　与美国某大学教职员合作留影 　　图 14-10　带有 STATE 字样的大学是公立的

拜访学校就开始宣讲我的项目PPT(Working Holiday in China - English Teacher Wanted)，虽然我已经讲过数百遍PPT，每页都可以滚瓜烂熟背出来，但是每次宣讲都把它当作最后一次考试，让听众尽量多地了解项目、了解中国的工作机会和生活状态，减少他们对来中国的疑惑。我会给他们详细讲述来中国的签证安排、住宿安排、工作安排等。而且我也宣传中国非常亮眼的一面，比如5G、高铁、移动支付、历史文化等，每当听完我的宣传和宣讲，这些美国朋友都会比较震撼，他们普遍的反馈是：This is China？深深被中国现代化、历史文化所吸引，我个人的感受是中国民众对美国的了解程度远远高于美国民众对中国的了解程度(见图14-11)。

图 14-11　跟外国学生宣讲的一些素材

一次次地敲开陌生学校的大门，一旦有了微小的合作，就尽快复制并迅速长大。当然也有敲门被拒的经验，现在看来都是宝贵财富，因为不是所有人都可以接受这种长驱直入的敲门拜访。就这样美国大学市场拓展的门路基本摸清楚了，道路已经完全铺好了，接下来就是投入更多的人力、时间，胆子再大一点，脸皮再厚一点，工作再细致一点。

14.3　用42天时间，拜访了英国50多所大学

英国是个岛国，国土面积和国家地图形状与中国的陕西省相似，英国分为英格兰、威尔士、苏格兰和北爱尔兰四部分，首都为伦敦，人口总计6700万左右。英国具有颁发本科文凭的大学大概有150多所。在我拓展英国大学市场前，已经对所有的大学做好了功课，对于他们的地理位置(在谷歌地图上标注)、学校排名、专业强项等有了了解，因此就开始制定拓展计划，选择毕业生找工作的月份(圣诞节后一个月)开始拜访。

由于英国国土面积不大，制定计划比美国大学市场拓展要容易得多，每日驾驶的平均距离不远，平均每天不到120公里，相比美国每天250公里轻松很多。

第一站是从国内飞往伦敦,英国市场拓展的大幕就此拉开,自驾线路基本分为东、西两条路线:

(1) 从南往北,走的是西线(伦敦—伯明翰—曼彻斯特—利物浦—格拉斯哥—尼斯);

(2) 再从北到南,走的是东线(尼斯—阿伯丁—丹迪—圣安德鲁—爱丁堡—利兹—曼彻斯特—伯明翰—伦敦)。

到了英国之后,我就像一架机器开始运转,按照既定计划一步步有条不紊地执行即可,一系列标准动作:租车、入住 Airbnb、再次确认拜访(或 Presentation)时间、驱车前往学校、摆台设展(见图 14-12)、项目宣讲(见图 14-13)、商谈合作(见图 14-14)、商谈后续推进计划等,这就印证了一句话:磨刀不误砍柴工,一切的前期准备都是值得的,就是为了那 30 分钟。由于长期驾车、时差、疲惫、夜驾、英国高地多变的天气(见图 14-15)等因素,也出现过一两次险情,幸好没有造成事故。

在英国拓展市场,自驾开车是一大挑战,英国的驾驶规则对中国大陆人来讲差异较大,主要有如下两点:

图 14-12 学校摆台

图 14-13 宣讲项目

图 14-14 和英国最北部大学
(高地&尼斯学院)谈合作

图 14-15 英国高地多变的天气

(1) 英国的公路一般都没有十字路口,取而代之的是转盘(或称环岛,见

图 14-16),环岛对中国人来讲是一种挑战,在进入环岛前,请礼让环岛内车辆,对于一贯做事比较急躁的中国人来讲,很挑战中国人的耐心。我个人犯过很多错误,看见环岛上有时间空挡就插入进去,这时恰好环岛内还有其他车辆,这样很容易造成交通事故;

图 14-16 英国交通转盘(Roundabout)

(2)其次就是英国车辆靠左行驶,与中国大陆相反,以我个人的经验,需要适应两三天就习惯了。

当然在工作之余的周末,我也去游历当地的名胜古迹,尼斯湖就是非常著名的一站。尼斯湖位于英国苏格兰高地北部的大峡谷中,湖长37公里,最宽处2.4公里。面积并不大,却非常深。平均深度达200米,最深处有298米。该湖终年不冻,两岸陡峭,树林茂密。最让中国人有印象的可能是尼斯湖水怪,但我经过一天的自驾绕湖一圈(大概100公里),没有发现水怪⋯⋯

14.4　澳大利亚市场拓展,以悉尼为中心,上至布里斯班,下至墨尔本

澳大利亚大陆亦称澳洲大陆,是位于南半球大洋洲的一个大陆。澳大利亚大陆面积为769万平方公里,是世界6个大陆中面积最小的一个。澳大利亚总人口约2500万。澳大利亚大概有30多所可以颁发本科学历的大学,主要分布在东海岸几大城市,比如悉尼、墨尔本、堪培拉、布里斯班,还有西海岸的珀斯等。在拓展澳大利亚市场前,对该国做了初步的研究,了解到澳大利亚地广人稀,而且人口和主要城市分布在东海岸,西海岸只有为数不多的几所大学,中部是沙漠地带,因此把拓展市场定位在东海岸。从香港直飞悉尼,大概要8个多小时,跨越1~2个时区。前期的工作准备完成后,第一站从香港飞悉尼,落地后租好车,就开始了Airbnb—大学之间的穿梭。有前期在美国、英国的拓展经验,因此澳大利亚的市场拓展就轻车熟路,基本就是美英拓展的翻板。

澳大利亚的大学有个非常显著的特点，外国留学生的比例特别高，特别是亚洲的留学生，因此我们招毕业生的时候，经常会遇见东南亚、中东的学生，比如新加坡、马来西亚、阿联酋等，这些都不是我们招聘的对象，因为这些国家都不是母语为英语的国家。

工作之余，也会领略一番澳大利亚地广人稀的大自然风景，澳大利亚广阔的内陆是袋鼠的乐园，自驾在高速公路或者一般的公路上，随时都可以看见被车撞死的袋鼠，一天驾驶的时间至少可以看到20多起，由于都是荒郊野岭，死亡的袋鼠都是自然腐烂，气味很难闻（见图14-17）。

图14-17 在澳大利亚的内陆高速公路上，随处可见被撞死的袋鼠

澳大利亚是福利比其他西方国家要好很多的国家，因此在澳大利亚招聘外教的进展比其他国家要慢，而且成效不如英美，我也与为数不少的大学建立起了例行的合作沟通。

14.5　加勒比海岛国牙买加，市场拓展最有收获

牙买加（Jamaica），是加勒比海的一个岛国，面积大概1万平方公里，约有台湾省1/3大，首都是金斯顿，人口300万左右，人均GPD不到1万美元，英语为官方语言之一。

牙买加是选择的拓展国家中唯一的发展中国家，我在去之前，通过各种现代通讯方式与牙买加各所大学进行了深入的沟通，已经跟大学建立起了很好的联系，各大学都非常欢迎我去牙买加大学招生，都是校长、副校长出来接待，安排学生来听我的项目宣讲。由于一年去一次，我也经常带回牙买加往年毕业生在中国工作的照片和视频，给在校的毕业生参考，让他们对来中国充满信心。由于经济发展程度和

就业环境多重因素,在所有国家市场拓展中,我招聘牙买加籍外教的比例是最多的,而且与牙买加大学的合作是最紧密的(见图14-18、图14-19和图14-20)。

图 14-18　向牙买加毕业生宣讲中国工作机会

图 14-19　到了牙买加,我是座上宾

图 14-20　在中国幸福工作和生活的牙买加外教们

14.6　很快就做到外教细分市场头部位置

由于外教资源在国内是稀缺的,是卖方市场,以前国内的外教主要是外国人主动来中国找工作的,像我这样主动到国外规模招聘外教来中国工作的还很少(只有零星的一些机构,比如英孚,但没有形成规模),因此我大概花了6个月时间就做到外教中介这个细分行业的国内头部位置,而且在业界小有名气。全国的各大课外培训机构、连锁幼儿园、大中小学等,都是我的客户(见图14-21),这样国内外资源对接得比较顺畅了,我一年大概有50%的时间在美、英、澳、牙等国自驾招聘外教,可以说是名副其实的"空中飞人"。现在回想起来一次次地敲门、一次次地突破自我、一次次大胆地尝试,这也许是我脸皮厚的优势吧。

图 14-21　外教的主要用人单位

同时我也获得深圳教育局半官方授权（深圳国际人才发展中心），可以与国外的这些大学展开合作，签订协议，因此与大学的合作逐渐顺畅和密切起来。我每年也为深圳市的中小学校提供数量不少的外教，这些外教被安排在这些学校作为语言能力教师（非应试），如图 14-22 所示。

图 14-22　部分深圳市中小学外教合影

英语培训和外教业务进展得比较顺利，我虽然已从华为公司退休出来，但工作的劲头依然非常足，一直是乐在其中的状态，同时也取得了不错的盈利，我当时也正计划扩大业务规模，招聘员工来负责面试、签证办理等平台工作，看似一切都是最美好的安排……

14.7　新冠疫情来临，一切都按下了暂停键

一切都发展得很顺利，正要甩开膀子大干一场，2019 年年底新冠疫情的来临让

每个人措手不及，我原本计划 2020 年的 1 月底去英国大学招生也被搁置了。后来回想起来好可怕，如果那时候去了英国，可能要流浪在英国好几个月都回不来(因为后来几个月的国门基本关了)。虽然对前景未知，但是在那段封闭的日子里，还是每天面试各国外教、处理来自各国的电子邮件、安排签证材料、给外教发工作 Offer，心里依然充满了无限期待。

原计划 2020 年 2 月份要到岗 40 多位外教，从开始有一些期待，到后来都成为不可能，一切都按下了暂停键。我的客户大多数都是课外辅导连锁机构，2020 年 2 月之后，由于不能营业，大量的连锁机构停业直至倒闭。今天依然还有外教需求的机构，主要是一些国际连锁幼儿园、国际学校等，课外培训机构基本倒闭了。在 2020 年 1 月前后，由于国内的疫情比国外严重得多，大概有 60%～70%的外教离开了中国，绝大多数再没有回来。又过了几个月，欧、美等地疫情大暴发，国内成为全球唯一一块净土，留下来的外教都感叹幸好没有跑回去，在中国的日子多么美好(见图 14-23)！

图 14-23　疫情的日子里，包饺子、陪娃玩、邻居串门

14.8　在偶然中，开启咨询顾问生涯

经过了漫长的 4 个月封闭，直到 2020 年 4 月份疫情比较趋稳。有一天，一位做管理咨询的朋友，邀请我去做直播，讲授华为的管理、流程变革，因为 2013—2016 年我在华为公司片联流程质量部从事过 LTC 销售流程变革相关工作，经过商量后确定我的第一场直播主题为《华为销售端到端流程 LTC 销售流程变革之道》，毕竟是第一次，总体表现得有些紧张，语速有些快，不是很自信等，1 个小时下来，手心都是汗，这就是历练吧(见图 14-24)。

图 14-24　第一次做直播，LTC 销售流程变革分享

通过此次直播，认识了一些客户和一批咨询界的朋友，因此逐渐有很多机构邀请直播，频度逐渐高了起来，直播的主题也丰富了很多，有销售铁三角运作、华为企业文化分享、2B 大客户销售、客户关系管理、经营分析会等，接着就有不同的培训平台和机构请我讲公开课和内训课，就这样，我慢慢地进入了培训、咨询行业。见过的企业和企业家多了，发现外面的企业都在学习华为的管理和变革，认识到在华为近 20 年的经历还是可以转变成为一项工作——传授华为的管理与变革经验，即作顾问老师。

14.8.1　疯狂地调研，以最快的速度了解管理咨询市场

由于英语培训工作的业务还没有完全中断，我每天都会收到国外大量的邮件，问中国的疫情情况、中国的国门开放了吗、我们还招不招老师、什么时候再回到他们学校招生等，那个时候很矛盾：是一门心思投入到新的工作中（作顾问老师），还是再观望一下，看看疫情什么时候结束？经过了 3 个月左右的边工作边观望，发现疫情没有办法很快结束，于是就下定决心把"管理咨询"业务当作一项正式的工作来做，开始筹建网站、注册公众号、办理工商税务等准备工作，时间已经是 2020 年 9 月左右了。

由于进入这个行业，自己完全没有准备，没有经验，也没有很多的朋友可以询问，我采用了最笨的调研行业背景方法：在网上搜索到了中国 318 家管理咨询公司排名，先游历了一遍，再逐一地分析，阅读他们的网站和公众号，做了充分的笔记和标注，收集了大量的联系方式并加微信建立起连接。

同时为了更好地了解管理咨询市场，通过加入很多莫名其妙的培训微信群、QQ 群、发邮件等，网上认识陌生的圈内人士，再安排线上交流、线下拜访、免费直播、

免费引流等方式，不断地呈现自己、历练自己，总之就是为了更快了解该行业，也让行业内的人更多地了解我。

14.8.2 疯狂地开发材料，写了无数的 PPT

由于刚刚进入管理咨询、培训行业，一穷二白，手上有的资料非常少，一开始只能在网上下载一些免费的基础资料（PPT 文件、Word 文档等），由于接了一些重要的公开课，需要质量较高的 PPT 材料，没有办法，只能从零开始自己开发，现在回过头看那个时候，发现当时的勇气真大，因为这是个海量的工作，极其艰苦。经过一遍又一遍地回忆，网上搜索相关材料，一遍又一遍地打磨，一遍一遍地试讲，推敲逻辑，经过半年左右的时间（大概 2020 年底），有了一些比较完善的主打胶片，基本能够应付日常的交付，现在回想起来感慨万分：这 2 年写的 PPT 比我在华为近 19 年写的还多……

就这样渐入佳境，白天约前同事顾问老师聊天交谈，晚上继续写 PPT，周而复始，这样圈子也逐渐宽起来，自己的知识面也逐渐宽起来，也认识了很多谈得来的老领导、老专家、老同事，后来逐步成为非常好的合作伙伴。

现在复盘来看开发的课件中，"竞争洞察与实战""如何高质量开好经营分析会""如何做好年度经营计划"等几门课程，是市面上的独创，一经推出市场就收到了比较好的反响，也就是所谓的"爆款"，这样积攒的客户也越来越多，逐步获得了很多客户的认可并突破了一些千亿级企业，如三一重工、北方华创、驼人集团、京东方、美团、字节、隆基等。有了比较稳定的客源，也有了很好的示范效应，为后续的市场开拓打下了基础，接下来的事情就是拓展更多客户（见图 14-25）。

图 14-25　笔者开发的多套 PPT 课件

14.8.3 疯狂地接大课，不断地锻造自己

之前从事英语培训行业的时候，使用英语在全球各国大学讲课，一套 PPT 打天

下，现在从事管理咨询行业，是用中文讲，讲的是不同的 PPT。我总结起来，讲课的逻辑是差不多的，即时目标是为了让听课者当下满意，长期目标是让听课者课后受益，在给企业和平台讲了无数场大课、小课之后，我也逐步摸索了一套授课的方法，比如：

(1) 如何控场；

(2) 如何使用金句；

(3) 如何触摸听课者的灵魂及把控触摸灵魂的节奏；

(4) 如何演练；

(5) 如何更加自信；

(6) 如何调动课堂氛围；

(7) 如何让学员踊跃回答问题；

(8) 如何引导学员思考；

(9) 如何防止冷场；

(10) 如何让听众有获得感；

(11) 课程之间如何衔接过渡；

(12) 如何在课堂上应付带刺的学生；

(13) 如何调整大企业与中小企业授课差距；

(14) 如何提前进行学员背景调查。

授课技能成长了，而且对管理的理念也认识得更深刻了。通过朋友介绍和自己努力拓展市场，我逐步与业界比较知名的培训、咨询机构合作，在他们的平台上上大课，大胆地讲、大声地讲，有时候 3 天 2 晚的大课，一个人通讲也不觉得累。自己的圈子逐步打开，企业家朋友越来越多(见图 14-26)，也担任了上市公司的非独立董事，例行参加上市公司的股东大会。

图 14-26　大型课程

以前在华为公司的日常工作,看似司空见惯,其实背后都有非常深刻的理论或合理的逻辑支撑。进入管理咨询行业后,我也阅读了大量的文献,把以前在华为公司的工作实践与理论相结合,对事物的本质认识更深了。比如德鲁克的书籍、迈克尔·波特竞争理论、流程理论知识等,才深刻地认识到"书到用时方恨少"。

(视频)杨老师战略课

14.8.4 不断地完善,向优秀的咨询公司和老师学习

进入管理咨询、培训行业具有相当的偶然性,虽然偶然,我们也逐步找到了自己的乐趣和方向。在业务上,我们有了很好的创新,我们把咨询方案产品化,不断把售前方案标准化,发挥团队的力量形成组织能力,做到方案可复制,提高了工作效率。在公司管理上,我们也梳理出公司的核心价值观:"爱学习、能吃苦、服务好(见图14-27)。"这也是我这两年来真实的写照,我也希望传递给身边的每一位同心人、同路人,我们在不断摸索中前行,向一切优秀的人和团队学习……

图 14-27 还在不断完善中的愿景、使命和价值观

小结:脸皮的厚度决定业务推进的速度

从 2018 年至今,回头看英语老师和顾问老师这两段职业生涯,都是典型的 2B 的商业模式,都是做大客户的业务,都是与人打交道。一路走来,"胆子大、脸皮厚、心细"是业务拓展的典型特征,与业务结合在一块总结就是"脸皮的厚度决定业务推进的速度",我也经常给周边的同事强调这一点,与大家共勉、共同进步……

结 束 语

战略解决企业的价值创造问题,营销解决企业向客户传递价值和交付价值的问题。《华为,战略驱动营销》这本书详细介绍了华为战略和营销管理的思想、流程、方法与工具,体系完整、可操作性强,供广大的中国企业家学习和参考。

简世咨询由作者创办以来,怀着"使能企业可持续发展"的使命,致力于把标杆公司的优秀经验传授给国内其他企业。简世咨询已经把本书的核心内容课程化,打造了 6 阶课程——"铁血将军特训营",每阶为期 2 天,共计 12 天,由作者和华为前资深老师授课,具体可参照"铁血将军特训营"课程介绍。

"铁血将军特训营"课程介绍

华为通用语中英文对照表

B

背景、难点、暗示、示益（Situation、Problem、Implication、Need-payoff，SPIN）

C

产品概念验证（Proof of Concept，POC）

从市场到线索（Market to Lead，MTL）

从问题到解决（Issue to Resolution，ITR）

从线索到回款（Lead to Cash，LTC）

存货周转率/应收账款周转天数（Inventory Turn Over/Days Sales Outstanding，ITO/DSO）

G

个人绩效承诺（Personal Business Commitment，PBC）

关键绩效领域（Key Results Area，KRA）

关键绩效指标（Key Performance Indicator，KPI）

关键控制点（Key Control Point，KCP）

管理客户关系（Manage Client Relationships，MCR）

国家总经理发展项目（General Manager Development Program，GMDP）

J

集成产品开发（Integrated Product Development，IPD）

集成供应链（Integrated Supply Chain，ISC）

计划、执行、检查、处理（Plan、Do、Check、Action，PDCA）

价值驱动的业务设计（Value Driven Business Design，VDBD）

交付经理（Fulfillment Responsible，FR）

解决方案经理（Solution Responsible，SR）

K

客户经理（Account Responsible，AR）

宽带码分多址（Wideband Code Division Multiple Access，WCDMA）

L

流程半年度控制评估（Semi-Annual Control Assessment，SACA）

流程遵从测试（Compliance Test，CT）

M

码分多址（Code Division Multiple Access，CDMA）

目标与关键成果（Objectives and Key Results，OKR）

N

年度经营计划（Annual Business Plan，BP）

P

平衡计分卡（Balanced Score Card，BSC）

Q

企业资源管理（Enterprise Resource Planning，ERP）

全球微波互联接入（Worldwide Interoperability for Microwave Access，WIMAX）

S

商业领导力模型（Business Leadership Model，BLM）

首席执行官（Chief Executive Officer，CEO）

T

特点、优势、好处、证据（Feature、Advantage、Benefit、Evidence，FABE）

铁三角（Customer Centric Three，CC3）

痛苦、权利、构想、价值、控制（Pain、Power、Vision、Value、Control，PPVVC）

W

物料清单（Bill of Materials，BOM）

X

细分市场营销计划（Marketing Segment Plan，MSP）

项目管理专业人士资格认证（Project Managment Professional，PMP）

信息与通信技术（Information & Communication Technology，ICT）

需求挖掘（Demand Generation，DG）

Y

业务单元（Business Unit，BU）

业务集团（Business Group，BG）

业务执行力模型（Business Execution Model，BEM）

营销质量保证（Marketing Quality Assurance，MQA）

优势、劣势、机会、威胁（Strengths、Weaknesses、Opportunities、Threats，SWOT）

原始设备制造商(Original Equipment Manufacturer，OEM)

原始设计制造商(Original Design Manufacturer，ODM)

Z

战略、团队、资源、运营、商业环境(Strategy、Team、Resource、Operation、Business Environment，STROBE)

战略定位分析(Strategy Positioning Analysis，SPAN)

战略规划(Strategy Plan，SP)

战略制定到执行(Develop Strategy To Execution，DSTE)

政治、经济、社会、技术、环境、法律(Political、Economic、Sociocultural、Technological、Environmental、Legal，PESTEL)

参 考 文 献

1. 菲利普·科特勒.营销管理：分析、规划与控制.梅汝和，梅清豪，张桁，译.上海：上海人民出版社，1999.
2. 罗伯特·卡普兰，大卫·诺顿.平衡计分卡：化战略为行动.刘俊勇，译.广州：广东经济出版社，2013.
3. 迈克尔·塔什曼，查尔斯·奥赖利三世.创新跃迁.苏健，译.成都：四川人民出版社，2018.
4. 亚德里安·斯莱沃斯基.发现利润区.凌晓东，译.北京：中信出版社，2010.
5. 艾·里斯，杰克·特劳特.定位.谢伟山，苑爱冬，译.北京：机械工业出版社，2002.
6. 迈克尔·波特.竞争战略.陈丽芳，译.北京：中信出版社，2014.
7. 黄卫伟.以奋斗者为本 华为公司人力资源管理纲要.北京：中信出版社，2014.
8. 黄卫伟.以客户为中心 华为公司业务管理纲要，北京：中信出版社，2016.
9. 黄卫伟.价值为纲 华为公司财经管理纲要.北京：中信出版社，2017.
10. 田涛，吴春波.下一个倒下的会不会是华为.北京：中信出版社，2012.
11. 田涛，殷志峰.黄沙百战穿金甲.北京：生活·读书·新知三联书店，2017.
12. 田涛，殷志峰.华为系列故事：厚积薄发，北京：生活·读书·新知三联书店，2017.